中国科技考古論集

袁靖 著

科学出版社

北京

内 容 简 介

本论集收集了袁靖博士撰写的22篇有关动物考古、生业考古和科技考古的代表性文章，这些文章绝大多数已经公开发表。

本论集可供考古学者、历史学者、科技考古学者、文博部门和自然科学相关学科的研究人员、大专院校相关专业的师生以及考古爱好者阅读、参考。

图书在版编目（CIP）数据

中国科技考古论集 / 袁靖著. -- 北京：科学出版社，2024. 11. -- ISBN 978-7-03-079618-9

Ⅰ. K875-53

中国国家版本馆CIP数据核字第2024LX2603号

责任编辑：张亚娜　周艺欣 / 责任校对：张亚丹
责任印制：张　伟 / 封面设计：北京美光设计制版有限公司

科学出版社 出版
北京东黄城根北街 16 号
邮政编码：100717
http://www.sciencep.com
北京中科印刷有限公司印刷
科学出版社发行　各地新华书店经销
*
2024年11月第 一 版　开本：787×1092　1/16
2024年11月第一次印刷　印张：20 1/2
字数：486 000
定价：198.00元
（如有印装质量问题，我社负责调换）

Essays on Archaeological Science in China

by

Yuan Jing

Science Press
Beijing

前　　言

　　我在2009年出版的《科技考古文集》的前言中提到，我从20世纪70年代末开始学习考古学，概括当时学到的知识，就是通过对遗址中调查和发掘出土的人工遗迹和遗物的形态、分布及其时空变化特点等相关考古学现象开展研究，探讨这些人工遗迹和遗物反映出来的古代历史，这些主要是考古学文化谱系的内容。1989年我到日本留学，认识到日本、欧美的考古学界在完成考古学文化谱系建设后，通过加强考古学与人文社会科学、自然科学相关学科的紧密结合，建立起新的理论和方法，开辟新的研究领域，从多个崭新的角度开展研究，把考古学研究推进到一个新的层次。我在导师加藤晋平教授的建议下，选择在当时还是新兴的环境考古学和动物考古学作为自己攻读博士学位的学习内容。我的博士论文就是围绕日本绳纹时代霞湖地区的贝丘遗址开展研究，把我的研究结果精炼成几句话，就是数千年来日本霞湖地区由于海侵和海退形成了明显的环境变化，当地的绳纹人适应环境变化，采用狩猎、捕鱼、捞贝、采集的方式生存和发展，在生存和发展的同时，他们过度获取贝类也对这种自然资源形成一定的影响。随着时间的推移，绳纹人的主动性越来越明显，绳纹时代的结束和弥生时代的开始，是环境的变化与绳纹人的发展共同作用的结果。我的博士论文得到我的导师加藤晋平教授及论文答辩委员会的教授们的高度认可。

　　1993年我取得博士学位回国后，借鉴在日本学到的研究思路和研究方法，在国家社会科学基金课题和中国社会科学院重点课题的支持下，组织包括考古学、第四纪地质与环境、动物考古学、植物考古学、计算机技术在考古中的应用等领域的研究人员组成课题组，在胶东半岛开展了以环境考古研究为目的的贝丘遗址的野外调查、发掘和研究，经过数年的努力，我们总结出距今6000至5700年前，胶东半岛的古人适应海侵的环境变化，开始形成获取贝类、鱼类和其他一些海产资源的生业方式，这是贝丘遗址的早期。自距今5700年至5200多年前的数百年间，古人在继续依赖变化了的自然环境生存的基础上，开始饲养家猪和家犬，而古人过度获取贝类已经对这种自然资源造成影响，这是贝丘遗址的中期。自距今5200年至4800多年前的数百年间，随着山东内陆地区大汶口文化的因素传入胶东半岛，古人逐渐采纳以种植粟为主的农业生产方式，这是造成贝丘遗址消亡的主要原因，这可以归入贝丘遗址的晚期。我以地层学和类型学的研究为基础，结合自然环境变迁的探讨，从研究生业的角度切入，认识特定时空范围内的人类活动的历史。在上个世纪末至21世纪初，这个研究在研究思路、研究方法、研究对象、研究结果上都具有创新性的价值。由我主编的《胶东半岛贝丘遗址环境考古》是国内第一本在考古遗址开展环境考古研究的专著。2002年，《胶东半岛贝丘遗址环境考古》获中国社会科学院第四届优秀科研成果二等奖。同年此专著又获中国环境考古学会第四次全国大会优秀成果奖。

自2009年出版《科技考古文集》以来，又是15年过去了。15年来，我又发表了一系列研究成果，挑选自己比较满意的成果汇总成《中国科技考古论集》出版，是一件十分有意义的事情。

这本论集的第一编仍是动物考古。多年来的动物考古学研究不断发展壮大。10多年来，我的动物考古研究内容有一些变化，由于培养了一批优秀的学生，他们都能够在鉴定考古遗址出土的动物遗存方面勇挑大梁，我逐步退出鉴定考古遗址出土动物遗存的一线，有更多的时间思考一些深层次的问题，比如对中国社会科学院考古研究所动物考古研究史的回顾，比如从整体上把握中国家养动物起源或出现的模式，比如对特定地区获取肉食资源特征的探讨，比如探讨驯化机制等理论问题。从这次选入的文章看，中国动物考古学的研究深度和广度都得到明显的拓展，我们正在努力缩短与世界动物考古前沿研究的距离。

这次的论集中没有像上一本文集那样，专门有一部分涉及环境考古的内容。我自从完成胶东半岛贝丘遗址环境考古的课题以来，没有再开展以田野考古为基础的环境考古研究。我的研究重心除科技考古和动物考古之外，从动物考古生发开去，新增加了生业考古的研究内容。这和我自2003年以来作为15年的"中华文明探源工程"中的"技术、生业和资源课题"负责人密切相关。这本论集的第二编是生业考古。生业考古主要是注重对考古遗址出土的动植物遗存开展研究，认识古代的采集、种植、渔猎、饲养等一系列获取食物资源的方式。由于这个领域的探讨一直是中国考古学的薄弱环节，多年来，我们对古代的生业方式的认识主要依靠文献，对具有考古学特色的依据动植物遗存开展考古学研究的成果为数极少，这种局面亟待改变。从我收入这本论集的8篇文章中，可以看到生业领域研究的重要性、独特性、科学性和丰富性。

这本论集的第三编仍是科技考古。中国科技考古当前正呈现出蓬勃发展的态势，令人欣喜。选入《中国科技考古论集》的这些文章，从一个侧面反映了科技考古逐步发展的过程。相比《科技考古文集》选入的文章，此次选入的文章在全面性、思想性、逻辑性、科学性上有了明显的提升。我可以从概念开始，对科技考古做出更加清晰、更加系统、更加深刻、更加严谨的阐述。我主持创建的中国社会科学院考古研究所科技考古中心和复旦大学科技考古研究院是中国科技考古迅猛发展的两个典型代表。可以说，科技考古在考古学延伸历史轴线，增强历史信度，丰富历史内涵，活化历史场景的过程中已经发挥并且还将继续发挥更加重要的作用。

这本论集的第四编收入了我自2009年以来的科研成果篇目。从中可以看到著作类明显增加了，这是由于个人研究的积累而成，也是由于我2017年开始担任复旦大学特聘教授，科技考古研究院院长，有条件举办更多的学术活动。

这本论集里的绝大多数文章都是公开发表过的，归入第三编科技考古的《建设复旦大学科技考古研究院的回顾与展望》这篇文章是尚未发表的，这篇文章凝聚了我在复旦大学6年的心血、思考和努力。第一编至第三编的一些文章此次发表时都略作改动。

现在，由前辈学者们开创的中国科技考古事业兴旺发达、蒸蒸日上。她得益于国家的大力支持，得益于广大科技考古研究人员的刻苦钻研，得益于学习科技考古的青年学子们的勤奋努力，也得益于全国广大考古研究人员的积极参与。相信通过大家的努力，进一步加强科技考古研究力度，提高考古学调查、发掘和研究中科学技术的含量，考古学运用的技术方法就会越来越科学，考古学提取的信息资料就会越来越丰富，考古学开辟的研究领域就会越来越广泛，考古学获得的研究成果就会越来越精彩，考古学的明天就一定会更加灿烂辉煌。

目　录

CONTENTS

第一编
动 物 考 古

本编由6篇文章组成。

《考古研究所动物考古研究回顾》讲述了考古研究所动物考古研究50多年的研究历史。

《中国古代家鸡起源的再研究》论述了中国家鸡起源研究的新动态。

《长江三角洲地区新石器时代动物考古学研究的思考》论述了长江三角洲地区新石器时代居民获取肉食资源的方式和特征。

《家犬驯化及饲养动机初探》和《中国家养动物起源的再思考》从理论上对古人驯化家犬和家猪进行探讨。

《中国动物考古学的思考与研究》对中国动物考古学进行了全方位的论述。

考古研究所动物考古研究回顾

考古研究所的动物考古学研究到现在已经走过了将近50年的历程。近50年来，动物考古学研究从周本雄先生一个人的研究开始，发展到现在由袁靖、李志鹏、吕鹏和杨梦菲四名研究人员组成的动物考古实验室，成为中国社会科学院重点研究室和国家文物局动植物考古重点研究基地的重要组成部分。这个发展过程步履维艰，来之不易。回顾并认真总结这段历史，是我们能够更好地前进的保证之一，这里分别叙述如下。

一、20世纪60年代至80年代的研究

20世纪60年代，周本雄先生到中国科学院考古研究所工作，由此拉开了考古研究所开展动物考古学研究的序幕。周先生是20世纪90年代退休的，在30年里，周先生为考古研究所的动物考古学研究做出了很大的贡献。具体可以分为以下三个方面。

其一是周本雄先生对多个考古遗址出土的动物遗存进行过研究，发表了16篇研究报告和鉴定报告[1]。地点涉及黑龙江、河北、山西、山东、河南、陕西、甘肃等地，时间则从新石器时代一直到汉代。动物遗存的研究报告和鉴定报告是动物考古学的基础工作，是开展动物考古学研究的第一手材料。在周本雄先生工作的那段时间里，正式发表的动物考古学研究报告和鉴定报告数量不多，这和当时参与研究的人员太少有关。正因为如此，周本雄先生发表的这些报告就更显得弥足珍贵，意义深远。

其二，鉴于动物考古学研究在当时属于考古学研究中的新兴研究领域，因此，除鉴定动物遗存和发表研究报告外，周本雄先生还撰文对动物考古学研究进行介绍。如他在20世纪80年代初就在《中国大百科全书·考古学》和《考古工作手册》上对动物考古学研究的目的、作用及采集和研究方法作了简明扼要的阐述[2]。他通过对考古

---

[1]　袁靖：《中国动物考古学》，北京：文物出版社，2015年，第308～323页。

[2]　a.周本雄：《考古动物学》，见中国大百科全书总编辑委员会《考古学》编辑委员会，中国大百科全书出版社编辑部编：《中国大百科全书·考古学》，北京：中国大百科全书出版社，1986年，第252页。

　　b.周本雄：《兽骨鉴定》，见中国社会科学院考古研究所编：《考古工作手册》，北京：文物出版社，1982年，第358～407页。

遗址中出土动物骨骼的归纳，认为中国北方新石器时代最主要的家养动物是鸡、狗和猪，南方是狗、猪和水牛，此外，马和羊也已普遍饲养，对中国古代家养动物的起源和特征也阐述了自己的认识[1]。一门学科的建立不能单单地依存研究报告，理论的建树是必不可少的。周先生以他的实际行动为此做出了贡献，他的研究在当时虽然不能说是单打独斗，但是，在那一代人中，若论自始至终坚持，从理论到实践都有贡献的学者，周先生作为第一人是当之无愧的。

其三，周本雄先生除了在国内开展动物考古学研究以外，还走出国门，在世界学术舞台上宣传中国动物考古学的研究成果[2]。我们现在已经很习惯走向世界了，出国进行学术访问，邀请国外的优秀学者到实验室参观，召开国际学术会议，开展中外合作研究等等。但是，在周本雄先生那个时代，能够在世界学术界宣传中国考古学研究成果的学者为数不多，历史地看待周先生当年为中国动物考古学走向世界做出的贡献，让人肃然起敬。

20世纪80年代初我到中国社会科学院考古系读研究生，住在考古研究所院子里，曾经多次见过周先生。那时是跟随石兴邦先生学习中国新石器时代考古学，对动物考古学认识肤浅，也没有想到日后会选择这个专业，一直从事这方面的研究，故没有专门寻找机会向周先生请教。到20世纪90年代初从日本留学回国，重回考古研究所开始动物考古学研究，周先生已经退休了。因为我与周先生不熟，故没有什么关于周先生从事动物考古学研究的生动实例公之于众，这实在是一件遗憾的事情。我只记得后来与周先生有过一次接触，那是从周先生那里接收他移交的一些考古遗址出土的动物骨骼。周先生把材料交给我以后就回家了，尽管来去匆匆，我们还是有时间交流，他除了告诉我那些考古遗址出土的动物骨骼的重要性以外，还谆谆嘱咐我要创造条件，制作现生动物标本，供比对研究用。时间短暂，话语不多，但是周先生的殷切期望，我至今仍然铭记在心。

二、20世纪90年代以来的研究

我自1993年回国，开始从事动物考古学研究，到现在已经将近20年了。回顾自己的研究工作，也可以归纳为以下五个方面。

---

[1]　周本雄：《中国新石器时代的家畜》，见中国社会科学院考古研究所编著：《新中国的考古发现和研究》，北京：文物出版社，1984年，第194～198页。

[2]　West B, Zhou B X. 1988. Did Chickens Go North? New Evidence for Domestication. *Journal of Archaeological Science*, 15(5): 515-533.

（一）对考古研究所等机构参与的各个考古遗址出土的动物遗存开展研究

通过对多个遗址出土的动物遗存进行定性定量研究，发表了21篇研究报告[1]。研究地区涉及河北、山西、山东、安徽、上海、浙江、河南、湖北、陕西、甘肃、宁夏等地。

（二）全面地阐述中国动物考古学的研究历史、研究目标、研究理论和研究方法

我认为，自20世纪50年代以来中国的动物考古研究大致分为开始期（20世纪50年代至70年代）和形成期（20世纪80年代以来）这样两个时期。各种专题研究主要是在形成期开展起来的[2]。我还多次撰文，阐述中国动物考古学的研究概况、中国动物考古学研究与世界动物考古学研究的比较及从整体上进行回顾和展望[3]。

除对研究历史和现状的阐述以外，我还系统地论述了动物考古学研究的目标、理论和方法，指出其目标是认识古代存在于各个地区的动物种类，复原当时的自然环境，探讨古代人类与动物的各种关系及古代人类的行为。除以考古学理论为指导以外，其理论基础还借用了查尔斯·莱伊尔（Charles Lyell）的"均变论"。其方法包括定性定量研究、注重可鉴定标本数和最小个体数的统计、测量特定的骨骼、建立年龄结构等等。我还强调了对"埋藏学"的认识的重要性[4]。我专门强调了要用考古学区系类型的观点为指导开展动物考古学研究，填补空白，丰富资料，逐步把比较和综合研究建立在全面、扎实的动物遗存研究资料的基础之上[5]。

针对中国考古遗址中猪骨出现数量相当多，属于新石器时代最主要的家养动物这一事实，我提出形体特征、年龄结构、性别特征、数量比例、埋葬或随葬现象、病理现象、食性分析和DNA研究等鉴定中国古代家猪的系列标准[6]。

---

[1] 袁靖：《中国动物考古学》，北京：文物出版社，2015年，第308～323页。

[2] 袁靖：《试论中国动物考古学的形成与发展》，《江汉考古》1995年第2期，第84～88页。

[3] a. 袁靖：《动物考古学研究综述》，见中国考古学会编：《中国考古学年鉴·2002》，北京：文物出版社，2003年，第106～121页。

　　b. 袁靖：《走向世界的中国动物考古学》，《中国文物报》2006年9月8日第7版。

　　c. 袁靖：《中国动物考古学研究的回顾与思考》，《中国文物报》2007年9月7日第7版。

[4] 袁靖：《研究动物考古学的目标、理论和方法》，《中国历史博物馆馆刊》1995年第1期，第59～68页。

[5] 袁靖：《论动物考古学研究与区系类型的关系——以研究新石器时代居民获取肉食资源的方式为例》，见湖南省文物考古研究院编：《湖南考古辑刊》（第8集），长沙：岳麓书社，2009年，第250～256页。

[6] 袁靖、罗运兵、李志鹏、吕鹏：《论中国古代家猪的鉴定标准》，见河南省文物考古研究所编：《动物考古》（第1辑），北京：文物出版社，2010年，第116～123页。

2010年，我们制定了《田野考古出土动物标本采集及实验室操作规范》，由国家文物局正式颁布[1]，这个规范为中国国内从事考古学研究和动物考古学研究的人员在野外采集动物遗存及在实验室内进行整理和研究，规定了统一的方法、标准和程序。

（三）专题研究

专题研究可以分为家养动物起源、获取肉食资源方式、随葬或埋葬动物、与中华文明起源相关的研究、与古代人地关系相关的研究等多个方面。

1. 家养动物起源

我通过对现在所知的新石器时代遗址中出土的动物骨骼进行了全面分析，确认中国新石器时代家畜的出现以狗和猪为最早，然后才有牛和羊等。家畜出现的时间至少要比栽培作物和制陶技术晚千年以上。我提出中国家猪起源的四个前提，即肉食供应不足、存在野猪、栽培植物成功、收获的粮食达到相当数量[2]。

我于2010年撰文全面论述了中国家养动物的动物考古学研究结果，明确提出狗、猪、绵羊、黄牛、马和鸡起源的时间和地点，同时认为中国家养动物的起源分为当地驯养和从其他地区引进这样两种方式[3]。

我还专门详细论述了自旧石器时代晚期至商代晚期的马骨发现状况，利用多个遗址的动物考古学研究结果，强调到了商代晚期，家马出现于黄河中下游地区，同时还对秦代家马的阉割状况进行了探讨[4]。

除家马以外，我还通过对多个遗址出土的动物骨骼进行研究，认为在距今8200年前后的内蒙古赤峰兴隆洼遗址、河北武安磁山遗址和浙江萧山跨湖桥遗址发现的动物遗骨中有家猪，同时还强调宗教原因可能也是当时人饲养家猪的目的之一[5]。

---

〔1〕　中华人民共和国国家文物局主编：《田野考古出土动物标本采集及实验室操作规范》，北京：文物出版社，2010年。

〔2〕　Yuan J, Flad K R. 2002. Pig domestication in ancient China. *Antiquity*, 76(293): 724-732.

〔3〕　袁靖：《中国古代家养动物的动物考古学研究》，《第四纪研究》2010年第30卷第2期，第298~306页。

〔4〕　袁靖：《中国古代家马的研究》，见陕西省文物局、陕西省考古研究所、西安半坡博物馆编：《中国史前考古学研究：祝贺石兴邦先生考古半世纪暨八秩华诞文集》，西安：三秦出版社，2003年，第436~443页。

〔5〕　袁靖：《中国古代的家猪起源》，见西北大学考古学系、西北大学文化遗产与考古学研究中心编：《西部考古》（第1辑），西安：三秦出版社，2006年，第43~49页。

2. 获取肉食资源方式

我比较全面地收集了目前所知的中国各个地区新石器时代遗址中出土的动物骨骼资料，将其按家养动物和野生动物分别进行了统计和分析，归纳出依赖型、初级开发型、开发型等古代居民获取肉食资源方式的几种类型，建立起它们的发展模式。我认为中国各个地区新石器时代遗址中表现出来的不同的获取肉食资源的方式，正是当时不同地区的人们在自己文化传统习俗的基础上适应环境，逐步建立、完善自己的生存活动方式的反映。但是，这都是在自然环境的制约下被动地完成的。因此，我将其总结为被动发展论[1]。

我通过对长江流域新石器时代遗址出土的动物遗存进行研究，确认长江流域家猪起源的时间在距今8200年前，在新石器时代，这个地区获取肉食资源的方式基本上以狩猎和捕鱼为主，在相当长的时间里饲养家猪仅占次要地位，这种行为的形成与当时这个地区的自然环境条件有关，更主要原因在于新石器时代居民开发自然资源的行为始终是被动地形成和发展的[2]。

我通过比较，确定新石器时代黄河流域的居民在相当长的时间里主要饲养家猪的方式、获取肉食资源的特征和长江流域的居民主要通过渔猎活动获取肉食资源这样的特征形成鲜明的对照。结合古代文献记载，发现这种获取肉食资源方式的明显差异至少一直延续到先秦时期。这种相隔距离不远的流域与流域之间的获取食物资源方式的差异构成了中国史前经济发展的独特现象，这在世界上也是独一无二的[3]。

我还通过对甑皮岩遗址动物遗存的研究，认为当时的人是通过狩猎野生动物、捕捞鱼类、采集贝类来获取肉食资源的。同时结合广东、广西和海南等地区的资料，认为在新石器时代的早期阶段，尤其是在洞穴遗址里，当时人获取肉食资源有相当大的共性，其获取的动物有两个特点：一是种类相当丰富。二是数量最多的为鹿科，野猪在全部动物中所占的比例相当低[4]。

---

〔1〕　袁靖：《论中国新石器时代居民获取肉食资源的方式》，《考古学报》1999年第1期，第1～22页。

〔2〕　袁靖：《论长江流域新石器时代居民获取肉食资源的方式》，见中国社会科学院考古研究所编著：《新世纪的中国考古学：王仲殊先生八十华诞纪念论文集》，北京：科学出版社，2005年，第967～983页。

〔3〕　袁靖：《论中国黄河流域和长江流域史前居民获取肉食资源方式的差异》，《光明日报》2008年9月21日第7版。

〔4〕　袁靖：《论甑皮岩遗址居民获取肉食资源的方式》，见邓聪、陈星灿主编：《桃李成蹊集：庆祝安志敏先生八十寿辰》，香港：香港中文大学中国考古艺术研究中心，2004年，第188～193页。

3. 随葬或埋葬动物

我通过对新石器时代遗址中随葬或埋葬猪骨现象的研究，归纳了各个地区的特征，强调猪既是当时肉食的主要来源，又是宗教活动的一种重要物品，远古人类的这种行为对商代也产生了深远的影响[1]。

我探讨了商代祭祀用牲的特征和变化，认为商代在祭祀活动中大量使用了动物。最早使用的主要是猪，也使用狗、牛和羊。而后逐步发展演变为主要使用狗、马、牛和羊。尤其是商代晚期，马被引入中国并被驯养，在祭祀活动中发挥了特殊的作用。商代祭祀动物种类和规模等的变化有助于区分献祭者的身份。在商代使用动物进行祭祀已经形成一种制度，祭祀用动物的组合有一套复杂的形式，并不断演变[2]。

我围绕山东滕州前掌大墓地随葬的动物骨骼进行研究，认为这个墓地的不少墓葬中都是随葬动物的前肢，以猪为最多，其他还有牛和羊的，一种动物只放一条前肢，在同一座墓里如果随葬两种以上动物前肢的话，必定为同侧。通过归纳其他地区商周时期的墓地里出土的同类现象，发现埋葬动物前肢是大家的共性，由此证明传统文献《礼记》中的有些记载是需要修正的[3]。

我还通过属于商周时期的安徽滁州何郢遗址发现多例埋葬狗和猪的现象，但是未见埋葬马、牛或羊的实例，认为这可能与何郢遗址属于乡村一级有关。在乡村一级的机构里，尽管不排除个别使用牛进行祭祀的可能性，但可能主要还是使用狗和猪一类的动物进行祭祀，继续沿袭新石器时代和二里头文化时期的祭祀习惯[4]。

4. 与中华文明起源相关的研究

我们通过对豫西与晋南地区属于公元前2500~前1500年的四个遗址出土的动物遗存的研究，发现这个地区的居民在获取肉食来源方面明显地继承了仰韶文化的传统，出土的动物以家猪为主。而黄牛和绵羊是新的家养动物，这两种动物和后来商周时期出现数量较多的黄牛和绵羊在时间上具有承续关系。黄牛和绵羊成为家畜的动因可能

〔1〕　袁靖：《中国新石器时代使用猪进行祭祀和随葬的研究》，见北京大学考古文博学院、中国国家博物馆编：《俞伟超先生纪念文集·学术卷》，北京：文物出版社，2009年，第175~192页。

〔2〕　Yuan J, Flad K R. 2005. New Zooarchaeological Evidence for Changes in Shang Dynasty Animal Sacrifice. *Journal of Anthropological Archaeology*, 24(3): 252-270.

〔3〕　袁靖、梁中合、杨梦菲：《论山东滕州前掌大墓地随葬动物的特征》，见中国社会科学研究考古研究所编：《二十一世纪的中国考古学：庆祝佟柱臣先生八十五华诞学术文集》，北京：文物出版社，2006年，第903~908页。

〔4〕　袁靖、宫希成：《安徽滁州何郢遗址出土动物遗骸研究》，《文物》2008年第5期，第81~86页。

是文化传播和交流的作用。黄牛和绵羊成为家畜以后，不但丰富了当时人的肉食来源，而且在宗教祭祀方面也开始发挥重要的作用，直至后来成为区分等级身份的重要标志[1]。

我们还通过对分布于西辽河流域、黄河流域和长江流域的公元前3500～前1500年的多个遗址出土的动物遗存的研究，发现不同地区古代居民获取肉食资源的方式不尽相同，尤其是黄河流域古代居民主要通过饲养家畜获取肉食资源的方式与长江流域的古代居民主要通过渔猎方式获取肉食资源的行为形成鲜明的对照。西辽河流域地区和黄河上游地区的古代居民获取肉食资源的方式到公元前2000年以来逐步发生变化，而黄河中下游地区古代居民获取肉食资源的行为一直保持相对的稳定状态。相当于龙山文化时期在甘肃和内蒙古地区发现的马骨，印证了家马是由外来文化传播进入中国的推测，甘肃地区和内蒙古地区都是家马从中国境外进入中国的中原地区的通道[2]。

5. 与古代人地关系相关的研究

1994～1998年，中国社会科学院考古研究所胶东半岛贝丘遗址课题组对胶东半岛21处贝丘遗址进行大范围调查和小规模试掘，获取了大量资料。此项研究以贝类等水生动物为主要研究对象。通过研究，总结出这21处贝丘遗址可以依据出土贝壳种类的不同分为8组，各组内的遗址相邻，由此证明当时居住在不同遗址的人类获取贝类的种类不同和其所处的不同自然环境有关。课题组人员通过对探方关键柱中获得的贝壳的尺寸进行测量统计，发现其有自下而上尺寸变小的趋势，由此推测，这是因为当时人大量采集贝类后对这种自然资源的生长过程形成较大的人为干涉，将其称之为"采集压"。这是中国首次对贝丘遗址进行以动物考古学为主要内容的研究，其成果不但表现在揭示了古代人类与自然环境，特别是动物资源的相互关系上，而且在获取动物遗存资料的方法上也有所创新[3]。

（四）中外交流

我们曾经翻译介绍了国外动物考古学的研究成果，阐述了如何根据猪或鹿的牙齿

---

〔1〕　袁靖、黄蕴平、杨梦菲、吕鹏、陶洋、杨杰：《公元前2500年～公元前1500年中原地区动物考古学研究》，见中国社会科学院考古研究所考古科技中心编：《科技考古》（第二辑），北京：科学出版社，2007年，第12～34页。

〔2〕　袁靖：《再论技术与经济发展状况与中华文明形成的关系》，见科技部社会发展科技司、国家文物局博物馆与社会文物司编：《中华文明探源工程文集·技术与经济卷·1》，北京：科学出版社，2009年，第10～21页。

〔3〕　中国社会科学院考古研究所编著：《胶东半岛贝丘遗址环境考古》，北京：社会科学文献出版社，1999年。

判断它们的年龄；指出了这样的动物年龄判断在认识古代人类对于动物的"狩猎压"时的意义[1]；介绍了如何根据猪的头骨、下颌及颈椎的特征来识别家猪和野猪，确立一个骨骼形态学的标准[2]；探讨了日本和欧美动物考古学研究的发展过程，总结其得失[3]。这些译文在启发思路、开阔视野方面都有一定的参考价值。

　　2008年6月2日至5日，在第四届东亚考古学会召开期间，由我和哈佛大学的Richard H. Meadow博士、Ajita K. Patel博士于2008年6月3日共同主持召开了"东亚动物考古的方法和问题"会议，会议在中国社会科学院考古研究所进行，来自中国、韩国、日本、印度、美国、英国、法国、加拿大的10多位学者参加了此次会议。这是国内外从事动物考古研究的学者首次聚焦东亚地区的动物考古，其中90%以上的议题是中国的动物考古，会议讨论的内容包括动物考古的研究方法、古代动物的DNA研究结果、家养动物起源、获取肉食方式的差异、利用动物祭祀、动物所反映的社会复杂化、动物考古教学等[4]。

　　2009年12月5日至10日，"第一届全国动物考古学研讨会"在北京的中国社会科学院考古研究所进行，由中国社会科学院考古研究所科技考古中心主办。来自吉林大学边疆考古研究中心、吉林省文物考古研究所、北京大学考古文博学院、国家博物馆陈列部、山东大学东方考古研究中心、河南省文物考古研究所、陕西省考古研究院、重庆师范大学历史与社会学院、湖北省文物考古研究所、湖南省文物考古研究所、中国社会科学院考古研究所的20多位从事动物考古学研究的专家参加了此次研讨会，近10位国内外学习中国动物考古学的研究生参加了会议。此次大会有3个议题，一是专门邀请美国哈佛大学人类学系的Richard H. Meadow博士和Ajita K. Patel博士讲授他们从事动物考古学研究的经验。二是与会人员介绍各自的研究成果。三是讨论并通过了《考古遗址出土动物标本采集和实验室操作规范》。通过此次研讨会，我们构建起全国性的动物考古学研究和学术交流的平台[5]。

　　2010年2月1日至5日，中国社会科学院考古研究所科技考古中心在考古研究所举办

〔1〕　〔日〕小池裕子、大泰司纪之著，袁靖译：《根据动物牙齿状况判断哺乳动物的年龄》，《北方文物》1992年第3期，第104～106页。

〔2〕　〔日〕西本丰弘著，袁靖译：《论弥生时代的家猪》，《农业考古》1993年第3期，第282～294页。

〔3〕　〔日〕西本丰弘著，袁靖、焦南峰译：《日本动物考古学的现状课题》，《考古与文物》1993年第4期，第104～110、103页。

〔4〕　袁靖：《薪火相传　精益求精》，《中国文物报》2011年11月25日第7版。

〔5〕　袁靖、李志鹏、吕鹏：《搭建平台、交流学术、统一规范、提高水平——记第一届全国动物考古学研讨会》，《中国文物报》2010年3月5日第7版。

"中欧生物考古学合作研究第一次学术研讨会"。会议由课题负责人中国社会科学院考古研究所科技考古中心袁靖研究员、英国阿伯丁大学Keith Dobney教授、法国国家历史自然博物馆Jean Denis Vigne博士共同主持。来自于中国社会科学院考古研究所科技考古中心、中国科学院研究生院、吉林大学生命科学学院，英国阿伯丁大学、杜伦大学，法国国家历史自然博物馆、国家民族和民俗史博物馆，德国马普学会进化人类学研究所等多个教学和研究机构的20多位从事动物考古、植物考古、环境考古、古DNA研究、稳定同位素分析的研究人员、博士后及研究生参加了此次学术研讨会。中国和英、法等国在动物考古、植物考古、环境考古、古DNA研究、稳定同位素分析等领域开展工作的学者及学生们第一次坐在一起，围绕相关研究进行面对面的交流，大家共同搭建起一个开展学术交流的平台[1]。

2010年8月22日至8月30日在法国巴黎举办"国际动物考古协会第11届世界大会"。来自于世界各地的700余位从事动物考古学及自然科学相关学科的学者参加了此次大会。来自中国社会科学院考古研究所、中国科学院研究生院、中国科学院古脊椎动物与古人类研究所、中国国家博物馆、吉林大学和湖北省文物考古研究所的15位中国学者和研究生参加了此次大会，开创了历届中国学者参加国际动物考古协会世界大会的人数纪录。我和哈佛大学的Richard H. Meadow博士等共同主持了名为"动物考古学在东亚、东南亚和南亚地区古代社会研究中的作用学术讨论会"，30多位来自中国、印度、菲律宾、韩国、日本、美国、英国、法国和加拿大的学者和研究生参加了这个讨论会。通过此次大会，密切了国内外从事动物考古学研究的学者之间的联系，进一步明确了中国动物考古学今后的发展方向[2]。

（五）培养学生

由于中国动物考古学急需更多的研究人员参与研究，尽快培养学生是当务之急。

10多年来，我培养的3名博士已经毕业，分别在中国社会科学院考古研究所科技考古中心动物考古实验室和湖北省文物考古研究所从事动物考古研究工作。我培养的4名硕士生毕业后，有的到地方的文物考古研究所开始从事动物考古研究工作，有的继续攻读动物考古学博士学位，有的从事其他方面的工作。这里要强调的是，即便从事其他方面的工作，他们也都曾经正式发表过动物考古的研究报告，在中国动物考古学研究历史上留下了自己的足迹。现在，我正在培养的学习动物考古的博士生有2名，硕

---

〔1〕　袁靖、尤悦：《中欧生物考古学合作研究揭开新篇章》，中国考古网2010年9月3日。
〔2〕　袁靖：《袁靖、李志鹏和吕鹏等参加国际动物考古协会第11届世界大会》，中国考古网2010年8月31日。

士生有1名。以上介绍的都是在中国社会科学院研究生院正式注册的学生，除他们以外，我还参与辅导中国科学院研究生院科技考古系学习动物考古的博士生2名，硕士生1名，西北大学文化遗产学院学习动物考古的硕士生1名。

除研究生外，我还参与指导从事化学分析和古DNA分析的博士后，这些研究方法在动物考古研究中的应用，开辟了动物考古研究的新领域，为我们更加科学、全面地认识古代人类与动物的相互关系及古代人类的特定行为特征提供了重要的信息和启示。

一个研究团队的发展前景如何，受各种因素的制约。其中，这个研究团队中的年轻人的研究水平如何是至关重要的因素。我们已欣喜地看到，年轻人正在苗壮成长。吕鹏等通过对河南登封王城岗遗址、禹州瓦店遗址出土的动物遗存，颍河中上游区域考古调查出土的动物骨骼进行整理和研究；杨梦菲通过对广西合浦风门岭二十六号汉墓随葬铜鼎内出土的动物骨骼进行整理和研究，都发表了正式的研究报告[1]。李志鹏等通过对河南安阳铁三路大型制骨作坊遗址出土的动物骨骼遗存进行鉴定、观察、测量、称重等研究，发现与制作骨器有关的动物骨骼遗存既包括成品、不同阶段的半成品及废品，也包括坯料、边角料等。骨料的来源包括黄牛、水牛、猪、羊、鹿等动物的骨骼，但是以黄牛的骨骼占绝对多数，其中又以掌跖骨为多；其取料的方法主要是锯切，加工的方法则包括切割、削、锉、凿、雕刻、打磨等；其主要的产品可能是骨笄。他们对整个制作过程进行了大致的复原[2]。

李志鹏、吕鹏还分别整理了河南安阳殷墟遗址、广西南宁鼎狮山遗址出土动物遗存，正在撰写研究报告。

〔1〕   a. 吕鹏、杨梦菲、袁靖：《动物遗存的鉴定和研究》，见北京大学考古文博学院、河南省文
    物考古研究所编著：《登封王城岗考古发现与研究（2002～2005）》，郑州：大象出版
    社，2007年，第574～602页。

    b. 吕鹏、杨梦菲、袁靖：《禹州瓦店遗址动物遗存的鉴定和研究》，见北京大学考古文博学
    院、河南省文物考古研究所编著：《登封王城岗考古发现与研究（2002～2005）》，郑
    州：大象出版社，2007年，第815～901页。

    c. 杨梦菲：《合浦县风门岭二十六号汉墓出土动物骨骼的鉴定报告》，见广西壮族自治区文
    物工作队、合浦县博物馆编著：《合浦风门岭汉墓——2003～2005年发掘报告》，北京：
    科学出版社，2006年，第171～176页。

〔2〕   李志鹏、何毓灵、江雨德：《殷墟晚商制骨作坊与制骨手工业的研究回顾与再探讨》，见中
    国社会科学院考古研究所夏商周考古研究室编：《三代考古》（四），北京：科学出版社，
    2011年，第471～484页。

三、结　语

通过对将近50年的考古研究所动物考古学研究的回顾，我们可以看到呈现出以下一些特点。

其一是研究的时空范围相当广泛。到现在为止发表的研究报告，从地区上看，涉及东北、华北、西北、中南、华东和华南地区。从年代上看，虽然主要集中在新石器时代，但是年代最晚的也包括唐代。

其二是研究的内容多样化。包括研究报告和研究论文在内的动物考古学的研究内容涉及对动物遗存的定性定量研究，关于当时自然环境的探讨，研究家养动物起源、获取肉食资源方式、祭祀随葬活动中利用动物、制作骨角器及文化交流中利用动物等现象。

其三是研究队伍基本形成。现在已有4名研究人员专门从事动物考古学研究，具备了一批现生动物骨骼标本，积累了相当数量的古代动物骨骼资料。另外，研究生队伍正在壮大。

其四是动物考古学的研究方法逐步完善。除动物形态学研究以外，古DNA分析、碳氮稳定同位素分析、锶同位素分析等都参与到动物考古学研究之中，且取得了初步成果。

其五是中外交流活跃。现在从事动物考古研究的人员绝大多数都有在国外留学或进行学术访问的经历，多次国际会议的召开及多项中外合作项目的开展，都让我们拓展视野，学习方法，增长才干，为取得成果奠定了很好的基础。

总结以上的工作，可以说考古研究所的动物考古学研究已经取得了很好的成绩。但是我们还必须清醒地认识到，与国际上的同类研究相比，还需要做很多基础性的工作。

其一，我们缺乏系统的现生动物比对标本。进行动物考古学研究时比对标本是必不可少的。所谓有比较才有鉴别，以今证古，都是强调证据的重要性。缺乏比对标本，靠图说话，甚至无从对照，肯定会给鉴定工作带来负面影响。加强现生动物标本库建设的工作是当务之急。

其二，由于从事动物考古学研究的人员数量还是有限，这势必会影响到不能对各个遗址出土的各类动物遗存资料进行全面的研究，各个地区考古遗址中出土动物遗存的研究工作存在很大差异的局面肯定还会继续存在下去。扩大研究队伍的工作势在必行。

其三，古代动物标本的样品库和数据库建设需要加强。我们掌握的每一批资料，都包含了特定时空范围内人类与动物相互关系的多种信息，如何提取、如何保存、如何利用等等，不但是现在要认真考虑，即便到将来也是大有文章可做。

其四是中国动物考古学研究的各类课题都需要大大加强探讨的深度和广度。从现在的研究状况看，我们现有的资料并没有得到很好的开发和利用，研究结果的数量和质量都明显落后于资料出土的进度。这种不对称的局面必须尽早改变。

其五是包括与国外学者在内的多学科合作研究还有很大的空间可以开拓。随着学科建设的发展，交叉学科的发展潜力越来越大，从而吸引更多的研究人员投入到中国动物考古学研究中来，肯定会对这个学科的发展起到积极的推动作用。

最后是中国动物考古学的教学还有许多工作要做，培养人才是当务之急。采用不同的教材辅导在校的学习考古专业或其他相关专业的本科生、硕士生和博士生，帮助他们掌握动物考古学研究的基础知识或专业知识，逐步形成一种制度，才能从根本上解决上述的全部问题。

以上这些都是中国动物考古学研究进入更高层次时必须克服的障碍。展望前程，任重而道远。

（原载于陈启能主编：《中国哲学社会科学发展历程回忆·史学卷》，2014年，北京：中国社会科学出版社，第38~48页）

中国古代家鸡起源的再研究

　　2014年年底，《美国国家科学院院报》（PNAS）上发表了多位中外专家共同署名的文章，Early Holocene chicken domestication in northern China，即《全新世早期中国北方地区的家鸡驯化》（以下简称该文）。该文认为家鸡应当是多地独立驯化，中国北部、南亚与东南亚很可能是三大并行的家鸡早期驯化中心。主要依据有三条，首先是通过对河北徐水南庄头遗址、武安磁山遗址，山东兖州王因遗址和湖北枣阳九连墩遗址出土的鸡骨进行线粒体DNA测序，发现包括距今10000年的南庄头遗址在内的这几个遗址出土的鸡骨，与原鸡属（*Gallus*）的亲缘关系最为接近；另外，南庄头遗址和磁山遗址中存在热带的动植物遗存，表明中国北部地区在全新世早期的气候较现在更加温暖湿润，森林覆盖也更为广阔，这些都可为红原鸡（*Gallus gallus*）提供适宜的栖息条件；最后，距今10000年前，农业（粟、黍的种植与家猪的驯化）已存在于中国北部地区，这也为家鸡的驯化提供了可能性[1]。

　　该文一经发表，立即引起国内外动物考古学及相关学科研究人员的高度关注。该文提出的观点与近年来动物考古学的研究结果明显不同。比如，2010年，我们在《河北徐水南庄头遗址出土动物遗存研究报告》一文中提到，南庄头遗址发现了雉，我们没有发现鸡[2]。2013年，我们在《中国古代家鸡的再探讨》一文中提出，以往对磁山遗址、王因遗址等多处遗址出土所谓家鸡的鉴定值得商榷。按照迄今为止的认识，中国所见最早的家鸡出现在河南安阳殷墟遗址，距今3300年左右[3]。至于该文中提到湖北枣阳九连墩遗址（公元前475～前221年）出土的鸡骨，这是经过我们科学鉴定的，骨骼上有明确的鸡的形态学特征，我们认可该文中关于九连墩的鸡骨的基因研究结

〔1〕 Xiang H, Gao J Q, Yu B Q, Zhou H, Cai D W, Zhang Y W, Chen X Y, Wang X, Hofreiter M, Zhao X B. 2014. Early Holocene Chicken Domestication in Northern China. *Proceedings of the National Academy of Sciences*, 111(49): 17564-17569.

〔2〕 袁靖、李君：《河北徐水南庄头遗址出土动物遗存研究报告》，《考古学报》2010年第3期，第385～391页。

〔3〕 邓惠、袁靖、宋国定、王昌燧、江田真毅：《中国古代家鸡的再探讨》，《考古》2013年第6期，第83～96页。

果。该文将河北徐水南庄头遗址和武安磁山遗址作为中国最早驯化家鸡的地点,其主要论据和观点都是不能成立的。以下针对该文的三条依据提出我们的认识。

第一,该文中提到的大部分动物标本的来源和种属鉴定均存在严重问题。该文对用作DNA测序的39例标本来源的说明十分模糊,对于这些标本种属的动物考古学鉴定结果,也缺乏最基本的说明。在1992年发表的南庄头遗址的动物遗存鉴定报告中,提到鉴定的动物种属中包括鸡,但是研究者并未明确说明鉴定理由[1]。这位研究者在1981年发表的磁山遗址的动物遗存研究报告中,同样提到鉴定的动物种属中包括鸡,其理由有三条,一是磁山遗址的鸡的跗跖骨形态和红原鸡的很相似;二是通过测量尺寸比较,磁山遗址的鸡骨与红原鸡的骨骼长度最为接近;三是这个遗址出土的雄性鸡占据绝大多数,这与自然分布状态明显不符,有人工干预的因素在内;但是他没有具体阐述任何鸡骨的形态学特征[2]。此外,这位研究者在2000年发表的王因遗址的动物遗存研究报告中,同样也提到鉴定的动物种属中包括鸡,但是也没有说明理由[3]。21世纪初,我们通过对1997年再次发掘南庄头遗址时出土的动物遗存进行研究,仅发现有明确的形态特征的雉骨,没有发现鸡骨[4]。我们依据雉科动物骨骼形态学的特征,对20世纪80年代发掘的南庄头遗址出土的鸟类遗存、1981年发表的磁山遗址出土的鸟类遗存和2000年发表的王因遗址出土的鸟类遗存进行再鉴定时,并未发现鸡骨,能够确定鸟类种属的骨骼中,仅见雉的骨骼。鉴于那位研究者在鉴定陕西宝鸡北首岭遗址出土的动物遗存时,指出在一个陶罐内发现一具完整的鸡的骨骼,并发表了证明其为鸡骨的照片[5]。我们对照片上的鸡骨进行再研究,发现其所谓的鸡的跗跖骨明显地具有雉的跗跖骨特征,可以肯定其为雉,不是鸡,可见那位研究者对鸡骨的判定依据是错误的[6]。依据我们对南庄头遗址、磁山遗址和王因遗址的鉴定结果及那位研究者在

〔1〕 保定地区文物管理所、徐水县文物管理所、北京大学考古系、河北大学历史系:《河北徐水县南庄头遗址试掘简报》,《考古》1992年第11期,第961~970页。

〔2〕 周本雄:《河北武安磁山遗址的动物骨骸》,《考古学报》1981年第3期,第339~346页。

〔3〕 周本雄:《山东兖州王因新石器时代遗址出土的动物遗骸》,见中国社会科学院考古研究所编著:《山东王因:新石器时代遗址发掘报告》,北京:科学出版社,2000年,第414~416页。

〔4〕 袁靖、李君:《河北徐水南庄头遗址出土动物遗存研究报告》,《考古学报》2010年第3期,第385~391页。

〔5〕 周本雄:《宝鸡北首岭新石器时代遗址中的动物骨骸》,见中国社会科学院考古研究所编著:《宝鸡北首岭》,北京:文物出版社,1983年,第145~153页。

〔6〕 邓惠、袁靖、宋国定、王昌燧、江田真毅:《中国古代家鸡的再探讨》,《考古》2013年第6期,第83~96页。

以往的研究中存在的问题，我们质疑那位研究者很可能把遗址中出土的雉都鉴定为鸡了。这里要专门指出一点，该文在最后的谢辞中提到，感谢袁靖提供山东兖州王因遗址的鸡骨[1]，事实上袁靖提供的仅是一件王因遗址出土的具有明确形态特征的雉的跗趾骨。并且在提供这件标本时，袁靖还专门强调，目前在中国新石器时代这个时间段里尚未发现鸡骨，仅发现雉骨，因此，可以先尝试着对考古遗址出土的雉骨进行古DNA研究，确认古代雉的基因特征，为今后对家鸡的深入探讨积累资料。该文中还提到感谢湖北省文物考古研究所的罗运兵博士提供湖北枣阳九连墩遗址出土的鸡骨。我们在上文已经说明，该文中提到的九连墩遗址出土的鸡骨是经过动物考古学家的科学鉴定的，没有问题。这点还有文献可以佐证，在《左传·僖公十九年》（公元前641年）里记载"古者六畜不相为用"。另外，在《周礼·夏官·职方氏》里，有"其畜宜六扰"，汉代郑玄注："六扰，马、牛、羊、豚、犬、鸡"。九连墩遗址的年代范围在公元前475~前221年，僖公十九年，即公元前641年已经存在家鸡，比其晚了将近200年的九连墩遗址存在家鸡是可以理解的。

综上所述，在缺乏最基本的形态学研究的基础上，该文提到的自己检测出来的南庄头、磁山和王因这几个遗址的骨骼的基因序列与原鸡属的亲缘关系最为接近。但目前为止，所有科学的动物考古学研究均不支持这一结论。此外，该文的作者名单中没有动物考古学家的参与。因此，我们质疑该文中提到的上述遗址的鸡骨来自何处。这里还要指出一点，该文公布的所谓鸡骨的照片［Fig. 1.（B）］中，右下方的那块骨骼从形态学上看是狗（或者是犬科动物）的趾骨[2]。

第二，与该文的推测完全相反，当时河北地区的生态环境完全不适合原鸡属栖息。依据鸟类学家的研究，原鸡属是热带林区鸟类，栖息于海拔1000余米以下的原始森林、麻栗林和次生竹、阔混交林中，也见于稀疏的树林或灌木丛内。在中国，红原鸡现在栖息于云南省东南部、广西壮族自治区西南部及海南岛[3]。

第四纪地质研究证明，河北地区在距今10000~8500年左右，气候状况并不如该文中描述的那么温暖湿润。当时的气候较为凉干，在孢粉中，草本的蒿属和藜属占优

---

〔1〕 Xiang H, Gao J Q, Yu B Q, Zhou H, Cai D W, Zhang Y W, Chen X Y, Wang X, Hofreiter M, Zhao X B. 2014. Early Holocene Chicken Domestication in Northern China. *Proceedings of the National Academy of Sciences*, 111(49): 17564-17569.

〔2〕 Xiang H, Gao J Q, Yu B Q, Zhou H, Cai D W, Zhang Y W, Chen X Y, Wang X, Hofreiter M, Zhao X B. 2014. Early Holocene Chicken Domestication in Northern China. *Proceedings of the National Academy of Sciences*, 111(49): 17564-17569.

〔3〕 郑作新主编：《中国经济动物志·鸟类》，北京：科学出版社，1966年，第202~206页。

势，并发现有禾本科和莎草科，这一阶段可能是草原景观[1]。

从南庄头遗址的动物群及孢粉分析的结果可以看出：动物群种类和植被特征与现今的河北地区没有明显的差异，气候与热带地区完全不同。对照1992年第11期《考古》上发表的《河北徐水县南庄头遗址试掘简报》（以下称1992年简报），里面的附录1是动物遗存的鉴定结果，全部种类为16种，其中腹足纲有中华圆田螺、萝卜螺、种属不明的螺2种，共4种；瓣鳃纲有珠蚌1种；爬行纲有鳖1种；鸟纲有鸡（未定种）、鹤2种；哺乳纲有狼、狗、猪、麝、梅花鹿、马鹿、麋鹿和狍8种[2]。这个动物群中大多数动物在中国的南方和北方地区都可以生存，但是其中有两种鹿科动物值得关注。一种是马鹿，现分布于中国的东北、内蒙古和西北地区[3]。还有一种是狍，现分布于中国河北、山西、陕西、甘肃、青海及以北地区[4]。以上两种动物都有典型的北方地区动物的生态特征。因此，1992年简报中关于南庄头遗址动物遗存的鉴定结果里，只有所谓的鸡（未定种）可能与生息于热带地区的红原鸡相关联。1992年简报的附录2是孢粉分析的结果，其中，木本花粉有松属、冷杉属、云杉属、栎属、栗属、榛属、桦属、鹅耳枥属、桤木属、榆属、椴属、胡桃属、柳属、漆树属、其中针叶树主要是松属花粉较多，有时也有云杉属和冷杉属花粉。阔叶树花粉以榆、栎属、栗属和桦属多一些。半灌木和草本花粉有20个类型，包括麻黄属、葎草属、菊科、蒿属、藜科、石竹科、豆科、木犀科、莎草科、香蒲属、狐尾藻属、唐松草属、禾本科、蔷薇科、伞形科、毛茛科、唇形科、蓼属、茜草科、茄科，其中以麻黄属、菊科、蒿属、藜科、莎草科、香蒲属、禾本科花粉较常见。蕨类孢子有水龙骨科、中华卷柏和石松属，以前二者较多。从花粉式中可以看出，以草本花粉占优势，在堆积的上部和下部一般达到80%以上，只有中部木本花粉稍多一些，占到40%左右。根据以耐旱的半灌木麻黄、菊科、蒿属、禾本科花粉同时出现较多来看，当时的环境就总体而言是偏凉干，以草原景观为主[5]。我们认为，这个孢粉的结果与动物群的结果是较为一致的，即绝大多数植物在中国的南方和北方地区都可以分布，但是其中的桦属是生存于北温

---

[1]   王红亚、石元春、于澎涛、汪美华、郝晋民、李亮：《河北平原南部曲周地区早、中全新世冲积物的分析及古环境状况的推测》，《第四纪研究》2002年第22卷第4期，第381～393页。

[2]   保定地区文物管理所、徐水县文物管理所、北京大学考古系、河北大学历史系：《河北徐水县南庄头遗址试掘简报》，《考古》1992年第11期，第961～970页。

[3]   寿振黄主编：《中国经济动物志·兽类》，北京：科学出版社，1962年，第468～471页。

[4]   寿振黄主编：《中国经济动物志·兽类》，北京：科学出版社，1962年，第474～477页。

[5]   保定地区文物管理所、徐水县文物管理所、北京大学考古系、河北大学历史系：《河北徐水县南庄头遗址试掘简报》，《考古》1992年第11期，第961～970页。

带的[1]，藜科则生存于干旱地区[2]。

同样，磁山遗址的气候特征也难以与热带建立联系。磁山遗址的动物包括22种，其中瓣鳃纲有丽蚌1种；硬骨鱼纲有草鱼1种；爬行纲有鳖1种；鸟纲有家鸡（如本文前面所述，我们认为其是否是家鸡存疑）、豆雁2种；哺乳纲有猕猴、蒙古兔、东北鼢鼠、狗、狗獾、花面狸、小型食肉动物、金钱豹、野猪、家猪、獐、赤鹿、梅花鹿、马鹿、麋鹿、狍、短角牛等17种[3]。磁山遗址动物群的特征与南庄头遗址有相似之处，即大多数动物在中国的南方和北方地区都可以生存，也发现了具有典型的北方地区动物的生态特征的马鹿和狍。除了上述的动物之外，这个遗址还发现了猕猴和花面狸。猕猴虽然主要生息于西南和华南地区，不过在长江流域、河南和山西南部地区也有分布[4]。花面狸虽然主要是热带和亚热带地区的动物种类，但是，在中国的河北和陕西地区也有分布[5]。因此，这个遗址也只有鸡（未定种）可以与生息于热带地区的红原鸡相关联。这个遗址没有发表孢粉分析的研究结果，但是在考古发掘报告中，提到发现榛子[6]，这不是热带地区的植物[7]。

从以上的动植物种属看，在南庄头遗址和磁山遗址的动物群中都发现属于北方地区的马鹿和狍，在南庄头遗址的孢粉中发现了存在于北温带的桦属、存在于荒漠和干旱地区的麻黄属和藜科植物，结合磁山遗址的植物遗存中没有发现与热带地区相关的种属，这些都证明当时的南庄头遗址和磁山遗址周围不可能存在类似现在热带地区的气候和植被。

我们认为，无论依据自然剖面的分析结果，还是从遗址中出土的动植物遗存研究结果分析，河北地区在全新世早期和中期的气候环境特征与现在没有太大的区别。

第三，种植粟、黍和驯化家猪与饲养家鸡没有必然的关系。研究人员在发掘距今10000年前的北京门头沟东胡林遗址时通过浮选，发现少量炭化的粟粒，虽然其形态上

[1] 中国科学院中国植物志编辑委员会编著：《中国植物志·第二十一卷》，北京：科学出版社，1979年，第103页。
[2] 中国科学院中国植物志编辑委员会编著：《中国植物志·第二十五卷·第二分册》，北京：科学出版社，1979年，第1页。
[3] 周本雄：《河北武安磁山遗址的动物骨骸》，《考古学报》1981年第3期，第339~346页。
[4] 寿振黄主编：《中国经济动物志·兽类》，北京：科学出版社，1962年，第60~61页。
[5] 寿振黄主编：《中国经济动物志·兽类》，北京：科学出版社，1962年，第382~384页。
[6] 河北省文物管理处、邯郸市文物保管所：《河北武安磁山遗址》，《考古学报》1981年第3期，第303~338页。
[7] 中国科学院中国植物志编辑委员会编著：《中国植物志·第二十一卷》，北京：科学出版社，1979年，第50页。

已经具备了栽培粟的基本特征，但尺寸非常小，很有可能属于由狗尾巴草向栽培粟进化过程中的过渡类型，再结合东胡林遗址出土的人工遗迹、遗物及大量动物遗存中没有发现任何家养动物的证据，当时人获取食物的方式主要还是依靠采集狩猎[1]。迄今为止，河北地区新石器时代最早的遗址就是南庄头遗址，这个遗址在发掘时没有使用浮选法，因此，我们无法确认当时是否存在栽培粟的行为。参照东胡林遗址的研究结果，我们推测即便南庄头遗址有粟，当时人获取食物的方式应该和东胡林遗址是类似的。目前在河北地区发现的最早的家猪出自距今8000年左右的磁山遗址[2]。如果该文10000年前饲养家鸡的推论成立，那么河北地区家鸡的饲养要比家猪的饲养早2000年。迄今为止的中国动物考古学研究中尚未发现过家鸡早于家猪出现的实例。另外，就像中国北方地区出现种植粟、黍和驯化家猪这些行为以后，这样的栽培和饲养行为与中国古代黄牛的饲养、绵羊的饲养及家马的饲养之间不存在必然的联系一样。即便出现种植粟、黍和驯化家猪等行为，这也与饲养家鸡没有必然的关系，该文中把种植粟和驯化家猪等行为作为南庄头遗址存在家鸡的一个理由，缺乏起码的逻辑推理的依据，因而是根本不能成立的。

依据以上的逐条反驳，我们认为，距今10000年左右，中国河北徐水南庄头遗址根本没有家鸡存在的可靠证据，磁山遗址存在家鸡的论述也不能成立。因此，现有证据并不支持中国北部地区存在家鸡早期驯化的中心。

我们通过对多个考古遗址出土鸡骨的再次分析与相关研究性论文的梳理，认为以往关于我国古代家鸡的认定多有值得商榷之处。为此，我们结合前辈学者的相关认识以及近几年有关环颈雉与鸡鉴定方法的新进展，通过对河南淅川申明铺遗址出土鸡的认定，提出通过骨骼形态学特征，从多个骨骼部位认清环颈雉与鸡区别的重要性。并强调只有在此基础上，方可进一步建立红原鸡与家鸡形态特征方面的判别标准，从而更为精准与全面地讨论中国家鸡的起源等问题。我们认为目前相对可靠的家鸡证据来自于距今3300年左右的河南安阳殷墟遗址，即最晚在距今3300年左右，中国已经存在家鸡[3]。我们提出当时已经存在家鸡的证据有两条，其一是在河南安阳殷墟遗址的小屯一号灰坑中，曾出土一件不完整的鸡头骨。鸟类专家借助细致的解剖学分析，如其枕髁小，枕骨下窝深而大、眼神经外支管孔和迷走神经孔相当发育等特征，鉴定其

〔1〕　赵志军：《中国古代农业的形成过程：浮选出土植物遗存证据》，《第四纪研究》2014年第34卷第1期，第73～84页。

〔2〕　周本雄：《河北武安磁山遗址的动物骨骸》，《考古学报》1981年第3期，第339～346页。

〔3〕　邓惠、袁靖、宋国定、王昌燧、江田真毅：《中国古代家鸡的再探讨》，《考古》2013年第6期，第83～96页。

为家鸡。其二是殷墟出土的甲骨文中显示出"鸡"和"雉"两个字的写法区别已很明显，特别是"鸡"字，如果用繁体字来表现的话，看得更加清楚（图一）。"鸡"字作为名词使用，一般用作牺牲，而"雉"字的用法除名词外，还包括捕获的意思。商代甲骨文中作为牺牲的动物一般都是家养动物[1]。

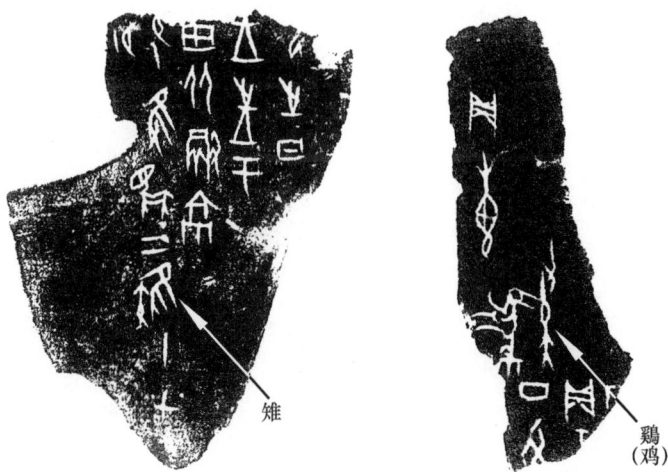

图一

我们认为，鉴于红原鸡现在栖息于亚洲东南部，主要分布在北回归线以南的热带地区。家鸡可能最先在红原鸡的传统栖息地驯化，之后逐渐通过文化交流的方式北上，至少在距今3300年前，已经到达河南东部地区。中国云南、广西部分地区和海南岛及中国境外的印度、巴基斯坦、斯里兰卡等地都是红原鸡栖息的范围，从那里到河南东部地区，中间相隔相当长的距离。随着今后亚洲东南部地区、中国长江流域以南地区，尤其是西南地区考古发掘工作的进展，探寻家鸡的起源及传播线路的研究一定会有新的突破。

这里我们需要再次强调，在动物考古学的研究方法中，形态学研究是最为基础的，也是最为重要的工作，古DNA研究为我们增强动物考古学研究结果的科学性提供了有力的支持，这是不可否认的事实。我们希望从多个角度开展探讨，但是，在研究中没有动物考古学研究人员的参与，忽视动物考古学研究的思考，甚至单纯地从古DNA的研究结果中提出推翻动物考古学研究的结论，这种认识的科学性是要大打折扣的。我们要时刻注意，一种技术的科学性不等于结论的科学性，尤其是在对特殊的考古样品进行分析的时候，不考虑出土状况，不考虑具体的形态学特征，不考虑迄今为

---

[1]　袁靖：《中国动物考古学》，北京：文物出版社，2015年，第104页。

止的历时性研究结果，单纯地以某种自然科学方法的研究结果进行动物考古学的学术讨论，很可能要误入歧途的。

（原载于《南方文物》2015年第3期，第53～57页。作者为袁靖、吕鹏、李志鹏、邓惠、江田真毅，主要由袁靖撰写）

长江三角洲地区新石器时代动物考古学研究的思考

——兼论田螺山遗址动物考古学研究的相关问题

通过多年来对长江三角洲地区的动物考古学研究，我们对这个地区家猪的起源及古代居民获取肉食资源的方式等有了一定的认识[1]。此次浙江余姚田螺山遗址2004年第一次发掘出土的哺乳动物研究已经完成，在种属鉴定和定量统计的基础上，研究者认为该遗址出土的哺乳动物中以各种鹿科动物最多，构成了古人狩猎的主要目标；其次为猪和水牛。根据已有的研究材料推测，水牛为当地的野生种类，所有猪骨中相当一部分也可以确定是野猪。由此可见，田螺山居民的经济生活以狩猎采集为主[2]。这些认识都是十分重要的。本文首先讨论田螺山遗址的动物考古学研究成果，然后围绕长江三角洲地区新石器时代动物考古学研究阐述自己的认识。

一、田螺山遗址动物考古学研究的意义

通过对田螺山遗址出土动物遗存的采集、鉴定、统计及研究，从多个方面推动了长江三角洲地区新石器时代的动物考古学研究。

---

[1] a. 袁靖：《论中国新石器时代居民获取肉食资源的方式》，《考古学报》1999年第1期，第1~22页。

　　b. 袁靖：《论长江流域新石器时代居民获取肉食资源的方式》，见中国社会科学院考古研究所编著：《新世纪的中国考古学：王仲殊先生八十华诞纪念论文集》，北京：科学出版社，2005年，第967~983页。

[2] 张颖、袁靖、黄蕴平、松井章、孙国平：《田螺山遗址2004年出土哺乳动物遗存的初步分析》，见北京大学中国考古学研究中心、浙江省文物考古研究所编：《田螺山遗址自然遗存综合研究》，北京：文物出版社，2011年，第172~205页。

（一）定量统计结果

1989年出版的《浙江余姚河姆渡新石器时代遗址动物群》这本动物考古学专刊，专门描述了河姆渡遗址出土的61个动物种属，其中贝类有方形环棱螺、无齿蚌等3种，甲壳类有锯缘青蟹，鱼类有真鲨、鲟鱼、鲤鱼、鲫鱼、鳙鱼、鲇鱼、黄颡鱼、鲻鱼、灰裸顶鲷、乌鳢10种，爬行类有海龟、陆龟、黄缘闭壳龟、乌龟、中华鳖、中华鳄相似种6种，鸟类有鹈鹕、鸬鹚、鹭、雁、鸭、鹰、鹤、鸦8种，哺乳类有猕猴、红面猴、穿山甲、黑鼠、豪猪、鲸、狗、貉、豺、黑熊、青鼬、黄鼬、猪獾、水獭、江獭、大灵猫、小灵猫、花面狸、食蟹獴、豹猫、虎、亚洲象、苏门犀、爪哇犀、野猪、家猪、獐、大角鹿、小鹿相似种、水鹿、梅花鹿、麋鹿、圣水牛、苏门羚34种[1]。研究者在阐述各种动物时简单地提及了他们挑选的标本数量，但是对河姆渡遗址出土的全部动物骨骼未做具体统计，研究者认为鹿等野生动物的比例相当大，数倍于猪的数量，这个遗址出土的动物骨骼以野生动物为主。2003年出版的《河姆渡：新石器时代遗址考古发掘报告》对河姆渡遗址出土的动物骨骼又进行了专门描述。报告指出河姆渡遗址出土最多的动物遗骸是鱼类和龟鳖类，其次是鹿[2]。由于没有对全部动物骨骼做定量统计，关于各类动物数量的多少是一个十分含糊的概念，我们在讨论河姆渡遗址的动物遗存及当时的居民获取肉食资源的方式时，受缺乏统计数字的局限，仅能做出大致的推测。

此次通过对属于河姆渡文化的田螺山遗址出土的动物遗存的研究，发现田螺山遗址出土的动物种类包括鱼类、爬行类和哺乳类，由于对出土的全部鱼类和爬行类的遗存研究尚未完成，这里不展开讨论。单就哺乳类而言，全部哺乳类骨骼共计8620件，其中可鉴定标本数量为3642件，占总数的42.25%，因为过于破碎，无法鉴定种属的标本数量为4978件，占57.75%，可以确定种属的哺乳类包括猴、狗、黑熊、青鼬、獾、水獭、花面狸、猫、豹、野猪、家猪（未明确认定）、黄麂、水鹿、梅花鹿、麋鹿、獐、水牛17种。田螺山遗址出土哺乳动物的可鉴定标本中，依据数量多少，依次为中型鹿1753件，占总数的48.13%；小型鹿764件，占20.98%；大型鹿450，占12.36%；猪（因为难以区分，将野猪和家猪归为一类）295件，占8.10%；水牛237件，占6.51%，猕猴71件，占1.95%；獾29件，占0.80%；猫13件，占0.36%；水獭9件，占0.25%；狗8件，占0.22%；貉6件，占0.16%；黑熊2件，占0.05%；花面狸2件，占0.05%；豪猪

---

〔1〕　魏丰、吴维棠、张明华、韩德芬：《浙江余姚河姆渡新石器时代遗址动物群》，北京：海洋出版社，1989年。

〔2〕　魏丰、吴维棠、张明华、韩德芬：《动物遗骸》，见浙江省文物考古研究所：《河姆渡：新石器时代遗址考古发掘报告》，北京：文物出版社，2003年，第154～215页。

1件，占0.03%；豹1件，占0.03%；青鼬1件，占0.03%。

通过研究，首次对属于河姆渡文化的田螺山遗址2004年度发掘出土的全部哺乳类遗存做出定量的统计，这对于深化长江三角洲地区新石器时代的动物考古学研究是十分重要的。

（二）存在饲养家猪的行为

研究者在迄今为止的田螺山遗址的动物遗存中没有发现明确可以鉴定为家猪的猪骨，而可以确认为野猪的证据则是相当充分的。我认为，这个认识可能与整理的动物遗存仅仅局限于2004年度发掘的田螺山遗址的探方，其动物遗存的数量有限相关。

在河姆渡遗址的动物遗存研究报告中，明确指出存在家猪的头骨和颌骨，并发表了一块家猪左侧头骨的资料[1]。我曾经在浙江省自然博物馆对河姆渡遗址出土的猪骨做过认真的观察，发现一些猪下颌存在齿槽脓肿的现象，另外从测量数据看，有一些猪下颌的第3臼齿尺寸较小，这些都可以作为当时存在家猪的证据。我认为，河姆渡遗址存在家猪是确凿无疑的。

我们曾经研究过年代早于河姆渡遗址的浙江萧山跨湖桥遗址出土的动物遗存。这个遗址可以分为早、中、晚三期，早期为距今8200～7800年，中期为距今7700～7300年，晚期为距今7200～7000年。

我们发现该遗址存在家猪，理由有三点：

首先是从出土的猪下颌的形体特征看，在各期都发现有猪颌骨的齿列明显扭曲的现象，显示出因为下颌的缩短而造成牙齿排列凌乱的证据，可以作为家猪来对待。

其次从牙齿尺寸看，早期第3臼齿有6个数据，其中有3个大于42毫米，而中期第3臼齿的3个数据均小于40毫米，晚期第3臼齿的4个数据除1个为40.96毫米以外，其余均小于38毫米。除早期的3个超过42毫米的数据可以推测为属于野猪以外，其余的包括早期在内的10个数据都属于家猪的范围。尤其是牙齿尺寸从早到晚存在一个逐步变小的过程，家畜化的过程表现得十分明显。

最后，从年龄结构看，2.5岁以上的猪由早期的87.5%降低到中晚期的45%左右，其平均年龄也由早期的4.6岁降低到中期的3.5岁，再降低到晚期的2.9岁。从早期到晚期有一个明显的逐步年轻化的过程，这同样可以视为是家畜化过程中的具体表现。

我认为，上述这些猪骨的形态和年龄特征是在长时间地控制猪的活动范围及人工喂食等因素影响下形成的。因此，我们可以确认距今8200年的跨湖桥遗址早期就存在

〔1〕 魏丰、吴维棠、张明华、韩德芬：《浙江余姚河姆渡新石器时代遗址动物群》，北京：海洋出版社，1989年，第54页。

家猪。同时我们还要强调，基于同样的理由，南方地区家猪起源的时间还应该从距今8200年再向前追溯。

这里必须强调的是，跨湖桥遗址出土的家猪数量很少，而且从早期到晚期呈现出逐步递减的过程。从河姆渡遗址的研究报告看，其家猪的数量也是有限的。这与我们过去认识的中国北方地区新石器时代从早到晚的遗址中，自家猪饲养起源以后，其在全部哺乳动物中所占的比例会不断增加的过程明显不同，这是新石器时代长江三角洲地区的特殊现象[1]。依据跨湖桥遗址和河姆渡遗址有关家猪的研究结果，我认为，正是因为这个地区家猪的数量少，而现在完成的田螺山遗址的资料仅仅局限在2004年度发掘出土的动物遗存，数量有限，因此现在暂时还没有发现明显具有家猪特征的骨骼，但是随着今后整理和研究工作的不断深入，研究者应该会在田螺山遗址的动物遗存中发现家猪的证据。

（三）浮选工作的重要性

在田螺山遗址的发掘工作开始以前，我曾经参与了田野操作方案的讨论，大家都强调了实施浮选法的重要性。

此次在田螺山遗址的发掘中引入浮选法，其收获当然是十分可喜的。研究者发现了大量的鱼骨和龟鳖类的骨骼，现在对部分鱼类的研究已经完成，其结果让我们耳目一新[2]，使我们认识到田螺山遗址的居民对鱼类和龟鳖类的依赖程度很高。

回顾以前的研究结果，如河姆渡遗址的发掘报告中也强调了发现大量的鱼骨和龟鳖类的骨骼[3]；另外，通过对跨湖桥、罗家角、圩墩、新桥、崧泽、龙南、马桥等遗址出土的动物遗存的研究，也发现了类似程度不等的现象[4]。尽管对田螺山遗址出土的遗存进行浮选后获得的认识，与以前对长江三角洲地区新石器时代居民获取肉食资

---

〔1〕　袁靖：《论长江流域新石器时代居民获取肉食资源的方式》，见中国社会科学院考古研究所编著：《新世纪的中国考古学：王仲殊先生八十华诞纪念论文集》，北京：科学出版社，2005年，第967～983页。

〔2〕　〔日〕中岛经夫：《由鲤科鱼类咽齿遗存远观史前时代淡水捕捞同稻作的关系》，见北京大学中国考古学研究中心、浙江省文物考古研究所编：《田螺山遗址自然遗存综合研究》，北京：文物出版社，2011年，第279～294页。

〔3〕　魏丰、吴维棠、张明华、韩德芬：《动物遗骸》，见浙江省文物考古研究所：《河姆渡：新石器时代遗址考古发掘报告》，北京：文物出版社，2003年，第154～215页。

〔4〕　袁靖：《论长江流域新石器时代居民获取肉食资源的方式》，见中国社会科学院考古研究所编著：《新世纪的中国考古学：王仲殊先生八十华诞纪念论文集》，北京：科学出版社，2005年，第967～983页。

源的方式的认识在总体上是比较一致的，但是动物考古学研究应该强调尽可能全面地收集各个遗址出土的全部动物遗存，尽可能准确地统计各类动物的数量，科学、深入的研究必须建立在这样的基础研究之上。因为以前对那些遗址的发掘中都没有实施浮选法，所以即便通过对那些遗址出土的动物遗存进行研究，最终也不能比较客观地认识被当时居民获取的全部动物种类，另外也不能得出量化的结论，更不能具体论及当时居民是如何获取鱼类和龟鳖类的行为了。

以田螺山遗址的发掘为鉴，今后要继续在各个遗址的考古发掘中应用浮选法，并对浮选出土的动物遗存进行研究。相信今后通过对田螺山遗址各个年度发掘时浮选的动物标本进行种属鉴定、数量统计及其他研究，并将研究结果与同样在发掘中实施浮选法、并进行了研究的长江三角洲地区新石器时代的其他遗址及长江中上游地区同一时期的其他遗址进行比较，可以进一步深化我们对一个遗址、一个地区、一个流域乃至更大地域范围内的古代居民获取肉食资源方式的认识。

二、长江三角洲地区新石器时代获取肉食资源的方式

我对长江三角洲地区迄今为止出土的新石器时代动物考古学研究成果做过整理，这个地区已经正式发表的资料如下。

（一）浙江萧山跨湖桥遗址

跨湖桥遗址属于跨湖桥文化，距今8200～7000年，分为早、中、晚三期。从动物种类看，有螃蟹1种，鱼类有鲤鱼科、乌鳢和种属不明的鱼3种，爬行类有龟和扬子鳄2种，鸟类有天鹅、鸭、鹰、雕、丹顶鹤、灰鹤及多种种属不明的鸟12种，哺乳类有海豚科、鼠、貉、狗、獾、豹猫、猪、麋鹿、梅花鹿、小型鹿、水牛、苏门羚等14种。

依据可鉴定标本数的统计结果，跨湖桥遗址早期哺乳类中野生动物占68.73%，家养动物占31.27%；中期野生动物占77.69%，家养动物占22.31%；晚期野生动物占83.19%，家养动物占16.81%。这个遗址的居民获取肉食资源的方式以渔猎为主，但是饲养家猪的行为已经形成[1]。

（二）浙江桐乡罗家角遗址

罗家角遗址属于马家浜文化早期，距今7000年左右。从动物种类看，贝类有蚌，

［1］　袁靖、杨梦菲：《动物研究》，见浙江省文物考古研究所、萧山博物馆编：《跨湖桥》，北京：文物出版社，2004年，第241～270页。

鱼类有鲤鱼、鲫鱼、青鱼和鳡鱼4种，鸟类有雁，爬行类有乌龟、中华鳖、鼋、扬子鳄、鳄鱼未定种5种，哺乳类有鲸鱼、狗、貉、亚洲象、野猪、家猪、麋鹿、梅花鹿和水牛9种[1]。

研究者对罗家角遗址的动物骨骼未做具体统计，从报告的内容分析动物骨骼中以鹿最多，猪次之。这个遗址的居民获取肉食资源的方式以渔猎为主，但也包括饲养家猪。

（三）浙江桐乡新桥遗址

新桥遗址属于马家浜文化。从动物种类看，有种属不明的鱼类、鸟类，爬行类有龟、鳖、鼋3种，哺乳类有亚洲象、狗、猪、梅花鹿、麋鹿和牛6种。

依据可鉴定标本统计结果，新桥遗址的哺乳类中野生动物占79%左右，家养动物占21%左右。这个遗址的居民获取肉食资源的方式以渔猎为主，但也包括饲养家猪[2]。

（四）江苏常州圩墩遗址

圩墩遗址的动物骨骼均属于马家浜文化，距今7000～6000年。其中贝类有中国圆田螺、螺、杜氏珠蚌、巨首楔蚌、短褶矛蚌、背瘤丽蚌、环带丽蚌、丽蚌、背角无齿蚌、反扭蚌和蚬11种，鱼类有鲤鱼、鲫鱼、草鱼、青鱼、鲻鱼和黄颡鱼6种，爬行类有草龟、中华鳖和鼋3种，鸟类有鹭、雁、野鸭、鹰、鸡类、秧鸡、鸻和鸽类8种，哺乳类有狗、貉、獾、小灵猫、食蟹獴、家猪、獐、梅花鹿、麋鹿、水牛和海豹11种[3]。

依据可鉴定标本数的统计结果，圩墩遗址出土的哺乳类中野生动物占69.95%，家养动物占30.05%。这个遗址的居民获取肉食资源的方式以渔猎为主，但也包括饲养家猪。

（五）浙江嘉兴南河浜遗址

南河浜遗址属于崧泽文化，距今约6000～5100年。其中哺乳类有猪、獐、麋鹿和

〔1〕　张明华：《罗家角遗址的动物群》，见浙江省文物考古研究所编著：《浙江省文物考古研究所学刊》，北京：文物出版社，1981年，第43～53页。

〔2〕　张海坤：《桐乡新桥遗址试掘报告》，《农业考古》1999年第3期，第77～87页。

〔3〕　黄象洪：《常州圩墩新石器时代遗址第四次（1985年）发掘出土的动物遗骸研究》，见上海市自然博物馆编：《考察与研究》（总第十辑），上海：上海科学技术文献出版社，1990年，第20～30页。

种属不明的鹿4种[1]。

研究者对南河浜遗址的动物骨骼未做全面的统计，从报告的内容看动物骨骼中以鹿和猪的最多。这个遗址的居民获取肉食资源的方式可能包括狩猎和饲养，以狩猎为主。

（六）上海青浦崧泽遗址

崧泽遗址属于崧泽文化，距今5900～5300年。其中鱼类有青鱼，爬行类有乌龟，哺乳类有狗、獾、水獭、家猪、獐、梅花鹿和麋鹿7种[2]。

依据可鉴定标本数的统计结果，崧泽遗址出土哺乳类中野生动物占70%，家养动物占30%。这个遗址的居民获取肉食资源的方式以渔猎为主，同时也包括饲养家猪。

（七）上海青浦福泉山遗址

福泉山遗址崧泽文化层里发现有动物骨骼，其中哺乳类有狗、家猪、獐、鹿、梅花鹿和麋鹿6种[3]。

研究者对福泉山遗址出土的动物骨骼未做统计，从报告的内容推测，主要是鹿等野生动物，包括家猪在内的家养动物数量很少。这个遗址的居民获取肉食资源的方式以狩猎为主，同时也包括饲养家猪。

（八）江苏苏州龙南遗址

龙南遗址属于崧泽文化晚期到良渚文化早期，距今5400～5200年。从出土的动物种类看，贝类有田螺、螺和蚬3种，鱼类有青鱼，鸟类没有鉴定种属，哺乳类有狗、野猪、家猪、獐、梅花鹿、麋鹿和水牛7种[4]。

依据可鉴定标本数的统计结果看，龙南遗址出土的哺乳类中野生动物占31.16%，家养动物占68.84%。这个遗址的居民获取肉食资源的方式以饲养家猪为主，同时也包括渔猎。

[1] 浙江省文物考古研究所著：《南河浜遗址：崧泽文化遗址发掘报告》，北京：文物出版社，2005年，第377～379页。

[2] 黄象洪、曹克清：《崧泽遗址中的人类和动物遗骸》，见上海市文物保管委员会：《崧泽：新石器时代遗址发掘报告》，北京：文物出版社，1987年，第108～114页。

[3] 黄象洪：《青浦福泉山遗址出土的兽骨》，见上海市文物管理委员会编著：《福泉山：新石器时代遗址发掘报告》，北京：文物出版社，2000年，第168～169页。

[4] 吴建民：《龙南新石器时代遗址出土动物遗骸的初步鉴定》，《东南文化》1991年第3、4期，第179～189页。

（九）上海闵行马桥遗址

马桥遗址包括良渚文化层和马桥文化层。良渚文化层距今5000～4000年。从良渚文化层里出土的动物种属看，贝类有螺、牡蛎、文蛤和青蛤4种，鱼类有软骨鱼、硬骨鱼2种，爬行类有鳖1种，哺乳类有狗、猪、小型鹿、梅花鹿和麋鹿5种[1]。

依据可鉴定标本数的统计结果，马桥遗址良渚文化层出土的哺乳类中野生动物占77.14%，家养动物占22.86%。而依据最小个体数的统计结果，野生动物占43.74%，家养动物占56.25%。两种统计方法的结果出入较大，可鉴定标本数中野生动物较多的结果与这个地区其他遗址动物骨骼的统计结果较为一致。而最小个体数的统计结果却与龙南遗址的结果比较接近。考虑到我在同属于良渚文化的浙江余杭卞家山遗址观察到的动物骨骼中，也是以家猪为主的特征，看来良渚时期当地居民获取肉食资源方式以饲养家猪为主的现象，似乎有一定的普遍性。

通过对属于跨湖桥文化、马家浜文化、崧泽文化、良渚文化的多个遗址出土的动物遗存的量化研究结果，我们认识到长江三角洲地区新石器时代居民获取肉食资源的方式在相当长的时间里一直以渔猎为主，而到了良渚文化时期出现明显的变化，转为以饲养家猪为主。但是，在对田螺山遗址的动物骨骼开展研究以前，我们对河姆渡文化的居民获取肉食资源方式的认识仅仅是一种推测，没有明确的量化概念，现在有了田螺山遗址哺乳类遗存的统计结果，我们可以对整个地区作出比较全面的量化判断了。这里要指出的是，尽管到良渚文化时当地居民获取肉食资源的方式发生变化，但是到马桥文化时，又恢复到通过渔猎活动获取肉食资源的习惯。

长江三角洲地区新石器时代获取肉食资源的方式在相当长的时间里一直以狩猎和捕鱼为主，饲养家猪仅仅占据次要的地位，这种获取肉食资源的方式与长江中上游地区的基本一致。相比之下，黄河流域新石器时代居民自距今8000多年以前就开始饲养家猪，而后这种饲养行为逐步成为获取肉食资源方式的主流，这两个流域新石器时代居民获取肉食资源的方式形成鲜明的对照。我认为，这种行为的差异和当时各个地区自然资源的丰富程度不同密切相关，可能也与当时不同地区人口数量的多少有关，可见新石器时代居民获取肉食资源的行为始终是被动地形成和发展的。

三、以考古学的思考指导长江三角洲地区的动物考古学研究

这里所谓的考古学的思考包括夏鼐先生和苏秉琦先生相继提出的考古学文化的概

---

〔1〕　袁靖：《自然遗存（二）——动物》，见上海市文物管理委员会编著：《马桥1993～1997年发掘报告》，上海：上海书画出版社，2002年，第347～369页。

念和区系类型的观点〔1〕。这些概念和观点的核心是强调在中国史前时期的整个时空框架内，每个考古学文化都由一批具有相同形制的人工遗迹和遗物的遗址组成。不同的考古学文化分别具有自己独特的物质性特征。所属的时期相同、所处的区域不同的考古学文化与文化之间，各自具有较为明显的特征，区别较大。而处于同一区域、在时间顺序上具有前后关系的考古学文化与文化之间，往往能够看到延续和继承的关系，有一定的同一性。

从通过定性定量的研究探讨古代居民获取肉食资源方式的角度看，我们探讨的长江三角洲地区新石器时代的每个考古学文化的资料都是相当单薄的。如跨湖桥文化仅跨湖桥遗址一处，虽然对跨湖桥遗址三个时期的研究结果所具备的共性多少增加了结论的可信度。河姆渡文化仅田螺山遗址一处，马家浜文化有新桥遗址、圩墩遗址两处，崧泽文化仅崧泽遗址一处，良渚文化虽然有龙南遗址和马桥遗址两处，但是两个遗址的结论不尽相同。尽管这个地区还有一些分别属于各个文化的遗址的动物遗存的定性研究结果可以作为我们认识的补充，但是相比各个考古学文化的认识都是建立在对多个遗址进行研究的基础之上，是全面概括的结果，我们对于各个文化获取肉食资源方式的认识还有许多基础工作要做，我们的证据还是相当单薄的。如果我们对每个考古学文化的古代居民获取肉食资源方式的认识都能建立在对属于这个考古学文化的多个遗址的动物遗存进行全面研究的结果基础之上。这无疑将大大加强我们认识的全面性、系统性、客观性和科学性。

从上面的论述中我们可以看到，考古学的文化和区系类型的思考在帮助我们进一步具体做好古代居民获取肉食资源的方式的研究中具有重要的指导意义。同样，考古学的文化和区系类型的思考对于我们做好关于古代各种家养动物起源的研究；各个时期、各个地区、各个阶层利用各种动物进行祭祀、战争、文化交流等多个方面的动物考古研究，也都是十分有益的。

我们认为，以考古学的文化和区系类型的思考指导我们做好长江三角洲地区新石器时代的动物考古研究，其意义主要体现在两个方面。

第一个方面，因为我们从事的动物考古研究，首先必须针对具体遗址出土的动物骨骼开展基础工作。我们第一步认识都是通过研究特定遗址的具体动物骨骼提出自己的看法。以考古学的文化和区系类型的思考为指导，可以帮助我们把自己对特定遗址的动物考古研究的具体看法，放到这个遗址所属的由多个遗址组成的一个考古学文化

---

〔1〕　a. 夏鼐：《关于考古学上文化的定名问题》，《考古》1959年第4期，第169～172页。

　　　b. 苏秉琦：《关于考古学文化的区系类型问题》，见苏秉琦：《苏秉琦考古学论述选集》，北京：文物出版社，1984年，第225～234页。

的层面上去认识。如果属于同一个文化的其他多个遗址已经开展了动物考古的研究，那么我们要把自己的新认识和其他多个遗址里已经得出的认识进行比较，把握它们的同一性和差异性，以求更加客观、更加全面地归纳自己的认识。而如果其他遗址还没有做这方面的研究，或者做的遗址数量还不多，我们则要努力去加强这方面的研究，在属于同一文化的其他遗址开展工作。从一个考古学文化的层面上提出的动物考古的研究结果，必须建立在对一定数量的遗址进行全面、扎实的基础性研究的工作之上。

第二个方面，要在系统总结一个考古学文化的动物考古研究的基础上，开展不同时期、不同地区的文化与文化之间在这个方面的比较研究，从中归纳它们之间是否存在关联性和差异性等，以求在全国范围内全面认识动物考古某个方面的研究结果。同样，如果其他考古学文化还没有做这方面的研究，或者做的力度和深度还不够，我们则要努力去开展这方面的研究。从整个国家的范围内、在大跨度的时间框架里提出动物考古某个方面的研究结果，同样必须建立在对多个文化的动物遗存进行全面、扎实的基础性研究工作之上。

四、结　　论

综上所述，通过田螺山遗址的动物考古学研究，丰富了我们对长江三角洲地区新石器时代居民主要以渔猎的方式获取肉食资源的认识，也为我们如何进一步全面做好这个地区的动物考古学研究提供了有益的启示。田螺山遗址动物考古学研究的良好开端，必将对这个地区今后的考古学研究产生深远的影响。

（原载于北京大学中国考古学研究中心、浙江省文物考古研究所编：《田螺山遗址自然遗存综合研究》，北京：文物出版社，2011年，第270～278页）

家犬驯化及饲养动机初探

依据动物考古学的研究结果，家犬是古代人类对灰狼驯化而来的[1]。家犬的基因证据同样揭示出世界上不同地区的家犬都来自对于灰狼的驯化[2]。国外学者在讨论驯化家犬的动机时，将其归纳为肉食、伙伴、帮助人狩猎、看家护院、作为其他家养动物的保护犬及作为随葬动物等，没有强调单一的原因[3]。因为现在尚无任何文字资料可以证明当时驯化各种动物的原因，我们对于古代驯化和饲养动物的动机只能依据这些家养动物在历史上发挥的作用及出土时的考古现象进行推测。这里首先围绕古人所谓的"六畜"进行探讨，然后再聚焦家犬进行研究。需要指出的是除家犬和家猪之外，其他几种家养动物似乎都不是中国本土起源的，这里主要从整个人类对这几种家养动物的利用这个角度进行探讨。

一、六畜的作用

古人饲养家犬主要是为了食用、狩猎、守卫或警卫、作为宠物，在一些特定的场合，家犬曾被用来作为随葬或与祭祀等仪式性活动相关的用品[4]。

家猪一直是中国人最主要的肉食资源，同时，在精神领域里也扮演了重要的角色。在历史时期，家猪的饲养技术还扩散到整个东亚地区。

---

[1] 〔美〕瑞兹（Reitz, E. J.）、〔美〕维恩（Wing, E. S.）著，中国社会科学院考古研究所译：《动物考古学》（第2版），北京：科学出版社，2013年，第241~242页。

[2] a. Vilà C, Savolainen P, Maldonado J E, Amorim R I, Rice E J, Honeycutt L R, Crandall A K, Lundeberg J, Wayne K R. 1997. Multiple and Ancient Origins of the Domestic Dog. *Science*, 276: 1687-1689.

　　b. Leonard J A, Wayne R K, Wheeler J, Valadez R, Guillén S, Vilà C. 2002. Ancient DNA Evidence for Old World Origin of New World Dogs. *Science*, 298: 1613-1616.

[3] 〔美〕瑞兹（Reitz, E. J.）、〔美〕维恩（Wing, E. S.）著，中国社会科学院考古研究所译：《动物考古学》（第2版），北京：科学出版社，2013年，第241~242页。

[4] 刘丁辉：《论新石器时代到汉代狗在人类社会中的角色演变》，《中原文物》2016年第2期，第32~44页。

　　家养绵羊和山羊可以给人类提供肉食及奶制品，在古代的祭祀活动中也发挥了重要的作用，羊毛还可以为人类的衣着提供原材料，提高人类抵御风寒的能力。

　　家牛除了使人类获取肉食资源的来源多样化，在精神领域发挥重要作用之外，其最大的用途是在历史时期广泛应用的用牛犁地及拉车。

　　家马在提供肉食资源及精神领域中具有一定的作用，但它更主要的作用是极大地提高了人类的运输能力，尤其是作为战马，在战争中发挥了重要的用途。

　　鉴于考古遗址中发现的鸡骨始终不多，养鸡仅仅是为了食肉的解释似乎不够全面。鸡能生蛋，获取鸡蛋也许是养鸡的另一个重要原因。在古代文献中，记载养鸡与打鸣相关，这可能也是当时养鸡的原因之一[1]。

　　纵观上述六种主要家养动物的作用，我们认为除了食肉和作为宠物之外，其他多种利用动物、驱使动物发挥特殊功能的现象并非是古人将野生动物驯化为家养动物过程中可以立即实施的，即不是古人驯化家养动物的初衷。比如使用完整的动物进行祭祀和随葬，应该在古人获取肉食的能力达到一定程度之后，在肉食来源得到较好保障的基础上，才会得以实施。很难设想在把野生动物驯化为家养动物之初，古人会放弃辛辛苦苦饲养长大的动物作为肉食，将它埋到土里去。其他诸如狩猎、剪羊毛、犁地、拉车和骑乘等等行为的出现，必须在古人饲养家养动物的过程中，充分熟悉了各种家养动物的性情、特征和能力之后，才能逐步去尝试着对这些动物的作用进行开发和利用，尤其是剪羊毛、犁地、拉车和骑乘等行为还必须结合人工制作的用具才能达到目的，而人工制作的用具的形状设计、制作过程也不是一蹴而就的。可见这个开发和利用的过程首先需要古人能够完全控制这些家养动物，有意识地繁殖这些家养动物并保证取得成功，才能够真正实现对这些动物的多种独特作用进行开发和利用。这是一个需要一定时间的发展过程。

　　我们依据古人获取肉食资源方式的特点，将其归纳为完全通过渔猎活动获取肉食资源的依赖型，以渔猎活动为主、饲养活动为辅的初级开发型，以饲养活动为主的开发型这样三类。在新石器时代早期，多个地区获取肉食资源的方式均属于依赖型。自新石器时代中期到末期的发展过程中，中国黄河流域地区获取肉食资源的方式由初级开发型向开发型的发展过程表现得十分明显；长江流域地区除个别区域获取肉食资源的方式由初级开发型发展到以开发型为主之外，大部分区域一直保持着以初级开发型的方式获取肉食资源的传统；岭南及周边地区到新石器时代末期获取肉食资源的方式仍为依赖型和初级开发型并存。这些特征与中国新石器时代考古学文化类型的发展过程及当时各个地区的自然环境面貌密切相关。

---

[1]　袁靖：《中国动物考古学》，北京：文物出版社，2015年，第91～104页。

通过综合考虑当时的考古学文化的特征、动物遗存的研究结果和野生动物资源的状况等因素，我们可以明显地看出，当时的人类总是尽可能地依赖居住地周围的自然环境所能提供的动物资源，通过狩猎或捕捞野生动物来保证肉食资源的供应，而通过饲养家畜获取肉食资源的行为是不得已而为之的。在此基础上，我们将中国新石器时代人类获取肉食资源方式的发展过程归纳为"被动发展论"，即中国新石器时代不同时期和不同地区的人类获取肉食资源的各种方式是建立在对肉食需求量的不断增加和遗址周围野生动物资源状况是否能够满足需求的基础之上[1]。

从这点看来，把多种野生动物驯化为家养动物的最初目的可能就是为了稳定地获取肉食资源。但是，除猪、牛、羊、马等家养动物之外，我们没有在新石器时代早期的考古遗址中发现数量较多的家犬遗存，也没有在众多有年代早晚顺序的考古遗址中，发现在较长的时间段中家犬遗存出现由少到多的发展过程，可见人类始终没有将家犬作为肉食的主要来源进行饲养，这可能与1只家犬所能提供的肉量一般仅有10公斤左右有关[2]，古人可能认为与其依靠长时间地饲养家犬获取少量的肉食，不如进行短时间的狩猎活动可以获得更多的肉量。国外学者认为，基于狗是最早的家畜及其在人类社会中扮演的多种角色，故而地位独特；其他家养动物或是被养于牧场以放牧的方式进行饲养或是被近距离地保持在房前屋后，家养动物在管理方式、屠宰模式以及肉食分配上存在不同[3]。自猪、牛、羊等家养动物被成功驯化之后，通过饲养这些家养动物稳定地获取肉食资源的行为得以最终确立。需要强调的是，这些家养动物中并不包括家犬。我们依据动物考古学研究的结果推测，古人最初饲养家犬的动机并非是为了食肉。

二、驯化和饲养家犬的动机

具体围绕家犬进行探讨，我们认为狼之所以能够最早被驯化为家犬，首先与它的生态特征、行为方式相关。

从狼的生态特征可以发现，其栖息范围很广，包括山地、森林、丘陵、平原、荒漠和冻原等地带，从中国东北的冻土带到属于亚热带的两广和云南都有它们的分布；一般单独或雌雄成对而栖；在北方平原或荒漠地区丁冬季集合成群，进行觅食活动；

〔1〕　袁靖：《中国动物考古学》，北京：文物出版社，2015年，第182~183页。

〔2〕　罗运兵：《中国古代猪类驯化、饲养与仪式性使用》，北京：科学出版社，2012年，第53页。

〔3〕　〔美〕瑞兹（Reitz, E. J.）、〔美〕维恩（Wing, E. S.）著，中国社会科学院考古研究所译：《动物考古学》（第2版），北京：科学出版社，2013年，第239页。

利用岩窟、小坑、矮树林等为巢，做抚育幼崽之窝，多近水源，如溪流和池沼附近；视觉和听觉都很好，嗅觉最佳；多在夜间活动，善于奔跑，每小时50~80公里；食物很杂，主要以中小型兽类为主，有野兔、啮齿类中的旱獭等和小型鹿，有时亦成群攻击大型鹿类；每年1~2月间交配，怀孕期60余天，每次产仔5~10只；雌狼每年生育，雌雄共同抚养幼崽，幼崽经10个月左右可完全长成，随亲狼出猎，生后2~3年达到性成熟；狼的寿命约12~15年，体重30~40公斤[1]。可见狼在各地广泛分布，往往靠近水源建巢，视觉、听觉和嗅觉极佳，善于奔跑，以中小型动物为食，能成群攻击大型鹿类，繁殖过程不复杂，寿命较长等特征，为人类能够驯化它们及发挥它们的特殊作用，奠定了很好的基础。

前苏联研究人员对犬科动物中的狐狸进行过驯化的实验，实验结果发现，从1960年开始饲养狐狸，到1962年的第二代狐狸，出现行为变化，对人类的攻击性反应逐渐消失。到1964年的第四代，有些幼崽摇尾巴，开始主动接近人类，允许人抚摸和抱自己。到1966年的第六代，将它们放出笼子后，最友好的幼崽会跟在人身后并主动舔人。到1969年的第九代，出现形态变化，原先出生后不久耳朵就会竖起来，现在保持下垂长达3个月。同时毛色发生变化，第一次出现花斑色皮毛，前额有星状图案。到1973年的第十三代，驯化后的狐狸见到人，尾巴会向上卷起。到1975年的第十五代，有些狐狸的尾椎变短、变粗，椎骨数量减少。短短十五年的时间，野生的狐狸便被人成功地驯化为家养动物。这是一个作为宠物被驯化的过程。科学家们认为，导致这些变化的是一系列相关的基因，这些基因使动物倾向于驯化。到现在为止，科学家还没有确认易于驯化的特定基因，研究仍然在进行之中[2]。由此我们认识到，在人类驯化家犬的过程中，似乎也存在人类主动进行驯化和狼自身为适应人的生活模式而主动配合驯化的过程。我们设想在那个以采集和渔猎为生的时期，驯化的动物如果没有什么实用性，比如提供稳定的肉食或在人类的生存活动中发挥特殊的作用，其作为宠物饲养的行为不太可能出现普遍性和持续性，就像现在有些人也饲养乌龟、猴子、蛇等宠物一样，仅仅是作为一种个人玩耍的行为，这种行为在一些人群中出现以后，代代相传的概率极低，全面推广的实例也基本不见。

由此我们推测，最早出现的家犬可能是狼来到古人的居住地附近，在古人的生活垃圾中寻找食物，在与人的接触过程中被人捕获幼崽，作为宠物饲养，由于其与生俱来的生态特征，人与饲养的狼（或者可以称之为最早的家犬）在较短的时间里就建

〔1〕　寿振黄主编：《中国经济动物志·兽类》，北京：科学出版社，1962年，第312~313页。
〔2〕　埃文·拉特利夫（Evan Ratliff）撰文，陈昊翻译：《动物驯化之路：养殖实验加速自然选择进程》，《华夏地理》2011年第3期，第109~133页。

立起亲密的关系。在最早把狼驯化为家犬之时，当时的人很可能是首先将其作为宠物来对待的，这毕竟是当时除了人自身之外的第一种与人亲近的动物，而且其会对人摇尾巴、亲近人和舔人等行为都会增加人对它的好感，希望它随时在自己身边，这种行为出自古人对于友情的认识，也进一步丰富了古人对于友情的认识。而后，在作为宠物犬饲养的过程中，古人发现了它们的一些特殊的功能，开始有意识地进行开发和利用。比如，可以将其作为猎犬，在古人狩猎的策略、战术或技术方面发生一些变化。现代民族学调查发现，猎狗是狩猎中的重要助手，训练有素的猎狗在狩猎过程中，常常能起到关键性的作用。猎人对训练有素的猎狗是十分珍惜的。如鄂伦春族的猎人训练出一条好猎狗，即使给一匹好马，他们也不交换。猎狗在狩猎中发挥的作用大致为四个方面：其一是追踪。猎狗嗅觉灵敏，能从兽类走过所留下的痕迹和气味中，辨识兽类前进的方向。如捕猎黄鼬时，常由猎狗追踪至黄鼬的洞口，再由猎人将黄鼬猎杀。其二是围缠。遇到猎物后，它们能迅速向前，将猎物包围住，并与猎物纠缠，使猎物不能逃跑。如鄂伦春族的猎狗，就敢和东北虎纠缠，它们追逐虎，虎反扑时，狗即躲避，等虎继续前进时，它们又去追缠，使虎不能脱身，待猎人赶来围猎。其三是追捕。猎狗能追获一些小型兽类，如野兔就常为猎狗擒获。其四是看守猎物。猎人射中猎物后，猎狗也能帮猎人寻得猎物，如鄂伦春族的猎人射杀一只驼鹿后，在赶到现场前，猎狗将驼鹿死死咬住，待猎人赶到时再放开[1]。

自更新世末期开始，随着气候的变化及古人活动的强化，大型野生动物逐渐消失，随之而来的是古人生存行为的变化，即所谓的广谱革命[2]，人类生计方式逐渐转向开发利用原来没有利用或忽视的动植物资源，中小型野生动物成为狩猎的主要对象之一。例如在距今10000年以前的宁夏灵武水洞沟遗址中，就发现兔等小型动物占据全部动物总数的50%以上[3]。在这样的广谱革命过程中，上述的猎犬特有的功能可能在狩猎活动中发挥了积极的作用，帮助古人适应新的环境生存和发展。

古人除了开发家犬作为猎犬的功能之外，也可能将其作为警卫犬。这种将其作为警卫犬的行为不一定是随着栽培农作物的开始才逐步发展，特别是饲养家猪行为的

〔1〕　寿振黄主编：《中国经济动物志·兽类》，北京：科学出版社，1962年，第515页。

〔2〕　a. Stiner M C. 2001. Thirty Years on the "Broad Spectrum Revolution" and Paleolithic Demography. *PNAS*, 98(13): 6993- 6996.

　　　b. Binford L R. 1968. Post-Pleistocene adaption. In Binford S R, Binford L R (ed.). *Perspective in Archaeology*. Chicago: Aldine Publishing Company, 313-314.

〔3〕　张乐、张双权、徐欣、刘德成、王春雪、裴树文、王惠民、高星：《中国更新世末全新世初广谱革命的新视角：水洞沟第12地点的动物考古学研究》，《中国科学·地球科学》2013年第43卷第4期，第628～633页。

出现和强化，狩猎活动随之逐渐弱化之后，猎犬才开始作为警卫犬继续发挥作用的；而是在把狼崽作为宠物驯化为家犬之后，同时将其作为猎犬或警卫犬使用的。因为家犬所具备的独到的视觉、听觉和嗅觉可以帮助古人在遭遇攻击时早做准备。这方面最早的实例可见江苏邳州大墩子遗址新石器时代晚期墓葬中出土的一件陶制房屋模型，其四壁和屋顶都刻有狗的形象，很可能是为了显示家犬能够保护主人[1]。考古发掘证实，在陕西、河南、河北、山东地区发现的数十处先秦时期的车马坑中，都发现出土家犬的现象，不少家犬的颈部系铜铃[2]。以河南三门峡虢国墓地为例，狗是车马坑中不可或缺的随葬品，一般以1车2马或4马配1狗的组合出现，在虢文公虢季墓（M2001）的陪葬车马坑中，有6只狗，1只在车后，5只在车中，有的狗颈部系铜铃[3]。刘丁辉认为这些狗可能显示出当时战争中形成的车马狗组合。他还引用文献，春秋时期有诸侯国曾设"犬营"，名曰"狗附"。《国语·晋语》记载："候遮、捍卫不行。"韦昭注："昼则候遮，夜则捍卫。捍卫谓罗闉，狗附也……又二十人，为曹辈，去垒三百步，畜犬其中，或视前后，或视左右，谓之狗附。皆昏而设，明而罢；候遮二十人，居狗附处，以视听候望。"由此肯定狗在当时的军营警备中发挥了重要的作用[4]。在河南邓州长冢店遗址出土的"牵獒门吏"画像石中，门吏两只手抓住家犬脖子上的颈环，家犬竖耳蹲坐于地，瞋目张嘴注视前方[5]，显示出当时家犬在看家护院中的作用，可见其作为警卫犬的作用在长期的历史发展过程中一直在延续。现今中国农村饲养的家犬往往兼具宠物和警卫犬的双重作用。我们认为，家犬作为宠物犬、猎犬和警卫犬的功能是可以重叠的，当时人对于自己饲养的家犬的感情是一样的，不管是作为宠物、猎犬还是警卫犬。

在属于新石器时代中期的河南舞阳贾湖遗址（距今9000～7500年）中就发现在墓葬区和居住区分别埋葬10只家犬的现象[6]，到新石器时代晚期至末期（距今

〔1〕　南京博物院：《江苏邳县四户镇大墩子遗址探掘报告》，《考古学报》1964年第2期，第9～56页。

〔2〕　刘丁辉：《论新石器时代到汉代狗在人类社会中的角色演变》，《中原文物》2016年第2期，第32～44页。

〔3〕　河南省文物考古研究所、三门峡市文物工作队编著：《三门峡虢国墓 第一卷》，北京：文物出版社，1999年，第221页。

〔4〕　刘丁辉：《论新石器时代到汉代狗在人类社会中的角色演变》，《中原文物》2016年第2期，第32～44页。

〔5〕　王建中、闪修山：《南阳两汉画像石》，北京：文物出版社，1990年，图版50。

〔6〕　张居中：《兽坑》，见河南省文物考古研究所编著：《舞阳贾湖》（上卷），北京：科学出版社，1999年，第130～131页。

7500～4000年），在位于河南南部、山东、安徽、江苏等中国东部及偏东部地区的不少遗址中都存在埋葬家犬或随葬家犬的现象。至商周时期，在商人或商文化区域，这种现象表现得更为典型[1]。李志鹏认为在商代晚期可能存在专门为了丧葬活动饲养家犬的专业户[2]。我们认为，在随葬和祭祀活动中利用家犬是一种特殊的需要。随葬和祭祀都是一种与自己有血缘关系的亲人发生关系的行为，或为了帮助其去往阴间世界，或为了向他们叙述自己的祝愿或禀告事情，而此时此刻，如果不是借助于自己长期饲养的动物或自己长期饲养的动物生产的后代，自己的想法能否顺利地实现可能会成为问题，因为这里存在一个能否顺利地交流的障碍，长期饲养的动物及长期饲养的动物生产的后代可以理解饲养者的内心世界。这也正是我们在新石器时代和先秦时期发现的用于随葬和祭祀的动物都跟六畜相关的原因。相反，野生动物与人发生关系是一种极其偶然的行为，人与这类动物互相是陌生的，人不会托付一个被自己强行捕获的陌生的物种去传达自己的心声。考古发掘证实，自新石器时代以来，野生动物作为随葬和祭祀的用品出现的概率极低[3]，我们推测，那种作为随葬和祭祀用品的野生动物有可能还是当时人在特定时间里尝试着作为家养动物饲养的物种，只是后来没有成功地延续下来而已。

另外依据文献记载，在历史时期，一些特定的区域存在食狗的风气。如战国初期侠客聂政躲避仇敌来到齐国，"客游以为狗屠"；战国末年的刺客荆轲游历至燕国，"日与狗屠及高渐离饮于燕市"；汉代的樊哙"以屠狗为事"等。可见在特定的时空范围内，也存在专门饲养家犬供宰杀食肉之用，但是我们在考古发掘的遗址中尚未发现与此相关的家犬遗存。

三、结　论

综上所述，随着定居生活的开始，农耕方式的推进，国家和城市的出现，古人饲养家犬的动机大致经历了由作为宠物开始，到作为猎犬及战争和看家护院时的警卫犬，再演变为作为看家护院的警卫犬的过程，在整个过程中，家犬一直具备宠物的特征。而作为祭祀和随葬活动中的家犬大多是特定时期和局部地区的典型现象。除祭祀

---

〔1〕　武庄、袁靖、赵欣、陈相龙：《中国新石器时代至先秦时期遗址出土家犬的动物考古学研究》，《南方文物》2016年第3期，第155～161页。

〔2〕　李志鹏：《商文化墓葬中随葬的狗牲研究二题》，《南方文物》2011年第2期，第100～104页。

〔3〕　罗运兵：《中国古代猪类驯化、饲养与仪式性使用》，北京：科学出版社，2012年，第439～451页。

和随葬的家犬之外，其他家犬最后往往是被作为肉食对象的，在遗址中出土的破碎的骨骼证明其是被食用的，但是因为其数量少，也表明其作为肉食的价值基本上没有受到古人的重视，古人仅在特定的时期和局部地区才有意识地去繁殖家犬，将其作为一种比较重要的肉食种类。

（原载于《南方文物》2017年第1期，第150～154页）

中国家养动物起源的再思考

　　农业起源是国际学术界重点关注的学术问题。家养动物的起源是农业起源的一个重要内容。学者们围绕各种家养动物起源的过程和特征进行探讨，取得了一系列研究成果。但是，针对为何饲养家畜，则尚未取得共同的认识。本文围绕问题的来由、狗和猪的驯化过程、中国驯化动物的起源及特征进行再探讨。

一、问题的来由

　　人类通过控制某些野生动物，为其提供必要的生存条件，有意识地对其进行繁殖和选育，使其成为家养动物。家养动物的出现及发展，从根本上改变了人类与动物的共存关系，对人类发展产生了重大的影响。这个影响可以概括为六个方面：（1）人类获得了稳定的肉食来源，促进了农牧业的发展；（2）为以骨骼、皮毛为原料的手工业发展创造了很好的条件；（3）增强了人类的作战能力和交通能力；（4）在随葬和祭祀中发挥作用，促进了礼制的发展；（5）增加了由于动物引发疾病的风险，一定程度上降低了人类饮食的多样性；（6）随着社会的发展，家养动物成为财富和地位的象征，饲养家畜及其饲养方式的规模化和产业化加剧了社会的不平等[1]。正因为家养动物对人类社会产生了如此重大的影响，对家养动物起源的研究一直是动物考古学研究的热点问题之一。

　　经过多年的研究，我们确认距今约10000年左右，在河北省的南部出现了家养的狗；距今约9000年左右，在河南省的南部出现了家猪；距今约5600～5000年，在甘青地区出现了家养绵羊；距今约4500年左右，在黄河上、中、下游地区出现了家养黄牛；距今约4000～3600年，在甘肃省的东部出现了家马；距今约3300年左右，在河南省的东北部出现了家鸡。在我国，这些家养动物分别起源或首先出现于不同的时间和不同的地点，但基本上都位于北方地区[2]。中国的狗、猪、绵羊、黄牛、马、鸡六种

〔1〕　袁靖：《中国动物考古学》，北京：文物出版社，2015年，第88页。
〔2〕　袁靖：《中国动物考古学》，北京：文物出版社，2015年，第112页。

家养动物的起源和出现过程大致可以分为两种模式：一种是古代居民在与一些野生动物长期相处的过程中，根据自己的需要逐步控制它们，将其驯化成家畜，如狗和猪；另一种是古代居民通过文化交流，直接从其他地区引进已经成为家畜的动物，如马、黄牛、绵羊和鸡[1]。我们可以将古人通过文化交流，引进已经成为家养动物的动机，理解为古人除了食肉之外，还认识到那些动物在生活、生产及精神文化领域所具有的其他实用价值，如发挥动物在战争、交通和生产中的作用，利用动物进行祭祀和随葬，利用动物骨骼制作骨器和装饰品等，所以古人将那些动物、饲养方法及用途悉数纳入，为自己所用。但是追究将特定的野生动物驯化为家养动物的动机，则学界至今尚未取得共识。

有些学者从文化生态学的角度分析最初驯化的起因。"最佳觅食理论"（optimal foraging theory）认为，资源减少、环境恶化是推动驯化的首要原因。当理想的野生资源变少，人类不得不扩充食谱、将低能量回报的动、植物纳入食谱，并等待资源的滞后回报，以此来弥补能及时获得提供高能量的大型动物的不足[2]。"文化生态位构建理论"（cultural niche construction）则认为，资源丰富且来源稳定的地区更适合人类作为生态位构建的主导者，将不同物种融为一个体，进行动物驯化[3]。另外，讨论到更具体的驯化起源模式时，克拉顿-布洛克（J. Clutton-Brock）提出的保持肉量供应的移动食物库理论[4]、罗运兵提出的为补充肉食资源而驯化动物的肉食说[5]等，也采取了文化生态学的视角。

还有一些学者注重探讨社会内部的动因对动物驯化产生的影响。本德（B. Bender）认为，领袖人物为了在竞争中获胜、取得当地的权威，通过驯化物种可以有效地控制社会资源与劳动力，而为了进一步巩固财富积累和树立威望，强化食物生产最终导致了驯化和农业的产生[6]。海登（B. Hayden）的夸富宴理论同样认为，最早驯化的物种往往不是果腹的食物，而是某种奢侈品，分享这些奢侈食物的竞争宴享便是

〔1〕 袁靖：《中国古代家养动物的动物考古学研究》，《第四纪研究》2010年第30卷第2期，第298～360页。
〔2〕 Zeder M. 2015. Core Questions in Domestication Research. *PNAS*, 112(11): 3191-3198.
〔3〕 O'brien M J, Laland K N. 2012. Genes, Culture and Agriculture: An Example of Human Niche Construction. *Current Anthropology*, 53(4): 434-470.
〔4〕 Clutton-Brock J (ed.). 1989. *The Walking Larder: Patterns of Domestication and Predation*. London: Uwin Hyman Ltd.
〔5〕 罗运兵：《中国古代猪类驯化、饲养与仪式性使用》，北京：科学出版社，2012年，第178页。
〔6〕 Bender B. 1978. Gatherer-Hunter to Farmer: A Social Perspective. *World Archaeology*, 10(2): 204-222.

推动生产方式向物种驯化转变的原因[1]。罗运兵针对中国辽西地区的考古资料，提出为了在祭祀活动中使用动物而养猪的祭祀说[2]。

人与动物的关系也是剖析动物驯化的一个重要视角。里德（C. Reed）的宠物理论认为，将驯服的小动物带回人类的居住地饲养是驯化的基础，在小动物成长或偶然繁衍的过程中，人们才逐渐发现了这些动物除却宠物之外的其他作用[3]。罗素（N. Russell）还总结了人与动物的其他关系，如作为捕食者的人等，提供了研究驯化起源的不同视角[4]。

然而，并没有哪一种理论是放之四海而皆准的。刘莉、陈星灿指出，驯化的出现既有生态因素，也有社会因素，尤其是考虑到中国的物种驯化中心大多位于自然资源富庶的地区，而且那些物种长久以来都是人类食谱组成的一部分，既提供了必要的主食，也可能作为奢侈品在夸富宴中使用[5]。

关于驯化的动因莫衷一是，关于驯化的具体步骤也是讨论家养动物起源的热门话题。

瑞兹（E. Reitz）和维恩（E. Wing）将最初的驯化过程概括为三个步骤，即捕获和控制动物、驯服动物、控制动物的繁殖[6]。第一步，捕获和控制动物。这些动物或是生活在人类居住地周围的共生物种，或是由不同形式狩猎捕获的动物。这一阶段，有助于人们近距离观察捕获的野生动物，积累动物生态、行为的相关知识。第二步，驯服动物。将幼年的动物带入居住地，更容易将其驯服。里德还设想了年幼动物由同样年幼的小女孩来负责照料的情景，幼年的动物作为宠物，在饲育、陪伴和嬉戏的过程中，小女孩学会了女性这一社会角色所需的能力，动物也同时适应了人类的控

〔1〕 Hayden B. 1995. A New Overview of Domestication. In Price T D, Gebauer A B (ed.). *Last Hunters-First Farmers: New Perspectives on the Prehistoric Transition to Agriculture*. Santa Fe: School of American Research Press, 273-299.

〔2〕 罗运兵：《中国古代猪类驯化、饲养与仪式性使用》，北京：科学出版社，2012年，第188页。

〔3〕 Reed C A. 1977. A Model for the Origin of Agriculture in the Near East. In Reed C A (ed.). *Origins of Agriculture*. The Hague: Mouton Publishers, 543-657.

〔4〕 Russell N. 2012. *Social Zooarchaeology*. Cambridge: Cambridge University Press, 260.

〔5〕 Liu L, Chen X. 2012. *The Archaeology of China: from the Late Paleolithic to the Earley Bronze Age*. Cambridge: Cambridge University Press, 120-121.

〔6〕 〔美〕瑞兹（Reitz, E. J.）、〔美〕维恩（Wing, E. S.）著，中国社会科学院考古研究所译：《动物考古学》（第2版），北京：科学出版社，2013年，第244~251页。

制[1]。第三步，控制动物的繁殖。人类既做到有意识地控制动物的繁殖，从而保证驯化的进程，形成理想的动物生理、行为特点，也不可避免地受到自然环境、社会文化的制约，不得不做出妥协[2]。

泽达尔（M. Zeder）则提出动物驯化经历的三种途径："共生途径"（the commensal pathway）、"猎物途径"（the prey pathway）和"直接途径"（the directed pathway）[3]。"共生途径"指的是，某些动物生活在人类栖息地周围，长期与人类生活在一起，渐渐和人类建立起了社会和经济联系，从而最终被驯化，遵循这一途径的驯化，至少在最初阶段不需要人类有意为之。只有在共生物种已经充分适应了人类生活的环境后，人们才能有意识地对其进行培育[4]。而从"猎物途径"开始的驯化，始于人们面对野生资源的波动，改变了狩猎策略，缓解了狩猎压力，从而促进了猎物数量的增加，最终导致动物被驯化，这一过程也并非为驯化而驯化[5]。唯有"直接途径"是其中唯一一种人类有明确目的的驯化，通过这一途径驯化的动物主要为人类提供了肉食以外的次级产品或供人类使役，如马、驴、骆驼等。因此，这种驯化对人力的投入、技术的支持均有一定要求，可能并不发生在驯化的最早阶段[6]。

我们认为，随着大量的考古新发现，不同地区、不同社会的动物驯化过程都纳入了研究的范畴。研究者更倾向于通过考古学个案来研究各个地区具体的驯化模式，用实际材料来完善理论构建。单一动因的理论模型受到了质疑，将自然环境、物种生态、社会文化、意识形态等多方面因素纳入综合考虑的范畴，进行全方位的思考，逐渐成为动物驯化研究的主流。而考虑到驯化的步骤和途径，各个地区古代文化发展及驯化动物具有独特性，比如西亚地区经历了前陶新石器文化，最早驯化的动物包括绵

〔1〕　Reed C A. 1977. A Model for the Origin of Agriculture in the Near East. In Reed C A (ed.). *Origins of Agriculture*. The Hague: Mouton Publishers, 543-657.

〔2〕　〔美〕瑞兹（Reitz, E. J.）、〔美〕维恩（Wing, E. S.）著，中国社会科学院考古研究所译：《动物考古学》（第2版），北京：科学出版社，2013年，第248页。

〔3〕　Zeder M. 2012. The Domestication of Animals. *Journal of Anthropological Research*, 68(2): 161-190.

〔4〕　Larson G, Fuller D Q. 2014. The Evolution of Animal Domestication. *Annual Review of Ecology, Evolution, and Systematics*, 45(1): 115-136.

〔5〕　Zeder M. 2012. The Domestication of Animals. *Journal of Anthropological Research*, 68(2): 161-190.

〔6〕　Larson G, Fuller D Q. 2014. The Evolution of Animal Domestication. *Annual Review of Ecology, Evolution, and Systematics*, 45(1): 115-136.

羊、山羊和黄牛[1]；而中国新石器时代早期的陶器和农作物往往是同时出现的，猪排在最早驯化的动物的前列。不同动物的生态特征、生活习性各异，不同文化的发展进程更是与当地的自然环境、文化传统密切相关，依据不同的资料难免会有不同的认识。这里主要围绕中国的资料进行分析，以求对中国古代驯化动物的动机进行再探讨，并思考中国的考古材料如何帮助回答驯化起源这一全球性课题。

二、狗和猪的驯化过程

驯化包括驯化者和驯化对象两个方面。驯化是一个以人的意志为主导，从以往人猎杀动物变为人完全控制动物，并有意识地对其进行繁殖和选育的过程。依据中国的资料，我们认为严格地说，驯化动物的缘起可能并非出于明确的补充食物短缺或夸富宴等功利性目的，因此生态学的理论或社会政治的理论都无法解释中国的驯化起源。相反，宠物理论强调了动物的陪伴和娱乐性质，符合动物最初的驯化为了娱乐的假设。在讨论驯化时，我们不能忽略这个起于娱乐的开端。而真正具有功利目的的驯化是在古人熟悉特定动物的生态特征、生活习性及产生特定需要的过程中逐步形成的。

以狗为例，狗是由狼驯化而来的。从狼的生态特征可以发现，其栖息范围很广，从中国东北的冻土带到属于亚热带的两广、云南都有它们的分布。它们一般单独或雌雄成对而栖，在北方平原或荒漠地区于冬季集合成群，进行觅食活动，利用岩窟、小坑、矮树林等为巢，抚育幼崽之窝多近水源，如溪流、池沼附近。狼的视觉和听觉都很好，嗅觉最佳，多在夜间活动，善于奔跑，时速可达50～80公里。它们摄入的食物很杂，主要以中小型兽类为主，有时亦成群攻击大型鹿类。狼在每年1～2月间交配，怀孕期60余天，每次产仔5～10只。雌狼每年生育，雌雄共同抚养幼崽，幼崽经10个月左右完全长成，出生后2～3年达到性成熟。狼的寿命约12～15年，体重30～40公斤[2]。

前苏联研究人员对犬科动物中的狐狸进行过驯化的实验，实验结果发现，从开始饲养狐狸到第二代，狐狸出现了行为变化，对人类的攻击性反应逐渐消失。到了第四代，有些幼崽会摇尾巴，开始主动接近人类，允许人抚摸和抱自己。到第六代，将它们放出笼子后，最友好的幼崽还会跟在人身后并主动舔人。到第九代，狐狸出现了形态变化，原先出生后不久耳朵就会竖起来，现在保持下垂长达3个月。同时，毛色发

〔1〕 Peters J, Pöllath N, Arbuckle B. 2017. The Emergence of Livestock Husbandery in Early Neolithic Anatolia. *The Oxford Handbook of Zooarchaeology*. Oxford: Oxford University Press, 247-265.

〔2〕 寿振黄主编：《中国经济动物志·兽类》，北京：科学出版社，1962年，第312～313页。

生变化，第一次出现花斑色皮毛，前额有星状图案。到第十三代，驯化后的狐狸见到人，尾巴会向上卷起。到第十五代，有些狐狸的尾椎变短，变粗，椎骨数量减少。短短几十年的时间，野生的狐狸便被人成功地驯化为家养动物。科学家们认为，导致这些变化的是特定的基因，这些基因使动物倾向于驯化。到现在为止，科学家尚未确认易于驯化的特定基因，研究仍然在进行之中[1]。

狗在世界各地都是最早被驯化的动物。我们推测，最早可能是狼来到古人的居住地附近，在古人的生活垃圾中寻找食物，人和狼有了相互照面的机会。后来，人偶然捕获了狼的幼崽，作为玩耍的宠物饲养。狼崽的食量小、食性杂，容易养活，而其与生俱来的生态特征，便于人与饲养的狼（或者可以称之为最早的狗）在较短的时间内建立起亲密的关系。在狼驯化为狗之初，当时的人很可能是首先将其作为宠物来对待。毕竟，这是当时除了人自身之外，第一种与人亲近的动物，而且它亲近人的行为，如摇尾巴、舔舐和陪伴等，都会增加古人对它的好感，希望它随时待在自己身边。这种行为出自古人对于友情的认识，也进一步丰富了古人对于友情的认识。而后，在作为宠物狗饲养的过程中，古人逐渐发现了它们的一些特殊功能，开始有意识地进行开发与利用。比如，可以将其作为猎犬或警卫犬等。当然，即便是作为猎犬或警卫犬，其宠物的身份仍可以兼而有之。

需要说明的是，依据动物考古学的研究结果，我们没有在中国新石器时代的考古遗址中发现数量较多的家犬遗存，也没有在众多有年代早晚顺序的考古遗址中，发现在较长的时间段中家犬遗存出现由少到多的发展过程[2]，可见古人始终没有将家犬作为肉食的主要来源进行饲养，符合狗作为宠物而非食物的假设。从实际因素考虑，这可能也与一只家犬所能提供的肉量一般仅有10公斤左右有关[3]。古人可能认为，与其依靠长时间地饲养家犬获取少量的肉食，不如饲养肉量多的其他家畜更为合适，这样增加肉食资源更为可靠，因此并没有形成大量饲养狗和食用狗肉的习惯。

再以猪为例，家猪由野猪驯化而成。从野猪的生态特征看，其栖息范围也十分广泛。野猪多在灌木丛或较低湿的草地和阔叶林中栖息，没有一定的住处，过着游荡的生活，只在生殖时才筑巢，在密草之上盖以树叶，形成一个窝。野猪为杂食性动物，吃各种杂草、树叶、树枝和树根及其他野生动物的尸体，有拱土觅食的习性。雄猪往往单独行动，其他野猪则成群，头数不一，有数头、一二十头或几十头不等，在防卫

〔1〕　埃文·拉特利夫（Evan Ratliff）撰文，陈昊翻译：《动物驯化之路：养殖实验加速自然选择进程》，《华夏地理》2011年第3期，第109～133页。

〔2〕　袁靖：《家犬驯化及饲养动机初探》，《南方文物》2017年第1期，第150～154页。

〔3〕　罗运兵：《中国古代猪类驯化、饲养与仪式性使用》，北京：科学出版社，2012年，第53页。

时表现得异常凶猛。野猪的寿命一般为20年左右，出生后5～12个月即可交配，雌性野猪每年生育，一般在10月间交配，次年4或5月产仔，每次产仔5～6头，偶有产仔达15头，幼仔生下后5或6天即可随母猪外出活动。野猪的体重一般在150公斤左右，个别雄猪可达250公斤[1]。

　　我们推测，野猪也是会到古人的居住地附近觅食的动物。古人通过与野猪的接触，逐渐认识到野猪的生态特征、生活习性。一般而言，成年野猪的性格暴躁，不易被人控制。对野猪的驯化应该是从幼猪开始的。罗运兵指出，幼猪很容易获取。仔猪出生后要留在窝中几个星期，当母猪在拂晓或黄昏时外出摄取食物，会将幼仔单独留在窝内。一旦猪窝被人知道，人们便能比较容易地获取其幼仔[2]。国外学者曾经用这种方式分别在伊朗和伊拉克获取过猪仔[3]。因为不是特别缺乏肉食，人们就像喂养狗崽那样作为宠物喂养幼猪，幼猪逐渐适应人的驯化，慢慢成长起来。小猪圆头圆脑，憨态可掬，即使在今天，大肚猪（pot-bellied pig）还在美国被当成宠物饲养[4]。从民族学的资料看，不少地区猪都是散养的，如土家族历来有放养猪的习俗，在放出猪圈之前一般不喂东西，到下午赶回来后，喂些青草和少量粮食[5]。在我国南方的农村地区，小猪初购入时，多用绳子拴系，待其熟悉新主人和生活环境后，即可散养。在饲养方式粗放的农区，也有猪白天放养于舍外，夜晚自行按时归家的情况。猪在生长期间，饲料多比较粗糙。在催肥期，多给予它们比较好的饲料，如碎大米等。对于饲料的处理，有些地区常将谷类饲料先压碎或者磨碎，有时将饲料煮熟，调成稀薄糊状[6]。笔者之一当年在云南西双版纳插队落户时，寨子里各家养的猪白天在寨子里自由活动，但到晚上必定各回各家，主人给它们喂一顿猪食，一般用米糠煮野菜，野菜

〔1〕　寿振黄主编：《中国经济动物志·兽类》，北京：科学出版社，1962年，第434～435页。

〔2〕　罗运兵：《中国古代猪类驯化、饲养与仪式性使用》，北京：科学出版社，2012年，第193页。

〔3〕　a. Redding R W, Rosenberg M. 1998. Ancestral Pigs: A New (Guinea) Model for Pig Domestication in the Middle East. In Sarah M. Nelson (ed.). *Ancestors for the Pigs: Pigs in Prehistory-MASCA Research Papers in Science and Archaeology 15*. Philadelphia: University of Pennsylvania Museum of Archaeology and Anthropology, 65-76.

　　　　b. Reed C A. 1960. A Review of the Archaeological Evidence on Animal Domestication in the Prehistoric Near East. In Braidwood R, Howe B (ed.). *Prehistoric Investigation in Iraqi Kurdistan*. Chicago: University of Chicago, 139.

〔4〕　Russell N. 2012. *Social Zooarchaeology*. Cambridge: Cambridge University Press, 263.

〔5〕　龙运荣、李技文、柏贵喜：《传统知识的现代价值与反思——以土家族传统养猪方式为个案的民族志研究》，《湖北民族学院学报》（哲学社会科学版）2009年第27卷第4期，第8～12页。

〔6〕　徐旺生：《特约专稿：中国养猪史连载之十九　近代农家猪的饲养与管理概况》，《猪业科学》2011年第11期，第119～120页。

主要是在池塘里采集的浮萍等。可见，猪十分适应人的生活环境，并能按照指示外出与归巢。

古人通过养狗的过程，也包括从人自身的性交、怀孕、生子的过程中得到启发，促使公猪和母猪交配，让母猪怀孕及生小猪。特别是猪和狗一样，一次可以生几胎，喂养与产出可呈几何级数增加。当然，古人的喂养是建立在对猪的生态特征、生活习性逐渐熟悉的基础之上，其中必定不是一帆风顺，可能遭遇过多次失败，比如由于偶然原因，把猪养死了，或者不得不把猪杀了。从开始喂养幼小的野猪到积累了较为成熟的饲养经验，可能经历了一个相当长的过程。经过不断实践，古人开始有意识地捕捉幼小的野猪，主动喂养它们，把它们养大，让它们交配，生育小猪，再将下一代的幼猪养大。如此这般不断反复，喂养经验逐渐丰富，喂养技术不断进步，在喂养的过程中，逐渐形成喂养是为了达到某种目的的功利性行为，如吃肉、用于祭祀等。

从中国新石器时代黄河流域考古遗址出土的动物骨骼数量上看，自开始饲养家猪到以饲养家猪作为获取肉食资源的主要方式这个过程，历时长达2000多年[1]。这与古人从采集野生植物到主要依靠栽培农作物的漫长发展进程十分相似[2]，在一定程度上反映出驯化从初始到走向成熟之不易。另一方面，这也可能与在相当长的时间内，仅通过渔猎活动便能基本满足肉食需求，尚无为了满足人口增长而需大量饲养家猪的迫切性有关。

三、驯化动物起源的动机及特征：中国的视角

我们认为，在中国新石器时代各个地区饲养家猪的多少与实际的需求密切相关。比如，黄河流域新石器时代的居民在距今10000年左右还完全通过渔猎获取肉食资源。到距今8000～7000年前已经出现两种新的获取肉食资源的方式：一种是以渔猎为主，饲养家猪为辅；一种是以饲养家猪为主，而以渔猎为辅，在这类方式中家猪的比例一般没有超过哺乳动物总数的60%。从距今6000多年以来，这个地区饲养家猪的方式在古人全部获取肉食资源的活动中所占的比例越来越大，直至占据绝对多数。这是当时人口增加，随之而来的肉食需求量增加，野生动物资源减少，以及古人主动开发饲养家猪等综合原因的结果[3]。而在长江流域新石器时代的漫长岁月中，家猪的数量却始

〔1〕 袁靖：《中国动物考古学》，北京：文物出版社，2015年，第179页。
〔2〕 赵志军：《仰韶文化时期农耕生产的发展和农业社会的建立——鱼化寨遗址浮选结果的分析》，《江汉考古》2017年第6期，第98～108页。
〔3〕 袁靖：《中国动物考古学》，北京：文物出版社，2015年，第121～180页。

终没有占据多数，鱼类和其他野生动物，尤其是鹿科动物，是这个地区新石器时代居民的主要肉食资源；渔猎是当地先民获取肉食资源的主要方式，丰富的野生资源可以满足他们的需求，因而限制了饲养家猪行为的发展[1]。

由此可见，饲养家猪的多少是人的主观意志决定的，而人的主观意志又受到实际需求及饲养方法的控制和影响。

在古代特定的区域，与随葬和祭祀活动有关的遗迹中也发现了利用狗和家猪的现象。最早的实例可以追溯到距今9000～7000年的河南舞阳贾湖遗址，在那里埋葬了10余只完整的狗及随葬的猪下颌[2]。贾湖遗址埋葬的一部分狗可能是出于警卫的目的，这里不做专门的解释。而随葬和祭祀是一种与自己有血缘关系的亲人相关的行为，或为了帮助其去往阴间世界，或为了向他们叙述自己的祝愿或禀告事由。我们认为，如果不是借助于自己长期饲养的动物或自己长期饲养的动物所生产的后代，自己的想法能否顺利地实现可能会成为问题，因为这里存在一个能否顺利交流的障碍。长期饲养的动物及其后代可以理解饲养者的内心世界，会忠实地进行传达或发挥自己的作用。相反，野生动物与人的联系是一种极其偶然的行为，野生动物不属于任何人，人与它们相互是陌生的，人不会托付一个被自己强行捕获的陌生物种去传达自己的心声，去帮助自己的亲人。考古发掘证实，自新石器时代以来，野生动物作为随葬和祭祀的用品出现的概率极低[3]。我们推测，那种作为随葬和祭祀用品的野生动物有可能还是当时人在特定时间里尝试着作为家养动物饲养的物种，只是这类物种没有配合饲养，因而这种饲养活动没有成功地延续下来而已。

这里需要指出的是，我们现在看到的驯化物种都具有较强的实用性，比如提供稳定的肉食、发挥狩猎和警卫作用、被用来进行祭祀等，在人类的生存和精神活动中都发挥着特殊的作用。如果没有实用性，其作为宠物饲养的行为不太可能出现普遍性和持续性，就像现在有些人也饲养乌龟、猴子和蛇等宠物一样，仅仅是作为一种个人娱乐的行为，没有广泛的实用价值。这种行为在一些人群中出现以后，代代相传的概率极低，全面推广的实例也基本不见。

还有一点需要引起注意的是，在中国众多考古遗址发现的动物遗存中，可以明确认定与夸富宴相关的实例少之又少。我们在作为废弃物堆积的灰坑中极少发现骨骼成

〔1〕　Yuan J, Flad R, Luo Y B. 2008. Meat-acquisition Patterns in the Neolithic Yangzi River Valley, China. *Antiquity*, 82(316): 351-366.

〔2〕　河南省文物考古研究所编著：《舞阳贾湖》（上卷），北京：科学出版社，1999年，第130～131、147页。

〔3〕　罗运兵：《中国古代猪类驯化、饲养与仪式性使用》，北京：科学出版社，2012年，第439～451页。

堆出现的现象，因为不能肯定在一个灰坑的不同层位里出土的动物骨骼都是当时一次性集中消费肉食后形成的，对此我们不能过度推测。迄今为止，我们仅在发掘河南舞阳贾湖遗址时，发现H460出土1000余块动物骨骼，其中主要是鹿骨，其出土时堆积在一起，没有有意识摆放的迹象，明显是短时期内一次性废弃堆积而成，当时似乎存在集体消费鹿肉的行为，这可能是当时进行过夸富宴的证据[1]。需要强调的是鹿科动物在新石器时代全国各个地区最终都没有成为家养动物，这可能与鹿科动物一胎只生一个的生理特征相关。古人当时可能还不具备对于鹿茸的特殊价值的认识，为了获取鹿茸而饲养鹿群的行为是在历史时期逐渐形成的。

在探讨狼和野猪的生态特征、生活习性及中国古代狗和猪的出土状况的基础上，我们认为中国古代驯化动物起源的动机及特征可以归结为以下四点：

1. 古人最初驯化动物是一种近似于饲养宠物的娱乐行为。我们推测古人在改变猎杀动物的行为，开始饲养动物幼崽之时，应该尚未具备驯化动物的功利性目的。如果因为肉食资源的不足，那么抓到动物就要立即食用，所以刀下留情的行为，很可能是出于其他的目的。而作为宠物饲养，以娱乐为目的，可能是当时的真实意图。这一点基本照应了里德提出的宠物理论，同样说明最初的驯化可能并非刻意为之。古人一定没有想到，这个随意的行为，带来了日后社会的进步和生产力的飞跃发展。

2. 从狭义上理解，真正的驯化是一种带有功利性目的的行为。在与驯化动物相处的过程中，特定动物易于饲养、一胎多仔、食用人类的生活垃圾、有的反应灵敏、有的容易长膘等生态特征，可能是古人选定它们作为驯化动物饲养并获得成功的前提条件。古人驯化动物的目的是因为这些动物对自己的生活有特殊的帮助，比如为了安全、为了提高狩猎能力、为了扩大肉食来源和为了用于宗教仪式等。

3. 驯化包含了驯化者与被驯化者双方的互动。人和动物是驯化的一体两面，我们应从两方面同时考察驯化的相关问题。古人控制动物的活动范围和喂食，这类人类行为可以归结为驯化的举措。这与被驯化的动物为适应人的生活方式而主动配合驯化的行为是互动的，由此形成古人与特定动物相互影响、相互作用、协同进化的过程。尽管人类在驯化过程中始终占据主导地位，但其中也包含古人为适应动物的特征而做出的主观努力，比如不断向特定的动物提供食物、满足某些动物的特殊食物要求等。

4. 驯化过程不是一蹴而就的。以古人的知识结构及野生动物的属性而言，古人驯化动物是一种探索性的行为，是古人与特定动物这两种具有不同思维的生物物种进行博弈的产物，是一场经过长时段的、包括多次反复在内的、渐进式的发展过程。在这

---

[1]　河南省文物考古研究院、中国科学技术大学科技史与科技考古系编著：《舞阳贾湖.2》，北京：科学出版社，2015年，第367～370页。

个过程中，古人关于驯化动物的经验与文化是逐步累积而成的，经验与文化的传承与否是人类与其他动物的重要区别。正因为人类能够传承经验与文化，由此奠定了人类驯化动物并获得成功的基础。

四、结　　语

综上所述，中国新石器时代早期最初驯化动物很可能是一种近似于饲养宠物的娱乐行为，在与驯化动物的相处过程中，特定动物的生态特征、生活习性及古人的主观需求促使古人形成了带有功利性目的的饲养行为，古人驯化动物的举措与被驯化动物的主动配合驯化是互动的，是一场经过长时段的、包括多次反复在内的、渐进式的协同进化的发展过程。现有的驯化起源理论能部分地解释中国的情况，但又无法做到面面俱到。这与中国驯化物种特征差异较大、驯化人群文化面貌差异较大有关，还可能涉及到考古发掘材料的不够系统。不同的驯化起源理论提供了提纲挈领的问题指导，回归到实证性的考古材料，我们一方面需要以实际证据验证理论假设，另一方面也需要借助理论构架，对考古材料进行充分的阐释。

附记：本文在写作过程中，得到湖北省文物考古研究所罗运兵，中国社会科学院考古研究所李志鹏、吕鹏和陈相龙，美国布朗大学的博凯龄（Katherine Brunson）等诸位学者的帮助，在此表示衷心的感谢。

（原载于《考古》2018年第9期，第113～120页。作者为袁靖、董宁宁，主要由袁靖撰写）

中国动物考古学的思考与研究

　　动物考古学通过对考古遗址中出土的动物遗存等进行科学和系统地采集，开展鉴定、观察、测量、测试及各种统计和分析，结合考古学的文化背景进行探讨，认识古代动物的种类、古代的自然环境和古代人类与动物的各种关系及古代人类的行为，从特定的角度来研究古代社会的经济生活和文化生活，探讨人类文明演进的历史[1]。

　　在中国考古学中具备动物考古的思考是与中国现代考古学的起步几乎同时发生的。中国现代考古学诞生于1921年，以瑞典人安特生对河南渑池仰韶村遗址的发掘为标志。而在1924年，在北京大学的《研究所国学门考古学会开会记事》中明确提出，"用科学的方法调查、保存、研究中国过去人类之物质遗迹及遗物，一切人类之意识的制作物与无意识的遗迹、遗物以及人类间接所遗留之家畜或食用之动物之骸骨、排泄物……均在调查、保存、研究范围之内"，并主张"除考古学家外，应网罗地质学、人类学、金石学、文字学、美术史、宗教史、文明史、土俗学、动物学、化学……各项专门学者，与热心赞助本会会务者，协力合作"[2]。其中提到考古学的研究对象包括家畜或食用之动物之骸骨这些动物遗存，还提到考古学的研究队伍中应包括动物学家。用今天的眼光来衡量，这两处内容都是与动物考古相关的思考。

　　笔者从1989年到日本留学，首次较为详细地了解动物考古学，到迈入动物考古学研究的门槛，再到今天培养出了几十位从事动物考古学研究的学生，已经有30多年过去了。回顾动物考古学在中国逐步走向欣欣向荣的发展过程，归纳众多研究成果，凝练其蕴含的特征，思考其背后的动因，展望今后的发展，是推动中国动物考古学迈入更高层次的必由之路。这里围绕中国动物考古学研究的理论和方法与国际接轨、以探讨人的行为作为主要内容、多项研究都带有理论探讨的色彩、多学科合作研究是重要特色等四个方面进行阐述，在此基础上，对今后的发展提出展望。

---

〔1〕　袁靖：《中国动物考古学》，北京：文物出版社，2015年，第4页。
〔2〕　《研究所国学门考古学会开会记事》，《北京大学日刊》1924年6月12日第3版。

一、中国动物考古学研究的理论和方法与国际接轨

动物考古学包含了动物学与考古学两个方面的内容。其中，动物学主要涉及到动物分类学、动物解剖学、动物地理学和动物生态学等分支学科。动物分类学对物种进行分类并界定物种之间的亲缘关系，对各个物种给以科学地命名。按照动物分类学的顺序排列遗址中出土的动物种类，有利于研究人员清楚地判断各个遗址中出土的动物遗存的状况。动物解剖学探讨各种动物及其所属的各个部位的形状等生理特征。认识动物的解剖学特征是动物考古学研究的基本前提，只有依据动物的解剖学特征，动物考古学研究人员才能准确地鉴定考古遗址中出土的动物遗存的种属、部位、年龄、性别等，在此基础上开展深入研究。动物地理学研究各种动物的分布特征及规律。通过认识动物的地理分布的特征及原因，动物考古学研究人员可以依据一个地区动物群落的自然分布的状况、遗址中出土的动物的种属鉴定和数量统计结果等，判断古人获取野生动物的方式、探讨家养动物的来源及动物的迁徙等。动物生态学主要研究动物的生活方式及动物与周围自然环境的相互关系。动物考古学研究人员可以借助对于现代各种动物的生态特征的科学认识，探讨古人所处的自然环境及利用动物的行为特征[1]。

考古学的地层学和类型学是开展动物考古学研究的基础，采集动物遗存及各种分析和探讨都必须建立在这个基础之上。除此之外，与动物考古学研究关系最为密切的基本理论主要是均变论、埋藏学和文化生态学。均变论认为自然界的各种变化是古今一致的，现在是了解过去的钥匙，强调"将今论古"。根据这一原理，动物考古学研究人员假定各种动物生息的生态环境、古代动物的形状特征和生长过程都是古今一致的，依据现生的各种野生动物生息的生态环境，可以推测遗址中出土同类动物所反映的当时的生态环境。依据各种现生动物的骨骼和牙齿标本的特征，可以对出土的动物遗存进行种属、部位和年龄鉴定。埋藏学是专门研究生物在死亡后到发掘前所受到的各种因素的影响的一门科学。动物考古学研究人员认为，如要依据动物遗存准确地复原古代社会，就必须考虑到动物遗存从活体动物到动物遗存的各个阶段里各种埋藏因素的影响，增强对遗址、遗迹形成过程中各种外来因素的分辨和诠释能力，甄别和确定动物遗存由于埋藏过程中的各种原因而表现出来的偏差，这对于全面认识古人与动物相关的行为是必不可少的研究。文化生态学主张从各个地区的人类、自然、社会、文化的各种变量的交互作用中研究各种文化的产生和发展的规律，探讨不同文化发展

---

[1]　袁靖：《中国动物考古学》，北京：文物出版社，2015年，第37～46页。

的特殊形态和模式。文化生态学对研究人员客观地认识古人与动物的相互关系具有重要的指导作用[1]。

　　动物考古学的研究方法主要包括野外采集与室内整理、基础信息的多种分析和判断家养动物的依据三个部分。野外采集与室内整理是动物考古学研究最基础的工作，野外采集是否科学、整理过程是否严谨，直接关系到后续的研究能否顺利、科学地进行。野外采集主要指在考古发掘过程中对动物遗存的采集，包括全面采集、抽样采集和整体提取。室内整理分为清洗和拼对骨骼、鉴定动物的种属、部位、年龄和性别、测量动物遗存的各个特征点及各种形状的尺寸、骨骼表面痕迹的观察、对骨骼进行称重等几部分工作，全部信息都要输入数据库，动物遗存要放入标本库。基础信息的多种分析是对前面所做的基础工作的进一步整合和深入研究，有利于全面把握获取的各种信息。基础信息的多种分析由测量数据的计算和比较，包括可鉴定标本数、最小个体数和肉量估算等在内的定量统计，判定各种动物的年龄结构，分析动物骨骼上的痕迹，探讨骨角器的材料与制作工艺，古DNA研究，碳氮稳定同位素分析和锶同位素分析等。动物考古学研究中最为重要的内容是探讨古人如何驯化、饲养和利用家养动物，而在这些探讨中面临的首要问题是判断其是否为家养动物。判断考古遗址中出土的动物骨骼是否属于家养动物，由形体特征、病理现象、年龄结构、性别特征、数量比例、随葬或埋葬现象、古DNA研究、碳氮稳定同位素分析和古代文献记载等系列标准组成。这套标准可以归为两类，一类是通过对单个个体的观察确定其特征。如头骨的长宽比、下颌联合部的倾斜角度、齿列扭曲、齿槽脓肿、线性牙釉质发育不全等形态学上的观察和测量、随葬或埋葬现象、古DNA分析和碳氮稳定同位素分析结果等，我们只要发现这些特征与家养动物相关，基本上就可以判断此个体为家养动物，或者至少可以为判断家养动物提供重要的线索。另一类是依照一个群体的整体状况进行判断，即经过对多个个体的测量、观察和统计等，依据全部牙齿的尺寸大小的平均值、几何形态测量、年龄结构、性别特征和数量比例等群体特征来判断家养动物。上述这两类依据互相关联，依照个体的特征可以对群体进行推测，在对群体进行推测时，也不能忽略对个体的判断[2]。

　　上述的各种理论和方法与国际上的动物考古学研究的理论和方法基本上是相通的。从世界范围看，特别是进入全新世以来，各个地区的古人都经历了由渔猎采集向种植农作物和饲养家畜转变的过程。各个地区家养动物的种类相同之处甚多。各种动物的解剖学特征、生理特征、生态特征是基本相同的。针对考古遗址出土的相同的动

〔1〕　袁靖：《中国动物考古学》，北京：文物出版社，2015年，第46～49页。
〔2〕　袁靖：《中国动物考古学》，北京：文物出版社，2015年，第51～86页。

物遗存，如何开展科学研究，是世界上的动物考古学家都在思考的共同问题。由于研究思路和材料上的相同之处，中国的动物考古学研究在与世界上的动物考古学研究接轨方面，尤其是在理论多元化、方法系统化、技术国际化这三点上，有自己的独到优势。欧美学者在研究古人与动物的相互关系方面是明显地走在我们前面的，他们提出的先进理论、形成的科学方法、做出的精彩案例值得我们认真学习和思考。我们应该借鉴国际同行的理论和方法，取长补短，推动我们的研究更快、更好地发展。当然，我们在研究中也要时刻注意结合中国的实际情况，发扬自己的长处。比如，数千年遗留下来的丰富的古代文献是我们启发思路，夯实证据的宝贵资料，必须引起高度重视。

二、以探讨人的行为作为主要内容

因为动物考古学的研究对象是考古遗址出土的动物遗存，而绝大部分动物遗存在遗址中的出现，都跟人的行为密切相关，人类付诸于动物的行为大体可归纳为获取和利用两个层面。就获取层面而言，动物可以区分为野生动物和家养动物，遗址中出现的绝大部分野生动物都是古人通过渔猎的方式获得的，个别的啮齿类动物可能会自己钻到考古遗址中去，但是这类动物在全部动物中的数量是极少的。而家养动物都是古人通过饲养的方式获得的。就利用层面而言，古人将动物作为重要的资源加以开发和利用，首要目的是为了吃肉，其次还有出于各种目的利用动物，比如利用动物的奶和毛，利用动物进行祭祀和随葬，利用动物作为畜力，利用动物的骨骼和角等制作骨角器，利用动物作为宠物等，这些都跟古人的行为密切相关。因此，动物考古学从起步开始就涉及探讨人的行为，其研究成果就是要讲清楚人付诸于动物的行为是什么及探讨为什么，价值何在。

比如，早在1936年出版的中国第一本动物考古研究报告《安阳殷墟之哺乳动物群》就涉及到探讨人的行为。在这本报告的第一部分，对商代晚期都邑遗址河南安阳殷墟出土的哺乳动物进行了详细的种属鉴定，包括对各个种属标本的形态描述和关键数据测量。第二部分，把殷墟出土的动物群分为本土野生动物、家养动物和外地引进的动物三类。家养动物为新命名的殷墟肿面猪和殷羊。殷墟肿面猪是中国最早确认的家猪品种。在鉴定家猪时，除骨骼形态外，还依据年龄幼小的标本数量甚多，作为当时存在家猪的佐证，首次将年龄构成作为判断的标准。这个年龄构成背后，就是殷人的行为在起作用。外来物种包括鲸鱼、象、貘等动物，可能与殷人跟南方的贸易交流有关[1]。

〔1〕　德日进、杨钟健：《安阳殷墟之哺乳动物群》，实业部地质调查所、国立北平研究院地质学研究所，1936年。

1959年发表的《陕西西安半坡新石器时代遗址中之兽类骨骼》，延续了殷墟哺乳动物研究的思路和方法。这个报告在三个方面涉及人的行为。一是以动物种类与人的关系进行分类。把通过骨骼鉴定的动物分为驯养的及可能驯养的、狩猎来的、可能是较晚时期侵入的这样三大类。二是指出出土的猪的骨骼状态虽然与野猪的大致相同，但从年龄结构看，半坡的猪绝大多数是幼仔或年青的，成年的很少。在幼仔和青少年时死亡不是野猪的自然现象，是古人在特定时间宰杀的结果，因此这是家猪的证据。三是注意到人的行为对动物骨骼的影响，如对鹿角的加工痕迹，及出土的动物骨骼中没有完整的肢骨，破碎的肢骨往往保留着关节的两端，上面有砸击的痕迹，因此可能是当时的人为吃骨髓而砸碎的等等[1]。

而1988年发表的《姜寨新石器时代遗址动物群的分析》这篇研究报告，首次使用统计最小个体数的方法对陕西省西安市临潼区姜寨遗址出土的动物骨骼进行量化统计，对各类动物在全部动物总数中的比例各占多少得出了明确的结论，为用量化统计的方法探讨人的行为特征奠定了基础。中国的动物考古学研究终于开始摆脱过去那种使用"较多""比较少"等模糊的语言表达各类动物数量的方法，在与世界动物考古学研究方法的接轨上走出了有意义的一步。这篇报告还尝试着把动物骨骼复原到遗址中出土的位置进行探讨，发现属于姜寨第一期的动物骨骼中有40%集中在遗址的南面，从而推测其原因是生活在这个地域的氏族人口多，或者居住时间长的缘故[2]。

20世纪80年代以前，在众多考古遗址出土动物骨骼的研究报告中，有一些仅仅做了动物的种属鉴定，没有统计数量，可以说连讲清楚古人利用的动物种类和数量是什么都没有做到。这是因为那时从事动物考古研究的人员数量很少，不能在全国范围内对所有出土动物遗存的遗址开展工作。这里必须充分肯定的是当时的考古研究人员在对一个遗址的发掘过程中，能够意识到动物遗存的重要性，主动采集动物遗存，已经是具备相当前瞻性的认识了。因为从事动物考古的研究人员人数极为有限，有些动物遗存就请古生物学家进行鉴定。古生物学家缺乏考古学的思考，按照自己的研究思路开展工作，认为鉴定了动物遗存的种属，讲清楚古代有哪些动物种属就可以了。因此造成有些动物遗存的研究报告就是一份罗列种属名称的清单，连定量统计都没有做到。我们必须承认，在中国动物考古学的发展过程中，存在这样的不足是可以理解的，任何一门学科在发展过程中都存在过缺陷。我们认为关键要看是否存在克服不足

---

〔1〕 李有恒、韩德芬：《陕西西安半坡新石器时代遗址中之兽类骨骼》，《古脊椎动物与古人类》1959年第1卷第4期，第173~185页。

〔2〕 祁国琴：《姜寨新石器时代遗址动物群的分析》，见西安半坡博物馆、陕西省考古研究所、临潼县博物馆：《姜寨：新石器时代遗址发掘报告》，北京：文物出版社，1988年，第504~538页。

之处，逐渐完善的发展趋势，逐步形成的发展的主流是什么。

自20世纪90年代后期开始，考古遗址出土动物骨骼的研究报告中越来越普遍地体现出探讨古人的行为这个主题。这里以笔者本人发表的研究报告为例，30多年来，笔者发表的动物遗存研究报告涉及河北、新疆、宁夏、甘肃、陕西、河南、山西、山东、安徽、重庆、湖北、湖南、浙江、上海、江苏、广东、广西17个省市自治区的32处遗址。在确定各个遗址出土的各类动物的种属和数量的基础上，几乎在每个遗址讨论研究结果时，都涉及到这个遗址出土的野生动物和家养动物的数量比例，以此作为判断当时当地获取动物资源方式的依据，也是认识当时当地生产力发展水平的一个重要内容。除此之外，不少研究报告还有自己的特色，分别涉及古人与自然环境相互关系的研究、家养动物传播的研究、随葬动物或将动物作为祭祀用品的研究、饲养技术的研究等。

关于古人与自然环境相互关系的研究可以新石器时代山东的胶东半岛贝丘遗址为例。随着全新世海侵的开始，海产资源随着海水进入陆地，在距今6000～5700年的白石村一期这个贝丘遗址的起始阶段，古人在海边建立居住地，获取贝类、鱼类等海产资源，这是适应全新世海侵高峰时期造成的海岸变化的一种生存方式。在距今5700～5275年的邱家庄一期这个贝丘遗址的中期，古人保持着主要依靠野生的动植物资源生存的习惯，继续依赖于自然环境能够提供的资源，但是其采集的贝类尺寸出现变小的倾向，这可能反映了古人过度采集对贝类造成的影响。在距今5275～4860年的紫荆山一期这个贝丘遗址的最后阶段，贝类的尺寸继续减小，古人干扰贝类自然生长的影响力进一步加强。随着山东内陆地区大汶口文化的因素传入胶东半岛，当地的古人开始采纳以粟为主的农业生产方式，这种生产方式的改变造成了贝丘遗址的消亡。文化影响在贝丘遗址消亡的过程中发挥了主要的作用[1]。这个由适应环境变化、建立生存方式到影响环境、再到由于外来文化的影响，建立新的生产方式的过程，在中国沿海地区的贝丘遗址中是十分独特的。

关于家养动物传播的研究以属于龙山时代的河南禹州瓦店遗址和登封王城岗遗址为例，这两个遗址均发现绵羊和普通牛，这些迄今为止发现的中原地区最早的绵羊和

〔1〕　中国社会科学院考古研究所编著（袁靖主编）：《胶东半岛贝丘遗址环境考古》，北京：社会科学文献出版社，1999年，第189～198页。

普通牛是通过文化交流的方式传入的[1]。笔者在距今约5600～5000年属于马家窑文化石岭下类型的甘肃天水师赵村遗址的墓葬（M5）、属于马家窑文化马家窑类型的青海民和核桃庄马家窑文化墓葬里都发现随葬羊骨。在距今5600～4900年属于仰韶文化晚期的甘肃礼县西山遗址、距今5300～4800年属于马家窑文化马家窑类型的甘肃武山傅家门遗址、天水师赵村和西山坪遗址均发现普通牛的遗存。家养绵羊和普通牛都是距今10000年前起源于西亚地区，而后逐渐向东传播。中国最早的家养绵羊和普通牛是突然出现在距今约5000年前的甘肃和青海一带，而后向东部传播，距今4500年左右进入中原地区[2]。这些家养动物的传入与古人的文化交流相关。笔者的研究将中国和西亚地区文化交流的历史至少追溯到距今5000多年前。

关于随葬动物或将动物作为祭祀用品的研究内容较多，如河南安阳殷墟54号墓内出土的狗全部是随葬的，随葬狗是殷人的丧葬习俗，在河北、河南、陕西、山西、山东、湖北的多处商代的墓葬中都有发现[3]。李学勤通过对清华简的考证，认为秦人本是东方迁来的商奄之民，最早的秦文化应该具有一定的东方色彩，他希望这一点今后会得到考古研究的验证[4]。近年来，在甘肃东部地区先秦时期的多处墓葬中发现随葬狗的习俗[5]。这种随葬狗的习俗不见于新石器时代甘肃地区的墓葬中，是突然出现的。随葬习俗是一个族群不易改变的标志，这为证明秦人与东方迁来的商人有关提供了重要的动物考古学证据。这个发现证实了李学勤的推测，也回应了李学勤的期待。山东滕州前掌大墓地属于商末至东周时期，这个墓地在随葬动物时有四点特色。一是从出土的动物骨骼可以证明当时是把动物的一条左前肢或右前肢完整地放入墓里了，当时随葬的动物部位仅限于前肢。二是除西周早期的一座小型墓以外，其他小型墓往往仅随葬一种动物的前肢，且以猪的为主，中型以上的墓可以随葬猪和羊、牛和羊、

〔1〕 a. 吕鹏、杨梦菲、袁靖：《禹县瓦店遗址动物遗骸的鉴定和研究》，见北京大学考古文博学院、河南省文物考古研究所编著：《登封王城岗考古发掘与研究（2002～2005）》，郑州：大象出版社，2007年，第815～901页。
       b. 吕鹏、杨梦菲、袁靖：《动物遗骸的鉴定与研究》，见北京大学考古文博学院、河南省文物考古研究所编著：《登封王城岗考古发掘与研究（2002～2005）》，郑州：大象出版社，2007年，第574～602页。
〔2〕 袁靖主编：《中国新石器时代至青铜时代生业研究》，上海：复旦大学出版社，2019年，第9～15页。
〔3〕 袁靖、杨梦菲：《M54出土狗骨研究报告》，见中国社会科学院考古研究所编著：《安阳殷墟花园庄东地商代墓葬》，北京：科学出版社，2007年，第331～342页。
〔4〕 李学勤：《清华简关于秦人始源的重要发现》，《光明日报》2011年9月8日第11版。
〔5〕 据咸阳师范学院刘欢博士告知。

猪、牛和羊的前肢。三是如果是在同一座墓里随葬两种以上动物前肢的话，其左、右侧都必须是相同的。四是即便随葬多种动物的前肢，但是同一种动物的前肢仅随葬一条[1]。这个发现不仅揭示了当时随葬习俗的规定之严格，而且还显示了《礼记·祭统》中提到的"凡为俎者，以骨为主，骨有贵贱。殷人贵髀，周人贵肩，凡前贵于后。"中的"殷人贵髀"有误，因为"髀"指的盆骨，表示后肢，"肩"指的是肩胛骨，表示前肢，前掌大墓地商人随葬的都是动物的前肢，不是《礼记·祭统》中提到的后肢。我们在殷墟的墓葬中发现那里也是用动物的前肢随葬的。安徽滁州何郢遗址属于商末至西周，在这个属于乡村一级的遗址发现一定数量的食用后废弃的牛骨，但是发现的20个兽坑里主要放置的是年龄不到1岁的猪，还有狗，不见牛。这种现象跟笔者在河南偃师商城、郑州商城、小双桥、安阳殷墟，山东滕州前掌大等属于都城、方国或侯伯级别的遗址中发现的用牛祭祀的现象明显不同。这可能意味着当时何郢这种乡村一级的村落中，一般老百姓在日常生活中是可以吃牛肉的，但是在正式祭祀的场合却不能使用牛，反映当时存在严格的等级制度，一直落实到乡村一级[2]。

关于饲养技术的研究以马的阉割为例。笔者曾在内蒙古自治区做过民族调查，现在当地开发旅游业，专门准备马匹供游客骑乘，为安全起见，这些供骑乘的马都是阉割过的公马，但是笔者发现这些马都有明显的犬齿。据当地的蒙古族老乡告知，这些公马都是成年后才阉割的，因为如果在幼年时就阉割，会影响马的生长发育，而一旦公马成年以后，其包括犬齿在内的全部雄性特征都具备了。由此看来，如果仅仅依据对犬齿的有无及盆骨的形状特征等，很难判断其是否被阉割过。笔者通过对陕西省西安市临潼区秦始皇陵园里的陶马、铜马及K0006陪葬坑中的马骨开展研究，发现秦始皇陵园兵马俑一号坑的陶马均是拉车的，其左右骖马、左右服马的生殖器部分只有阴茎，没有睾丸，都是制成被阉割过的形状。秦始皇陵园铜车马陪葬坑出土的铜车马中拉车的左右骖马、左右服马同样也是制成被阉割过的形状。秦始皇陵园兵马俑二号坑展厅里陈列的那匹带有马鞍、用于骑乘的马是典型的公马，它的生殖器除阴茎外，还有睾丸。由此看来，当时安放在这里的陶马和铜马依据性别可以区分为两类。一类明显地表现出其是被阉割过的公马，用于拉车，另一类则明显地显示出其是没有被阉割的公马，用于骑乘。因为在秦始皇陵园的K0006陪葬坑中有车和多匹完整的马骨，那些马是用于拉车的，尽管它们具备犬齿、盆骨形状也明显是公马的特征，但是笔者依据

[1] 袁靖、杨梦菲：《前掌大遗址出土动物骨骼研究报告》，见中国社会科学院考古研究所编著：《滕州前掌大墓地》，北京：文物出版社，2005年，第728~810页。
[2] 袁靖、宫希成：《安徽滁州何郢遗址出土动物遗骸研究》，《文物》2008年第5期，第81~86页。

民族学的调查及对一号坑和二号坑里拉车的陶马的观察，推测K0006陪葬坑中的这些拉车的公马可能都是阉割过的。笔者可以断言，至少到秦代，阉割公马的技术已经完全成熟了[1]。阉割技术的产生为古人管理、繁殖、驾驭家养动物提供了极大的便利，在古人饲养家畜的历史中发挥了重要的作用。

上述这些方面的研究实例都是一个个有意思的与古人的行为相关的故事，是动物考古学延伸历史轴线、增强历史信度、丰富历史内涵、活化历史场景的生动写照。

三、多项研究都带有理论探讨的色彩

动物考古学的多项研究都带有理论探讨的色彩，这里以笔者的研究为例，围绕家养动物的起源与驯化、获取肉食资源模式、被动发展论、经济基础决定上层建筑、在祭祀和随葬中使用动物、历史时期的动物考古学研究等六个方面进行阐述。

笔者认为中国古代驯化动物起源的动机及特征可以归结为以下四点：一是古人最初驯化动物是一种近似于饲养宠物的娱乐行为。笔者推测古人在改变猎杀动物的行为，开始饲养动物幼崽之时，应该尚未具备驯化动物的功利性目的。如果因为肉食资源的不足，那么抓到动物就要立即食用，所以刀下留情的行为，很可能是出于其他的目的。而作为宠物饲养，以娱乐为目的，可能是当时的真实意图。这一点基本照应了里德提出的宠物理论[2]，同样说明最初的驯化可能并非刻意为之。古人一定没有想到，这个随意的行为，带来了日后社会的巨大进步和生产力的飞跃。二是从狭义上理解，真正的驯化是一种带有功利性目的的行为。在与驯化动物相处的过程中，特定动物易于饲养、一胎多仔、食用人类的生活垃圾、反应灵敏、容易长膘等生态特征可能是古人选定它们作为驯化动物饲养并获得成功的前提条件。古人驯化动物的目的是因为这些动物对自己的生活有特殊的帮助，比如为了安全、为了提高狩猎能力、为了扩大肉食来源和为了用于宗教仪式等。三是驯化包含了驯化者与被驯化者双方的互动。人和动物是驯化的一体两面，我们应从两方面同时考察驯化的相关问题。古人控制动物的活动范围和喂食，这类人类行为可以归结为驯化的举措。这与被驯化的动物为适应人的生活方式而主动配合驯化的行为是互动的，由此形成古人与特定动物相互影响、相互作用、协同进化的过程。尽管人类在驯化过程中始终占据主导地位，但其中也包含古人为适应动物的特征而做出的主观努力，比如不断向特定的动物提供食物、

〔1〕　袁靖：《K0006陪葬坑出土马骨研究》，见陕西省考古研究所、秦始皇兵马俑博物馆编著：《秦始皇帝陵园考古报告（2000）》，北京：文物出版社，2006年，第226～233页。

〔2〕　Reed C A. 1977. A Model for the Origin of Agriculture in the Near East. In Reed C A (ed.). *Origins of Agriculture*. The Hague: Mouton Publishers, 543-657.

满足某些动物的特殊食物要求等。四是驯化过程不是一蹴而就的。以古人的知识结构及野生动物的属性而言，古人驯化动物是一种探索性的行为，是古人与特定动物这两种具有不同思维的生物物种进行博弈的产物，是一场经过长时段的、包括多次反复在内的、渐进式的发展过程。在这个过程中，古人关于驯化动物的经验与文化是逐步累积而成的，经验与文化的传承与否是人类与其他动物的重要区别。正因为人类能够传承经验与文化，由此奠定了人类驯化动物并获得成功的基础[1]。

中国新石器时代居民获取肉食资源的方式可以归纳为以下三种类型。一是依赖型，定义为当时人类的肉食来源完全依赖于狩猎或捕捞居住地周围自然环境中存在的野生动物。二是初级开发型，定义为当时人类的肉食来源主要依赖于捕获居住地周围自然环境中存在的野生动物，但同时还饲养一定数量的家畜。三是开发型，定义为当时人类的肉食主要来自饲养家畜，同时在一定程度上还依赖于捕获居住地周围自然环境中存在的野生动物。将中国新石器时代各个地区的遗址中反映出来的古人获取肉食资源的行为分别归入这三个类型，按照新石器时代早、中、晚、末四个时期排列在一起，这样就可以清楚地看到按照出现时间的早晚排列成一个发展模式，即依赖型、初级开发型、开发型在中国新石器时代居民获取肉食资源的过程中是从早到晚排列的。这个发展模式基本上概括了各个地区的古代居民在距今10000～4000年之间获取肉食资源方式的变迁，显示出中国新石器时代人类获取肉食资源方式的大致发展过程[2]。

把当时的野生动物资源的因素、动物遗存的研究结果和考古学文化的特征等综合起来考虑，可以明显地看出当时的居民总是尽可能地通过狩猎或捕捞的方式获取野生动物，即尽可能地依赖居住地周围的自然环境所能提供的动物资源。而通过家养动物获取肉食资源这类开发自己另一种生存活动能力的行为似乎是不得已而为之的。中国新石器时代居民获取肉食资源的模式背后蕴藏着一种规律，即当时的居民从完全进行狩猎或捕捞野生动物、依赖于自然环境提供的动物资源，到开始饲养活动、将某些野生动物开发为家养动物，再到主要进行饲养活动、通过家养动物获取肉食的一系列生存活动行为的变化，总是在人类对肉食量需求的增长及居住地周围地区所能提供的动物资源的相对减少这种自然环境的制约下被动地形成和发展的。笔者将古代人类获取肉食资源由依赖型到初级开发型、再到开发型的发展过程称之为"被动发展论"，其定义是中国新石器时代居民获取肉食资源的发展模式是在野生动物资源缺乏和当时对动物资源需求量增加的背景下被动地建立起来的[3]。

---

〔1〕　袁靖、董宁宁：《中国家养动物起源的再思考》，《考古》2018年第9期，第113页～120页。

〔2〕　袁靖：《中国动物考古学》，北京：文物出版社，2015年，第180～182页。

〔3〕　袁靖：《中国动物考古学》，北京：文物出版社，2015年，第182～184页。

　　动物考古学研究要关注经济基础和上层建筑的关系。归纳中国各个地区在新石器时代末期获取肉食资源的方式，可以看到中原地区的开发型表现得最为典型。中原地区的开发型可以总结出两个特点，其一是饲养狗、猪、牛、羊等多种家养动物，其二是这种饲养活动得以持续发展，与后来的夏、商、周三代获取肉食资源的方式一脉相承。由这两个特点所代表的中原地区古代居民获取肉食资源的开发型方式和这个地区的多种农作物种植方式共存，凸显出这个地区农业经济的稳定发展状态，这是中原地区的经济要强大于周围地区的重要证据之一。而中原地区经济的持续发展是早期国家在这个地区得以形成的一个不可或缺的重要原因。在经济基础普遍地、稳定地发展的前提下，先后出现的政治中心崛起于不同的地点，各个地点都有稳定的经济基础作为支撑。笔者认为，生产力决定生产关系，经济基础决定上层建筑，作为农业经济的重要组成部分，依靠饲养多种家养动物获取肉食资源的开发型方式的持续发展，与中华文明在中原地区的形成和早期发展具有紧密的内在联系。这种经济基础和上层建筑的相互关系不见于其他地区[1]。

　　在中国整个新石器时代，猪在随葬和埋葬活动中扮演了极为重要的角色，随葬和埋葬猪的过程与各个地区开始饲养家猪的时间及饲养数量的多寡相关。在中国整个新石器时代里，还没有一种动物像猪一样，既是人们肉食资源的主要来源，又是与精神领域的活动相关的一种重要动物。除猪以外，在随葬或埋葬中还使用狗；但是，这种行为在地域上远不及使用猪那么普遍。自新石器时代晚期开始，在黄河上游地区用绵羊进行随葬，到新石器时代末期，在黄河中下游地区也使用黄牛和绵羊进行随葬或埋葬，这种行为对后来的商代产生了深远的影响。商代在祭祀活动中使用了大量的动物。商代早期祭祀用牲以猪为主，反映出其与新石器时代的祭祀活动存在一定联系。而后随着时间的推移，用于祭祀的动物种类增多，规模也变大，逐步发展演变为主要使用狗、马、黄牛和绵羊。这些变化有助于区分献祭者的身份。用大量黄牛或黄牛与其他动物的组合作牺牲，比用猪作牺牲，更能具体地反映出等级制度。尤其是商代晚期，马被引入河南地区驯养，马作为一种新的具有多种用途的动物，在商代晚期的祭祀活动中发挥了重要的作用。马、车马坑与大规模的人牲，是商代晚期王权和祖先崇拜的最高的表现形式。通过动物祭祀，我们可以从一个特殊的角度，了解商代统治特征的明显变化。这个发展过程与中国古代早期国家的形成与发展过程是密切相关的[2]。

　　历史时期的动物考古学研究除了需要遵守动物考古学研究的基本规则之外，应该

〔1〕　袁靖主编：《中国新石器时代至青铜时代生业研究》，上海：复旦大学出版社，2019年，第74~118、268~269页。

〔2〕　袁靖：《中国动物考古学》，北京：文物出版社，2015年，第189~237页。

和新石器时代的动物考古学研究有所区别。其特色主要体现在以下六点。一是确认新的家养动物种属。鉴于史书中的记载，历史时期的家养动物还包括鱼、鸭、鹅、驴、骡和骆驼等。因此，有必要对历史时期的遗址中出土的相关动物遗存进行认真的鉴定和研究，依据动物考古学研究的结果，确认鱼、鸭、鹅、驴、骡和骆驼等家养动物分别起源或出现的时间和地点，提出科学的结论。二是更加关注出土动物遗存的考古背景。随着社会的发展，历史时期遗址内不同区域的功能性特征更加典型。同为建筑基址，可分为宫殿和民宅等；同为墓葬，可分为贵族墓和平民墓等；同为作坊，铸铜作坊和制骨作坊各有不同。因此，不同功能区域出土的动物遗存会因为食用者或废弃者的身份和地位的不同而不同。对同一遗址中不同区域出土的动物遗存，要注意其共性和个性。三是认识礼制和礼仪的作用。随着社会的分工和等级的分化，礼制亦日趋成熟和完善，动物开始在各种礼仪活动中成为体现等级的重要用具。我们在研究历史时期遗址中出土的动物遗存时，要考虑礼制的因素，探讨其包含的礼制范畴的含义。四是与古代文献相结合。古代文献中有很多描述动物与食用、祭祀和战争等相关的记载，这些是动物考古学研究的内容之一。要把相关记载与动物遗存的鉴定和整理结果结合在一起进行探讨。我们既可以把古代文献作为开阔思路的启示，也可以借助动物遗存的研究，认识古代文献中可能存在的不足之处，这两方面的探讨都有助于进一步提升动物考古学研究的真实性和科学性。五是研究骨骼上的病理现象。随着饲养动物目的的多样化，动物遗存上往往保留了不少反映当时人的特定行为的信息，比如当时人骑马驾车、用牛犁地等行为，都有可能在动物骨骼上留下相应的病变痕迹，对这些病变痕迹要进行认真的观察和深入的探讨。六是研究人工培育品种。伴随社会生活的丰富和动物饲养业的发展，人类为了不同需求，开始对动物的品种进行人为的选种培育，动物饲养有了更多的人为因素。在山西省和湖南省的遗址中出土的青铜猪尊，在造型上具备了南、北方的猪的不同特征，而不同地区出土的大量汉代陶猪俑，更是具有多个明显的地方品种的特色。更加注重各种家养动物的骨骼形态特征和测量数据，可以更加深入地探讨这些家养动物在地区性和时代性上的差异[1]。

四、多学科合作研究是重要特色

动物考古学研究本身就是多学科结合的产物，在推动动物考古学研究深入发展的过程中，包含了更多的学科的介入。这里主要阐述借助古代文献的探讨和把自然科学相关学科的方法应用于动物考古学研究之中，以这些实例强调动物考古学研究在历史

〔1〕　袁靖：《中国动物考古学》，北京：文物出版社，2015年，第245~246页。

科学研究中的地位及研究成果的科学性和创新性。

　　中国新石器时代不同地区居民获取肉食资源的特征可以在古代文献中找到佐证。如黄河中上游地区和黄河下游地区距今6000年以来的古代居民在主要通过饲养家猪的方式获取肉食资源上是一致的，但是在长期的发展过程中，黄河中上游地区的古代居民在相当大的程度上依靠饲养家猪获取肉食资源，而相比之下，黄河下游地区的古代居民在依靠饲养家猪获取肉食资源的程度上则偏低一些。而长江中上游地区和长江下游地区在主要通过渔猎活动获取肉食资源、饲养家猪所占的比例很小这两点上，具有较大的一致性，但是长江中上游一些地区的史前居民注重捕捞体型较大的鱼，这在长江下游地区史前居民获取肉食资源的活动中是少见的。而长江下游地区在良渚文化时期的杭州一带饲养家猪的比例突然增加的现象也是值得关注的。把黄河流域和长江流域史前时期居民获取肉食资源的活动进行比较，可以确定黄河流域的居民在相当长的时间里主要通过饲养家猪的方式获取肉食资源的特征和长江流域的居民主要通过渔猎活动获取肉食资源这样的特征形成鲜明的对照。中国新石器时代这两大流域古代居民获取肉食资源方式的明显差异至少一直延续到青铜时代。在青铜时代的文献《周礼·职方氏》里把天下分为九州，在讲述各州的物产时提到"东南曰扬州……其畜易鸟兽，其谷易稻。正南曰荆州……其畜易鸟兽，其谷易稻。河南曰豫州……其畜易六扰，其谷易五种。正东曰青州……其畜易鸡狗，其谷易稻麦。河东曰兖州……其畜易六扰，其谷易四种。正西曰雍州……其畜易牛马，其谷易黍稷。东北曰幽州……其畜易四扰，其谷易三种。河内曰冀州……其畜易牛羊，其谷易黍稷。正北曰并州……其畜易五扰，其谷易五种。"这段文献里提到的"六扰"是指马、牛、羊、猪、狗、鸡六种家养动物，而"五种"是指黍、稷、菽、麦、稻五种农作物。我们看到各个州都有与农业活动相关的记载。但是就获取肉食资源而言，位于黄河流域乃至更北面的各个州主要依赖家畜，多的有六种，最少的也有两种。唯独位于长江流域的扬州和荆州则仅有鸟兽，这种对各个地区有家畜和没有家畜的文献记载在一定程度上印证了我们对新石器时代各个地区考古遗址出土的动物骨骼研究结果是可信的[1]。

　　把自然科学相关学科的方法应用于动物考古学研究之中，可以进一步提高研究的科学性，获取更多的古代信息。自然科学相关学科的方法主要包括古DNA研究、碳氮稳定同位素分析和锶同位素分析等。这里以河南偃师二里头遗址和陕西凤翔血池遗址的研究为例。

　　河南偃师二里头遗址是夏代晚期的都邑性遗址。二里头遗址普通牛的线粒体DNA

---

〔1〕　袁靖：《论中国黄河流域和长江流域史前居民获取肉食资源方式的差异》，《光明日报》
　　　　2008年9月21日第7版。

分析表明，部分普通牛共享相同的单倍型，其中以T3世系最多，其次为T4和T2世系。T3和T2世系起源于近东地区，T4世系源自T3世系，由此可以肯定普通牛主要来自近东地区，中原地区饲养的普通牛不是本地起源的物种，而是中外文化交流的结果。绵羊的线粒体DNA显示其属于亚洲谱系A，这也是近东地区起源的。因此，绵羊与普通牛一样，不是本地起源的物种，而是中外文化交流的结果[1]。研究人员对二里头遗址宫殿区1号巨型坑出土的动物骨骼和少量人骨开展了碳氮稳定同位素分析，发现粟和黍以及源于粟作农业的食物是遗址先民和大部分的猪、狗主要的食物来源。与此同时，遗址中还发现了一些食用了较多C₃类食物的家猪和个别野猪。二里头遗址的牛主要依赖包括秸秆、谷糠在内的粟作农业的副产品为食，羊的食物中同时兼有粟类食物和野草等C₃植物。通过比较发现，1号巨型坑祭祀遗存出土的猪、狗、羊与二里头遗址其他单位同类动物在食物结构上并无差别，而牛的氮十五值却显著低于灰坑、地层等单位的牛骨。考虑到二里头文化对以洛阳盆地为核心的周边地区具有强大的政治文化影响力和经济控制力，以及遗址中发现了来自其他地区的绿松石、金属矿产乃至猪、狗、牛、羊等家养动物，研究人员推测1号巨型坑祭祀遗迹出土猪骨食物结构的多样性可能与其复杂的来源有关。与此同时，巨型坑出土牛牲与其他单位的牛在食物结构上的差异是否意味着当时已经存在对祭祀用牲的特殊饲养，还有待于进一步探讨[2]。通过对二里头遗址的猪进行测定，建立当地锶同位素的比值范围，再将遗址中出土的多个普通牛和绵羊的锶同位素比值放入其中进行比较，发现自二里头遗址二到四期，有多个普通牛和绵羊在当地锶同位素的比值范围内，这些普通牛和绵羊是当地土生土长的。但是也有多个普通牛和绵羊不在当地锶同位素的比值范围内，是由二里头遗址之外的区域引入的，属于外来动物[3]。

　　陕西凤翔血池遗址是秦汉时期的国家级祭祀遗址。该遗址中出土了大量当时用于祭祀的马骨。动物考古学家对7号坑出土的马骨进行鉴定，全部马匹都是幼年的马，一共有26匹。古DNA研究通过二代测序检测版成功获取了全部样本的线粒体DNA目标区域和X/Y染色体差异区，实现了母系谱系分型和性别鉴定；并检测了19个基因34个位点的基因型。主要认识包括线粒体DNA的多样性非常高，说明其母系来源复杂；马匹中雄性略多，雌雄比为8：5，雌性马匹也是祭祀的对象；这些马匹的毛色以栗色为主、

〔1〕　蔡大伟、孙洋、韩璐、周慧、朱泓：《动物的古DNA研究》，见中国社会科学院考古研究所编著：《二里头：1999～2006》（叁），北京：文物出版社，2014年，第1348～1355页。

〔2〕　陈相龙、李志鹏、赵海涛：《河南偃师二里头遗址1号巨型坑祭祀遗迹出土动物的饲养方式》，《第四纪研究》2020年第40卷第2期，第407～417页。

〔3〕　赵春燕、李志鹏、袁靖：《动物的锶同位素分析》，见中国社会科学院考古研究所编著：《二里头：1999～2006》（叁），北京：文物出版社，2014年，第1365～1373页。

体型偏小；这些马匹的耐力强、但是不擅长短跑和交替步态[1]。碳氮稳定同位素的分析发现，马牲个体间同位素比值的差异反映其饲料种类不同，这可能与它们被征集作为牺牲前所属苑厩的分布不同有较大关系。在北方长城沿线及关中地区苑厩饲养的马驹可能都曾被征集用作国家级祭祀活动的牺牲。这一推断也可从传世文献中找到依据，如《周礼·天官》载，"（大宰）以九贡致邦国之用。一曰祀贡。"郑司农曰："祀贡，牺牲、庖茅之属。"王引之曰："以供王祭祀之事。"可见，当时确实存在为祭祀活动征集牺牲的制度。另外，通过检测马牲的肋骨与其身上的其他骨骼，发现肋骨的碳同位素比值明显偏高，与其他骨骼相比，存在显著差异。肋骨是保存生前最后阶段食物种类特征的部位，这种差异说明这些马牲祭祀之前曾被特殊饲养了一段时间，这个期间所用饲料主要为文献中常见的被用于饲养马匹的粟、黍这类C_4类农作物的谷物或秸秆。这与《周礼》所记载的牺牲在祭祀前"则系于牢，刍之三月""殊养之"相符[2]。锶同位素研究通过采集遗址附近的蜗牛和附近的河水进行检测，确定当地的锶同位素比值，祭祀用马牲的锶同位素比值显著高于当地的锶同位素比值，表明这些马牲全部来自于发掘地点之外，最近的来源地可能在上百公里以外的地区。另外，同一坑中不同个体间也有很大差别，表明既便是同一次祭祀活动中的祭牲来源也存在多样性。这也可以佐证秦汉帝国强大的资源调度和社会管理能力[3]。

五、展　　望

中国动物考古学研究已经取得了巨大的进步。展望前程，跟国际上的前沿研究相比，要真正在建立中国特色、中国风格、中国气派的考古学中充分发挥动物考古学的作用，我们还需要继续努力。这里围绕今后的发展提出六点认识。

（一）聚焦单个遗址开展全方位的研究

新石器时代的考古学文化是由一个个具体遗址构成的，夏商周三代和历史时期的某个朝代的文化也是由具体的遗址组成的。要做好动物考古学研究，首先要注重做好

---

[1]　文少卿、俞雪儿、孙畅、田亚岐、胡松梅、杨苗苗、袁靖：《凤翔雍山血池遗址北斗坊7号坑马骨的古DNA研究》，《考古与文物》2020年第6期，第115～121页。

[2]　陈相龙、袁靖、杨苗苗、田亚岐、胡松梅、杨梦菲、左豪瑞、马颖：《凤翔血池遗址北斗坊马牲饲养方式及相关问题》，《考古与文物》2020年第6期，第109～114页。

[3]　唐自华、王学烨、陈相龙、杨苗苗、胡松梅、田亚岐、袁靖：《凤翔雍山血池遗址北斗坊地点牛、马牙釉质的锶同位素研究》，《考古与文物》2020年第6期，第122～125页。

单个遗址出土的动物遗存的整理和研究工作，及相关的测试和分析工作。即除了形态学和统计学的分析研究之外，动物考古学的研究还包括古DNA研究、同位素分析和残留物分析等内容，只有落实了各个方面的研究，才可谓是对研究资料进行全方位的探讨，及保证进一步提升研究成果的全面性和科学性。持续推出这样的研究成果，才能真正夯实动物考古学研究的基础，推动研究一个考古学类型或文化特征的顺利进行。当前要特别注重对于边远地区考古遗址出土动物遗存的鉴定、整理和研究工作，弥补有些地区在这方面研究上的空白，以大量单个遗址的研究成果充实、丰富、拓展全国范围内的研究格局。在有条件的情况下，除动物考古学研究之外，关注植物考古学、人骨考古学的研究成果，借助古代文献的启示，也是十分必要的。

（二）用区系类型的思路指导动物考古研究

以区系类型的思路为指导，可以帮助我们把自己对特定遗址的动物遗存的具体认识，放到这个遗址所属的由多个遗址组成的一个考古学文化的层面上去认识，通过比较，把握它们的同一性和差异性，以求更加客观、更加全面地归纳自己的研究成果。而如果其他遗址还没有做这方面的研究，或者做的遗址数量还不够多，我们则要努力去加强这方面的研究。在系统总结一个考古学文化动物考古学研究的基础上，还要开展不同时期、不同地区的文化与文化之间在这个方面的比较研究，从中归纳它们之间是否存在连续性、关联性、变异性、差异性等，以求在全国范围内全面认识动物考古学的研究结果。而如果其他考古学文化还没有做这方面的研究，或者做的力度和深度还不够，我们则要努力去开展这方面的研究。具体、深入的比较研究对于深化考古学文化研究意义重大。

（三）进一步做好标本库和数据库建设

我们各个研究机构都要更加努力收集和制作现代动物骨骼标本。通过实物、照片、三维模型等各种形式，逐步建设和完善一个全国性的现代动物骨骼对比标本库，供大家在整理考古遗址出土动物遗存时对照参考，保证鉴定的科学性和可靠性。各个动物考古研究机构要广泛收集和整理全国各地考古遗址出土的古代动物遗存，按照地区、年代和种属，分门别类进行收藏和管理，为国内外学术同行开展研究提供资料，为博物馆开展全民教育和科普活动提供实物展品。中国社会科学院考古研究所国家文物局动植物考古重点科研基地已经建成了"中国动物遗存标本数据库"，以动物遗存为基础，将考古遗址、鉴定和测量、自然科学测试分析、文献资料等数据合而为一，为用户提供标本中心及标本一张图应用系统[1]。今后要不断推进数据库的建设工作，逐步将全国的资料完整地输入到这个数据库之中，为进一步推动动物考古学研究发挥积极的作用。

（四）加强中国动物考古与国际学术界的交流

放眼国际学术界，我们可以看到，动物考古学的研究方法和技术是相通的，具体研究材料的属性是一致的，研究方法、技术及研究材料的属性不会因为文化和地域的差异而存在隔阂。尤其是研究方法和技术，其科学性和可靠性是建立在各国学者普遍认同的基础之上的。国际动物考古学的诸多前沿研究对我们深入开展中国动物考古学研究是十分有益的启示，我们要加强国际合作研究，吸引国际上的一流学者关注中国的动物考古学研究，包括参与到中国动物考古学研究之中。我们要认真思考和借鉴国外学者的思路、技术路线以及研究成果，从中启发思路、完善研究方法，做好我们的动物考古学研究。同时，我们也应该在加强国际交流的过程中，把中国动物考古学的最新成果推向世界，在世界上讲好中国故事。

（五）强化动物考古人才的培养

目前，国内多所高校的考古专业都为本科生和研究生开设有动物考古学课程，我们要推动更多的具有考古专业的高校做好这方面的教学工作。我们要全面、系统地对考古专业的本科生和研究生讲授动物考古学的思路、方法和实践案例，既要强调动物考古学研究方法的科学性、独特性、可行性和实用性，更要始终突出考古学的研究目的和人文社会科学的本质属性，提升动物考古学的教学质量，推出动物考古学的精品课程。要引导学生在田野考古发掘中实地认识动物遗存的出土过程及采集方法，指导学生围绕考古遗址出土的动物遗存开展动物考古学研究，培养更多掌握动物考古学研究方法的人员，充实到田野考古发掘一线中去。同时也要考虑培训和引导从事田野考古发掘和研究的人员掌握动物考古学的技能，塑造一专多能的复合型人才，更好地适应中国考古学发展的需要。

（六）积极开展公共考古

众多动物拥有与生俱来的可爱形象，容易为人民群众所接受。在中国历史发展进程中，动物为古人提供肉食来源、奶蛋制品，在随葬、祭祀、耕作、畜力、战斗力等

---

〔1〕　吕鹏、袁靖、张学宝、郑闯闯：《数据库建设为动物考古学研究提供新的着力点——写在"中国动物遗存数据库"建成之际》，《中国文物报》2021年11月19日第9版。

多个方面发挥了重要的作用，还作为宠物培育了古人对于友情的认识。我们的动物考古学研究取得了许多精彩的研究成果，如何向人民群众普及动物考古学研究的基础知识和优秀成果，发挥动物考古学研究在传承和弘扬中华民族灿烂辉煌的历史中的积极作用，参与到增强文化自信的过程中去，是我们必须认真思考的问题。我们要在新闻媒体的支持下，做好各种形式的报道和讲座。要进一步凝练我们的系列成果，努力建设数字化、网络化、叙事化、可视化的智能知识资源库，在5G、云技术、AI、VR等方面的硬件和技术支持下，推出为人民大众喜闻乐见的精彩故事。

动物考古学是中国考古学中起步最早的分支学科之一，走过了近百年的光辉历程。多年的考古发掘为我们的动物考古学研究积累了非常丰富的资料，今后的考古发掘还将为我们的动物考古学研究提供更多的新资料。我们要用科学的理论作为指导，用科学的方法作为工具，从动物遗存中全方位地获取珍贵的信息，认真开展科学研究，精心凝练研究成果，进一步做大做强动物考古学，为推动中国考古学在新时代继续阔步前进贡献力量。

（原载于《南方文物》2022年第4期，第34～43页）

第二编
生 业 考 古

本编由8篇文章组成。

《中华文明探源工程十年回顾》论述了2004年至2012年中华文明探源工程中技术与生业研究的成果。

《生业与社会》论述了在《南方文物》上开设"生业与社会"栏目的初衷和设想。

《新石器时代至先秦时期东北地区的生业初探》《黄河中游及华北地区距今10000至5000年生业状况初探》《中原地区的生业状况与中华文明早期发展的关系》和《良渚文化的生业经济与社会兴衰》论述了不同地区的生业状况与社会发展的相互关系。

《中国新石器时代至先秦时期生业初探》从全国范围内探讨了各个地区的生业状况及特征。

《中国古代生业研究》对8年来在《南方文物》上开辟的"生业与社会"栏目上发表的成果进行系统的总结，并对今后的研究提出展望。

中华文明探源工程十年回顾

——中华文明起源与早期发展过程中的技术与生业研究

　　中华文明是世界四大文明古国中唯一未曾中断、延续至今的文明。中华文明5000年的说法由来已久，由于其开始阶段远在甲骨文出现之前，尽管古代文献中记载了一些当时的历史，但是那些都为事过数千年以后的追述，其中不少还具有神话的色彩，不能作为信史。那一大段没有文字的历史只有通过考古发掘，依据对出土的遗迹和遗物的研究结果来撰写。因此，作为国家科技支撑计划的"中华文明探源工程"被誉为是为中华民族修家谱的盛举。

　　多年来，通过对众多新石器时代及青铜时代早期的遗址进行发掘，出土了大量当时人使用的城墙、大型建筑基址、房址、墓葬、窖穴、生产工具、日用陶器及装饰品，以及可能属于当时贵族阶层使用的铜器等特殊器物。我们的考古研究主要侧重于对这些人工遗迹和遗物的形状、内涵及意义进行探讨。但是，不容讳言，我们对于涉及当时的技术和经济特征、发展演化脉络等问题一直很不清楚，一些相关领域的研究长期处于空白状态，留下大量未解之谜等待探索。这种状况的形成主要是因为受到各种条件的制约，不能认真地考虑研究的思路，没有很好地设计研究的方法，无法全面地组建研究的团队，因而也就不可能得出像样的研究成果。

　　我们应该认识到，生产力的发展是推动人类社会进步的根本动力，古代技术和经济的发展演变对中国文明起源和早期发展的历史进程起着重要的作用。为了科学地复原中国文明起源与早期发展阶段的历史真貌，深刻地认识和充分地展示中国古代文明的特征，对当时的技术与经济状况及发展演变规律展开系统的研究是必不可少的。

　　包括2002年启动的"预研究"在内，"中华文明探源工程"迄今为止已经经历四个阶段的研究了。除了在"预研究"中涉及技术与经济的探讨仅仅限于冶金术研究以外，在后来的三个阶段的研究中，对于技术与经济的探讨一直被放在相当重要的位置。本文依次回顾"中华文明探源工程"各个阶段中有关技术与经济的研究成果，并在此基础上进行归纳和展望。

一、"中华文明探源工程（一）"的研究

2004年在启动"中华文明探源工程（一）"时，我们正式设立"2500BC—1500BC中原地区经济技术发展状况及其与文明演进关系研究"课题组，专门组织力量，以中原地区为研究范围，以河南登封王城岗遗址、新密新砦遗址、偃师二里头遗址，山西襄汾陶寺遗址已经发掘出土的各类遗物为研究对象，围绕农业、家畜、冶铸、制陶、石器和玉器制作等与技术和经济相关的领域开展研究。我们可以自豪地说，这是国内第一次在考古学界及自然科学界，专门以古代技术与经济为主要研究内容开展全面研究，可谓是一个崭新的开始。我们设计的研究思路、研究方法、研究内容和取得的研究成果的重要意义到现在仍然在持续体现出来。

"2500BC—1500BC中原地区经济技术发展状况及其与文明演进关系研究"自2004年10月开始，到2005年12月结束。通过这一年多的研究，我们的认识主要有以下三点。

（一）公元前2500～前1500年中原地区的经济形态发生了明显的变化

公元前2500～前1500中原地区的经济形态的变化，以包括家畜饲养在内的农业经济最为明显。自龙山文化到二里头文化这个时间段里，中原地区在保持以粟类作物为代表的农业生产和以家猪为代表的家畜饲养的基础上，开始普遍出现水稻和饲养黄牛、绵羊，发现小麦的遗址的数量逐渐增多，由此逐步建立起多品种的农作物种植方式和多种类的家畜饲养方式。水稻、小麦、黄牛、绵羊等动植物在这个地区的出现不仅仅是简单的农作物品种或家养动物种类的增加，还应该伴随有特定的种植方式和饲养方法的传入，这些新的生产对象和生产技术的传入不仅加速了中原地区农业生产发展的步伐，而且还会对这个地区原有的农业生产结构产生深远的影响。在二里头文化向二里岗文化的演变过程中，小麦的种植规模突然大幅度提升，这个变化对后来中国北方旱作农业种植方式的根本性改变具有深远的影响。

除农业经济以外，青铜器、陶器、石器和玉器制作等手工业经济的发展也是经济形态发生变化的重要特征。比如在龙山文化晚期首次出现使用复合范铸造的铜铃，在二里头文化里除发现容器、兵器等众多青铜器以外，还首次发现大型的青铜器铸造作坊，青铜器用多块内外范拼合铸造，出现包括砷铜和锡（铅）青铜在内的合金技术。这个时期的陶器以灰陶为主，还有白陶、黑陶及几何印纹硬陶、原始青瓷等，其烧制陶器的温度明显提高。陶器成型工艺采用手制、模制、轮制等多种方法，新出现的陶礼器做工精致，造型优美。作为当时主要生产工具的石器中，石斧、石铲等多功能生

产工具的比重下降，打制石器减少，而石刀、石镰等专门农业生产工具的数量增加。玉器种类明显丰富，其加工方法表现为采用琢制、锯切割、管钻穿孔和研磨抛光等一系列比较先进的技术手段。

（二）技术与经济发展状况及文明演进的关系密不可分

在公元前2500～前1500年这个时间段里，中原地区除上述的经济形态发生明显进步以外，还发现夯土城墙、大型夯土建筑和可能与观象授时相关的大型遗迹，二里头文化出现多个大型宫殿夯土基址等，这些因素都从物质的角度显示出当时的生产力已经达到相当高的水平，当时的粮食生产和家畜饲养也已经可以为从事其他生产行业的大量人员提供食物保障。而这一切恰恰处于文明演进的关键时期。尽管依据我们此次研究中获得的实证性资料，我们还不能肯定究竟是当时中原地区的技术与经济发展引起了上层建筑的变化，推动了文明的演进，出现国家。还是因为文明社会的形成、国家的出现带动了技术与经济的发展。但是我们至少可以肯定，当时技术与经济的发展在文明演进过程中发挥了举足轻重的作用。

另外，我们要强调的是等级制度的形成在文明演进中具有重要的意义，一些在龙山文化开始出现的动物种类和人工制品在确立等级制度中扮演了重要角色。比如，猪在龙山文化以前一直是古代人类用来沟通自己与神、祖先关系的动物，在龙山文化及后来的社会发展过程中，黄牛和绵羊在这种宗教祭祀活动中也具备了不可或缺的价值。商代晚期甲骨文中提及的"太牢"和"少牢"等王和贵族在祭祀活动中必须使用的牛、羊和猪，自龙山文化的较晚阶段都已经存在了。特别需要指出的是后来牛、羊、猪等家养动物还被分出高下，成为等级的象征，在沟通不同身份的人与神、祖先的关系中分别发挥了重要的作用。二里头遗址中首次发现包括爵、斝、鼎等具有身份地位象征的青铜礼器，开始形成以青铜器为中心的礼器群。自龙山文化开始出现陶制的礼器。二里头遗址中首次出土的大型玉刀、玉璋的刃部大部分不见使用痕迹，这些可能是特定礼仪场合使用的仪仗。因此我们认为，农业和手工业的发展为等级制度的形成提供了一系列物质保障。

我们的研究还发现中原地区在技术与经济方面存在长距离交流的一些重要证据。例如，在龙山文化及其向二里头文化演变时期出现了小麦、绵羊和黄牛，这些农作物和家畜最早的起源地是在西亚地区。通过对二里头遗址出土的陶器进行微量元素和痕量元素的分析，可以证明当时山东东部的文化因素传到了河南西部。这些交流和融合明显推动了中原地区技术、经济乃至于社会和文化的发展。我们推测，地域相隔很远的文化之间的交流和融合及其不断增强的趋势，在中华文明的演进过程中也具有不可忽视的作用。

（三）不足之处

尽管我们在首次全面研究特定时间段的技术与经济状况时就出手不凡，取得了具有创新价值的认识。但我们在结项时也认识到，由于对中原地区公元前2500～前1500年这个时间段之前、之后及其他地区的各个时间段里的技术与经济发展状况都还没有开展过定性定量的研究。我们没有条件把中原地区特定时间段的技术与经济状况与其他时空范围内的技术与经济状况进行任何纵向和横向的比较研究。我们应该进一步扩大研究的时空范围，对中原地区公元前2500～前1500年这个时间段之前、之后的不同时期、黄河上游、下游地区、长江流域及其他地区不同时间段里的包括生产力发展状况、原料产地、显示等级制度的物质因素及文化交流现象等在内的技术与生业状况开展系统、全面的研究。通过对这一系列综合研究结果的比较和分析，对于我们在全国范围内把握技术和经济发展状况及其与中华文明演进的关系无疑是十分必要的[1]。

二、"中华文明探源工程（二）"的研究

2006年，在国家科技支撑计划"中华文明探源工程（二）"中，继续设立了"3500BC—1500BC中国文明形成与早期发展阶段的技术与经济研究"这个课题。相比前一阶段的研究，此次研究在思路和方法上更加清晰了。我们计划通过对考古遗址出土农作物种子的种类鉴定和量化分析，认识不同地区、不同时间段内农业生产中农作物的构成和比例，据此判断各地区农业生产特点及发展模式。通过对动物遗存的研究，认识不同地区、不同时间段的居民通过狩猎、饲养等方式获取肉食资源的具体行为；探讨各种家畜的种类、数量是否存在某种质或量的转变过程。以人类食性分析为基础，研究不同地域古代居民的食物结构特征。通过对早期铜器和冶铸遗物的检测分析，揭示不同地区的冶金技术特征，探讨中国青铜冶铸技术的起源和发展过程。通过对陶制品的研究，分析各个地区的制陶工艺水平、文化交流特征。通过对生产工具发展变化的研究，分析黄河流域各个区域内生产工具的种类、比例及发展变迁。通过对制玉工艺的研究，分析玉器制作工艺的特征。通过对当时重要资源（金属、盐）开发和流通的研究，探讨当时对重要资源的控制、分配和使用状况。依据农作物种植、家畜饲养、人类食性、冶金技术、陶器制作、生产工具类别和用途、玉器加工以及金属和盐等重要资源的获取与利用等八个方面的分析研究，对中国文明形成及早期发展阶段的技术与经济背景进行全面、系统的探讨。

---

〔1〕　袁靖：《试论技术与经济发展状况与中国文明起源的关系》，见中国社会科学院考古研究所考古科技中心编：《科技考古》（第二辑），北京：科学出版社，2007年，第133～140页。

　　"3500BC—1500BC中国文明形成与早期发展阶段的技术与经济研究"自2006年11月开始，到2008年12月结束。通过两年左右的研究，我们的认识主要有以下六点。

（一）公元前3500～前1500年西辽河、黄河及长江流域的技术状况出现了相当明显的进步

　　此次通过对位于西辽河、黄河和长江三个流域的多个遗址出土的相关资料开展研究，从整体上可以看到，技术进步首先表现在出现了多品种农作物种植技术，这些技术可以有效地使用可耕种土地，提高有限区域内的农业生产总量，而且可以在最大程度上减轻各种自然灾害对农业生产造成的损失。其次是出现多种家畜饲养技术，这些技术提高了人们比较稳定地获取由多种家养动物组成的肉食资源的能力，帮助人们获得除肉食以外的奶等副产品。其三是出现冶金技术，开始制作铜器，而在公元前1800～前1500年出现的青铜容器由合范制作而成，这是冶金术的划时代进步。其四是陶器制作工艺技术由泥条盘筑向快轮制作转变，并开始具备控制烧制气氛的能力，能够制作多种特殊陶器和原始瓷。其五是生产工具的形制由分别具有地区性特征逐渐趋于规范化，制作石器开始专业化。其六是玉器制作技术由线切割发展为片切割，提高了制作玉器的效率。其七是采矿技术和制盐技术逐步成熟，出现对重要资源进行专门开发的迹象。农业生产技术的进步为人口增长、社会发展奠定了物质基础，而手工业技术的进步则促进了各种生产领域的专门化，公元前3500～前1500年各个地区的技术进步促进了整个社会的复杂化、文明化进程。

（二）技术的进步促进了以中原地区为中心的文化交流

　　此次研究进一步确认了有关文化交流的内容和作用。包括古DNA测试在内的研究表明，到公元前2000年左右，原产于西亚地区的小麦、绵羊、黄牛等均已跨过中国西北及北部地区，进入黄河中游地区。另外，在西北和内蒙古地区都发现可能存在家马的证据，说明家马可能也是从中国境外传入的动物。中原地区的冶金术明显地受到西北和北方地区的影响。属于仰韶文化的河南西坡遗址中出土的彩陶片，与当地其他陶器成分有区别，而与甘肃地区马家窑文化的彩陶成分接近。二里头遗址的陶器中发现受到山东岳石文化和南方地区文化因素的影响。上海广富林遗址出土的陶器也反映出当时存在南方和北方的文化交流。西辽河流域的红山文化的玉器制作技术流传到黄河下游地区的山东龙山文化，而后又传播到黄河中游地区和长江下游地区。尽管在多个地区都能够看到由于技术进步而带来的文化交流现象，但是相比之下，中原地区是各种文化交流最为集中的地区。正如我们在前一阶段的研究中强调的，文化交流这种现象对中华文明的形成和发展也具有不可忽视的重要作用。

（三）北方地区的经济状况比南方地区发达

从北方地区考古遗址中出土的农作物种类看，西辽河地区以粟和黍为主，还有少量大豆。黄河上游地区是粟、黍和小麦，黄河中下游地区包括粟、黍、稻谷、大豆和小麦。而从南方地区考古遗址出土的农作物种类看，长江中下游地区只见稻谷，没有发现其他农作物。可见北方地区的农作物种类明显比南方地区丰富。从家畜种类看，西辽河地区、黄河流域的家养动物包括狗、猪、牛和羊。而长江中下游地区只见狗和猪。相比之下，北方地区的家养动物种类不但比南方地区丰富，而且在数量上也明显占据多数。迄今为止的冶金遗物主要都集中出土于北方地区。所以，从整个经济状况看，以黄河流域为主的北方地区明显要比以长江流域为主的南方地区发达。这种现象与夏商周三代均以黄河流域为中心建国存在必然联系。

（四）黄河中下游地区以外的各个地区的经济形态随着时间推进逐步衰退或转型

西辽河流域的农业经济一直属于比较单一的农作物种植方式，到夏家店下层以后，出现明显的衰退。黄河上游地区的农业经济自齐家文化晚期开始，逐步转为游牧型经济。长江流域的农作物种植一直是单一品种，而家畜饲养长期没有发展起来，尽管在良渚文化时期养猪业有过一个快速发展阶段，但是在随后的马桥文化中又明显地出现衰退的迹象。参考对古代自然环境研究的结果，可以看到这些地区经济形态的变化和当时自然环境的变化有着密切联系。我们现在还不能明确认定是自然环境的恶化或突发的自然灾害导致了这些地区原有经济形态的衰退或转型，但是从这些地区均种植比较单一或完全单一的农作物种类状况看，他们很可能承受不住当时自然环境变化的压力，进而可能会影响到整个文化的发展进程。总而言之，自公元前1800年以来，上述这些地区的经济形态都没有在保持原来状态的基础上，进一步形成可持续发展的趋势，而唯独黄河中下游地区的经济形态呈现出持续发展的态势。

（五）中原地区的经济发展状况与中华文明演进的关系十分密切

通过对冶炼遗址和与盐业相关的遗存的探讨。证明中原地区在控制资源方面措施得当。结合前一阶段对中原地区的研究成果，可以说，从整体上看，中原地区在农业、手工业及资源配置方面都处于强势地位。依据中原地区整个经济形态的强势及文明起源于中原地区的事实，我们可以推测中原地区的技术与经济形态对文明的起源及演进起到了很强的促进作用。当然，这并不是中华文明形成的唯一因素，但绝对是不可或缺的重要因素。

（六）不足之处

相比前一阶段的研究，尽管我们的认识得到进一步的深化和拓展，但是在结项时我们依然认识到，我们的认识往往来自单个遗址的不全面的资料，并非是系统归纳了属于同一文化或类型的多个遗址的研究结果。另外，有的认识甚至只是依据研究单个处于特定时间段的遗址，然后对早于这个时间段的空白进行推测。在这样的基础上架构起来的系统认识，与其说是结论性的总结，不如说是为今后的研究指出了方向。另外，对各种手工业生产领域的生产专业化研究，尤其是对采矿、冶炼、铸铜的冶金产业链研究，及对金属和盐业资源的管理和流通等问题的研究等，都是需要在掌握大量实证性资料的基础上才能系统探讨的问题。有鉴于此，今后还应进一步有针对性地对特定时空范围内的技术与生业状况开展系统研究，有目的地增加各个时空范围内研究对象的数量，以求在把握属于不同时空范围内的多个遗址中出土的各类资料的基础上，系统、全面地对这些遗址的技术与经济状况开展研究[1]。

三、“中华文明探源工程（三）”的研究

2010年，在国家科技支撑计划“中华文明探源工程（三）”中，仍然设立了“公元前3500年至前1500年黄河、长江及西辽河流域的技术、生业和资源研究”这个课题，本课题的研究目标和主要任务从总体上看与前一阶段区别不大。此次研究主要强调了三点，一是结合此次研究，对以往的研究成果进行全面地归纳；二是尝试着以单个遗址为单位进行研究，主要针对二里头这个都邑性遗址出土的动植物遗存、人工遗物及相关遗迹开展综合探讨，同时对其他重要遗址开展相关采样和研究；三是在上述研究的基础上，探讨技术、生业和社会组织结构的互动关系，明确技术和生业在中国文明产生与早期发展过程中的作用。

“公元前3500年至前1500年黄河、长江及西辽河流域的技术、生业和资源研究”自2010年6月开始，到2012年9月结束，通过两年多的研究，我们取得了以下三点认识。

（一）黄河流域与长江流域技术与生业状况的比较研究

我们在综合三个阶段的研究成果的基础上，以统一的年代标准来系统对照各个地区的技术与经济状况，大致梳理出一个发展过程。以下按照不同的生业领域分别对比黄河流域和长江流域的状况。

---

[1] 袁靖：《技术与经济发展状况和中华文明形成的关系》，《中国文物报》2009年8月21日第6版。

在农业方面，新石器时代晚期黄河流域的仰韶文化以种植粟和黍为主，当时还存在少量的水稻。长江流域的文化以水稻为主，新石器时代末期黄河流域的龙山文化种植粟、黍、水稻、大豆、小麦这五种农作物，长江流域依然是水稻。到二里头文化时期黄河流域粟、黍、水稻、大豆、小麦均存在，长江流域依然是水稻。

在获取肉食资源方面，新石器时代晚期黄河流域的仰韶文化主要是依靠猪和狗等家养动物，长江流域的文化以渔猎为主，同时也饲养少量的猪和狗。新石器时代末期，黄河流域的龙山文化依然以饲养家畜为主，但是家畜的种类新增加了黄牛和绵羊，长江流域的良渚文化以饲养家猪为主。到二里头文化时期，黄河流域获取肉食资源的方式与新石器时代末期相同，而长江流域又转变为以渔猎为主，饲养少量的猪和狗。

在冶金术方面，新石器时代晚期这两个流域均未见冶金遗物。新石器时代末期，黄河流域的龙山文化和齐家文化出现红铜和砷铜的器物，制作方式主要是单范技术，也发现用合范技术制作的证据。到二里头文化时期，普遍存在铜、锡、铅三元合金铸造的青铜器。这些青铜器都是用合范技术铸造的。长江流域在整个时间段里始终没有发现与冶金有关的遗物。另外，北方地区的铜器按照特征可以分为三个地区，西北地区出土的铜器年代早，数量多，种类全，分布广，材质多样。中原地区存在砷铜制作的器物和青铜器，在二里头遗址发现青铜礼器和合范铸造技术。北方地区出土的铜器年代晚、数量少，这个地区与西北和中原地区存在互动关系。

在陶器制作方面，在新石器时代晚期黄河流域的仰韶文化使用慢轮制作技术，长江流域的状况不明。新石器时代末期黄河流域的龙山文化出现快轮制作陶器技术，出现专门为贵族制作的陶礼器。长江流域的文化使用快轮制作陶器，也出现了陶礼器。到二里头文化时期黄河流域出现制作工艺精良的陶礼器，还有原始瓷。长江流域的状况与黄河流域的相似。

在石器制作方面，新石器时代晚期黄河流域仰韶文化的石器制作工艺中，打制技术的比例占据半数左右，存在磨制和钻孔技术，新石器时代末期的龙山文化，以磨制技术为主，制作规范化程度提高，到二里头文化时期普遍采用磨制技术，制作规范化程度更高，甚至出现在开料时使用片切割技术。对长江流域各个时期的石器制作技术尚未开展研究。

在玉器制作方面，新石器时代晚期，黄河流域的仰韶文化存在开料时使用线切割技术和片切割技术两种，长江流域的文化主要为线切割技术。新石器时代末期，黄河流域的龙山文化沿用了线切割技术和片切割技术，长江流域的文化包括线切割技术和片切割技术两种。到二里头文化时期，在玉器的开料上使用片切割技术，特别是出现了切割大片的片切割技术，长江流域没有发现玉器。

如果以公元前1800～前1500年作为时间标尺，对比大致属于这个时间段的黄河中游地区的二里头遗址和长江下游地区的马桥遗址的生业状况，其反差极为明显。如二里头遗址存在粟、黍、水稻、大豆、小麦五种农作物，马桥遗址只发现水稻。二里头遗址存在猪、狗、黄牛、绵羊四种家畜，马桥遗址以野生的鹿科动物为主，猪和狗的数量不多。二里头遗址存在青铜器，马桥遗址没有发现。二里头遗址和马桥遗址都存在制作精良的陶礼器。二里头遗址存在玉器和绿松石制作的器物，马桥遗址没有发现。

结合以前探讨过的西辽河流域的生业状况，也可以看到西辽河流域的农业经济一直以种植粟和黍为主，到夏家店下层文化以后，出现明显的衰退。生业形态的衰退或转型进而影响到西辽河流域和长江流域地区文化的发展进程。这些地区的农业经济形态从整体上似乎都没有形成可持续发展的趋势。

（二）豫西晋南地区技术与生业状况的比较研究

此次我们进一步对豫西晋南的经济形态进行了重点研究。基于迄今为止对二里头遗址的研究工作最为全面，我们可以对二里头遗址的整个生业特征进行全面概括。比如，当时已经形成长距离、跨地区的多种金属资源的产业链，具备对多种金属资源的调控能力，同时也应具备对盐业资源的生产和调控能力。发现粟、黍、水稻、大豆和小麦，其中水稻数量占全部农作物总数的30.6%，小麦发现于二里头遗址第四期。发现狗、猪、黄牛和绵羊等家养动物。自二里头遗址一至四期，黄牛和绵羊在家养动物中所占的比例大体呈现由少到多的趋势。家养动物除供应肉食外，还用于祭祀和礼仪制度。另外还存在剪羊毛这种对绵羊进行次级开发的行为。对绵羊的古DNA研究结果证明所选标本都是属于谱系A的，对黄牛的古DNA研究结果证明主要属于T3型，T3型是西亚起源的。锶同位素分析结果显示出黄牛和绵羊既有本地土生土长的，也有不是当地出生的。碳氮稳定同位素分析结果显示出家猪、黄牛的碳十三值大致与人相同，表明其喂养的食物完全由人控制；绵羊则偏近于C_3，显示其食物主要来自自然植被。当时对铜、锡、铅和砷等合金元素的配比与金属器物的功能关系有一定的认识，但是其合金比例尚不稳定，表现出原始性，具有早期铜器制作的特征。对陶器的多角度研究显示，二、三期时居住于宫殿区的王室贵族所使用的陶器在原料及制作技法上与其他区域的居民不同。石料种类有32种，以砂岩最多，不同时期的石料种类和利用率差异较大，四期时石料的利用率达到最大化。玉器制作已经形成以片切割技术生产毛坯，然后施以琢制、锯切割、管钻穿孔和研磨抛光等工艺的技术体系。对绿松石嵌片、管、珠的制作也形成了规模化的流程。发现的制骨作坊中，骨料以牛骨为主，骨料的切割工具主要是金属工具，制骨工艺体现出规范化、模式化的特点。

　　如果再做进一步的提炼，可以说二里头遗址整个生业特征为具备获取金属和盐业等重要资源的生产链；稳定的可持续发展的农业生产成为社会基本生活资料的主要生产部门；多品种的家畜饲养保证了肉食来源，家养动物除供应肉食外，还用于祭祀和礼仪制度，存在对绵羊进行次级开发的行为；陶器制作的规模化生产进一步稳定，出现专门用于礼制或贵族专用的陶器生产部门；制作金属器和玉器的专门性技术更加完善，可以对那些产品进行规模化生产；依据石器的功能特征选择合适的石材制作石器；出现具备模式化和规范化特征的制骨作坊。

　　我们在全面认识二里头遗址的基础上，进一步开展比较研究，探讨早于二里头遗址的龙山文化的状况。因为对属于中原地区的龙山文化的单个遗址没有做过像二里头遗址那样全面的研究，龙山文化的整个生业特征尚不完全清楚。现有的研究表明，当时已经存在粟、黍、水稻、大豆和小麦这样五种谷物。当时也存在狗、猪、黄牛、绵羊等家养动物，存在对绵羊进行次级开发的行为。依据古DNA研究，绵羊都是属于谱系A的，黄牛主要属于T3型。锶同位素分析结果显示出黄牛和绵羊既有本地土生土长的，也有不是当地出生的。碳氮稳定同位素分析结果显示家猪的碳十三值以C_4类为主，和人的食性相同。黄牛和绵羊的碳十三值位于C_3和C_4之间，但是黄牛的偏近于C_4，绵羊的偏近于C_3。当时的铜器主要是红铜，也有砷铜，但是没有发现三元合金的青铜器。陶器制作以快轮为主。石料制作以磨制为主。玉器制作以片切割开料。没有发现制骨作坊，从现有的骨器看当时制作骨器的骨料以猪骨和鹿骨为主。

　　再追溯到早于龙山文化的仰韶文化。对仰韶文化的整个生业特征同样尚不清楚，现有的研究表明，当时的农作物以粟和黍为主，水稻所占的比例极小，没有发现其他农作物。当时的肉食来源主要是家养动物，以猪为最多，还有狗，没有发现黄牛和绵羊。碳氮稳定同位素分析结果显示出家猪的碳十三值以C_4类为主，和人的食性相同。当时没有金属器。陶器制作以慢轮为主。石器制作技法以打制为主。玉器制作时以线切割和片切割技术开片。没有发现制骨作坊，从现有的骨器看，当时制作骨器的骨料以猪骨和鹿骨为主。

　　在上述研究的基础上，把龙山文化和二里头遗址的生业状况进行比较，可以看到龙山时期的生业状态应该是二里头遗址生业状态的雏形，二里头遗址则出现规模化的趋势。再把龙山文化和仰韶文化的生业状况进行比较，可以看到仰韶文化没有大豆和小麦，水稻的数量极少，数量最多的家养动物只有猪，没有发现黄牛和绵羊，没有发现铜器，陶器、石器和玉器的制作工艺水平较低。由此可以看出，相比龙山文化和二里头遗址之间那种雏形与规模化的关系，仰韶文化和龙山文化的差异是相当明显的，其特征是缺少几种主要的生产力要素，从生业的角度看，明显的分界线在仰韶文化和龙山文化之间。即生业状况到龙山文化时期有一个质的转变。

（三）技术与生业状况在中华文明起源与发展过程中的作用

综合以上的研究，我们认为各个地区技术与生业的发展状况与中华文明起源与发展过程密切相关，回顾我们在"中华文明探源工程（一）"结项时，尚不能论述究竟是当时中原地区的技术与经济发展引起了上层建筑的变化，推动了文明的演进，出现国家。还是因为文明社会的形成、国家的出现带动了技术与经济的发展这个问题。通过此次研究，我们已经有了一个大概的思路，我们的新认识可以归纳为以下四点。

1. 自公元前3500～前2900年左右，北方地区主要通过种植粟和黍、饲养家猪作为获取食物资源的主要方式，南方地区主要通过种植水稻、渔猎作为获取食物资源的主要方式，不同地区的生业方式特征和所在地区的自然环境状况密切相关，这两种方式的持续发展为当地的社会复杂化奠定了经济基础。在中华文明的起源时期，各个地区技术与生业的稳定发展这个基础作用是不可或缺的。

2. 自公元前2500～前1500年左右，中原地区经济基础与上层建筑的相互作用促进了包括传承原有的技术、引进和开发新的生产力在内的整个生业形态的发展，形成了可持续发展的趋势，进一步推动了社会复杂化的过程。在这个过程中也包含了自然环境相关因素的有力支撑，包括了部落之间的战争在内的其他因素的重要作用。由此开始了这个地区早期国家形成与发展的进程。即在中华文明的起源与发展过程中，经济基础和上层建筑是相互作用的。自然环境、兼并战争等因素也发挥了特殊的作用。

3. 在公元前2800～前1500年这个时间段里，其他地区的生业形态没有形成可持续发展的趋势，是多个地区文化发展过程出现波折的主要原因之一。可以说，一定时间段里技术与生业的发展可以逐步产生一个有特色的文化，甚至是相当精彩的文化。但是这个文化如果没有适合技术与生业持续发展的自然环境作为平台，没有上层建筑在社会发展中的正面引导和促进作用，技术与生业就失去了进一步发展的支撑，这样的文化就会衰退或朝着转型的方向发生变化，这必然影响到当地文明化的发展进程[1]。

4. 随着时间的推移，出现越来越明显的文化交流。比如中原地区在龙山文化阶段出现的最早起源于西亚的小麦、黄牛和绵羊以及铜器，产自南海的宝贝，具有典型的山东地区、南方地区文化特征的陶器等等，这些在中原地区是一种比较普遍的现象，由此可以推测当时的交流是具有一定规模的，这些交流在中原地区的中华文明起源与发展进程中也发挥了极为重要的作用。

我们认为，以上罗列的这些认识凝练了包括"中华文明探源工程（三）"在内的各个阶段的技术与生业研究所取得的成果，对比"中华文明探源工程"开始以前学术

---

〔1〕 袁靖：《公元前3500年至前1500年黄河、长江及西辽河流域的资源、技术和生业研究》，《中国文物报》2012年8月17日第6版。

界对公元前3500~前1500年的技术与生业状况的众多未解之谜，我们对于不同的时空范围内具体的农业和手工业状况的揭示及其在中华文明起源与发展过程中作用的认识可以归入原始创新的范畴。

这里我们要强调的是技术与生业研究与年代、自然环境和考古发掘的研究是密切相关的，尤其是当时的自然环境研究，所谓一方水土养一方人。尽管我们在将近十年的研究中一直和其他领域的研究人员切磋讨论，判定具体研究对象的绝对年代，深化关于各个地区技术与生业的发展、变化与不同时空范围内自然环境变迁之间的相互关系的认识，探讨考古现象和背景对于我们研究对象的作用、制约和启示等等，但是限于本文主要是对于具体的技术与生业研究进行回顾和展望，在此就不再过多地论及其他方面的因素和作用了。

四、归纳与展望

通过"中华文明探源工程"各个阶段中技术与生业的研究，除去具体的研究成果以外，我们还有以下六点认识。

（一）提出技术与生业研究的特色

经历了三个阶段的技术与生业研究相比由来已久的考古学研究，可以凝练出如下几点特色：1. 从多个角度探讨具体遗址技术与生业的基本状况，研究特定时空范围内的农业和手工业。2. 秉承"将今论古"的原则，各个子课题的研究方法都是在自然科学相关学科的技术和方法的基础上建立的。3. 各个子课题的研究对象均出自考古发掘，同时又分别具有生物学、物理学、化学等学科的相关属性。4. 各个子课题的鉴定、测试结果都可以进行重复验证。5. 各个子课题的研究标准和结果分别适用于全国各个地区的考古遗址出土的同类遗迹和遗物的研究。6. 以考古学的研究思路为指导，注重考古出土背景，开展综合研究。

（二）完善行之有效的研究方法

我们的研究方法可以分为矿产资源研究、盐业资源研究、植物考古、动物考古、古DNA分析、碳氮稳定同位素分析、锶同位素分析、冶铸遗物分析、陶器制作工艺分析、石器综合研究、玉器成分分析和制作工艺研究等。这些研究的方法与自然科学相关学科的研究密切相关，我们要进一步加强与自然科学相关学科中一流研究机构的合作，继续巩固和完善这些方法，积极探索新的方法，努力做到让一批最优秀的人员用一系列最先进的方法研究各种最珍贵的资料，对古代的技术和生业状况开展更加全方位的研究。

（三）聚焦单个遗址开展研究

在研究中要注意聚焦典型遗址，全面、具体地对单个遗址的资源、农业和手工业及整个生业状况开展全方位的研究，系统地探讨其资源获取、资源调配、技术进步、专业分工、组织管理、文化交流等一系列问题，只有在这样的基础上，才能实实在在地研究当时的生业发展模式及社会经济状况，探讨各种经济要素在中华文明形成和发展进程中所起的作用。

（四）加强国际学术交流

中华文明是世界文明的重要组成部分，国外学术界一批优秀的研究人员在探讨文明起源与形成过程的研究中发挥了积极的作用，同时也积累了大量有价值的认识和资料。我们要积极开展国际合作研究，发挥外国研究人员学术优势，争取做到中外学者共同努力，比对其他国家文明起源和形成的发展模式，深入探讨中华文明的起源和发展过程，一起为进一步推动世界文明发展史的研究贡献力量。

（五）加强对研究生的培养

研究生朝气蓬勃，求知欲强，我们要结合课题的研究内容，在研究生学习期间，安排单个或几个遗址的相关资料作为他们的论文内容，在规定的时间段里，指导他们从基础工作起步，开展学习和研究，在完成毕业论文的同时，完成课题的部分研究任务。逐步建设一支研究生人数占有一定比例的科研队伍，既可以保证"中华文明探源工程"的顺利推进，也可以保证包括科技考古在内的考古学事业后继有人。

（六）从多学科合作向跨学科研究的转变

我们的研究涉及动植物考古研究、古DNA研究、同位素研究、冶金术研究、陶制品研究、石器研究和玉器研究等多个学科的学者，尽管大家各自研究的都是中华文明形成和发展时期技术与生业状况的不同方面，实际上这些分门别类的研究与年代研究、环境考古研究一样，都是考古学研究的有机组成部分，当代考古学复原和重建整个古代历史的研究目标造就了一个又一个不同的学科，不同学科的研究成果必将成为整个考古学研究中不可或缺的一个又一个重要的内容，不同的内容既有各自的特征，同时也互相关联，缺一不可。我们要努力准确把握当代考古学的时代特征，努力促成不同学科的合作，努力达到各个学科的有机统一。

　　现在，"中华文明探源工程（四）"马上要启动，相比前三个阶段分别是一年多及二年左右时间的研究，此次研究在时间上延长为三年，因此，我们设计的需要采样和开展研究的遗址数量有了明显地增加。我们相信，只要我们努力巩固和完善在前三个阶段形成的研究思路和方法，围绕一个一个遗址，全面、具体地对各个遗址的农业、畜牧业、冶金术、陶制品、石器、玉器等开展研究，系统地探讨从资源获取、专业分工到组织管理等一系列问题，研究当时的生业发展模式及社会经济状况，我们一定会扎扎实实地把中华文明起源和早期发展过程中的技术与生业研究继续推向前进，不但继续填补特定时间和空间范围内技术与生业方面的诸多空白，而且在探讨经济基础和上层建筑的相互关系上做出我们独到的贡献。我们将依据自己对相关考古资料的研究，更加科学地撰写那段时间里古代人类的技术与生业历史的精彩篇章。

（原载于《南方文物》2012年第4期，第5～12页）

生业与社会

——《南方文物》"生业与社会"专栏开栏语

历史唯物主义强调，生产力决定生产关系，经济基础决定上层建筑，生产力的发展是推动人类社会进步的根本动力。在考古学研究中探讨生业和社会的相互关系是一个十分有意义的学术命题。笔者认为，生业主要是指当时获取食物资源的方式，而社会则涉及当时的整个社会结构和精神文化。中国古代不同地区的生业特点及其发展演变轨迹在一定程度上决定着各个地区的文化、社会发展进程和模式的特征。

克里斯托弗·霍克斯（Christopher Hawkes）在1954年指出，用考古材料解释人类行为存在一个递增的难度等级，技术是最容易的领域，而经济、社会和政治结构，乃至于意识形态则表现出急遽上升的难度。这个说法后来被简称为"霍克斯难度等级"[1]。在霍克斯所处的时代，除了类型学和地层学以外，还没有多少利用其他学科的方法对考古资料进行研究的成功的实例。在考古学研究中，如果实物证据太少，单单依靠各种推测得出的结论，往往难以得到普遍的认同。要深化考古学研究，必须采集各类信息，从多个角度进行探讨，强调多重证据。这样，在认识古代社会的过程中，除了依据人工遗迹和遗物的物质形态特征，把握一个考古遗址或一个考古学文化在时空框架里的位置及开展探讨以外，如何从其他角度获取各种信息，如何对各种信息进行分析和研究，提出类型学和地层学等研究以外的多种实证性认识，成为考古学界广大研究人员十分关注的问题。

鉴于中国考古学发展历程的特殊性，如国土的地域范围大、历史延续的时间跨度长，各具特色的文化类型多，从事相关研究的人员数量少等原因，自中国考古学建立开始，在相当长的时间里一直注重人工遗迹和遗物的形状研究，在此基础上构建考古学文化的时空框架。做好文化谱系的研究是中国考古学研究的基础，扎扎实实地夯实这个基础，是学科建设和发展的根本保证。自20世纪90年代开始，在中国考古学文

---

〔1〕　〔加〕布鲁斯·特里格（Bruce Trigger）著、沈辛成译、陈淳校：《世界考古学展望》，《南方文物》2008年第2期，第142～149页。

化谱系建设大体完成的基础上，考古研究人员和相关学科的研究人员尝试着进行新的探讨，力求对考古学的研究内容进行全方位的拓展，多个新的研究领域得以建立和推进，这些努力和实践对于实现考古学探讨人类历史的最终研究目的是十分有益的。近年来，不少研究成果都与研究社会相关，也有一些涉及到探讨古代的生业。《南方文物》编辑部高瞻远瞩，适时推出"生业与社会"栏目，这一举措对于促进考古学研究，意义重大。编辑部嘱我作文，阐述对设立此栏目的认识与感想。鉴于研究古代社会基本上已经成为考古研究人员的共识，这里主要围绕生业进行阐述，首先介绍生业领域的研究方法和内容，然后探讨其研究结果与社会发展的关系，在此基础上提出展望。

一、生业研究的方法和内容

生业包括采集、渔猎、种植、饲养等各种获取食物资源的方式，涉及植物考古和动物考古。

植物考古涉及植物遗骸、木材（炭）碎块、植硅体、淀粉粒等各种植物遗存的研究。植物考古是在田野考古和实验室中应用科学的古代植物样品采集和提取方法，有效地获取古代植物遗存；通过科学的鉴定，确认考古遗址出土的各种植物遗存的种属并进行定量分析，可以把握古代获取植物性食物的方式，各种农作物的起源和发展过程，探讨不同时空范围内古代人类的农业生产、消费方式及发展规律，认识特定植物在祭祀行为及文化交流中的作用及意义等。而利用植物的生态习性在一定程度上对环境进行复原，还可以认识古代人类活动对森林环境的依赖和影响等。

动物考古是指在田野考古中建立科学的采样方法，有效地获取古代动物遗存，运用形态学研究、碳氮稳定同位素和锶同位素分析、古DNA研究等方法，确定出土的古代动物遗存的种属、部位、年龄和性别，逐步确立判断考古遗址出土的各种家养动物的系列依据，通过定性定量的分析和研究，把握各种家养动物的起源和发展过程，探讨古代不同时期、不同地区和不同阶层的居民获取动物作为肉食资源的多种方式及利用动物进行祭祀、随葬、战争和劳役的特征和规律，探讨古代动物种属反映的文化交流等[1]。

---

〔1〕　袁靖：《总论》，见中国社会科学院考古研究所著：《科技考古的方法与应用》，北京：文物出版社，2012年，第1~5页。

二、生业与社会的相互关系

生业与社会是古代历史中不可或缺的两个重要方面，两者既各司其职，又相辅相成。这里主要以中原地区不同时期的考古遗址的生业形态发展过程为例，探讨其与社会的关系。由于当前开展的生业领域的研究属于一个创新的实践，现有的研究成果十分有限，对单个遗址的初步研究成果主要是河南省安阳市殷墟和河南省偃师市二里头遗址，而对于其他时期只能以文化为单位进行概括了。

殷墟的整个生业特征为存在粟、黍、水稻、大豆、小麦、麻等农作物，具备用于垦地、中耕和收割的数量众多的各类农具，甲骨文中已经包括后世多种农业耕作技术的雏形；存在狗、猪、黄牛、绵羊、马和鸡等家养动物，甲骨文中有大量使用家畜进行祭祀活动的记载，证明当时饲养的家畜数量很大，可见畜牧业已经成为一个独立的生产部门[1]。

二里头遗址整个生业特征为存在粟、黍、水稻、大豆和小麦这样五种谷物；存在狗、猪、黄牛和绵羊等家养动物；家养动物除供应肉食外，还用于祭祀和礼仪制度，存在对绵羊进行次级产品开发的行为；依据DNA研究，绵羊都是属于谱系A的，黄牛主要属于T3型。锶同位素分析结果显示出黄牛和绵羊既有本地土生土长的，也有不是当地出生的。碳氮稳定同位素分析结果显示家猪、黄牛的碳十三值以C_4类为主，和人的食性相同。绵羊的碳十三值偏近于C_3类，以食草为主[2]。

由于迄今为止尚未对早于二里头遗址的中原地区的龙山文化的单个遗址做过像殷墟和二里头遗址那样全面的研究，这里只能对龙山文化的整个生业特征进行归纳。现有的研究表明，当时已经存在粟、黍、水稻、大豆和小麦这样五种谷物。当时也存在狗、猪、黄牛和绵羊等家养动物，存在对绵羊进行次级产品开发的行为。依据DNA研究，绵羊都是属于谱系A的，黄牛主要属于T3型。锶同位素分析结果显示出黄牛和绵羊既有本地土生土长的，也有不是当地出生的。碳氮稳定同位素分析结果显示家猪的碳十三值以C_4类为主，和人的食性相同。黄牛和绵羊的碳十三值位于C_3和C_4之间，但是黄牛的碳十三值偏近于C_4，绵羊的碳十三值偏近于C_3。

再追溯到早于龙山文化的仰韶文化。对属于仰韶文化的单个遗址的生业特征同样尚不清楚。现有的研究表明，从整体上看，当时的农作物以粟和黍为主，水稻所占的

---

〔1〕　唐际根：《殷墟：一个王朝的背影》，北京：科学出版社，2009年。

〔2〕　袁靖：《中华文明探源工程十年回顾：中华文明起源与早期发展过程中的技术与生业研究》，《南方文物》2012年第4期，第5～12页。

比例极小，没有发现其他农作物。当时的肉食来源主要是家养动物，以猪为最多，还有狗，没有发现黄牛和绵羊。碳氮稳定同位素分析结果显示出家猪的碳十三值以C_4类为主，和人的食性相同。

在上述研究结果的基础上，把二里头遗址和殷墟的生业状况进行比较，可以看到二里头遗址的生业状况在一定范围内是殷墟的生业状态的雏形，殷墟遗址的生业状况明显的高出一个层次，表现出全方位的规模化、系统化和规范化。把龙山文化和二里头遗址的生业状况进行比较，可以看到龙山时期的生业状态应该是二里头遗址生业状态的雏形，二里头遗址则出现规模化的趋势。再把龙山文化和仰韶文化的生业状况进行比较，可以看到仰韶文化没有大豆和小麦，水稻的数量不多，数量最多的家养动物只有猪，没有发现黄牛和绵羊等。由此可以看出，从生业的角度观察，相比二里头遗址和殷墟遗址、龙山文化和二里头遗址之间的那种雏形与规模化的关系，仰韶文化和龙山文化的差异是相当明显的，其特征是缺少几种主要的生产力要素。应该说生业发展过程中最为明显的分界线在仰韶文化和龙山文化之间，即生业状况到龙山文化时期有了一个质的转变；另外，到殷墟时期，其在生产力和生产关系方面出现的新的因素也是值得重视的。

在此基础上，结合社会的发展过程，可以提出以下4点认识。

1. 自距今5500年到距今4900年左右，中原地区主要通过种植粟和黍、饲养家猪作为获取食物资源的主要方式，这种方式的持续发展为当地的社会复杂化奠定了经济基础。在中华文明的起源时期，中原地区生业的稳定发展这个基础作用是不可或缺的。

2. 自距今4500年到距今3500年左右，中原地区经济基础与上层建筑的相互作用促进了包括传承原有的技术、引进和开发新的生产力在内的整个生业形态的发展，全面推动了可持续发展的趋势，社会复杂化的进程得到明显的加速。在这个过程中也包含了自然环境相关因素的有力支撑，包括了部落之间的战争在内的其他因素的重要作用。由此开始了这个地区早期国家形成与发展的进程，二里头遗址就是这个进程中最为典型的缩影。

3. 自距今3300年左右开始，殷墟王朝的出现全面展示了早期国家的繁荣。考古发掘出土的各种遗迹和遗物证实了这个国家初具规模的礼制、社会结构及其他方面的实力，甲骨文记载的内容也全面反映了当时这个国家政治、经济、军事和文化的先进性。生业的稳定发展依赖商代统治阶层的有效管理，而经济的繁盛也为晚商政权的延续打下了扎实的基础。

4. 随着时间的推移，出现越来越明显的文化交流。比如中原地区在龙山文化阶段出现的最早起源于西亚的小麦、黄牛和绵羊等，这些在中原地区是一种比较普遍的现象，而到殷墟出现的家马更是引人注目的。由此可以推测当时新的生产力要素的介入是具有一定规模的，这些介入也在社会进一步复杂化、加剧等级化的进程中发挥了极为重要的作用。

三、展 望

我们必须认识到，目前我们所知的一个考古学文化或类型的内涵是以多个考古遗址的人工遗迹和遗物的共同特征为基础构建起来的。相比之下，我们对于一个遗址的生业进行过全方位研究的实例屈指可数，而填补一个类型、一个文化的生业内涵的空白更是还有许多许多工作要做。而把这些研究成果与社会结合到一起思考，是真正意义上的考古学文化、类型和遗址的内涵所不可或缺的。

笔者认为，要进一步做好生业的研究，突出考古学的区系类型观点是一个十分重要的前提。其意义主要体现在两个方面。

第一个方面，因为我们从事的每一项具体的生业的研究，首先都是针对具体遗址出土的遗迹、遗物开展基础工作的。我们的第一步认识都是通过研究特定遗址的具体对象提出自己的看法。以区系类型的观点为指导，可以帮助我们把自己对特定遗址的生业领域的具体看法，放到这个遗址所属的由多个遗址组成的一个考古学文化的层面上去认识。如果属于同一个文化的其它多个遗址已经开展了这一领域的研究，那么我们要把自己的新看法和其它多个遗址里已经得出的认识进行比较，把握它们的同一性和差异性，以求更加客观、更加全面地归纳自己的认识。而如果其它遗址还没有做这方面的研究，或者做的遗址数量还不多，我们则要努力去加强这方面的研究。从一个考古学文化的层面上提出的某个生业领域的研究结果，必须建立在对一定数量的遗址进行全面、扎实的基础性研究的工作之上。

第二个方面，要在系统总结一个考古学文化某一生业领域研究的基础上，开展不同时期、不同地区的文化与文化之间在这个方面的比较研究，从中归纳它们之间是否存在连续性、关联性、变异性和差异性等，以求在全国范围内全面认识具体生业领域的研究结果。同样，如果其它考古学文化还没有做这方面的研究，或者做的力度和深度还不够，我们则要努力去开展这方面的研究。从整个国家的范围内、在大跨度的时间框架里提出生业领域的研究结果，同样必须建立在对多个文化的全面、扎实的基础性研究的工作之上。

由此可见，强化生业领域的研究，在此基础上开展生业与社会的探讨，大有可为。这个栏目应该积极创新、特色鲜明、主题明确、内容独到。刊登的文章可以如本期栏目一样，是由动物考古学研究成果的一枝独秀；再进一步，还应该是动物考古学研究和植物考古学研究成果的并驾齐驱；再进一步，就应该是生业与社会相互关系的讨论了。这个讨论需要更多的从事相关领域研究的人员共同参与，通过把各个领域的研究结果有机地组合到一起，做到再分析、再认识、再凝练、再提高。

　　新的时代需要新的思考，新的问题需要新的担当。笔者相信，通过这个栏目的设立，通过年复一年地发表相关的科研成果，必定能够促使生业与社会各个方面的研究走向深入，必定能够取得一系列新的认识，必定能够拓展和完善新的研究领域，必定能够为中国考古学的全面发展做出独到的贡献。

　　　　　　　　　　　　　　　（原载于《南方文物》2014年第1期，第54～57页）

新石器时代至先秦时期东北地区的生业初探

迄今为止，围绕各个地区考古学文化的生业特征进行探讨的实例不多。有鉴于此，我们计划聚焦这个方面开展系列研究，由于从全国范围看，秦汉以来的动植物考古研究成果均不多，且这些成果所属的时代分布也不均，不宜开展系统的探讨，所以这里把时间跨度限定在自新石器时代至先秦时期。本文围绕新石器时代至先秦时期东北地区（包括东三省及内蒙古东部地区）的生业状况开展探讨。首先阐述新石器时代至先秦时期这个地区的考古学文化序列，然后介绍迄今为止动植物考古学的研究成果，在此基础上探讨当时的生业状况及相关问题。

一、不同区域的考古学文化序列

考古学文化序列是探讨生业状况的时空框架，这里主要参考赵宾福的研究成果，本着由北向南、由东向西的顺序依次排列各个区域，对每个区域内的考古学文化序列依早晚顺序进行大致的归纳。

（一）嫩江流域

小拉哈一期甲组遗存（约公元前4500～前4000年）、靶山类型（约公元前3500～前3000年）、昂昂溪文化（约公元前2500～前2000年）。青铜时代有白金宝文化（西周至春秋时期）[1]。

（二）三江平原及兴凯湖地区

新开流文化（约公元前5500～前4550年）、小南山文化（约公元前4500～前4000年）[2]。

---

〔1〕　a. 赵宾福：《东北石器时代考古》，长春：吉林大学出版社，2003年，第339～354页。

　　　　b. 赵宾福：《东北考古学研究》（一），北京：科学出版社，2014年，第343～360页。

〔2〕　赵宾福：《东北石器时代考古》，长春：吉林大学出版社，2003年，第381～384页。

（三）牡丹江流域

振兴文化（约公元前4500～前4000年）、亚布力文化（约公元前4000～前3500年）、莺歌岭下层文化（约公元前3000～前2000年）、石灰场下层文化（约公元前2500～前2000年）[1]。

（四）松花江流域

左家山下层文化（约公元前5000～前4500年）、左家山中层文化（约公元前4500～前4000年）、左家山上层文化（约公元前3500～前2500年）。青铜时代有西团山文化（西周至战国时期）[2]。

（五）辽河下游地区

新乐下层文化（约公元前5500～前4500年）、偏堡子文化（约公元前3000年左右）[3]。青铜时代有高台山文化（距今3700～3000年）[4]。

（六）鸭绿江口及千山东麓地区

后洼下层文化（约公元前4500～前4000年）、后洼上层文化（约公元前3500～前2800年）、北沟文化（约公元前2700～前2000年）。青铜时代有马城子文化（公元前1800～前1100年）[5]。

（七）辽东半岛南端地区

小珠山下层文化（约公元前5000～前4500年）、小珠山中层文化（约公元前4000～前2500年）、小珠山上层文化（约公元前2500～前2000年）[6]。

---

〔1〕　赵宾福：《东北石器时代考古》，长春：吉林大学出版社，2003年，第354～370页。

〔2〕　a. 赵宾福：《东北石器时代考古》，长春：吉林大学出版社，2003年，第327～339页。
　　　　b. 赵宾福：《东北考古学研究》（一），北京：科学出版社，2014年，第256～289页。

〔3〕　赵宾福：《东北石器时代考古》，长春：吉林大学出版社，2003年，第274～286页。

〔4〕　中国社会科学院考古研究所编著：《中国考古学·夏商卷》，北京：中国社会科学出版社，2003年，第620～627页。

〔5〕　a. 赵宾福：《东北石器时代考古》，长春：吉林大学出版社，2003年，第302～327页。
　　　　b. 赵宾福：《东北考古学研究》（一），北京：科学出版社，2014年，第198～220页。

〔6〕　赵宾福：《东北石器时代考古》，长春：吉林大学出版社，2003年，第286～301页。

（八）燕山南北地区

兴隆洼文化（约公元前6000～前5000年，分布于燕山南北地区）、上宅文化（约公元前5500～前4500年，主要分布于燕山南麓）、富河文化（年代与赵宝沟文化基本相同，主要分布于西拉木伦河以北地区）、赵宝沟文化（约公元前5000～前4700年，主要分布于西拉木伦河流域）、红山文化（约公元前4500～前3000年，主要分布于老哈河流域、大凌河流域）、小河沿文化（约公元前3500～前3000年，主要分布于西拉木伦河流域）[1]。青铜时代有夏家店下层文化（公元前2000～前1400年）、魏营子文化（年代约为商代晚期至西周晚期，主要分布于大凌河流域）[2]、夏家店上层文化（年代为商周之际到春秋中期）、水泉文化（春秋晚期至战国中期，主要分布于努鲁尔虎山以东地区）、燕文化（春秋晚期至战国晚期）[3]。

二、动植物考古研究

这里按照上述的自然区域阐述动植物考古研究成果。需要说明的是由于牡丹江流域尚未开展相关研究，这里没有列入。另外，如果一个遗址中同时开展了动植物考古研究，则先介绍植物考古学研究成果，再介绍动物考古学研究成果，如果没有全面开展工作，则分别介绍植物考古学或动物考古学的研究成果。还有，鉴于个别的动物考古研究结果有待商榷，本文在应用时有所选择。

（一）嫩江流域

这个区域仅对黑龙江肇源白金宝遗址属于青铜时代的文化层开展过动植物考古学研究。文化层的年代为距今3700～2900年，相当于西周时期。植物考古学研究发现6粒植物种子，其中3粒为黍，是农作物，还有1粒为藜属，其他不明[4]。动物考古学研

〔1〕　赵宾福：《东北石器时代考古》，长春：吉林大学出版社，2003年，第159～273页。
〔2〕　中国社会科学院考古研究所编著：《中国考古学·夏商卷》，北京：中国社会科学出版社，2003年，第593～605、613～620页。
〔3〕　a. 中国社会科学院考古研究所编著：《中国考古学·两周卷》，北京：中国社会科学出版社，2004年，第515～523页。
　　　b. 王立新：《辽西区夏至战国时期文化格局与经济形态的演进》，《考古学报》2004年第3期，第243～270页。
〔4〕　Grawford. Plant Remains from the Baijinbao Site, China. 见张忠培主编，黑龙江省文物考古研究所、吉林大学考古学系编著：《肇源白金宝：嫩江下游一处青铜时代遗址的揭示》，北京：科学出版社，2009年，第277～278页。

究确认，瓣鳃纲有剑状矛蚌、背角无齿蚌2种，硬骨鱼纲有鲶鱼、乌鳢和鳙鱼3种，鸟纲有疑似鹈鹕的大型鸟1种，哺乳纲有狗、马、猪、马鹿、东北狍、黄牛和山羊7种；确认的家养动物仅有狗。依据最小个体数的统计结果，家养动物约占哺乳动物总数的20%，野生动物占80%。以野生动物为主[1]。

这个遗址在青铜时代已经存在农作物和少量家畜。

（二）三江平原及兴凯湖地区

这个地区仅对属于新开流文化的黑龙江密山新开流遗址开展过动物考古学研究，遗址年代为距今7500～6500年左右。动物考古学研究确认，腹足纲有平卷螺1种，瓣鳃纲有种属不明的2种，硬骨鱼纲有鲑鱼、鲤鱼、青鱼和鲶鱼4种，爬行纲有鳖1种，鸟纲有种属不明的1种，哺乳纲有鼠、狼、狐、棕熊、狗獾、种属不明的奇蹄目、野猪、马鹿、鹿和狍10种。另外，该遗址发现10座鱼窖，内有层层相叠的鱼骨[2]。

这个属于新石器时代的遗址完全通过渔猎方式获取野生动物。

（三）松花江流域

这个地区仅对属于左家山文化下层至上层的吉林农安左家山遗址开展过动物考古学研究。动物考古学研究确认瓣鳃纲有剑状矛蚌、圆顶珠蚌、背角无齿蚌3种，硬骨鱼纲有鲤鱼、鲶鱼2种，爬行纲有鳖1种，鸟纲有鸭、鸡2种，哺乳纲有鼢鼠、狼、狗、沙狐、狐、貉、貂、紫貂、貂熊、獾、水獭、野猫、虎、马、野猪、家猪、麝、獐、马鹿、梅花鹿、狍和黄牛22种；狗和家猪是家养动物。依据可鉴定标本数的统计结果，在左家山文化下层，猪等家养动物占哺乳动物总数的17%，鹿科等野生动物占83%；左家山文化中层，猪等家养动物占6%，鹿等野生动物占94%；左家山文化上层，猪等家养动物占19%，鹿等野生动物占81%[3]。

在这个属于新石器时代的遗址中渔猎活动一直占据主要地位，发现少量家猪。

---

[1]   陈全家：《白金宝遗址（1986年）出土的动物遗存研究》，《北方文物》2004年第4期，第1～6页。

[2]   黑龙江省文物考古工作队：《密山新开流遗址》，《考古学报》1979年第4期，第491～518页。

[3]   陈全家：《农安左家山遗址动物骨骼鉴定及痕迹研究》，见吉林大学考古学系编：《青果集 吉林大学考古专业成立二十周年考古论文集》，北京：知识出版社，1993年，第57～71页。

（四）辽河下游地区

这个地区有两处遗址开展过动植物考古学研究。如辽宁彰武平安堡遗址包括三种不同时期的文化遗存，时代从新石器时代延续至青铜时代，均有动物遗存出土。其中第二期遗存的年代约为距今4400年，第三期遗存（青铜时代）的年代约为距今3700～2900年。动物考古学研究确认，除发现少量蚌壳之外，鸟纲有鸡1种，哺乳纲有东北鼢鼠、狗、鼬、獾、家猪、马鹿、狍、牛和羊9种；狗、家猪、牛是家养动物。研究者未对动物遗存进行统计，仅认为猪等家养动物数量较多，以家养动物为主[1]。

属于青铜时代的高台山文化的内蒙古通辽三家子遗址的动植物考古研究结果确认，谷粒（以粟为主，也包括黍）约占全部植物种子的61%。动物种类有贝类、鱼类及狗、猪和牛等家养动物[2]。

这两个遗址证明，至少在青铜时代的生业活动中存在以种植粟等农作物和饲养家畜为主，也包括渔猎活动的方式。

（五）鸭绿江口及千山东麓地区

在这个地区仅有辽宁本溪马城子遗址开展过动物考古学研究。动物考古学研究确认，在距今约5000年的马城子B洞下层新石器时代文化遗存中，鱼类有种属不明1种，爬行纲有鳖1种，哺乳纲有狗、狍2种；狗为家养动物；渔猎在当时的经济活动中占有主要地位。属于青铜时代的洞穴墓葬中发现动物遗存较多。在时代相当于夏初的马城子B洞墓葬中，鸟纲有鸡1种，哺乳纲有狗、野猪、家猪和羊4种；鸡、狗、家猪和羊为家养动物。在时代相当于夏初的北甸A洞墓葬中，哺乳纲有狗、家猪、鹿和羊4种；狗、家猪和羊等为家养动物。在距今约3900～3100年的张家堡A洞墓葬中，哺乳纲有家猪、鹿和狍3种；家猪为家养动物。在距今约3800～3000年的山城子C洞墓葬中，鸟纲有鸡1种，哺乳纲有狗、家猪、獐和鹿4种；鸡、狗和家猪等为家养动物。在距今约3600～3300年的山城子B洞墓葬中，哺乳纲有家猪、鹿2种；家猪为家养动物。在距今约3000年的马城子A洞墓葬中，鸟纲有鸡1种，哺乳纲有狗、野猪和家猪3种；鸡、狗和家猪等为家养动物。在距今约3000年的马城子C洞墓葬中，鱼类有种属不明1种，鸟纲有鸽、鸡2种，哺乳纲有狗、野猪、家猪、鹿和羊5种；鸡、狗、家猪和羊为家养动

〔1〕　傅仁义：《平安堡遗址兽骨鉴定报告》，《考古学报》1992年第4期，第474页。

〔2〕　a. 刘玮、赵志军、霍东峰、朱永刚：《内蒙古库伦旗三家子遗址浮选结果分析报告》，《农业考古》2016年第3期，第7～13页。

　　　b. 赵莹、刘志鹏、霍东峰、朱永刚：《通辽市库伦旗三家子遗址出土的动物遗存研究》，《草原文物》2014年第2期，第113～116页。

物。在青铜时代的洞穴墓葬里发现随葬动物的下颌，其中以猪下颌的数量最多，其他还有狗和鹿[1]。

从这个遗址中可以看到，获取肉食资源的方式由新石器时代以渔猎活动为主发展到青铜时代以饲养家畜为主。

（六）辽东半岛南端地区

在这个地区有3处遗址开展过动物考古学研究。如辽宁大连北吴屯遗址包括小珠山下层及中层文化遗存，年代为距今6500～5500年左右。动物考古学研究确认，腹足纲有脉红螺1种，瓣鳃纲有长牡蛎、僧帽牡蛎、密鳞牡蛎、文蛤、青蛤和蛏蜒6种，硬骨鱼纲有鲟鱼1种，爬行纲有鳖1种，鸟纲有鹭1种，哺乳纲有猴、鼢鼠、貉、种属不明的犬科、棕熊、鼬、獾、虎、象、马、家猪、梅花鹿、狍和牛14种；家猪是家养动物。研究者对动物遗存未做统计，仅提到猪骨和牙齿的数量最多[2]。

辽宁大连郭家村遗址包括小珠山中层及上层文化，年代为距今5780～4300年左右。动物考古学研究确认，腹足纲有盘大鲍、锈凹螺、嵘螺、红螺、疣荔枝螺、纵带锥螺和扁玉螺7种，瓣鳃纲有魁蚶、贻贝、僧帽牡蛎、大连湾牡蛎、青蛤、蛤仔和白笠贝7种，哺乳纲有黑鼠、狼、狗、貉、熊、獾、野猫、豹、家猪、麝、獐、鹿、梅花鹿、马鹿和狍15种；狗、家猪是家养动物。研究者未做定量统计，仅提到猪骨在全部哺乳动物遗存中占半数以上[3]。

辽宁大连大嘴子遗址属于青铜时代，年代为距今4000～3100年左右。在遗址的陶罐中发现炭化的稻米，可能为粳稻[4]。动物考古学研究确认，腹足纲有锈凹螺、朝鲜花冠小月螺、古氏滩栖螺、微黄镰玉螺、脉红螺、黄口荔枝螺和润泽角口螺7种，瓣鳃纲有魁蚶、大连湾牡蛎、密鳞牡蛎、菲律宾蛤仔和砂海螂5种，硬骨鱼纲有鲟目、鲅鳒目、鲈形目、鲭亚目4类，哺乳纲有狗、貉、猫、家猪、麝、獐、梅花鹿、马鹿、狍和海豚10种。依据可鉴定标本数的统计结果，狗、家猪等家养动物约占哺乳动物总数的

---

〔1〕　a. 辽宁省文物考古研究所、本溪市博物馆：《马城子：太子河上游洞穴遗存》，北京：文物出版社，1994年，第21、88、114、147页。

　　　　b.《洞穴墓葬动物骨骼鉴定表》，辽宁省文物考古研究所、本溪市博物馆：《马城子：太子河上游洞穴遗存》，北京：文物出版社，1994年，第308～311页。

〔2〕　傅仁义：《大连市北吴屯遗址出土兽骨的鉴定》，《考古学报》1994年第3期，第377～379页。

〔3〕　傅仁义：《大连郭家村遗址的动物遗骨》，《考古学报》1984年第3期，第331～334页。

〔4〕　吴清云：《大嘴子遗址炭化稻米的考察与研究》，见大连市文物考古研究所编：《大连考古文集》（第1集），北京：科学出版社，2011年，第189～193页。

81%，鹿科等野生动物约占19%。以家养动物为主[1]。

这个地区至少从小珠山中层文化开始，家养动物的数量大致占据全部动物的半数以上，到青铜时代家养动物的数量占据绝大多数，同时还发现存在农作物。

（七）燕山南北地区

这个地区可以按照文化序列阐述生业状况。

兴隆洼文化

属于兴隆洼文化中期的内蒙古赤峰兴隆沟遗址第一地点，年代为距今8000~7500年左右。发现炭化植物种子以杂草类为主，主要以石竹科的豆须卷耳、豆科的黄芪为主，还有苋属和藜属；另外还发现黍和粟，占全部植物种子的15%以上，其中又以黍占绝大多数，第一地点的黍保留了较多的野生祖本的特征[2]。赤峰白音长汗遗址兴隆洼文化层发现的动物有狼、狐、熊、马属、野猪、梅花鹿、马鹿、狍、野牛及蛙类、鸟类和贝类等，均为野生动物。当时以渔猎的方式获取肉食资源[3]。

辽宁阜新查海遗址

该遗址尚未归入具体的文化，其年代为距今7900~7600年左右。发现山杏、核桃楸、榛子和一些禾本科、豆科炭化植物遗存，说明采集可能是获取植物性食物的主要方式，目前没有发现农作物的证据[4]。

红山文化

属于红山文化的遗址有4处开展过动植物考古学研究，如（1）内蒙古赤峰魏家窝铺遗址，距今约6000年左右。发现作为农作物的粟和黍，总数为所有出土炭化植物种子总数的50%，其他可鉴定的有猪毛菜、紫苏、狗尾草属、藜属、黄芪属、茄科等

〔1〕　傅仁义：《大嘴子遗址出土动物遗存研究》，见大连市文物考古研究所编著：《大嘴子：青铜时代遗址1987年发掘报告》，大连：大连出版社，1999年，第285~290页。

〔2〕　a.赵志军：《从兴隆沟遗址浮选结果谈北方旱作农业起源问题》，见南京师范大学文博系编：《东亚古物.A卷》，北京：文物出版社，2004年，第188~199页。
　　　b.农业研究课题组（赵志军执笔）：《中华文明形成时期的农业经济特点》，见中国社会科学院考古研究所科技考古中心编：《科技考古》（第二辑），北京：科学出版社，2011年，第1~35页。

〔3〕　汤卓炜、郭治中、索秀芬：《白音长汗遗址出土的动物遗存》，见内蒙古自治区文物考古研究所编著：《白音长汗：新石器时代遗址发掘报告》，北京：科学出版社，2004年，第546~575页。

〔4〕　王育茜、吴文婉、辛岩、靳桂云、王海玉：《辽宁阜新查海遗址炭化植物遗存研究》，《北方文物》2012年第4期，第13~18页。

科属的植物。魏家窝铺遗址出土的粟和黍的形状与现代粟和黍的基本一致，说明出土的粟和黍应该属于已经完全栽培的农作物，但是其数量有限[1]。（2）内蒙古赤峰兴隆沟遗址第二地点，年代为距今5300～5000年左右，发现的植物遗存数量较少，有蔷薇科的杜梨、欧梨和山杏，壳斗科的橡树，榛科的榛子，胡桃科的山核桃等，也发现少量的黍和粟[2]。（3）辽宁朝阳牛河梁遗址，年代为距今6000～5000年左右。动物考古学研究确认，瓣鳃纲有蚌科未定属种1种，鸟纲有雉1种，哺乳纲有梅花鹿、狍、獐、野猪、狗、黑熊、狗獾、野兔和东北鼢鼠9种。依据最小个体数的统计结果，家养动物仅有狗，约占哺乳动物总数的4%；其他均为野生动物，约占96%[3]。（4）内蒙古赤峰白音长汗遗址红山文化层发现的动物有野兔、狼、狗、狐、熊、狗獾、马属、野猪、梅花鹿、马鹿、狍、野牛及蛙类、鸟类和贝类等。家养动物仅有狗，约占哺乳动物总数的2%；其他均为野生动物，约占98%[4]。

夏家店下层文化

属于夏家店下层文化的遗址有5处开展过动植物考古学研究，如（1）辽宁凌源城子山遗址，年代为距今3700～3550年间。发现黍和粟，但粟的数量为黍的3倍左右，说明粟在农业生产中占有较高的种植比例[5]。（2）内蒙古赤峰兴隆沟遗址第三地点，年代为距今4000～3500年左右。出土的炭化植物种子以农作物籽粒为主，包括有粟、黍和大豆三个品种，占所有出土植物种子总数的99%；出土的其他植物种子有欧李、猪屎豆属、豆科和藜科等，以及少量的未知植物种子。在出土的农作物遗存中，炭化粟粒的出土数量具有绝对优势，炭化黍粒的出土数量相对较少，这两种谷物出土数量

〔1〕　孙永刚、赵志军：《魏家窝铺红山文化遗址出土植物遗存综合研究》，《农业考古》2013年第3期，第1～5页。

〔2〕　a. 赵志军：《从兴隆沟遗址浮选结果谈北方旱作农业起源问题》，南京师范大学文博系编：《东亚古物.A卷》，北京：文物出版社，第188～199页。
　　　b. 农业研究课题组（赵志军执笔）：《中华文明形成时期的农业经济特点》，见中国社会科学院考古研究所科技考古中心编：《科技考古》（第三辑），北京：科学出版社，2011年，第1～35页。

〔3〕　黄蕴平：《牛河梁遗址出土动物骨骼鉴定报告》，见辽宁省文物考古研究所编著：《牛河梁：红山文化遗址发掘报告：1983～2003年度》，北京：文物出版社，2012年，第507～510页。

〔4〕　汤卓炜、郭治中、索秀芬：《白音长汗遗址出土的动物遗存》，见内蒙古自治区文物考古研究所编著：《白音长汗：新古器时代遗址发掘报告》，北京：科学出版社，2004年，第546～575页。

〔5〕　赵克良、李小强、尚雪、周新郢、孙楠：《青铜时代中晚期辽西地区农业活动特征》，《植物学报》2006年第44卷第6期，第718～724页。

合计所占的比例，在农作物籽粒总数中高达99.9%[1]。（3）内蒙古赤峰三座店遗址，绝对年代在公元前2000～前1500年之间。发现出土的植物种子基本上都是农作物遗存，包括有黍、粟和大豆三个品种，占所有出土植物种子总数的99.9%；其他植物种子的出土数量较少，仅发现38粒，经鉴定，大多数属于禾本科，包括有黍亚科和早熟禾亚科的植物种子，以及属于黍亚科的狗尾草属和稗属植物种子。另外，还发现有3粒豆科植物种子[2]。（4）内蒙古赤峰二道井子遗址，确认出土的农作物种子有粟、黍、大豆和大麻等4个品种，其中粟占植物种子总数的73%左右，黍占16%左右，大豆和大麻均不到1%。粟和黍的出土概率均很高，是当时的主要农作物。除农作物之外，还发现较多的杂草种子，说明当时的耕作和收割技术还是比较粗放的[3]。（5）内蒙古赤峰大山前遗址夏家店下层文化层中发现哺乳纲动物有狗、马、猪、狍、麂、牛和羊，狗、马、猪、牛和羊等家养动物占据绝大多数，家养动物中猪的比例没有超过50%，牛和羊的比例超过40%[4]。

夏家店上层文化

属于夏家店上层文化的遗址有3处开展过动植物考古学研究，如（1）内蒙古赤峰上机房营子遗址，年代为商周之际到春秋中期，发现粟类作物是当时的主要粮食作物，还发现少量麦类[5]。（2）内蒙古赤峰夏家店遗址，年代在距今2750～2360年间，发现大量粟和黍等农作物遗存，黍与粟的数量相当，但黍在剖面中的出现频率大

［1］　a. 赵志军：《从兴隆沟遗址浮选结果谈北方旱作农业起源问题》，南京师范大学文博系编：《东亚古物.A卷》，北京：文物出版社，第188～199页。

　　　　b. 农业研究课题组（赵志军执笔）：《中华文明形成时期的农业经济特点》，见中国社会科学院考古研究所科技考古中心编：《科技考古》（第三辑），北京：科学出版社，2011年，第1～35页。

［2］　农业研究课题组（赵志军执笔）：《中华文明形成时期的农业经济特点》，见中国社会科学院考古研究所科技考古中心编：《科技考古》（第三辑），北京：科学出版社，2011年，第1～35页。

［3］　孙永刚、赵志军、曹建恩、孙金松、党郁：《内蒙古二道井子遗址2009年度浮选结果分析报告》，《农业考古》2014年第6期，第1～9页。

［4］　王立新：《辽西区夏至战国时期文化格局与经济形态的演进》，《考古学报》2004年第3期，第243～270页。

［5］　王丹、姚正权、王昌燧、胡耀武：《上机房营子遗址的植硅体分析》，见内蒙古自治区文物考古研究所、吉林大学边疆考古研究中心编著：《赤峰上机房营子与西梁》，北京：科学出版社，2012年，第209～218页。

于粟，似乎表明当时对黍的种植和利用可能要多于粟[1]。（3）内蒙古赤峰大山前遗址夏家店上层文化层中发现哺乳纲动物有狗、马、猪、马鹿、牛和羊；狗、马、猪、牛和羊等家养动物占据绝大多数，其中猪的比例没有超过60%，牛和羊的比例接近25%[2]。

这里还要提及辽宁建平水泉遗址的研究结果，由于研究者把该遗址夏家店下层文化和夏家店上层文化的动物遗存放在一起报告，这里仅能说在这两个文化时期，家养动物占据全部哺乳动物的绝大多数，其中猪的比例没有超过50%，马、牛和羊的比例超过30%[3]。

燕文化

仅在内蒙古赤峰大山前遗址燕文化层做过工作，发现哺乳纲动物有猪、牛、羊、狗、马、马鹿、熊、獾和鹿。猪、牛、羊、狗、马等家养动物占据绝大多数，家养动物中猪的比例没有超过50%，牛、羊和马的比例接近40%[4]。

这个地区获取食物资源的方式可以分为在距今约7000年之前的兴隆洼文化时期，出现少量的黍与粟，但有的相当于兴隆洼文化时期的遗址没有发现农作物。当时主要是采集和渔猎的生产方式。到红山文化时期，采集和渔猎的生产方式仍然占有很大的比重，以粟和黍为代表的旱作农业种植在当时尚未成为主要的生产活动。到夏家店下层文化时期表现出以种植粟和黍为主的农业生产特点，以饲养家畜为主，其中牛和羊的比例接近40%。到夏家店上层文化时期延续以种植粟和黍为主的农业生产特点，同样以饲养家畜为主，但是牛和羊的比例仅为25%左右。到战国时代的燕文化时期，获取肉食资源的方式以饲养家畜为主，其中马、牛和羊的比例接近40%。

三、相关人工遗物的探讨

依据相关人工遗物的科学研究对生业活动进行探讨是研究生业状况的重要方法。但是，鉴于在研究红山文化的生业状况时，主要依赖石器形状的分析进行探讨，其认

---

〔1〕　赵克良、李小强、尚雪、周新郢、孙楠：《青铜时代中晚期辽西地区农业活动特征》，《植物学报》2006年第44卷第6期，第718～724页。

〔2〕　王立新：《辽西区夏至战国时期文化格局与经济形态的演进》，《考古学报》2004年第3期，第243～270页。

〔3〕　张镇洪：《建平县水泉夏家店文化遗址兽骨研究》，《考古与文物》1989年第1期，第57～63、102页。

〔4〕　王立新：《辽西区夏至战国时期文化格局与经济形态的演进》，《考古学报》2004年第3期，第243～270页。

识与动植物考古学研究的结果存在明显不符的事实[1]。相比之下，李水城从农作物、家畜和石器等几个方面的探讨，认为渔猎—采集在红山文化的经济生活中仍扮演着一定的角色的认识是比较客观的[2]。可见仅仅凭借对各类石器的形状推测用途及当时生业状况的思路和方法尚需进一步完善。但是，有学者依据新开流文化中以石镞为主的细石器和骨鱼镖、骨刀梗和骨枪头等骨器的比重较为显著，推测当时的渔猎活动十分活跃。而对这个遗址出土的动物遗存研究也证实，当时获取肉食资源的方式是渔猎活动。可见依据此类细石器和骨器的研究，推测当时生业状况的方法是比较可行的。这些器物发现于嫩江流域、三江平原及兴凯湖地区、牡丹江流域和松花江流域的多个考古学文化中[3]，由此可以推测渔猎活动在这些地区新石器时代的不同文化中发挥着重要的作用。

王立新在属于夏家店上层文化的遗址中，发现吸收了兽首刀、动物牌饰、马衔和马镳等北方草原地区的文化因素，认为这从一个侧面反映出当时的生业中畜牧业特征较为明显[4]。

战国时期在西辽河流域的遗址中发现的镢、锄、铲、犁等铁农具，则是当时存在农业生产的铁证[5]。

以上的探讨尽管远远不够系统和全面，但是其对于研究新石器时代渔猎活动的普遍性及夏家店上层文化和燕文化时期的农业和畜牧业状况，具有重要的参考价值。

四、生业特征及形成原因

（一）生业特征

赵宾福将东北地区新石器时代的生业方式分为南部地区以农业经济为主，北部地

〔1〕 a. 靳桂云：《燕山南北长城地带中全新世气候环境的演化及影响》，《考古学报》2004年第4期，第485~505页。
b. 赵宾福：《东北石器时代考古》，长春：吉林大学出版社，2003年，第435页。
〔2〕 李水城：《西拉沐沦河流域古文化变迁及人地关系研究》，见教育部人文社会科学重点研究基地、吉林大学边疆考古研究中心编：《边疆考古研究》（第1辑），北京：科学出版社，2002年，第269~288页。
〔3〕 赵宾福：《东北石器时代考古》，长春：吉林大学出版社，2003年，第327~383页。
〔4〕 王立新：《辽西区夏至战国时期文化格局与经济形态的演进》，《考古学报》2004年第3期，第243~270页。
〔5〕 王立新：《辽西区夏至战国时期文化格局与经济形态的演进》，《考古学报》2004年第3期，第243~270页。

区以渔猎经济为主[1]。本文在此基础上，将整个东北地区的生业状况分为两个大的区域进行长时段的归纳，即属于北部地区的嫩江流域、三江平原及兴凯湖地区、松花江流域、鸭绿江口及千山东麓地区在新石器时代主要是采集和渔猎，到青铜时代开始，种植农作物和饲养家畜的比重逐渐增加，但其具体发展状况尚有待于研究；而属于南部地区的辽河下游地区、辽宁半岛南端和燕山南北地区则至少从距今8000年前开始出现少量的农作物，当时可能也出现饲养家畜的行为，在整个新石器时代，种植农作物和饲养家畜的行为在燕山南北地区发展缓慢，而在辽东半岛南端地区则逐渐成为主要的生业模式。到青铜时代，主要分布在辽河下游地区的高台山文化以种植粟等农作物和饲养家畜为主，也包括渔猎活动。西辽河地区的夏家店下层文化以种植粟和黍及饲养家猪为主，家养动物中牛和羊的数量较多，畜牧业开始出现。夏家店上层文化的生业特征没有发生明显的变化，但是可能加大了畜牧业的比例[2]。到燕文化时期，农业和畜牧业均呈稳定发展的趋势。

（二）自然环境对生业特征的影响

从宏观的角度观察，中国新石器时代的地貌环境在整体格局和基本特征上与今天并无二致。东北地区略呈半环状的三个带，最外一环是黑龙江、乌苏里江、兴凯湖、图们江和鸭绿江等流域低地；紧接着是山地丘陵地；山地丘陵地内侧则是广阔的平原，平原内湿地、沼泽和湖泊较多；其自然植被为针叶林和针阔混交林，以及草甸草原为主。西辽河流域位于连接蒙古高原、东北平原和华北平原的三角地带，其河流谷地和冲积平原上分布有厚层的次生黄土；地势较高的山地以森林为主，平原地区为草原植被，森林植被以落叶栎属和松属为主，还有榆属、桦属和胡桃属等多种乔灌木混交植物。其中西辽河上游地区属于华北暖温带落叶阔叶林区向松辽平原草甸草原区过渡地带，当地属于农牧交错带，生态环境十分脆弱[3]。

通过对黑龙江伊春沼泽剖面、同江勤得利农场沼泽剖面和河北怀来盆地太师庄泥炭剖面的孢粉分析，可以大致认识较长时间段里的气候状况及变迁。东北地区的气候在距今8000年以来，曾经出现过由寒冷湿润向温暖湿润的转变，到距今4000～3000

---

〔1〕　赵宾福：《东北石器时代考古》，长春：吉林大学出版社，2003年，第435～444页。

〔2〕　a. 王立新：《辽西区夏至战国时期文化格局与经济形态的演进》，《考古学报》2004年第3期，第243～270页。

　　　　b. 席永杰、滕海键、季静：《夏家店上层文化研究述论》，《赤峰学院学报（汉文哲学社会科学版）》2011年第32卷第5期，第1～2页。

〔3〕　赵济主编：《中国自然地理》，北京：高等教育出版社，1995年，第188～202页。

年以来，再次转变为寒冷干凉。另外，从整体上看，东北地区的气候呈现出冷湿的特征[1]。

上述这些基本的自然地貌、植被和气候特征决定了东北地区虽然具备广阔的平原和草原，其中湿地、沼泽和湖泊较多，从整体上看属于较好的自然环境，但是其漫长、寒冷的冬季则限制了在这个地区生长的动植物种类，进而在一定程度上影响到古代人类的活动及发展，在北部地区这种影响表现得相当明显。另外，在西辽河流域还存在范围广阔的生态脆落地区，属于农牧交错带，多位学者指出，由于西辽河流域的气候和自然环境容易波动，地表草皮较薄，土壤脆弱，在超强度的农业耕作方式下，极易发生水土流失和沙化等。夏家店下层文化的衰落，很可能是由于过度耕作叠加气候与环境变迁的结果[2]。这个认识需要我们认真思考。而这个地区自夏家店下层文化以来，在推广农业的基础上，畜牧业逐步发展，应该与这个地区的气候、地貌及植被特征相关。可见在特定地区，自然环境对于生业特征的影响不可低估。

（三）文化状况对生业特征的影响

东北地区的这种生业状况和这个地区内的考古学文化特征密切相关。如前文指出的，赵宾福对位于东北地区的考古学文化及遗址进行过认真的梳理，另外，李水城对位于西拉木伦河流域的考古学文化及遗址也进行过认真的研究[3]。结合他们的研究，我们认为，位于东北地区北部范围内的遗址数量十分有限，可见当时的人口数量是十分有限的，数量不多的人口对于食物资源的需求也是有限的，当时遗址周围的动植物资源可以满足一定数量的人口需求，加之这个区域的冬季十分寒冷，这种恶劣的气候

〔1〕 a. 杨永兴：《小兴安岭东部全新世森林沼泽形成、发育与古环境演变》，《海洋与湖沼》2003年第34卷第1期，第74~82页。

　　　b. 杨永兴、王世岩：《8.0ka B.P.以来三江平原北部沼泽发育和古环境演变研究》，《地理科学》2003年第23卷第1期，第32~38页。

　　　c. 靳桂云：《燕山南北长城地带中全新世气候环境的演化及影响》，《考古学报》2004年第4期，第485~505页。

〔2〕 a. 滕海键：《燕北暨西辽河流域史前经济形态及其演变态势》，《中国农史》2011年第4期，第56~62页。

　　　b. 李水城：《西拉沐沦河流域古文化变迁及人地关系研究》，见教育部人文社会科学重点研究基地、吉林大学边疆考古研究中心编：《边疆考古研究》（第1辑），北京：科学出版社，2002年，第269~288页。

〔3〕 李水城：《西拉沐沦河流域古文化变迁及人地关系研究》，见教育部人文社会科学重点研究基地、吉林大学边疆考古研究中心编：《边疆考古研究》（第1辑），北京：科学出版社，2002年，第269~288页。

条件直接影响到人类的发展，这些因素可能都是当时这个区域新石器时代的生业活动以采集和渔猎为主，文化发展进程十分缓慢的原因。而位于这个地区南部范围内的遗址数量相比北部地区要多，这个地区的气候条件明显要优于北部地区，当农业活动开始出现之后，一旦人口数量的增加与遗址周围的动植物资源的供给能力发生冲突时，为保证文化的延续，人们只能有意识地通过扩大农业活动获取食物，这样做，很可能又为促进人口增加奠定了基础，迫使当时的人群进一步扩大包括家畜饲养在内的农业生产。这个过程自夏家店下层文化开始表现得尤为明显。

另外，我们还要重视的一点是位于东北地区北部范围之内的考古学文化中，尚未发现受到生业特征为农业生产的其他考古学文化的影响。而与此相反，在位于东北地区南部范围之内的考古学文化中，红山文化就受到位于黄河流域的仰韶文化的影响，而小珠山中、上层文化也受到山东地区大汶口文化及龙山文化的影响。在整个先秦时期，由黄河流域地区向西拉木伦河流域为主的区域的文化影响过程几乎没有中断[1]。我们认为，这种影响也是这个地区的生业逐步形成农业生产特征明显的原因之一。同时还要注意的是到战国时期，西拉木伦河流域被纳入燕国的范围，燕国属于战国时期的燕代经济区，其经济特点是畜牧业发达，多马、牛、羊等畜产品，农业则比较粗放，是个半农半牧区[2]。这与我们在研究中发现的自夏家店下层文化以来，当地以种植粟和黍为主，饲养牛、羊和马的数量较多，畜牧业比较兴盛的状况是比较一致的。从这点看，当时可能存在西拉木伦河流域的文化与位于燕山南麓地区的燕文化进行互动的过程。

五、结　论

东北地区的生业特征可以分为两个大的区域进行长时段的归纳，即北部地区在新石器时代主要是采集和渔猎，到青铜时代开始，种植农作物和饲养家畜的比重逐渐增加，但其具体发展状况尚有待于研究；而南部地区至少从距今8000年前开始出现少量的农作物，当时可能也开始饲养家畜，在整个新石器时代，种植农作物和饲养家畜的

〔1〕　a. 赵宾福：《东北石器时代考古》，长春：吉林大学出版社，2003年，第219～254页。
　　　　b. 李水城：《西拉沐沦河流域古文化变迁及人地关系研究》，见教育部人文社会科学重点研究基地、吉林大学边疆考古研究中心编：《边疆考古研究》（第1辑），北京：科学出版社，2002年，第269～288页。
　　　　c. 王立新：《辽西区夏至战国时期文化格局与经济形态的演进》，《考古学报》2004年第3期，第243～270页。
〔2〕　齐涛主编：《中国古代经济史》，济南：山东大学出版社，2013年，第308～312页。

行为在燕山南北地区发展缓慢，而在辽东半岛南端地区则逐渐成为主要的生业模式。到青铜时代，主要分布在辽河下游地区的高台山文化以种植粟等农作物和饲养家畜为主，也包括渔猎活动。主要分布在西辽河地区的夏家店下层文化以种植粟和黍及饲养家猪为主，家养动物中牛和羊的数量较多，畜牧业开始出现。从夏家店上层文化至燕文化时期，农业和畜牧业均呈稳定发展的趋势。这个特征的形成与当地各个考古学文化的发展及更替状况密切相关，也与自然环境的制约和黄河流域地区以农业为特征的文化的影响有关。这个特征与黄河中下游地区自距今约7000年以来，逐步形成以种植农作物和饲养家畜（以家猪占绝对多数）为主的生业模式相比，区别是比较明显的。

需要强调的是尽管由于在20余处遗址中科学地开展动植物考古研究，在填补空白、积累资料方面取得了进展。但是，面对上述东北地区八个区域内的多个文化和诸多遗址，我们现在的探讨仅仅是起步。在以往发掘的诸多遗址中失去的动植物遗存资料已经不可能再找回了，进一步研究无从谈起。我们寄希望于从现在开始的考古发掘工作，在田野发掘中努力收集相关动植物遗存，在做好动植物考古学研究的基础上，对本文提出的观点进行更加科学的探讨和反思。

由于对这个地区的生业研究尚未全面展开，因此本文没有对生业状况与经济基础及上层建筑的关系进行探讨，这方面的研究是今后努力的方向。

（原载于《南方文物》2016年第3期，第175～182页）

黄河中游及华北地区距今10000至5000年生业状况初探

按照历史唯物主义的观点，生产力决定生产关系，经济基础决定上层建筑。我们在开展考古学研究时，从观察人工遗迹和遗物的形状特征切入，进行探讨是十分重要的。在此基础上，围绕动植物遗存进行研究，从生业的角度进行探讨同样是不可或缺的一项重要内容，因为生业与经济基础密切相关，是古代历史的重要组成部分。

笔者从2016年开始陆续发表对全国新石器时代至先秦时期的生业状况的研究结果[1]。本文以黄河中游及华北地区为地域范围、以中国新石器时代早期至晚期为时间框架，对这个时空范围内的生业状况进行研究。这里首先按照黄河的流向，从西向东阐述这个地区新石器时代早、中、晚期的生业状况，在阐述时先介绍各期的动植物考古研究成果，然后进行小结；在最后部分，围绕前面阐述的内容展开讨论并进行总结。

一、新石器时代早期（距今约12000~10000年）

这个地区属于中国新石器时代早期的遗址不多，主要有分布在华北地区的北京怀柔转年遗址、门头沟东胡林遗址，河北徐水南庄头遗址、阳原于家沟遗址等[2]。其中，仅有南庄头遗址和东胡林遗址进行过动植物考古研究。

---

〔1〕　a. 袁靖：《新石器时代至先秦时期东北地区的生业初探》，《南方文物》2016年第3期。

　　　　b. 袁靖：《中原地区的生业状况与中华文明早期发展的关系》，文化遗产研究与保护技术教育部重点实验室、西北大学丝绸之路文化遗产与考古学研究中心、边疆考古与中国文化认同协同创新中心、西北大学唐仲英文化遗产研究与保护实验室编：《西部考古》（第11辑），北京：科学出版社，2016年，第1~12页。

〔2〕　朱乃诚：《中国新石器时代考古研究》，见刘庆柱主编：《中国考古发现与研究（1949—2009）》，北京：人民出版社，2010年，第94~195页。

（一）资料

1. 北京门头沟东胡林遗址

东胡林遗址的年代在距今11000～9000年间，通过水洗浮选和定性定量分析，发现数量丰富的炭化植物遗存，其中包括可能为这个时期的粟和黍（因为保存状况极差，且数量极少，无法测年），其获取食物的方式主要为采集，但可能开始种植小米[1]。

该遗址还发现了大量的动物遗存，主要为腹足纲、瓣鳃纲和哺乳纲，以鹿类骨骼居多，没有发现驯化动物的证据[2]。

2. 河北徐水南庄头遗址

南庄头遗址的年代为距今10000年左右。通过对该遗址的植硅体和孢粉进行分析，没有发现当时存在农作物的证据[3]。

通过对1987年和1997年发掘出土的动物遗存进行定性或定性定量研究，确认有腹足纲、瓣鳃纲、鸟纲、哺乳纲等。对1987年发掘出土的动物遗存鉴定有鸡和家猪，复查时发现当时的鉴定有误，应该是雉和野猪。依据下颌骨的形状和尺寸、齿列的长度及牙齿排列的疏密度等，判定该遗址出土的狗是目前所知的中国最早的狗[4]。依据对哺乳动物的最小个体数的统计，家养动物狗约占总数的9%，鹿等野生动物约占91%。肉食资源以野生动物为主[5]。

（二）小结

这个地区在新石器时代早期的生业特征是主要以采集渔猎的方式获取食物资源，东胡林遗址可能已经开始种植小米，但这种行为在这个地区不是普遍现象。在南庄头遗址发现目前所知的中国最早的狗，没有发现其他家养动物种类的遗存。

---

〔1〕 赵志军：《中国古代农业的形成过程——浮选出土植物遗存证据》，《第四纪研究》2014年第34卷第1期，第73～84页。

〔2〕 北京大学考古文博学院、北京大学考古学研究中心、北京市文物研究所：《北京市门头沟区东胡林史前遗址》，《考古》2006年第7期，第3～8页。

〔3〕 李月从、王开发、张玉兰：《南庄头遗址的古植被和古环境演变与人类活动的关系》，《海洋地质与第四纪地质》2000年第20卷第3期，第23～30页。

〔4〕 袁靖：《中国动物考古学》，北京：文物出版社，2015年，第89～90页。

〔5〕 a. 保定地区文物管理所、徐水县文物管理所、北京大学考古系、河北大学历史系：《河北徐水县南庄头遗址试掘简报》，《考古》1992年第11期，第961～970页。

b. 袁靖、李君：《河北徐水南庄头遗址出土动物遗存研究报告》，《考古学报》2010年第3期，第385～391页。

二、新石器时代中期（距今约10000～7000年）

从新石器时代中期开始，这个地区遗址的数量明显增多，我们可以用考古学文化的概念对分布在各个地区的遗址进行概括。其中有主要分布在甘肃东部地区和陕西关中地区的大地湾文化、主要分布在河南中北部地区的裴李岗文化、分布于河南南部地区的贾湖文化、分布在河北中南部地区的磁山文化[1]。

（一）资料

这个时期的遗址有9处，其中做过动植物考古的遗址有3处，仅做过植物考古的遗址有3处，仅做过动物考古的遗址有3处。以下分别阐述。

1. 做过动植物考古的遗址

（1）河南舞阳贾湖遗址

贾湖遗址主要属于贾湖文化，年代为距今约9000～7800年。通过水洗浮选和定性定量研究，发现贾湖遗址（研究者认为早、中和晚各期出土的植物遗存数量不均匀，故放在一起统计）有作为早期栽培作物的稻谷遗存、可能被种植的野大豆、采集获得的栎果、菱角、莲藕等可食用的野生植物遗存，还有其他杂草类遗存。当时的生产活动仍然以采集为主，稻谷种植仅是辅助性的生产活动[2]。

通过对20世纪80年代中期进行的6次发掘及2001年发掘出土的动物遗存进行定性或定性定量研究，确认有腹足纲、瓣鳃纲、硬骨鱼纲、爬行纲、鸟纲、哺乳纲等。研究者通过对20世纪80年代中期6次发掘出土的动物遗存进行鉴定，认为狗、家猪、牛和羊可能为家养动物，但是并未阐明猪、牛和羊属于家养动物的可靠证据，也未对动物遗存进行统计，从报告的内容分析，当时以野生动物为主[3]。我们通过对2001年发掘出土的动物遗存进行鉴定和研究，依据齿列排列扭曲、臼齿中线性牙釉质发育不全的标本占较高的比例、牙齿几何形态测量特征、2岁以下的猪在全部猪中所占的比例相当高、猪的个体数量在全部哺乳动物中占据一定的比例、在墓葬中随葬猪的下颌及碳氮稳定同位素的分析结果显示，猪和人的食物结构十分相似等现象，判定贾湖遗址出土

〔1〕　朱乃诚：《中国新石器时代考古研究》，见刘庆柱主编：《中国考古发现与研究（1949—2009）》，北京：人民出版社，2010年，第94～195页。

〔2〕　赵志军、张居中：《贾湖遗址2001年度浮选结果分析报告》，《考古》2009年第8期，第84～93页。

〔3〕　黄万波：《动物群落》，见河南省文物考古研究所编著：《舞阳贾湖》（下卷），北京：科学出版社，1999年，第785～805页。

的猪中包含目前所知中国最早的家猪[1]，依据统计结果，狗、家猪等家养动物在贾湖遗址一至三期出土的哺乳动物中的最小个体数分别为10%、13%、21%。当时获取的肉食资源以野生动物为主[2]。

（2）河南渑池班村遗址

班村遗址包括多个文化层，通过水洗浮选，在距今约7000年左右的裴李岗文化层里发现朴树、山茱萸、栎属、紫苏和野大豆。朴树的发现可能与食用有关[3]，由此可见，采集可能是当时的主要生产活动。

通过对年代为距今约7900～7500年的裴李岗文化层里出土的动物遗存进行定性定量研究。确认有硬骨鱼纲、哺乳纲。依据最小个体数的统计，哺乳纲中狗、家猪等家养动物约占总数的59%，鹿等野生动物占41%[4]。当时似乎以家养动物为主获取肉食资源。

（3）河北武安磁山遗址

磁山遗址属于磁山文化，年代为距今约8000年左右。在1981年发表的考古报告中，提到在多个灰坑中堆积风化的小米[5]。后来，吕厚远等专门对磁山遗址出土的小米植硅体进行研究，发现黍的数量明显多于粟[6]。这个认识与其他地区距今约8000年左右的遗址中出土的炭化小米中，黍的数量多于粟的数量的研究结果一致[7]。

〔1〕　a. 罗运兵、张居中：《河南舞阳县贾湖遗址出土猪骨的再研究》，《考古》2008年第1期，第90～96页。

　　　　b. 袁靖：《中国动物考古学》，北京：文物出版社，2015年，第91～92页。

〔2〕　罗运兵、袁靖、杨梦菲：《贾湖遗址第七次发掘出土动物遗存研究报告》，见河南省文物考古研究院、中国科学技术大学科技史与科技考古系编著：《舞阳贾湖.2》，北京：科学出版社，2015年，第333～370页。

〔3〕　孔昭宸、刘长江、张居中：《渑池班村新石器遗址植物遗存及其在人类环境学上的意义》，《人类学学报》1999年第18卷第4期，第291～295页。

〔4〕　袁靖：《论中国新石器时代居民获取肉食资源的方式》，《考古学报》1999年第1期，第1～22页。

〔5〕　河北省文物管理处、邯郸市文物保管所：《河北武安磁山遗址》，《考古学报》1981年第3期，第303～338页。

〔6〕　Lu H Y, Zhang J P, Liu K, Wu N Q, Li Y M, Zhou K S, Ye M L, Zhang T Y, Zhang H J, Yang X Y, Shen L C, Xu D, Li Q. 2009. Earliest domestication of common millet (Panicum miliaceum) in East Asia extended to 10,000 years ago. *Proceedings of the National Academy of Sciences*, 106(18): 7367-7372.

〔7〕　赵志军：《中国古代农业的形成过程——浮选出土植物遗存证据》，《第四纪研究》2014年第34卷第1期，第73～84页。

通过对动物遗存进行定性研究，确认有瓣鳃纲、硬骨鱼纲、爬行纲、鸟纲、哺乳纲等。狗和家猪为家养动物。研究者未对动物遗存进行统计，但是认为野生动物遗存的数量占哺乳动物总数的半数以上，猪骨数量远不如仰韶文化遗址或者龙山文化遗址中的猪骨那样占绝对优势[1]。当时获取的肉食资源似乎以野生动物为主。

2. 仅做过植物考古的遗址

（1）河南新郑裴李岗遗址

通过对距今约8500~7000年左右的裴李岗遗址出土的淀粉粒进行研究，发现橡子、粟或黍或薏苡属、根茎类，以橡子的淀粉粒数量最多，可能为粟或黍的淀粉粒数量极少，反映出当时以采集为主[2]。

（2）河南邓州八里岗遗址

通过水洗浮选和定性定量研究，在距今约7000年的前仰韶文化层中发现炭化的植物遗存，多为稻和橡子，它们的数量大致相当。当时以稻作农业和采集野生资源并存的方式获取植物性食物[3]。

（3）河北易县北福地遗址

北福地遗址的年代为距今约8000~7000年左右，在该遗址的灰坑中发现炭化的核桃楸果核和栎属种子，这是当时人开展采集活动的证据[4]。当时可能以采集的方式获取植物性食物。

3. 仅做过动物考古的遗址

（1）陕西宝鸡关桃园遗址

关桃园遗址包括多个文化层，通过对年代为距今约7800~6900年的关桃园前仰韶文化层（从广义上讲，可归入大地湾文化）中出土的动物遗存进行定性定量研究，确认有瓣鳃纲、硬骨鱼纲、鸟纲、哺乳纲等。其中家猪的最小个体数约占全部哺乳动物总数的7%，鹿等野生动物约占93%[5]。当时获取的肉食资源以野生动物为主。

〔1〕 周本雄：《河北武安磁山遗址的动物骨骸》，《考古学报》1981年第3期，第339~347页。

〔2〕 张永辉、翁屹、姚凌、张居中、周昱君、方方、崔炜：《裴李岗遗址出土石磨盘表面淀粉粒的鉴定与分析》，《第四纪研究》2011年第31卷第15期，第891~899页。

〔3〕 邓振华、高玉：《河南邓州八里岗遗址出土植物遗存分析》，《南方文物》2012年第1期，第156~163页。

〔4〕 刘长江、孔昭宸：《北福地遗址出土的植物遗存》，见河北省文物研究所段宏振主编：《北福地：易水流域史前遗址》，北京：文物出版社，2007年，第344~345页。

〔5〕 胡松梅：《遗址出土动物遗存》，见陕西省考古研究院、宝鸡市考古工作队编著：《宝鸡关桃园》，北京：文物出版社，2007年，第283~318页。

（2）陕西临潼白家村遗址

白家村遗址属于白家村文化（从广义上讲，可归入大地湾文化），年代为距今约8000～7000年。通过对动物遗存进行定性定量研究，确认有瓣鳃纲、硬骨鱼纲、鸟纲、哺乳纲。依据可鉴定标本数的统计，鸡、狗、家猪和水牛等家养动物约占全部哺乳动物总数的60%，野生动物约占40%[1]。这里必须指出的是研究者将水牛归入家养动物，但是没有说明理由，故不能对其可靠性进行讨论，只能按存疑处理。这个地区在后来数千年的历史中也未曾发现家养水牛的证据，如果将水牛归入野生动物的话，猪等家养动物仅占哺乳动物总数的36%。当时获取的肉食资源以野生动物为主。

（3）陕西商洛紫荆遗址

紫荆遗址包含多个文化层，通过对年代为距今约7900～7000年的老官台文化层（从广义上讲，可归入大地湾文化）里出土的动物遗存进行定性定量研究，确认有瓣鳃纲、哺乳纲。其中，狗和家猪这两种家养动物的可鉴定标本数约占哺乳动物总数的21%，鹿等野生动物占79%[2]。当时获取的肉食资源以野生动物为主。

（二）小结

这个地区新石器时代中期的生业特征是在原有的采集渔猎的基础上，出现栽培作物和家养动物，其中栽培作物有粟、黍和水稻，家养动物有狗和猪。从各个遗址的植物遗存上看，栽培作物并非普遍现象，且属于栽培作物的数量也不多，栽培作物中黍多于粟，发现水稻的遗址分布在黄河中游的南部地区。从各个遗址的动物遗存看，新石器时代早期已经出现的狗在中期的每个遗址中都存在。此外，每个遗址都发现家猪，这是一种新的家养动物。但是，仅有班村遗址的家养动物数量稍高于野生动物，大多数遗址以野生动物为主。由此可见，这个时期主要以采集渔猎为主、栽培作物和家养动物为辅的生业方式获取食物资源。

三、新石器时代晚期（距今约7000～5000年）

到新石器时代晚期，黄河中游及华北地区考古学文化类型的数量更多，主要有分布于甘肃东部地区、青海东部地区、山西南部地区、河北南部地区、湖北西北部地

〔1〕　周本雄：《白家村遗址动物遗存鉴定报告》，见中国社会科学院考古研究所编：《临潼白家村》，成都：巴蜀书社，1994年，第123～126页。

〔2〕　王宜涛：《紫荆遗址动物群及其古环境意义》，见周昆叔主编：《环境考古研究》（第一辑），北京：科学出版社，1991年，第96～99页。

区、陕西和河南全境的仰韶文化半坡类型、庙底沟类型、西王村类型、后岗一期类型、大司空类型、大河村类型和下王岗类型[1]。分布于内蒙古西部和陕西北部的海生不浪文化类型或庙子沟文化类型，分布于河南南部的屈家岭文化。

（一）资料

这个时期的遗址有27处，其中做过动植物考古研究的遗址有2处，仅做过植物考古的遗址有7处，仅做过动物考古的遗址有18处。以下分别阐述。

1. 做过动植物考古研究的遗址

（1）陕西华阴兴乐坊遗址

兴乐坊遗址位于陕西关中平原，属于仰韶文化庙底沟类型，距今约5900～5600年。通过水洗浮选和定性定量分析，发现农作物有粟、黍和稻，但是稻的出土数量和概率均较低。此外还发现野大豆、蓼属、车前属、筋骨草属、花椒属、报春花科、茄科等。兴乐坊遗址在粟作农业的基础上发展了水稻种植，形成稻粟皆有的特点，以粟为主[2]。

通过对动物遗存进行定性定量研究，确认有腹足纲、瓣鳃纲、鱼纲、鸟纲、哺乳纲。依据最小个体数的统计，家养动物狗和家猪约占哺乳动物总数的89%，野生动物约占11%[3]。肉食资源中以家养动物为主。

（2）河南灵宝西坡遗址

西坡遗址是属于仰韶文化庙底沟类型的居住址，年代为距今约5300～5000年。通过水洗浮选和定性定量研究，发现植物遗存中粟、黍和水稻这三种农作物为主，炭化粟粒的出土数量具有绝对优势，炭化黍粒的出土数量相对较少，两种小米出土数量合计在农作物籽粒总数中所占比例高达99%左右。其他植物种子有属于禾本科、唇形科、蔷薇科、豆科、藜科、茄科、菊科等[4]。

通过对动物遗存进行定性定量研究，确认有腹足纲、瓣鳃纲、两栖纲、鸟纲、哺

〔1〕　朱乃诚：《中国新石器时代考古研究》，见刘庆柱主编：《中国考古发现与研究（1949—2009）》，北京：人民出版社，2010年，第94～195页。

〔2〕　刘焕、胡松梅、张鹏程、杨岐黄、蒋洪恩、王炜林、王昌燧：《陕西两处仰韶时期遗址浮选结果分析及其对比》，《考古与文物》2013年第4期，第106～112页。

〔3〕　胡松梅、杨岐黄、杨苗苗：《陕西华阴兴乐坊遗址动物遗存分析》，《考古与文物》2011年第6期，第117～125页。

〔4〕　农业研究课题组（赵志军执笔）：《中华文明形成时期的农业经济特点》，见中国社会科学院考古研究所科技考古中心编：《科技考古》（第三辑），北京：科学出版社，2011年，第1～35页。

乳纲。可以肯定出自仰韶文化层的家养动物为狗和家猪，依据最小个体数的统计，猪等家养动物约占全部哺乳动物总数的60%，鹿等野生动物约占40%。肉食资源中以家养动物为主[1]。

2. 仅做过植物考古的遗址

（1）陕西白水下河遗址

下河遗址属于仰韶文化庙底沟类型，距今5900～5600年。通过水洗浮选和定性定量分析，发现植物遗存中数量最多的是粟和黍。此外还发现野大豆、蓼属、车前属、筋骨草属、花椒属、报春花科、茄科等。当时以粟作农业为主[2]。

（2）河南邓州八里岗遗址

通过水洗浮选和定性定量分析，在距今约5000年前的仰韶时期除水稻外，新出现了粟和黍，两种小米的数量与水稻基本相当，当时是种植小米和水稻并举，另外还发现菱角。而在距今约4950～4450年的屈家岭时期，按照绝对数量统计和出土概率计算，明显以种植水稻为主，粟和黍为辅[3]。

（3）河南三门峡南交口遗址

南交口遗址属于新石器时代，从分属于仰韶文化早期、中期庙底沟类型的文化层中采集土样，通过水洗浮选及定性分析，发现距今约6000～5750年的一期的炭化农作物有粟、黍、稻等，稻的数量较少，还有杂草种子狗尾草、藜科、唇形科、菱角碎块等。距今约5450～5050年的二期的炭化农作物有粟、黍、稻等，稻的数量增多，形成粟、稻混作的方式。杂草种子增加了牛筋草、黍属、稗属、豆科等[4]。

（4）河南淅川沟湾遗址

沟湾遗址包括分别属于不同文化的地层和遗迹。通过水洗浮选和定性定量分析，当时的植物包括稻、粟、黍、大麦（？）、黍亚科、莎草科、葫芦科、苋科、菊科、

〔1〕　马萧林：《河南灵宝西坡遗址动物群及相关问题》，《中原文物》2007年第4期，第48～61页。

〔2〕　刘焕、胡松梅、张鹏程、杨岐黄、蒋洪恩、王炜林、王昌燧：《陕西两处仰韶时期遗址浮选结果分析及其对比》，《考古与文物》2013年第4期，第106～112页。

〔3〕　邓振华、高玉：《河南邓州八里岗遗址出土植物遗存分析》，《南方文物》2012年第1期，第156～163页。

〔4〕　a. 河南省文物考古研究所编著：《三门峡南交口》，北京：科学出版社，2009年，第64、199、316～319页。

　　　b. 刘长江、孔昭宸、魏兴涛：《南交口遗址1977年出土仰韶文化中期农作物遗存初步研究》，见河南省文物考古研究所编著：《三门峡南交口》，北京：科学出版社，2009年，第420～426页。

马齿苋科、茜草科、茄科、禾本科（粟、黍、黍亚科之外的植物）、葡萄属、猕猴桃属15种，各个时期都以黍、粟、稻这三种农作物为主，黍的数量始终最多，在仰韶文化晚期和屈家岭文化（年代为距今约4950~4450年）中，稻的数量明显增多，但是没有超过黍[1]。

（5）河南鹤壁刘庄遗址

刘庄遗址属于仰韶时代晚期大司空类型，年代为距今约5050~4650年。通过对土样进行水洗浮选和定性定量分析，发现粟、黍等农作物，以粟为主，其他还有黍亚科、野大豆、豆科等[2]。

（6）河南淅川吴营遗址

吴营遗址包含有屈家岭文化和春秋时期两个文化层，通过水洗浮选，发现在距今约4950~4450年的屈家岭文化层有粟，还发现马齿苋属、藜亚科、唇形科、藜科、苋科、蓼科、茜草科等杂草类种子，杂草类的相对百分比和出土概率较高[3]。

（7）颍河流域中上游调查

通过调查属于距今约5000年前的仰韶文化的登封袁桥遗址、石羊关遗址、杨村遗址，对样品进行水洗浮选和定性定量分析，发现粟、黍、豆、稻四种农作物，以粟为主，黍、豆、稻的数量较少。野生植物果实有酸枣、桃、杏、葡萄、山楂。野生种子有狗尾草、倒刺狗尾草、苋科、藜科和莎草科[4]。

3. 仅做过动物考古的遗址

（1）内蒙古凉城石虎山Ⅰ遗址

石虎山Ⅰ遗址属于新石器时代，年代相当于仰韶文化后岗一期的早期阶段，即距今约6300年左右。通过对动物遗存进行定性定量研究，确认有哺乳纲。依据最小个体数的统计结果，家养动物狗和家猪约占哺乳动物总数的16%，鹿等野生动物约占84%。肉食资源以野生动物为主[5]。

〔1〕 王育茜、张萍、靳桂云、靳松安：《河南淅川沟湾遗址2007年度植物浮选结果与分析》，《四川文物》2011年第2期，第80~92页。

〔2〕 王传明、赵新平、靳桂云：《河南鹤壁市刘庄遗址浮选结果分析》，《华夏考古》2010年第3期，第90~99页。

〔3〕 王玉茜、赵海洲、靳桂云：《河南淅川吴营遗址植物考古初步结果》，见山东大学东方考古研究中心编：《东方考古》（第7集），北京：科学出版社，2010年，第379~386页。

〔4〕 《植物遗存、作物加工与农业经济》，见北京大学考古文博学院、河南省文物考古研究所编著：《登封王城岗考古发现与研究（2002~2005）》，郑州：大象出版社，第770~773页。

〔5〕 黄蕴平：《石虎山Ⅰ遗址动物骨骼鉴定与研究》，见田广金、秋山进午主编，内蒙古文物考古研究所、日本京都中国考古学研究会编著：《岱海考古（二）：中日岱海地区考察研究报告集》，北京：科学出版社，2001年，第489~513页。

（2）内蒙古察右前旗庙子沟和大坝沟遗址

庙子沟遗址和大坝沟遗址均属于庙子沟文化类型，年代为距今约5800～5000年。通过对动物遗存进行定性定量研究，确认庙子沟遗址有腹足纲、瓣鳃纲、鸟纲、哺乳纲；大坝沟遗址中有腹足纲、瓣鳃纲、鸟纲、哺乳纲。依据最小个体数的统计，庙子沟遗址的狗和家猪等家养动物约占哺乳动物总数的27%，鹿等野生动物占73%；大坝沟遗址的狗和家猪等家养动物约占哺乳动物总数的44%，野生动物占56%。两处遗址获取的肉食资源都是以野生动物为主[1]。

（3）内蒙古凉城王墓山坡上遗址

王墓山坡上遗址属于海生不浪文化庙子沟类型，年代相当于中原地区的半坡四期文化阶段，距今约5600～4900年。通过对动物遗存进行定性定量研究，确认有硬骨鱼纲、鸟纲、哺乳纲。依据最小个体数的统计，家养动物狗和家猪约占哺乳动物总数的55%，鹿等野生动物约占45%。肉食资源以家养动物为主[2]。

（4）陕西商洛紫荆遗址

在年代为距今约6900～6000年的半坡类型层里，确认有腹足纲、瓣鳃纲、爬行纲、鸟纲、哺乳纲，依据可鉴定标本数的统计，家猪等家养动物占20%，鹿等野生动物占80%。在年代为距今约5600～4900年的西王村类型层里，确认有腹足纲、哺乳纲。依据可鉴定标本数的统计，家猪等家养动物占37%，鹿等野生动物占63%[3]。肉食资源以野生动物为主。

（5）陕西宝鸡关桃园遗址

在年代为距今约5500～4900年的仰韶文化层中发现哺乳动物。依据最小个体数的统计，家猪占20%，鹿等野生动物占80%[4]。肉食资源以野生动物为主。

〔1〕　黄蕴平：《庙子沟与大坝沟遗址动物遗存鉴定报告》，见内蒙古考古研究所编（内蒙古自治区文物考古研究所魏坚编著）：《庙子沟与大坝沟》，北京：中国大百科全书出版社，2003年，第599～611页。

〔2〕　内蒙古文物考古研究所、日本京都中国考古学研究会岱海地区考察队：《王墓山坡上遗址发掘报告》，见田广金、秋山进午主编，内蒙古文物考古研究所、日本京都中国考古学研究会编著：《岱海考古（二）：中日岱海地区考察研究报告集》，北京：科学出版社，2001年，第200页。

〔3〕　王宜涛：《紫荆遗址动物群及其古环境意义》，见周昆叔主编：《环境考古研究》（第一辑），北京：科学出版社，1991年，第96～99页。

〔4〕　胡松梅：《遗址出土动物遗存》，见陕西省考古研究院、宝鸡市考古工作队编著：《宝鸡关桃园》，北京：文物出版社，2007年，第283～318页。

（6）陕西西安临潼零口村遗址

零口村遗址包括分别属于不同时期的文化层，动物遗存全部出自零口村文化层
与仰韶文化层。通过对动物遗存进行定性定量研究，确认有瓣鳃纲、硬骨鱼纲、鸟
纲、哺乳纲（研究者在报告里提及山羊，但标注的拉丁文名是羊亚科，其写成山羊是
笔误或鉴定有误，尚有待于今后的探讨）。家猪是家养动物。依据最小个体数的统计
结果，在年代为距今约7100～6500年的零口村文化层中，家猪约占哺乳动物总数的
51%，鹿等野生动物约占49%；在年代为距今约6500～5800年的仰韶文化半坡类型层
中，家猪约占47%，鹿等野生动物约占53%；在年代为距今约5600～4900年的仰韶文化
西王村类型层中，家猪约占37%，鹿等野生动物约占63%[1]。在这三个阶段的发展过
程中，家猪有减少的趋势。肉食资源大致以野生动物为主。

（7）陕西宝鸡北首岭遗址

北首岭遗址包括前仰韶文化及仰韶文化遗存，均有动物遗存出土，年代为距今约
7100～5700年。通过对动物遗存进行定性研究，确认有腹足纲、瓣鳃纲、硬骨鱼纲、
爬行纲、鸟纲、哺乳纲。研究者将前仰韶文化和仰韶文化的动物放在一起阐述，认为
狗、家猪和短角牛是家养动物，可能还驯养鹿。但是未解释短角牛为何是家养动物，
也未对动物遗存进行统计[2]，从报告的内容上看，似乎家猪的骨骼最多。当时的肉食
资源可能主要为家养动物。

（8）陕西西安半坡遗址

半坡遗址主要属于仰韶文化，年代为距今约7000～5000年。通过对动物遗存进行
定性研究，确认有硬骨鱼纲、哺乳纲。狗、马、家猪、牛和绵羊可能是家养动物[3]。
但是研究者未解释马、牛和绵羊属于家养动物的证据。需要强调的是半坡遗址还包括
战国时期的遗迹，当时是将全部哺乳动物遗存放到一起进行研究的，研究者未对动物
遗存进行统计，从报告的内容上看，似乎猪骨的数量最多。

（9）陕西西安临潼姜寨遗址

姜寨遗址包括分别属于不同时期的文化层。通过对动物遗存进行定性定量研究，
确认有腹足纲、瓣鳃纲、硬骨鱼纲、鸟纲、哺乳纲。狗和家猪是家畜，当时可能还饲
养梅花鹿。依据最小个体数的统计，在年代为距今约6900～6000年的姜寨半坡类型层

〔1〕　张云翔、周春茂、阎毓民、尹申平：《陕西临潼零口村文化遗址脊椎动物遗存》，见陕西省
　　　 考古研究所编著：《临潼零口村》，西安：三秦出版社，2004年，第525～533页。

〔2〕　周本雄：《宝鸡北首岭新石器时代遗址中的动物骨骼》，见中国社会科学院考古研究所编
　　　 著：《宝鸡北首岭》，北京：文物出版社，1983年，第145～153页。

〔3〕　李有恒、韩德芬：《陕西西安半坡新石器时代遗址中之兽类骨骼》，《古脊椎动物与古人
　　　 类》1959年第1卷第4期，第173～185页。

里，家猪等家养动物占哺乳动物总数的42%，鹿等野生动物占58%；在年代为距今约6000~5800年的姜寨史家类型层里，家猪等家养动物占25%，鹿等野生动物占75%；在年代为距今约5500~4900年的西王村类型层里，家猪等家养动物占21%，鹿等野生动物占79%[1]。该遗址呈现出一个猪等家养动物的数量逐渐减少、鹿等野生动物逐渐增多、最终占据绝大多数的发展变化过程。那段时间获取肉食资源的对象逐渐变为以野生动物为主。

（10）陕西丹凤巩家湾遗址

巩家湾遗址包括分别属于不同时期的文化层，动物遗存主要出自仰韶文化与龙山文化地层。通过对动物遗存进行定性研究，确认有腹足纲、瓣鳃纲、鱼纲、鸟纲、爬行纲、哺乳纲。研究者未对动物遗存进行统计，从报告内容上看，似乎在年代为距今约6900~5600年的仰韶文化层中，家养动物家猪的骨骼数量较多[2]。当时的肉食资源以家养动物为主。

（11）陕西南郑龙岗寺遗址

龙岗寺遗址包括分别属于不同时期的文化层，动物遗存全部出自年代为距今约6500~6000年的仰韶文化半坡类型层。通过对动物遗存进行定性研究，确认有腹足纲、瓣鳃纲、硬骨鱼纲、爬行纲、鸟纲、哺乳纲。鸡、家猪、牛和羊是家养动物。研究者未阐述鸡、牛、羊属于家养动物的理由，也未对动物遗存进行统计[3]。从报告的内容上分析，野生动物多于家养动物，当时获取的肉食资源以野生动物为主。

（12）陕西高陵杨官寨遗址

杨官寨遗址包括分别属于不同时期的文化层，动物遗存出自年代为距今约5900~5600年的庙底沟类型层。通过对动物遗存进行定性定量研究，确认有瓣鳃纲、鸟纲、哺乳纲。依据最小个体数的统计，猪等家养动物约占哺乳动物总数的93%，野生动物约占7%[4]。肉食资源以家养动物为主。

〔1〕　祁国琴：《姜寨新石器时代遗址动物群的分析》，见西安半坡博物馆、陕西省考古研究所、临潼县博物馆：《姜寨：新石器时代遗址发掘报告》，北京：文物出版社，1988年，第504~538页。

〔2〕　胡松梅：《陕西丹凤巩家湾新石器时代动物骨骼分析》，《考古与文物》2001年第6期，第53~57页。

〔3〕　吴家炎：《动、植物遗存》，见陕西省考古研究所：《龙岗寺：新石器时代遗址发掘报告》，北京：文物出版社，1990年，第40~42页。

〔4〕　胡松梅、王炜林、郭小宁、张伟、杨苗苗：《陕西高陵杨官寨环壕西门址动物遗存分析》，《考古与文物》2011年第6期，第97~107页。

（13）陕西靖边五庄果墚遗址

五庄果墚遗址的文化内涵接近海生不浪类型，时代相当于中原地区半坡四期发展阶段，即年代为距今约5600～4900年。通过对动物遗存进行定性定量研究，确认有硬骨鱼纲、爬行纲、鸟纲、哺乳纲。依据最小个体数的统计，狗和家猪等家养动物约占哺乳动物总数的34%，草兔等野生动物约占66%[1]。但是考虑到1只草兔的肉量和1头家猪的肉量差距甚大。当时的肉食来源应以家猪为主。

（14）陕西横山大古界遗址

大古界遗址属于仰韶晚期，年代为距今约5600～4900年。通过对动物遗存进行定性定量研究，确认有瓣腮纲、鸟纲、哺乳纲。依据最小个体数的统计，家养动物狗和家猪约占哺乳动物总数的11%，野生动物约占89%。肉食资源以野生动物为主[2]。

（15）河南新安荒坡遗址

荒坡遗址包括分别属于不同时期的文化层。动物遗存主要出自年代为距今约6500年左右的仰韶文化早期地层。通过对动物遗存进行定性定量研究，确认有瓣鳃纲、硬骨鱼纲、鸟纲、哺乳纲。狗、家猪和羊为家养动物，但是研究者未说明羊为家养动物的依据。依据最小个体数的统计结果，家养动物约占哺乳动物总数的85%，鹿等野生动物约占15%左右。肉食资源以家养动物为主[3]。

（16）河南郑州西山遗址

西山遗址主要以仰韶文化遗存为主，可分为三期。通过对动物遗存进行定性定量研究，确认有腹足纲、瓣鳃纲、硬骨鱼纲、爬行纲、哺乳纲。狗、家猪是家养动物。依据最小个体数的统计，在距今约6500～6000年的第一期，猪等家养动物约占哺乳动物总数的45%，野生动物约占55%；在距今约6000～5200年的第二期，猪等家养动物约占55%，野生动物约占45%；在距今约5200～4800年的第三期，猪等家养动物约占77%，野生动物约占23%，家养动物的数量呈逐渐增多的趋势[4]。肉食资源基本上以家猪为主。

〔1〕 胡松梅、孙周勇：《陕北靖边五庄果墚动物遗存及古环境分析》，《考古与文物》2005年第6期，第72～84页。

〔2〕 胡松梅、杨利平、康宁武、杨苗苗、李小强：《陕西横山县大古界遗址动物遗存分析》，《考古与文物》2012年第4期，第106～112页。

〔3〕 侯彦峰、马萧林：《新安荒坡遗址出土动物遗存分析》，见河南省文物管理局、河南省文物考古研究所编著（孙英民主编）：《新安荒坡：黄河小浪底水库考古报告（三）》，郑州：大象出版社，2008年，第193～214页。

〔4〕 陈全家：《郑州西山遗址出土动物遗存研究》，《考古学报》2006年第3期，第385～418页。

（17）河南洛阳妯娌遗址

妯娌遗址包括仰韶文化晚期和龙山文化早期遗存，均有动物遗存出土，年代为距今约5200～4800年。通过对动物遗存进行定性定量研究，确认有腹足纲、硬骨鱼纲、鸟纲、哺乳纲。依据最小个体数的统计，家猪约占哺乳动物总数的60%，梅花鹿占40%[1]。肉食资源主要是家猪。

（18）河南渑池笃忠遗址

笃忠遗址属于仰韶晚期至龙山早期的遗存，年代为距今约5000年左右。经过对遗址出土的动物遗存进行定性定量研究，确认有腹足纲、鸟纲、爬行纲、哺乳纲。依据最小个体数的统计，家养动物狗和家猪约占哺乳动物总数的73%，鹿等野生动物占27%[2]。肉食资源以家猪为主。

（二）小结

新石器时代晚期的生业特征是出现4种种植农作物的方式，即以粟为主；以粟为主、以稻为辅；粟稻混作、两者的数量相差不多；以稻为主、以粟为辅。当时基本上都是以栽培作物的方式获取植物性食物，其中稻的数量较多的遗址均位于黄河以南地区。获取肉食资源的方式有3种，即以野生动物为主、家养动物为辅；家养动物数量稍高于野生动物；以家养动物为主、野生动物为辅。其中，内蒙古地区获取肉食资源的方式主要以野生动物为主，家养动物为辅。陕西地区3种方式都存在，但是以野生动物为主，家养动物为辅的方式占据的比例较大。特别是零口村遗址和姜寨遗址从早到晚的不同文化层中野生动物的数量逐渐增多，家养动物的数量逐渐减少。河南地区则基本上以家养动物为主、野生动物为辅。

四、讨　论

从全国范围看，黄河中游及华北地区在新石器时代早期至晚期的生业行为有四个特征，以下分别阐述：

〔1〕　袁靖、杨梦菲：《河南省洛阳市妯娌、寨根遗址出土动物遗存研究报告》，见河南省文物管理局编：《黄河小浪底水库考古报告（二）》，郑州：中州古籍出版社，2006年，第268～271页。

〔2〕　杨苗苗、武志江、侯彦峰：《河南渑池县笃忠遗址出土动物遗存分析》，《中原文物》2009年第2期，第29～36页。

（一）栽培和驯化行为的出现及意义

在新石器时代早期，发现人工饲养的狗，即人类将狼驯化成狗。狗的出现是当时人开始控制动物，利用动物的新举措。尽管这种活动并未改变原有的采集渔猎的生业方式，但是这种饲养狗的行为，从思路上、方法上为日后饲养其他动物奠定了基础，如家猪的饲养方式就与狗的饲养方式比较相似，往往是在聚落里放养，吃的食物也与人的食物密切相关。另外，这种人为地管理一种生物方式的成功，对于人类形成栽培农作物的意识和行为也是极为重要的启示。尽管这个地区尚未明确发现处于起源阶段的人工栽培的粟或黍，但是这个地区自新石器时代中期开始出现的较为成熟的栽培农作物的现象，意义十分重大。它不但为我们探求粟、黍和水稻的起源提供了线索，而且种植农作物的行为从根本上改变了人类的生业方式，继人类起源之后，人类历史上第二次伟大的起源，即农业起源由此发生。种植农作物和饲养家猪不但保证了人类可以摆脱自然资源的局限，有计划地、稳定地获取食物来源。而且，种植农作物和饲养家猪的行为可以逐渐扩大，满足人类持续增加的对于食物的需求量。这个过程实质上就是为人口逐渐增长创造物质条件，人口逐渐增长到一定程度，必定带来管理方面的复杂化，而管理方面的复杂化，则是社会进步的象征，是中华文明起源的重要因素。这个过程不断呈螺旋式上升的形式循环。可以说，农业的形成与发展为人类社会的进步奠定了坚实的经济基础。

（二）生业发展的模式

纵观新石器时代早、中、晚期的生业特征，可以看到基本上有一个递进式的发展过程。即整体上从早期采集渔猎的生业方式，历经中期的以采集渔猎为主，栽培作物和家养动物为辅的生业方式，发展到晚期的大致以栽培作物和家养动物为主，以采集渔猎为辅的生业方式。生业方式发生变化的证据是栽培作物和家养动物数量的增多，而栽培作物和家养动物数量的增多往往又与原来依靠自然环境提供的食物资源不能满足需要，在生存压力之下，当时人必须依靠自己的劳作，开发新的食物资源相关联。由此，带来生产力的进步，出现新的食物种类、新的生产工具、新的生产方式等。而这些新的要素的出现，又会带来生业、经济、社会管理及上层建筑的变化。恩格斯在马克思墓前说道："正像达尔文发现有机界的发展规律一样，马克思发现了人类历史的发展规律，即历来为繁茂芜杂的意识形态所掩盖着的一个简单事实：人们首先必须吃、喝、住、穿，然后才能从事政治、科学、艺术、宗教等。所以，直接的物质的生活资料的生产，因而一个民族或一个时代的一定的经济发展阶段，便构成为基础；人们的国家制度，法的观点，艺术以至宗教观念，就是从这个基础上发展起来的。因而，也必须由这个基础来解释，而不是像过去那样做得相反。"[1]由此可见，这个生业方式的变化过程意义深远，其奠定了古代中国这个农业社会的基础。当然，如果具体地观察，这个变化过程并非在每个时期的任何一个遗址都整齐划一。比如在新石器时代晚期，内蒙古西部地区的几个遗址就有以采集渔猎为主，栽培作物和家养动物为辅的生业方式和以栽培作物和家养动物为主，采集渔猎为辅的生业方式共存的现象。陕西地区与内蒙古地区有相似之处，有些遗址以采集渔猎为主，栽培作物和家养动物为辅；有些遗址尽管以栽培作物和家养动物为主，但家养动物的数量比例仅略高于野生动物，当时的渔猎活动还较为频繁。只有河南地区以栽培作物和家养动物为主，采集渔猎为辅的生业方式表现得最为典型。这种区域性的生业方式的不同可能反映了各个区域的生业整体水平。

（三）陕西与河南的差异

陕西地区在中期和晚期阶段的发展进程中都存在以采集渔猎为主，栽培作物和家养动物为辅的生业方式和以栽培作物和家养动物为主，采集渔猎为辅的生业方式共存的现象。特别是陕西的零口遗址和姜寨遗址从早至晚的不同文化层中存在野生动物的数量比例逐渐增多，家养动物的数量比例逐渐减少的趋势。而且即便以栽培作物和家养动物为主，但其家养动物的数量比例仅略高于野生动物，显示出当时渔猎活动还占有较高的比例，这类两种方式共存的现象甚至到新石器时代末期还存在[2]。陕西地区在相当长的时间内，获取肉食资源的方式始终没有进步到基本上以饲养家猪为主的阶段，生业的发展相当缓慢。相比之下，河南地区新石器时代中期和晚期的生业方式特征则基本上都是以栽培作物和家养动物为主，采集渔猎为辅，这个特征与该地区新石器时代末期的状况是一脉相承的[3]。陕西与河南这两个地区生业特征的差异，似乎与早期国家没有出现在陕西地区，而是出现在中原地区有一定的关系。如果从新石器时代到先秦时期这个长时段的进程看，陕西地区生业方式的转变是后来居上的。如战国

[1] 恩格斯：《在马克思墓前的讲话》，见中共中央马克思恩格斯列宁斯大林著作编译局编：《马克思恩格斯选集 第三卷》，北京：人民出版社，1995年，第57页。
[2] 袁靖主编：《中国新石器时代至青铜时代生业研究》，上海：复旦大学出版社，2019年，第74~118页。
[3] 袁靖：《中原地区的生业状况与中华文明早期发展的关系》，见文化遗产研究与保护技术教育部重点实验室、西北大学丝绸之路文化遗产与考古学研究中心、边疆考古与中国文化认同协同创新中心、西北大学唐仲英文化遗产研究与保护实验室编：《西部考古》（第11辑），北京：科学出版社，2016年，第1~12页。

时期位于陕西的秦国大力发展农业，修建郑国渠，改变关中地区土壤贫瘠的状况，带动经济快速发展，为秦灭六国奠定了基础[1]，这是一个最为典型的实例。

（四）自然环境的作用

黄河中游及华北地区良好的自然环境也是生业能够持续发展的重要原因。这个地区的气候大部分属于暖温带大陆性季风气候，热量资源比较丰富，降水集中。黄土堆积主要集中在这个地区，黄土疏松多孔，粉砂质，质地均一，富含碳酸钙，在黄土覆盖区，土壤发育深受黄土母质影响，土层持水性较好。黄河、渭河、滹沱河、漳河、淮河等流经这个地区。这个地区的植被建群种甚为丰富，森林植被的建群种以松科的松属和壳斗科的栎属为主[2]。这个地区的气候、土壤和水系等条件都为各种植物和野生动物提供了良好的生长及栖息环境，适宜于人类生存和发展。另外，这个地区东面与黄河下游及东北地区为邻，北面与内蒙古地区为邻，西面与黄河上游地区为邻，南面与长江流域为邻，这个地理位置也为其与各个地区的文化交流创造了条件。黄河中游及华北地区的生业状况与相邻地区在相关时期内的生业状况大致相似，这种边界效应与交流对于促进黄河中游及华北地区的文化发展也有积极的作用。

五、结　论

黄河中游及华北地区自新石器时代早期以来，出现栽培农作物和饲养家畜的行为，从整体上看，生业方式自采集渔猎逐步发展到以栽培作物和家养动物为主，以采集渔猎为辅。这种生业方式的发展过程在这个地区内的各个小区域不尽相同，中原地区的稳定发展为后来早期中国出现在这个区域奠定了经济基础。良好的自然条件是这个地区生业发展的必要前提。

（原载于《南方文物》2018年第1期，第151~159页）

---

〔1〕　（汉）司马迁撰：《史记》卷二十九《河渠书》，北京：中华书局，1959年，第1408页。

〔2〕　赵济主编：《中国自然地理》，北京：高等教育出版社，1995年，第203~216页。

中原地区的生业状况与中华文明
早期发展的关系

  本文提到的中原地区主要指中原核心地区，以东起郑州、西至渑池、北达济源、南抵驻马店一带为范围[1]，而中华文明早期的时间界定则以目前正在进行的"中华文明探源工程"提出的时间跨度为依据，大致为公元前3500～前1500年前后。

  通过对人工遗迹和遗物的形态特征研究，在公元前3500～前1900年，当时的中国大地上持续分布着不同类型的文化，各个文化显示出明显的地方性特点。但是，自公元前1900～前1500年左右这个时间段里，西辽河流域的夏家店下层文化发展中断，黄河上游地区的齐家文化之后又出现了寺洼文化、卡约文化等，黄河下游地区的龙山文化演变成岳石文化，长江中游地区的石家河文化发展中断，长江下游地区的广富林文化为后来的马桥文化所替代。这些地区的各个文化从整体上说是走向消失和转型。唯独中原地区自公元前1800年左右开始出现了二里头文化，这个文化的发展程度明显高于其他地区的文化，成为中国早期国家出现的标志。探讨文化发展演变的原因，是当今中国考古学界的研究热点。纵观这方面研究的内容，主要是围绕遗址的数量多少、面积大小、分布格局、人工遗迹和遗物的形状特征及其背后蕴藏的性质、作用、社会结构、宗教意识和战争等历时性变化进行探讨，聚焦政治史、社会史、宗教史和军事史等，涉及以生业为研究特征的实例很少。

  按照历史唯物主义的基本观点，生产力决定生产关系，经济基础决定上层建筑，生产力的发展是推动人类社会进步的根本动力。依据遗址出土的动植物遗存进行包括当时的农作物种植和家畜饲养在内的生业研究，探讨当时的主要生产力状况，是认识中华文明早期发展及其动因的不可或缺的重要内容。

  本文主要以西坡、瓦店、王城岗、新砦和二里头等五个典型遗址为例进行论述。这些遗址均经过系统的动植物考古研究，即采用浮选法采集植物遗存，通过显微镜观察，鉴定农作物种属和统计数量，推测当时的农作物种植方式；通过对发掘出土的动

---

[1] 中国社会科学院考古研究所编著：《中国考古学·新石器时代卷》，北京：中国社会科学出版社，2010年，第530页。

物遗存进行鉴定及统计、有些还应用稳定同位素分析及DNA分析，认识各种家养动物的数量和谱系，推测当时的饲养方法等。此外，还收集了一些相关遗址的动植物遗存研究结果，在此基础上探讨中原地区农业形态的发展变化过程，为认识当时的社会变化原因和特征提供有价值的启示。鉴于现在尚未对与农业相关的生产工具开展全方位的科学研究，本文暂不做过多的讨论。

以下分为各个遗址的状况、讨论和结论等三个方面分别阐述。

一、各个遗址的状况

多年来，在中原地区发现大量的属于公元前3500～前1500年的考古遗址，其中，属于仰韶文化庙底沟类型和大河村类型的遗址、属于王湾三期文化的遗址、属于新砦文化的遗址、属于二里头文化的遗址的数量都相当多，有些文化类型的遗址数量超过数百处[1]。依据类型学的研究结果，属于同一文化类型的遗址在人工遗迹和遗物的特征上具有较强的一致性。但是，在这些遗址中真正开展过植物考古和动物考古的数量极少，这里按照时间早晚列举五个具有典型意义的遗址的研究结果，另外，还收集了其他遗址的相关研究结果，分别阐述如下：

---

〔1〕 a. 国家文物局主编：《中国文物地图集·河南分册》，北京：中国地图出版社，1991年，第 34～35页。

b. 朱乃诚：《中国新石器时代考古研究》，见刘庆柱主编：《中国考古发现与研究（1949—2009）》，北京：人民出版社，2010年，第94～195页。

c. 赵春青：《"新砦期"遗存发现的意义》，见北京大学震旦古代文明研究中心、郑州市文物考古研究所：《新密新砦》，北京：文物出版社，2008年，第524～544页。

d. 庞小霞、高江涛：《关于新砦期遗存研究的几个问题》，《华夏考古》2008年第1期，第 73～80页。

e. 许宏：《最早的中国：二里头文明的崛起》，北京：科学出版社，2009年，第142～143页。

f. 方燕明：《二里头文化早期遗存分析》，见杜金鹏、许宏主编：《二里头遗址与二里头文化研究：中国·二里头遗址与二里头文化国际学术研讨会论文集》，北京：科学出版社，2006年，第304～318页。

g. 韩建业：《早期中国：中国文化圈的形成和发展》，上海：上海世纪出版股份有限公司、上海古籍出版社，2015年。

（一）河南灵宝西坡遗址

公元前3600年左右的西坡遗址是仰韶文化庙底沟类型的居住遗址[1]，公元前3300~前2900年的西坡墓地也属于仰韶文化庙底沟类型[2]，其与西坡遗址的关系当为一个连续发展过程中的不同阶段。由于西坡墓地没有发现与农业相关的遗物，这里以经过植物考古和动物考古研究的西坡遗址为例，尽管年代偏早，因为同属于庙底沟类型，所以没有从根本上影响我们的科学认识。

从植物考古学的研究结果看，在西坡遗址出土的炭化农作物遗存中，粟的数量比例占所有出土农作物籽粒总数的90.6%，出土概率为90.9%；黍占8.8%，出土概率为81.8%；这两种小米合计在农作物籽粒总数中所占比例高达99.4%。水稻的数量占所有出土农作物籽粒总数的0.6%，出土概率为36%。根据统计结果，西坡遗址的农业生产是以种植粟、黍这两种小米为主，当时的水稻数量极少，不能完全肯定是传入的还是在当地种植的[3]。

从动物考古学的研究结果看，家养动物主要为猪和狗，野生动物以鹿科为主。家养动物约占全部哺乳动物总数的63%，野生动物约占37%，以家养动物为主。在家养动物中猪的最小个体数约占总数的98%，狗占2%[4]。

通过对西坡出土人、猪、狗骨的碳氮稳定同位素分析，发现人的碳十三值较高，31个个体的碳十三值为-12.4‰~-7.9‰，平均值为-9.7‰，其食物基本属于C4类，与遗址中出土的农作物遗存以小米类为主完全吻合。鉴于这个地区的自然植被以C3类为主，研究人员认为人的碳十三值反映出当时人的主食可能属于小米类[5]；狗和家猪的碳十三值与人的相似，狗的碳十三值为-8.2‰，2例猪的碳十三值为-7.4‰和-7.7‰，均高于人的碳十三值，它们可能食用了小米类植物的壳及人的粪便等[6]。

[1] 朱乃诚：《中国新石器时代考古研究》，见刘庆柱主编：《中国考古发现与研究（1949—2009）》，北京：人民出版社，2010年，第94~195页。

[2] 中国社会科学院考古研究所、河南省文物考古研究所编著：《灵宝西坡墓地》，北京：文物出版社，2010年，第281页。

[3] 农业研究课题组（赵志军执笔）：《中华文明形成时期的农业经济特点》，见中国社会科学院考古研究所科技考古中心编：《科技考古》（第三辑），北京：科学出版社，2011年，第1~35页。

[4] 马萧林：《河南灵宝西坡遗址动物群及相关问题》，《中原文物》2007年第4期，第48~61页。

[5] 张雪莲、仇士华、钟建、赵新平、孙福喜、程林泉、郭永淇、李新伟、马萧林：《中原地区几处仰韶文化时期考古遗址的人类食物状况分析》，《人类学学报》2010年第29卷第2期，第197~207页。

[6] Pechenkina E A, Ambrose S H, Ma X L, Benfer R A. 2005. Reconstructing Northern Chinese Neolithic Subsistence Practices by Isotopic Analysis. *Journal of Archaeological Science*, 32(8): 1176-1189.

（二）河南禹州瓦店遗址

瓦店遗址属于公元前2200～前1900年左右的王湾三期文化[1]。

从植物考古学的研究结果看，在瓦店遗址出土的农作物遗存中，粟的数量比例占所有出土农作物籽粒总数的52%，出土概率为66%；黍占9%，出土概率为50%；这两种小米合计在农作物籽粒总数中所占比例为61%%。稻谷占26%，出土概率为62%；小麦占0.2%，出土概率为4%；大豆占13%，出土概率为45%。瓦店遗址已经具备五种农作物。根据统计结果，瓦店遗址的农业生产同样以种植粟和黍两种小米为主，但是水稻的数量明显增加，由于发现了水稻的小穗轴，可能是在当地脱粒，即在当地种植的。小麦的数量极少，不能肯定是否属于这个时期，大豆的形态已经脱离了完全原始的状态，属于农作物[2]。

从动物考古学的研究结果看，狗、猪、黄牛、绵羊是家养动物，野生动物以鹿科为主。第一期家养动物约占哺乳动物总数的64%，野生动物约占36%；在家养动物中，猪的最小个体数约占总数的78%，狗和黄牛各占11%左右，没有发现绵羊。第二期家养动物约占67%，野生动物约占33%；在家养动物中，猪占69%，狗和绵羊各占13%，黄牛占6%左右。第三期家养动物约占73%，野生动物约占27%；在家养动物中，狗约占35%，猪和绵羊各占24%，黄牛占18%左右。各期都以家养动物为主。从各种家养动物的数量看，猪虽然占据多数或接近多数，但从早到晚有减少的趋势，绵羊在一期不见，二、三期逐渐增多，黄牛三期比一期多，狗的数量不稳定[3]。

碳氮稳定同位素的测试结果显示，人的碳十三值多数分布在-10.8‰～-8.7‰之间，食物主要来自C_4类，有3个个体分别为-13.1‰、-14.5‰与-15.0‰，应该食用了一定比例的C_3类；狗的碳十三值为-11.0‰～-8.5‰，食物主要来自C_4类；猪的为-16.1‰～-8.1‰，除-16.1‰这个数据偏低，原因尚需讨论之外，其他9个猪的碳十三值为-12.4‰～-8.1‰，表明其食物主要来自C_4类；黄牛的为-15.1‰～-9.4‰，多数个体以C_4类食物为主食，2例黄牛食用了较高比例的C_3植物；绵羊的为-17.3‰～-16.0‰，以C_3类食物为主食，并食用了较高比例的C_4类食物。这个地区的自然植被同样以C_3类为主，鉴于遗址中出土的农作物遗存以小米为主、兼有水稻，由此可以推测，

[1]　河南省文物考古研究所：《河南禹州市瓦店龙山文化遗址1997年的发掘》，《考古》2000年第2期，第16～39页。

[2]　刘昶、方燕明：《河南禹州瓦店遗址出土植物遗存分析》，《南方文物》2014年第4期，第55～64页。

[3]　吕鹏、杨梦菲、袁靖：《禹州瓦店遗址动物遗存的鉴定和研究》，见北京大学考古文博学院、河南省文物考古研究所编著：《登封王城岗考古发现与研究（2002～2005）》，郑州：大象出版社，2007年，第815～901页。

粟类是瓦店先民食物结构的主体，但稻类的贡献也是显而易见的，尤其在某些人的食物结构中的重要性甚至与粟类食物不相上下。狗和家猪的碳十三值则表明，它们可能主要以小米的壳及人的粪便等为食；黄牛的接近C₄类，主要由人工喂养小米的秸秆的可能性很大；绵羊主要食草，可能也食用人工喂养的小米的秸秆等[1]。

（三）河南登封王城岗遗址

王城岗遗址的文化堆积可以分为公元前2020～前1900年的王湾三期文化、公元前1800～前1500年的二里头文化时期及比这个年代更晚的其他几个时期[2]。这里主要阐述王湾三期文化和二里头文化时期的研究结果。

从植物考古学的研究结果看，王湾三期文化时期粟的数量比例约占所有出土农作物籽粒总数的93%，出土概率为94%；黍占6%，出土概率为60%；这两种小米合计在农作物籽粒总数中所占比例为99%。稻谷占0.3%，出土概率17%；大豆占0.03%，出土概率为4%。二里头文化时期粟约占80%，出土概率79%；黍占8%，出土概率71%；两种小米合计在农作物籽粒总数中所占比例为88%。稻谷占2%，出土概率为57%；大豆占1%，出土概率26%。两相比较，二里头文化时期小米的比例略有减少，其他几种谷物则有不同程度的增加[3]。

从动物考古学的研究结果看，狗、猪、黄牛、绵羊是家养动物，野生动物以鹿科为主。王湾三期文化时期家养动物约占哺乳动物总数的81%，野生动物约占19%；家养动物中猪的最小个体数约占60%，狗占20%，黄牛和绵羊各占10%左右。二里头文化时期家养动物约占76%，野生动物约占24%。家养动物中狗、猪、黄牛和绵羊各占25%左右。这两个时期都以家养动物为主。从各种家养动物的数量看，自王湾三期文化到二里头文化时期，家猪的数量在二里头文化时期比王湾三期文化时期减少，相应地黄牛和绵羊的数量有一个明显增加的过程，狗则大致保持一定的比例[4]。

〔1〕 Chen X L, Fang Y M, Hu Y W, Hou Y F, Lü P, Yuan J, Song G D, Fuller B T, Richards M P. 2016. Isotopic Reconstruction of the Late Longshan Period (ca. 4200-3900 BP) Dietary Complexity before the Onset of State-level Societies at the Wadian Site in the Ying River Valley, Central Plains, China. *International Journal of Osteoarchaeology*, 26(5): 808-817.

〔2〕 北京大学考古文博学院、河南省文物考古研究所编著：《登封王城岗考古发现与研究（2002～2005）》，郑州：大象出版社，2007年，第782～784页。

〔3〕 赵志军：《公元前2500年～1500年中原地区农业经济研究》，见中国社会科学院考古研究所考古科技中心编：《科技考古》（第二辑），北京：科学出版社，2007年，第1～11页。

〔4〕 吕鹏、杨梦菲、袁靖：《动物遗存的鉴定和研究》，见北京大学考古文博学院、河南省文物考古研究所编著：《登封王城岗考古发现与研究（2002～2005）》，郑州：大象出版社，2007年，第574～602页。

碳氮稳定同位素的测试尚未完成，从现有的结果看，只有属于商代中期（公元前1400年左右）的黄牛和春秋时期（不会早于公元前700年）的猪各1个，黄牛的为-12.5‰，猪的为-8.1‰，均表现以C_4类食物为主食，具体解释与瓦店遗址相同[1]。

（四）河南新密新砦遗址

新砦遗址的文化堆积可以分为公元前2200～前1900年的王湾三期文化、公元前1850～前1750年的新砦文化和公元前1700～前1500年的二里头文化这样三个时期[2]。

从植物考古学的研究结果看，由于工作还没有完成，现在仅仅知道在二里头文化时期，粟的数量比例约占所有出土农作物籽粒总数的67%，出土概率为52%；黍占13%，出土概率为32%；这两种小米合计在农作物籽粒总数中所占比例为80%。稻谷占12%，出土概率为28%。大豆占3%左右，出土概率为12%。所谓"五谷丰登"的五种农作物在这个时期具备了[3]。

从动物考古学的研究结果看，狗、猪、黄牛、绵羊是家养动物，野生动物以鹿科为主。王湾三期文化时期家养动物约占哺乳动物总数的88%，野生动物占12%；家养动物中猪的最小个体数约占83%，狗占8%，黄牛占6%，绵羊占4%。新砦文化时期家养动物约占76%，野生动物占24%；家养动物中猪占71%，绵羊占14%，黄牛占9%，狗占6%。二里头文化时期家养动物约占76%，野生动物占24%；家养动物中猪约占46%，绵羊占30%，狗和黄牛各占12%左右。自王湾三期文化到二里头文化时期都是以家养动物为主，家养动物中猪的数量虽然始终占据多数，但是从早到晚有减少的趋势，相应地黄牛和绵羊的数量有一个从少到多的过程，其中绵羊的变化特别明显，而狗的数量略有起伏[4]。

另外，新砦遗址中绵羊的年龄结构中高于3岁的占据多数，与国外学者在西亚地区新石器时代遗址绵羊年龄结构的研究结果进行对比，这些绵羊也有可能是用于剪羊

[1]　陈相龙：《龙山时代家畜饲养策略研究》，中国科学院研究生院博士学位论文，2012年，第47～51页。
[2]　北京大学震旦古代文明研究中心、郑州市文物考古研究院编：《新密新砦：1999～2000年田野考古发掘报告》，北京：文物出版社，2008年，第513～521页。
[3]　赵志军：《公元前2500年～1500年中原地区农业经济研究》，见中国社会科学院考古研究所考古科技中心：《科技考古》（第二辑），北京：科学出版社，2007年，第1～11页。
[4]　黄蕴平：《动物遗存研究》，见北京大学震旦古代文明研究中心、郑州市文物考古研究院编：《新密新砦：1999～2000年田野考古发掘报告》，北京：文物出版社，2008年，第466～483页。

毛的[1]。

碳氮稳定同位素的测试结果显示，狗的碳十三值为−12.8‰~−7.9‰，食物基本属于C_4类，猪的为−20.8‰~−7.1‰，其中2个个体分别为−20.8‰和−16.4‰，碳十三值非常低，对这2个同位素的数据尚需讨论，其他11个个体为−10.7‰~−7.1‰，猪的食物同样基本来自C_4类，黄牛的为−12.5‰~−7.0‰，食物基本来自C_4类，绵羊的为−16.2‰~−11.5‰，既有以C_3类为主食者，也有以C_4类为主要食物者。关于不同动物的碳十三数据的解释，多与前面的相同，要强调的是新砦遗址的绵羊也较多地食用人工喂养的小米的秸秆等[2]。

（五）河南洛阳二里头遗址

二里头遗址包括二里头一至四期文化、二里岗上下层文化及汉代遗存，其中二里头文化年代约为公元前1750~前1500年左右[3]。这里主要阐述属于二里头文化的一期至四期的研究结果。

从植物考古学的研究结果看，二里头文化时期粟的数量比例约占所有出土农作物籽粒总数的58%，出土概率为91%；黍占9%，出土概率为64%；两种小米合计在农作物籽粒总数中所占比例为67%。稻谷占32%，出土概率为70%、小麦占0.02%，出土概率为1%；大豆0.8%，出土概率为29%。尽管五种农作物都存在，但是稻谷的比例很高，这可能与出土地点主要位于贵族居住区有关[4]。

从动物考古学的研究结果看，狗、猪、黄牛、绵羊是家养动物，野生动物以鹿科为主。二里头遗址一期家养动物约占全部哺乳动物总数的91%，野生动物占9%；家养动物中猪的最小个体数约占50%，黄牛和绵羊各占25%左右，没有发现狗（这期动物骨骼标本的数量较少，这个结果只能作为参考）。二期的家养动物约占81%，野生动物占19%；家养动物中猪约占74%，绵羊占20%，黄牛占5%，狗占4%。三期的家养动

〔1〕 戴玲玲、李志鹏、胡耀武、赵春青、王昌燧：《新砦遗址出土羊的死亡年龄及畜产品开发策略》，《考古》2014年第1期，第94~103页。

〔2〕 Dai L L, Li Z P, Zhao C Q, Yuan J, Hou L L, Wang C S, Fuller B T, Hu Y W. 2016. An Isotopic Perspective on Animal Husbandry at the Xinzhai Site during the Initial Stage of the Legendary Xia Dynasty (2070-1600BC). *International Journal of Osteoarchaeology*, 26(5): 885-896.

〔3〕 张雪莲、仇士华、蔡莲珍、薄官成、王金霞、钟建：《碳十四测年研究》，见中国社会科学院考古研究所编著：《二里头：1999~2006》，北京：文物出版社，2014年，第1215~1238页。

〔4〕 赵志军：《植物资源的获取和利用》，见中国社会科学院考古研究所编著：《二里头：1999~2006》，北京：文物出版社，2014年，第1295~1313页。

物约占77%，野生动物占23%；家养动物中猪约占58%，绵羊占30%，黄牛占9%，狗占5%。四期的家养动物约占85%，野生动物占15%；家养动物中猪约占72%，绵羊占17%，黄牛占8%，狗占3%。一到四期的哺乳动物都以家养动物为主。家养动物中虽然都以家猪占据多数，但猪的比例有减少的迹象，三、四期绵羊和黄牛的数量都比二期要多，而狗的数量一直最少[1]。四期绵羊的年龄结构中也发现高于3岁的占据多数，与新砦遗址的情况类似，这些绵羊也有可能是用于剪羊毛的[2]。

碳氮稳定同位素的测试结果显示，狗的碳十三值为-12‰~-7.4‰，其食物基本来自C_4类，猪的为-19.2‰~-7.2‰，除1个个体为-19.2‰、3个个体为-16.9‰~-14.8‰，对这4个同位素的数据尚需讨论，其他19个个体均位于-12.4‰~-7.2‰，这些猪的食物同样基本来自C_4类，黄牛的为-12.3‰~-7.4‰，食物基本来自C_4类，绵羊的为-18.4‰~-12‰，既有以C_3类为主食者，也有以C_4类为主食者。关于不同动物的碳十三数据的解释，多与前面的相同[3]。

古DNA的研究结果证实，二里头遗址的绵羊属于谱系A，谱系A最早起源于西亚地区。二里头遗址的黄牛属于T3型，T3型也是西亚地区起源的[4]。

（六）其他相关遗址

尽管仅有上述五个遗址系统、科学地做过动植物考古研究，数量十分有限，但是从已经发表的资料看，还有一些遗址的研究成果可以作为参考。如有两个遗址包含有动植物考古的研究结果，公元前2900~前2400年左右的渑池班村遗址庙底沟二期文化层里发现大量的粟[5]。家养动物在全部哺乳动物中占据69%，家养动物中家猪占95%，狗占5%[6]。而年代大约为公元前1700年之前、属于二里头文化的洛阳皂角树遗

〔1〕 杨杰：《二里头遗址出土动物遗存研究》，见中国社会科学院考古研究所编：《中国早期青铜文化：二里头文化专题研究》，北京：科学出版社，2008年，第470~539页。

〔2〕 李志鹏、杨杰、杨梦菲、袁靖：《家养动物的饲养与开发方式研究》，见中国社会科学院考古研究所编著：《二里头：1999~2006》，北京：文物出版社，2014年，第1341~1348页。

〔3〕 司艺、李志鹏、胡耀武、袁靖、王昌燧：《动物的食性分析》，见中国社会科学院考古研究所编著：《二里头：1999~2006》，北京：文物出版社，2014年，第1355~1373页。

〔4〕 蔡大伟、韩璐、孙洋、周慧、朱泓：《动物的古DNA研究》，见中国社会科学院考古研究所编著：《二里头：1999~2006》，北京：文物出版社，2014年，第1348~1355页。

〔5〕 孔昭宸、刘长江、张居中：《渑池班村新石器遗址植物遗存及其在人类环境学上的意义》，《人类学学报》1999年第18卷第4期，第291~295页。

〔6〕 袁靖：《论中国新石器时代居民获取肉食资源的方式》，《考古学报》1999年第1期，第1~22页。

址的农作物有粟、黍、大豆、小麦和稻等，其中以粟的出土率最高[1]。家养动物在全部哺乳动物中占据62%，家养动物中猪占53%，狗占26%，黄牛占20%[2]。这两个遗址的植物考古研究虽然没有做定量的分析，但都是以粟为主。另外，新密古城寨遗址包括王湾三期文化、二里头时期及殷墟时期，自龙山文化至殷墟各个时期，粟在农作物中都占有绝对多数的地位，黍、小麦、藜的出土概率要远低于粟，小麦出现于二里头文化时期。当时是以粟为主，其他三种农作物为辅，是典型的早期旱作农业[3]。这里需要指出的是我们对古城寨遗址的动物考古研究结果与上述的瓦店、王城岗和二里头遗址相似，由于研究报告尚未发表，这里不宜具体阐述。

此外，其他几个遗址仅有植物考古的研究结果或动物考古的研究结果，如植物考古的研究证实，登封南洼遗址属于二里头文化时期，农作物组合为粟、黍、水稻、小麦、大豆等，其中以粟为主，其次为黍[4]。动物考古学研究证实，公元前3000年左右的洛阳妯娌遗址和渑池笃忠遗址家养动物占据哺乳动物的60%，主要是家猪和狗，以家猪为主。公元前3000～前2800年左右的郑州西山遗址第三期家养动物占据哺乳动物的77%，主要是家猪和狗，以家猪为主[5]。

二、讨　　论

（一）中原地区生业的发展是中华文明形成和发展的重要因素

通过对以上五个遗址及其他相关遗址不同文化期的生业状况进行比较，可以明显地看到自仰韶文化庙底沟类型到王湾三期文化的生业状况产生明显变化，从王湾三期文化到二里头文化呈现持续发展的过程。揭示这个过程对于我们认识中华文明的形成和发展具有重要的启示作用。

属于仰韶文化庙底沟类型的公元前3600年前的西坡遗址的农作物主要是粟和黍，水稻的数量极少，不能肯定是在当地种植还是传入的，家养动物主要为猪和狗，以猪

〔1〕　刘长江：《果实与种子》，见洛阳市文物工作队编：《洛阳皂角树：1992～1993年洛阳皂角树二里头文化聚落遗址发掘报告》，北京：科学出版社，2002年，第103～112页。

〔2〕　袁靖：《古动物环境信息》，见洛阳市文物工作队编：《洛阳皂角树：1992～1993年洛阳皂角树二里头文化聚落遗址发掘报告》，北京：科学出版社，2002年，第113～119页。

〔3〕　陈微微、张居中、蔡全法：《河南新密古城寨城址出土植物遗存分析》，《华夏考古》2012年第1期，第54～62页。

〔4〕　吴文婉、张继华、靳桂云：《河南登封南洼遗址二里头到汉代聚落农业的植物考古证据》，《中原文物》2014年第1期，第109～117页。

〔5〕　袁靖：《中国动物考古学》，北京：文物出版社，2015年，第137～142页。

为主，喂养猪的饲料可能为小米的壳和秸秆等。

班村遗址庙底沟二期文化层的年代为公元前2900～前2400年左右，其出土的农作物和家养动物与西坡遗址相似，在一定程度上弥补了中原地区自仰韶文化到龙山文化过渡阶段农业状况的空白。

属于王湾三期文化的公元前2200～前1900年左右的瓦店遗址、王城岗遗址和新砦遗址的王湾三期文化层中，农作物除粟、黍和水稻外，新增加了大豆，瓦店遗址水稻的数量明显增多。家养动物中除狗、猪及始终以猪为主之外，新增加了黄牛和绵羊，在瓦店遗址中这两种动物从早到晚都有增多的趋势。除王城岗遗址王湾三期文化的黄牛和绵羊没有开展碳氮稳定同位素分析以外，另外两个遗址的分析结果显示，喂养狗、猪的方式与西坡遗址的相似，但是黄牛的饲料主要来自人工喂养小米的壳和秸秆等，而绵羊则主要食草，同时也食用人工喂养的小米的壳和秸秆等。

属于新砦文化的公元前1850～前1750年的新砦遗址中，粟、黍、稻谷、大豆四种农作物及狗、猪、黄牛、绵羊四种家养动物都与王湾三期文化相同，但是黄牛的饲料完全为小米的壳和秸秆等，绵羊也较多地食用人工喂养的小米的壳和秸秆等。饲养绵羊除食肉之外，还可能用于剪羊毛、进行次级产品的开发。

属于二里头文化的公元前1750～前1500年的二里头遗址、王城岗遗址的二里头文化层和新砦遗址二里头文化层里，发现粟、黍、稻谷、小麦和大豆五种农作物及狗、猪、黄牛、绵羊四种家养动物，小麦是新出现的种属，水稻的比例较高，各种家养动物的饲料与新砦文化大体一致，王城岗遗址的二里头文化层和新砦遗址二里头文化层出土的黄牛和绵羊的数量都出现增多的趋势，二里头遗址四期也发现了剪羊毛、进行次级产品开发的证据，二里头遗址的家养动物的饲料与新砦遗址的基本相似，古DNA的分析结果显示其黄牛和绵羊的祖先是从中国境外传入的。

另外，属于仰韶文化庙底沟类型的西山、妯娌和笃忠遗址，属于王湾三期文化的古城寨遗址和属于二里头文化的南洼遗址的动植物考古研究结果，也在不同程度上印证了我们对不同文化阶段的农业状况的认识。

包括古DNA测试在内的研究表明，至少在公元前2200年之前，起源于西亚地区的绵羊、黄牛等均已经过中国西北地区，进入中原地区。中原地区从仰韶文化到王湾三期文化，生业状况存在一个明显的突变过程，新出现了大豆、黄牛、绵羊等新的生产力要素。这些新的生产力要素进入中原地区是一个划时代的进步。最晚在新砦文化时期（公元前1850～前1750年左右），起源于西亚地区的小麦也进入中原地区。这里要强调的是这些新的生产力要素不仅仅是指新的农作物和家养动物的种类，还包括新的农作物种植技术和新的家畜饲养技术，这些种类和技术的持续利用可以有效地使用可耕种土地及自然植被，提高有限区域内的农业生产总量，稳定地获取多种肉食来源。

民以食为天，充足的食物资源为人口增长和社会发展奠定了坚实的物质基础。

需要提及的是尽管对于生产工具的研究尚未全面展开，这里不能针对具体遗址和器物进行讨论，但是相关研究证实，与中原地区仰韶文化庙底沟类型相比，王湾三期文化中用于农业生产的工具在种类、形制和数量上均出现变化，反映出当时人类在农业生产的不同阶段中投入劳动的变化，而这种变化标志着农业经济水平的显著提高。从王湾三期文化到二里头文化在生产工具的形制和数量上没有明显的变化[1]。

从整体上看，中原地区在生业方面一直呈现发展的趋势。依据中原地区整个生业状况的发展趋势及中华文明形成和发展于中原地区的事实，我们可以推测中原地区的生业状况对中华文明的形成及发展起到了明显的促进作用。当然，生业的发展并不是中华文明形成和发展的唯一因素，但绝对是不可或缺的重要原因。

（二）中原地区的生业状况与上层建筑存在互动关系

中原地区多个遗址生业状况的相同性为特定聚落在一定地域范围内成为中心聚落乃至于更高规格的中心奠定了经济基础，而领导集团及领导者的执政能力在中心聚落乃至于更高规格的中心的形成过程中发挥了重要作用。

前文提到，分别属于仰韶文化庙底沟类型、大河村类型、王湾三期文化和二里头文化的遗址数量相当多。比如在中原地区经过科学发掘的王湾三期文化的遗址有三十余处，其人工遗迹和遗物的文化面貌有明显的一致性[2]，因为没有同时开展动植物考古研究，围绕探讨农业问题的证据有一定的局限。但是在这些有限的证据里，仍然可以发现一个值得认真关注的现象，即前面提到的西山、妯娌、笃忠、班村、古城寨、南洼等遗址的农业研究结果与西坡、瓦店、王城岗、新砦、二里头等遗址的农业研究结果存在较为明显的一致性，没有发现一例反证。由此我推测与上述的人工遗迹和遗物的文化面貌具有明显的一致性相同，当时中原地区整体的农业状况也是比较一致的，在仰韶文化庙底沟类型和庙底沟二期文化时期农作物以粟为主，家养动物以猪为主，自王湾三期文化开始，新的生产力要素进入中原地区，农作物和家养动物的种类增多，这种状况到二里头文化及以后的时期一直呈持续发展的趋势。另外，在王城岗遗址、古城寨遗址、新砦遗址等都存在几个文化时期的堆积，这几个遗址都表现出一

〔1〕 王小庆、钱益汇、蔡明：《中华文明形成时期黄河流域生产工具的考古学研究》，见中国社会科学院考古研究所科技考古中心编：《科技考古》（第三辑），北京：科学出版社，2011年，第267～277页。
〔2〕 中国社会科学院考古研究所编著：《中国考古学·新石器时代卷》，北京：中国社会科学出版社，2010年，第530～546页。

个特点，就是尽管其农业状况在几个文化时期都保持一致性、呈持续发展的状态，但是这些遗址仅在某一特定时期成为中原地区一定区域内的主要代表，即尽管存在几个时期，尽管农业状况保持稳定且持续发展的态势，但是真正成为当时中心聚落的仅是其中的某一个时期。

　　自龙山文化至二里头文化，属于不同时期的多个遗址的农业状况是稳定且持续发展的。这是一个极为重要的前提，在此基础上，哪个遗址在一定时期内能够成为一定区域内的中心，肯定还涉及到一系列其他方面的原因，比如战争及外部压力的原因[1]，地势、地貌、水文等自然环境的原因[2]等。我认为除以上提到的几点之外，还有一个不容忽视的原因，即很可能与特定时期某个遗址的领导集团或领导者的执政能力有密切的关系。在农业状况相同的前提下，聚落群中出现以哪个聚落为主的政治中心是因领导集团或领导者的执政能力强弱而异的。依据考古学和环境考古学的相关研究成果[3]，我推测这个执政能力除保证生业稳定发展之外、还包括管理社会、统领更多聚落、壮大军事实力、抵御水患等自然灾害、调配资源、处理对外交往，甚至还包括建设精神文化等等。这些能力可能不需要在任何时候都全面展现出来，但是在经济、政治、军事、文化等方面的某些矛盾特别尖锐的时候，则需要充分发挥相对应的某些能力。一旦应对不力，最为严重的后果便是导致政治中心转移或聚落消亡。在这一认识的基础上，我们可以提出以下的观点，中原地区不同时期政治中心的转换，是

---

〔1〕　赵辉、李新伟：《问学之路——赵辉先生访谈录》，《南方文物》2015年第2期，第39~61页。

〔2〕　a. 莫多闻、赵志军、夏正楷、朱诚、吕厚远、安成邦：《中华文明探源工程环境课题主要进展》，见科技部社会发展科技司、国家文物局博物馆与社会文物司编：《中华文明探源工程文集·环境卷·1》，北京：科学出版社，2009年，第1~27页。

　　　　b. 王辉：《双洎河中上游地区新石器时代的聚落分布与自然环境关系初探》，见科技部社会发展科技司、国家文物局博物馆与社会文物司编：《中华文明探源工程文集·环境卷·1》，北京：科学出版社，2009年，第156~170页。

〔3〕　a. 林沄：《中国考古学中"古国""方国""王国"的理论与方法问题》，《中原文化研究》2016年第2期，第5~12页。

　　　　b. 中国社会科学院考古研究所编著：《中国考古学·新石器时代卷》，北京：中国社会科学出版社，2010年，第530~546页。

　　　　c. 戴向明：《中原地区龙山时代社会复杂化的进程》，见北京大学考古文博学院、北京大学中国考古学研究中心编：《考古学研究》（10），北京：科学出版社，2013年，第539~581页。

　　　　d. 何驽：《怎探古人何所思：精神文化考古理论与实践探索》，北京：科学出版社，2015年。

在生业状况具有相同水准的地域范围内完成的。在肯定经济基础决定上层建筑的前提下，还必须高度重视上层建筑在稳定且持续发展的经济状况中的重要作用，即特定的领导集团或领导者的执政能力不但可以保证生业的稳定发展，而且可以从整体上或特定的方面提升聚落及聚落群的综合实力，从而左右当时特定区域内的政治格局。而二里头这个"最早的中国"的诞生[1]，与统治阶级的执政能力更是有着密不可分的关系，他们在选择建立都邑的地点、控制远距离的资源调配、促进农业和手工业的发展、设计宫城布局、制定与礼制相关的习俗、指挥战争等方面都发挥了重要的作用。

另外，瓦店遗址和王城岗遗址、古城寨遗址、新砦遗址等属于王湾三期的文化层里都发现了新的农作物及黄牛和绵羊遗存，以新的生产力要素出现为标志的这种突变出现在属于王湾三期文化的多个处于不同地域的遗址之中，似乎反映出这些新的生产力要素存在一个较快的推广过程。这个现象背后，是否意味着有某种人为的有意识的推动，而能够在这种较大区域范围内形成推动力，是否意味着当时在一个相当广泛的范围内存在统一的管理组织。虽然仅凭现有的几个遗址的这些资料，我们还不能做出科学的判断，但至少是值得我们认真思考的问题。

（三）中原地区与其他地区特定时间框架内生业状况的比较研究

与中原地区相比，其他地区各个文化类型的农业状况在公元前2500～前1500年这个时间段里没有发现始终存在持续发展的过程。

对于其他地区同一时间段里各个遗址的生业研究状况远不如中原地区那样全面，把植物考古和动物考古聚焦到同一遗址的研究实例不多，难以开展全方位的比较研究。但是从宏观上看，黄河上游地区齐家文化的农作物包括粟、黍和小麦，家养动物包括狗、猪、牛和羊。这个地区的生业自齐家文化晚期开始，逐步转为畜牧业特征明显的状况。齐家文化原本分布的地区也被辛店、寺洼等几个文化分别占据。这里要强调的是即便在齐家文化时期，分布在不同地域的遗址中获取肉食资源的方式也明显不同，有的仍然以获取野生动物为主，虽然研究结果尚未正式发表，这里不宜展开讨论，但当时齐家文化在生业状况上的不一致性是可以认定的。黄河下游地区龙山文化的农作物包括粟、黍、稻谷、大豆和小麦，家养动物包括狗、猪、牛和羊。自山东龙山文化以后，后起的岳石文化与前者相比整体上呈现出文化衰落的景象。长江流域只见稻谷，没有发现其他农作物。家养动物为狗和猪，但是家畜饲养长期没有发展起来，获取肉食资源基本上以渔猎为主。长江中游地区自石家河文化之后，出现一段时间的文化空白。长江下游地区自良渚文化之后，马桥文化在整体水平上不如良渚文

---

〔1〕　许宏：《最早的中国：二里头文明的崛起》，北京：科学出版社，2009年。

化[1]。概括起来说，在公元前2000年以来这个时间段里，其他地区的生业状况有的出现转型，有些呈倒退的趋势，有的出现中断，都没有像中原地区那样呈现出一脉相承的持续发展的过程。中原地区与其他地区在生业状况上的明显差异及其他地区在文化发展上存在的分裂、中断和倒退等现象应该引起我们的高度重视，需要在今后的研究中对其关联性的主次关系进行深入探讨。

三、结　论

本文以中原地区的五个典型遗址的生业状况为例，补充其他相关材料，归纳出中原地区的生业状况呈持续发展的过程及新的生产力要素在公元前2200年左右已经进入中原地区，这个过程及变化在中华文明早期发展过程中发挥了重要的作用。中原地区的生业状况在相当长的时间内具有一致性，在具有相同的生业状况的区域内，其政治中心的转换与领导集团或领导者的执政能力有密切的关系。尽管对其他地区的相关研究与中原地区相比尚不到位，但是依据现有的资料，生业状况缺乏连续性是其他地区发展过程中的共同特征，而这个共同特征与其他地区在文化发展上的分裂、中断、倒退等现象是相互关联的。这些对于我们全面理解生业状况在社会发展过程中的作用是一个有益的启示。

尽管由于我们十余年来在多处遗址中科学地开展动植物考古研究，在填补空白、积累资料方面取得了明显进展。但缺乏更多的资料仍然是我们深入研究的掣肘。今后我们还需要在更多的遗址做好动植物考古学研究，同时结合对人工遗迹和遗物的分析，对本文提出的观点进行更加科学的探讨和反思。

［原载于文化遗产研究与保护技术教育部重点实验室、西北大学丝绸之路文化遗产与考古学研究中心、边疆考古与中国文化认同协同创新中心、西北大学唐仲英文化遗产研究与保护实验室编：《西部考古》（第11辑），北京：科学出版社，2016年，第1～12页］

---

〔1〕　a. 农业研究课题组（赵志军执笔）：《中华文明形成时期的农业经济特点》，见中国社会科学院考古研究所科技考古中心编：《科技考古》（第三辑），北京：科学出版社，2011年，第1～35页。

　　　b. 动物考古课题组（袁靖、罗运兵执笔）：《中华文明形成时期的动物考古学研究》，见中国社会科学院考古研究所科技考古中心编：《科技考古》（第三辑），北京：科学出版社，2011年，第80～99页。

良渚文化的生业经济与社会兴衰

近些年来，随着反山遗址大型贵族墓葬、良渚古城、莫角山宫殿区和大型水坝的发掘，良渚文化成为研究的热点。依据碳十四年代测定结果，良渚遗址的时间上限为距今5300年左右[1]，良渚文化尽管年代开始较早，率先跨入早期国家的门槛，但是到距今4300年前后突然消亡，持续了1000年左右的发展历程中断。关于其消亡的原因众说纷纭，大致可以分为三类，一是包括洪水等自然灾害与玉料等资源枯竭在内的自然环境原因，二是过于注重神权等人为原因，三是环境原因和人为原因交织[2]。依据历史唯物主义的原理，生产力决定生产关系，经济基础决定上层建筑，我们认为要全面地认识良渚文化消亡的原因，对当时生业状况的研究是不可或缺的。本文主要从生业状况切入，结合相关研究，对良渚文化的兴衰提出自己的认识。

一、材料和归纳

首先将良渚文化遗存分布的区域分为浙东沿海地区、太湖平原地区和江淮东部地区，分别介绍已经发表的良渚文化遗址动植物考古研究成果。

---

[1] 〔英〕科林·伦福儒著，刘斌、陈明辉、朱叶菲、宋姝、姬翔、连蕙茹译：《中国复杂社会的出现：以良渚为例》，《南方文物》2018年第1期，第63~68页。

[2] a. 刘演、李茂田、孙千里、陈中原：《中全新世以来杭州湾古气候、环境变迁及对良渚文化的可能影响》，《湖泊科学》2014年第26卷第2期，第322~330页。

b. 〔日〕中村慎一「玉の王権—良渚文化期の社会構造—」初期王権研究委員会（編）『古代王権の誕生Ⅰ』角川書店，2003年，186~200頁。

c. 李伯谦：《中国古代文明演进的两种模式——红山、良渚、仰韶大墓随葬玉器观察随想》，《文物》2009年第3期，第47~56页。

d. 蒋卫东：《自然环境变迁与良渚文化兴衰关系的思考》，《华夏考古》2003年第2期，第38~45页。

e. 陈杰：《良渚文明兴衰的生态史观》，《东南文化》2005年第5期，第33~40页。

（一）浙东沿海地区

1. 塔山遗址

位于浙江象山县，其新石器时代上层遗存属于良渚文化晚期，出土动物有家猪、赤麂、水鹿和水牛等。可鉴定标本数中，家养动物占20%，野生动物占80%。该遗址先民在良渚时期的肉食来源以狩猎为主[1]。

2. 慈湖遗址

位于浙江宁波市，其上层属于良渚文化晚期，良渚文化层出土的植物遗存未经系统浮选和定性定量研究，仅介绍有酸枣、麻栎果、桃核等[2]。

（二）太湖平原地区

1. 莫角山遗址

位于浙江杭州市余杭区[3]。2011～2012年，莫角山东坡的废弃堆积中发现了一个填满大量炭化稻米的灰坑，属于良渚文化晚期，可能是两次火灾形成。据测算，这两次火灾造成的稻谷损失为1万～1.5万公斤[4]。

2. 茅山遗址

位于浙江杭州市余杭区，良渚古城以东约20公里处[5]。这里清理出了良渚文化时期的稻田遗迹。良渚文化中期的稻田面积从1～2平方米至30～40平方米不等。田块间

---

〔1〕　吕鹏、蒋乐平：《塔山遗址动物遗存鉴定》，见浙江省文物考古研究所、象山县文物管理委员会编著：《象山塔山》，北京：文物出版社，2014年，第295～300页。

〔2〕　浙江省文物考古研究所、宁波市文物考古研究所：《宁波慈湖遗址发掘简报》，见浙江省文物考古研究所编：《浙江省文物考古研究所学刊：建所十周年纪念（1980—1990）》，北京：科学出版社，1993年，第104～118页。

〔3〕　a. 浙江省文物考古研究所：《余杭莫角山遗址1992～1993年的发掘》，《文物》2001年第12期，第4～19页。
　　　b. 刘斌、王宁远：《2006—2013年良渚古城考古的主要收获》，《东南文化》2014年第2期，第31～38页。

〔4〕　刘斌、王宁远：《2006—2013年良渚古城考古的主要收获》，《东南文化》2014年第2期，第31～38页。

〔5〕　a. 丁品、郑云飞、陈旭高、仲召兵、王宁远：《浙江余杭临平茅山遗址》，《中国文物报》2010年3月12日第4版。
　　　b. 丁品、赵晔、郑云飞、陆文宝、仲召兵、陈旭高：《浙江余杭茅山史前聚落遗址第二、三期发掘取得重要收获》，《中国文物报》2011年12月30日第4版。

有生土埂，并有纵横交错的小河沟，部分有明显的排灌水口[1]。良渚文化晚期的稻田形态和稻作活动比中期更趋复杂。稻田由河道、河堤兼道路、灌溉水渠和田埂构成，长方形田块的面积为1000～2000平方米。稻田耕作层土样中鉴定出植物27种，多为草本，木本极少，多年生种类多于一年生种类，表明当时可能还没有采用深耕移栽技术[2]。晚期水田可能利用可控制的灌溉设施。此外，动物和人的粪块被作为土壤改良剂添加到耕作土中，这种做法在良渚文化晚期比良渚文化中期更多见。焚烧也被广泛应用于土地生态管理[3]。良渚文化晚期水稻田的变迁体现了稻作生产规模和劳动形式的巨大变化，反映出良渚文化晚期社会有较强的行政控制力和社会动员力，以及较为严密的劳动分工[4]。

河道沟渠的采样和浮选也提供了一批植物遗存，据初步整理，发现近100个种类。水稻遗存的比例约占50%，小穗基盘形态表明均为驯化种群。其他果实和杂草种子比较丰富[5]。

3. 小兜里遗址

位于浙江海宁市，其良渚文化早中期的植物遗存以水稻为主，还有少量的杂草。依据水稻小穗基盘的形态和数量，水稻是主要农作物[6]。

4. 玉架山遗址

位于浙江杭州市余杭区，年代从良渚文化早期一直延续到良渚文化晚期[7]。对植物遗存进行的定性、定量分析表明，水稻始终占有较大比例，多见小穗基盘，确认属于驯化种群。瓜果和杂草较少，无法与水稻遗存相比[8]。

---

〔1〕　郑云飞、陈旭高、丁品：《浙江余杭茅山遗址古稻田耕作遗迹研究》，《第四纪研究》2014年第34卷第1期，第85～96页。

〔2〕　郑云飞、陈旭高、丁品：《浙江余杭茅山遗址古稻田耕作遗迹研究》，《第四纪研究》2014年第34卷第1期，第85～96页。

〔3〕　庄奕杰、丁品、Charles French著，宿凯、靳桂云译：《中国长江下游茅山遗址新石器时代晚期水稻耕作的水资源管理及农业集约化》，见山东大学文化遗产研究院编：《东方考古》（第12集），北京：科学出版社，2015年，第398～415页。

〔4〕　郑云飞、陈旭高、丁品：《浙江余杭茅山遗址古稻田耕作遗迹研究》，《第四纪研究》2014年第34卷第1期，第85～96页。

〔5〕　承北京大学考古文博学院秦岭老师告知。

〔6〕　高玉、秦岭：《小兜里遗址出土植物遗存分析》，见浙江省文物考古研究所、海宁市博物馆编著：《小兜里》，北京：文物出版社，2015年，第397～402页。

〔7〕　楼航、刘斌、丁品、陆文宝、方忠华：《浙江余杭玉架山遗址》，《中国文物报》2012年2月24日第4版。

〔8〕　承北京大学考古文博学院秦岭老师告知。

5. 卞家山遗址

位于浙江杭州市余杭区，发现了良渚文化中期的墓地和灰沟，碳十四测年结果表明遗址的年代跨度约为距今4900～4500年。这里发现了良渚文化晚期的码头，年代可能晚于距今4500年[1]。该遗址出土植物种子20余种，农作物有稻米和粟，还有坚果、瓜果，以及陆生和水生杂草。考虑到绝大多数植物遗存出自码头遗迹区域，它们可能反映了良渚文化中心区及周边区域物资聚集的大致情形。稻米已成为当时居民的主食，而粟的出现暗示中国南北方谷物交流的可能性，大量瓜果种实的存在反映了良渚人食物的多样性[2]。该遗址出土了相当数量的软体动物遗存，经过定性分析，确认腹足纲有方形环棱螺、似梨形环棱螺2种，瓣鳃纲有圆顶珠蚌、中国尖脊蚌、扭蚌、鱼尾楔蚌、矛蚌、背瘤丽蚌、河蚬等7种。它们是当时居民采集的食物[3]。经过对动物骨骼的定性、定量分析，确认爬行纲有龟、鳖2种，鸟纲有大雁、天鹅、鸭等3种，哺乳纲有狗、家猪、梅花鹿、水鹿、水牛等5种。依据可鉴定标本数，家猪占总数的93%，鹿科约占5%，鸟类占1%，其他动物均不足1%，以家养动物为主[4]。

6. 美人地遗址

位于浙江杭州市良渚古城的东面[5]，属于良渚晚期。初步报道的植物遗存有稻、葫芦、甜瓜、桃、梅、杏、柿、南酸枣、葡萄、芡实、菱角等[6]。经过对动物骨骼的定性、定量分析，确认爬行类有淡水龟，鸟类有雁族，哺乳类包括猪、鹿和水牛。其中，猪属占总数的77%，鹿科占6%[7]。家猪数量最多。

7. 南庄桥遗址

位于浙江杭州市余杭区，年代约为距今5500～4000年，包括良渚文化各个时期的

〔1〕 浙江省文物考古研究所编著：《卞家山》，北京：文物出版社，2014年，第382～389页。

〔2〕 郑云飞：《植物种子和果实遗存的分析》，见浙江省文物考古研究所编著：《卞家山》，北京：文物出版社，2014年，第418～424页。

〔3〕 金幸生、野田芳和：《软体动物的鉴定和研究》，见浙江省文物考古研究所编著：《卞家山》，北京：文物出版社，2014年，第433～437页。

〔4〕 张颖：《动物骨骼的鉴定和研究》，见浙江省文物考古研究所编著：《卞家山》，北京：文物出版社，2014年，第424～432页。

〔5〕 刘斌、王宁远：《2006—2013年良渚古城考古的主要收获》，《东南文化》2014年第2期，第31～38页。

〔6〕 郑云飞：《良渚文化时期的社会生业形态与稻作农业》，《南方文物》2018年第1期，第93～101页。

〔7〕 松井章、菊地大树、松崎哲也、江田真毅、丸山真史、刘斌、王宁远：《良渚遗跡群美人地遺跡出土の動物遺存体（初報）》，见《中国新石器時代における家畜，家禽の起源と、東アジアへの拡散の動物考古学的研究》，奈良文化財研究所，2016年，第51～53页。

遗存。对扇形植硅体的分析表明,当时很可能存在水田耕作,且水稻由马家浜文化时期未分化的多样性原始群体向粳稻方向演进[1]。

8. 朱墓村遗址

位于江苏昆山市,主要堆积为良渚文化时期。碳十四测年结果显示该遗址的年代为距今4920～4410年,属于良渚文化中晚期。这里发现了良渚文化时期的水稻田遗迹[2]。经过浮选鉴定,发现了水稻和水生或有喜湿习性的杂草种子,基本体现了水田植物种群的构成。植硅体分析显示水稻扇形植硅体的浓度高于一般水稻田的标准,也印证了良渚文化时期稻作的存在[3]。

9. 绰墩遗址

位于江苏昆山市。这里发现了良渚文化早期到晚期的遗存,在良渚文化时期仅见零星的稻米和杂草种子[4]。通过对动物遗存进行定性、定量研究,确认鱼纲有种属不明的1种,爬行纲有种属不明的龟1种,哺乳纲有狗、家猪、梅花鹿、麋鹿和水牛5种。狗和家猪为家养动物。依据最小个体数,良渚文化时期的家猪和狗约占总数的67%,梅花鹿和水牛各占17%,以家养动物为主[5]。

10. 少卿山遗址

位于江苏昆山市。这里发现了良渚文化早期到晚期的遗存,良渚时期遗存的年代约为距今5300～4100年。良渚文化早期房址F1的生活面发现了大量鱼骨、炭化米粒、杂草等。地面黑灰层的土样中检测出的稻属植硅体密度高于一般的稻田土,推测地上曾铺垫稻草[6],这说明水稻的秸秆已经用于先民的日常生活。对文化层和房址内水稻植硅体的分析表明遗址周围曾生长大量水稻,且可能属于粳稻类型[7]。通过对动物

〔1〕　郑云飞、刘斌、松井章、宇田津彻朗、藤原宏志:《从南庄桥遗址的稻硅酸体看早期水稻的系统演变》,《浙江大学学报》(农业与生命科学版)2002年第28卷第3期,第340～346页。

〔2〕　苏州市考古研究所、昆山市文物管理所:《江苏昆山朱墓村遗址发掘简报》,《东南文化》2014年第2期,第39～56页。

〔3〕　邱振威、丁金龙、蒋洪恩、胡耀武:《江苏昆山朱墓村良渚文化水田植物遗存分析》,《东南文化》2014年第2期,第57～67页。

〔4〕　秦岭、傅稻镰:《绰墩遗址与澄湖出土的部分植物遗存》,见苏州市考古研究所编著:《昆山绰墩遗址》,北京:文物出版社,2011年,第334～342页。

〔5〕　刘羽阳、袁靖:《绰墩遗址出土动物遗存研究报告》,见苏州市考古研究所编著:《昆山绰墩遗址》,北京:文物出版社,2011年,第372～380页。

〔6〕　奚彩萍:《少卿山遗址发掘成果》,见《绰墩山——绰墩遗址论文集》(《东南文化》2003年增刊1),第149～151页。

〔7〕　王才林、丁金龙:《江苏昆山市少卿山遗址的植物蛋白石分析》,《考古》2000年第4期,第87～92页。

遗存进行定性、定量研究，确认鱼纲有种属不明的鲤科1种，爬行纲有种属不明的龟1种，哺乳纲有家猪、梅花鹿2种。动物组合中家猪约占哺乳动物总数的75%，野生动物约占25%，以家养动物为主[1]。

11. 龙南遗址

位于江苏苏州市吴江区，年代从崧泽文化和良渚文化的过渡时期至良渚文化晚期，年代约为距今5400~4200年[2]。良渚文化时期的遗存出土了大量植物遗存，未经系统浮选分析，初步鉴定确认有稻米、菱、甜瓜、葫芦、南酸枣、红蓼6种[3]。遗址地层和红烧土中发现水稻、芦苇、茭白等植物种类的植硅体，稻属扇形植硅体形态分析表明良渚文化时期存在水稻栽培，当时的稻种接近现代粳型稻[4]。通过对动物遗存进行定性、定量研究，确认腹足纲有田螺1种，瓣鳃纲有蚬1种，硬骨鱼纲有鲤鱼1种，鸟纲有种属不明的1种，哺乳纲有狗、野猪、家猪、獐、梅花鹿、麋鹿和牛未定种7种。依据可鉴定标本数，家养动物狗和家猪约占哺乳动物总数的70%，野生动物约占30%，以家养动物为主[5]。

12. 广富林遗址

位于上海市松江区，发现良渚文化早期至晚期的遗存，碳十四测年结果表明良渚文化遗存的年代为距今5300~4200年[6]。遗址发现了沟（渠）等遗迹，还有大型偶蹄

[1] 刘羽阳、袁靖：《绰墩遗址出土动物遗存研究报告》，见苏州市考古研究所编著：《昆山绰墩遗址》，北京：文物出版社，2011年，第372~380页。

[2] a. 苏州博物馆、吴江县文物管理委员会：《江苏吴江龙南新石器时代村落遗址第一、二次发掘简报》，《文物》1990年第7期，第1~27页。
b. 苏州博物馆、吴江市文物管理委员会：《吴江梅堰龙南新石器时代村落遗址第三、四次发掘简报》，《东南文化》1999年第3期，第17~26页。

[3] 苏州博物馆、吴江县文物管理委员会：《江苏吴江龙南新石器时代村落遗址第一、二次发掘简报》，《文物》1990年第7期，第1~27页。

[4] a. 郑云飞、游修龄、徐建民、边其均：《龙南遗址红烧土植物蛋白石分析》，《中国水稻科学》1994年第8卷第1期，第55~56页。
b. 汤陵华、邹江石、王才林、李和标：《江苏梅埝龙南遗址古稻作的调查》，《农业考古》1992年第1期，第70~73页。

[5] 吴建民：《龙南新石器时代遗址出土动物遗骸的初步鉴定》，《东南文化》1991年第3、4期，第179~182页。

[6] 陈杰、陈中原、李春海：《上海松江区广富林遗址的环境分析》，《考古》2007年第7期，第71~79页。

类（牛）和零散的人的脚印[1]。植物遗存经系统浮选分析，良渚文化时期遗存出土87粒种子，包括葫芦、甜瓜、稻、桃、芡实、菱、楝、南酸枣等8个种类，其中芡实占比最高，其次是葫芦和桃，其他种类比例均较低[2]。对地层所含植硅体的分析表明，良渚文化时期此地的水稻种植已相当广泛，而且在水稻收获季节先民可能有集中脱粒、储藏稻谷和焚烧秸秆的行为[3]。出土动物遗存进行了定量分析，其动物组合以鹿科等野生种类为主[4]。

13. 马桥遗址

位于上海市闵行区。通过植硅体分析，发现稻亚科扇形植硅体的含量在良渚文化层和马桥文化以后的堆积中含量较高，而在马桥文化堆积中含量较低[5]。通过对良渚文化时期动物遗存进行定性、定量研究，发现腹足纲有田螺1种，瓣鳃纲有牡蛎、文蛤和青蛤3种，软骨鱼纲有1种，硬骨鱼纲有1种，爬行纲有鳖1种，哺乳纲有狗、家猪、梅花鹿、麋鹿、不明种属的小型鹿科和牛等6种。狗和家猪为家养动物。依据最小个体数，家养动物约占哺乳动物总数的56%，野生动物约占44%，家养动物略多于野生动物[6]。

（三）江淮东部地区

该地区仅有江苏兴化市的蒋庄遗址开展过系统的动植物考古研究。蒋庄遗址的年代为良渚文化中晚期，初步报道的植物遗存包括稻、芡实、菱角、甜瓜属、葫芦科、豆科、柿、莲子、杏、桃、栎、蓼、酸模、楝、苍耳、莎草、荇菜、眼子菜、毛茛、金鱼藻等[7]。我们正在对动物遗存进行整理和分析，初步分析结果显示，动物遗存以

〔1〕 郑云飞：《良渚文化时期的社会生业形态与稻作农业》，《南方文物》2018年第1期，第93~101、60页。
〔2〕 王海玉、翟杨、陈杰、靳桂云：《广富林遗址（2008年）浸水植物遗存分析》，《南方文物》2013年第2期，第139~147页。
〔3〕 张玉兰、张敏斌、宋建：《从广富林遗址中的植硅体组合特征看先民农耕发展》，《科学通报》2003年第1期，第96~99页。
〔4〕 正式报告尚未发表，承上海博物馆陈杰研究员告知。
〔5〕 宋建：《生存环境和生存形式》，见上海市文物管理委员会编著：《马桥1993~1997年发掘报告》，上海：上海书画出版社，2002年，第341~344页。
〔6〕 袁靖：《自然遗存（二）——动物》，见上海市文物管理委员会编著：《马桥1993~1997年发掘报告》，上海：上海书画出版社，2002年，第347~369页。
〔7〕 南京博物院：《江苏兴化、东台市蒋庄遗址良渚文化遗存》，《考古》2016年第7期，第19~31页。

鹿科为主，约占65%，其次为猪，约占14%，另有数量极少的龟、鸟类、小型犬类、虎、牛等，整体上以野生动物为主。

尽管浙东沿海地区、江淮东部地区发表动植物考古研究成果的良渚文化遗址仅有1～2处，且仅有单一的动物考古或植物考古的研究结果，但是上述地区在距今1万年以来的上山文化、跨湖桥文化、河姆渡文化、龙虬庄文化遗址均发现了种植水稻的证据[1]。赵志军对长江下游地区新石器时代水稻种植的发展过程进行过全面归纳，认为良渚文化已经进入以稻作农业生产为主导经济的农业社会[2]。因此我们推测，浙东沿海地区和江淮东部地区在良渚文化时期已掌握了种植水稻的技术，但是可能因为局地环境和社会组织的差异，水稻种植在整个生业中的比例仍有所不同。依据动物考古学的研究，当时居住在这些地区的遗址的居民获取肉食资源的方式以渔猎为主。而太湖平原地区的多个良渚文化遗址呈现两种获取食物资源的生业方式。一种存在于以莫角山、茅山等遗址为代表的良渚文化中心区域，水稻种植技术和产量均达到较高水平，水稻成为主要食物来源，当时还发现了粟，可能来自与北方地区的交流；获取肉食资源主要通过饲养家猪，还包括少量渔猎活动。另一种存在于以广富林遗址为代表的良渚文化边缘区域，获取植物性食物的方式主要是种植水稻，并伴有采集野生植物的行为，而获取肉食资源的方式以渔猎为主，仅饲养少量家猪。

二、讨　论

长江下游地区的地理环境、气候波动、良渚社会的人口状况、政权特征、文化传统等多种因素相互关联、共同作用，形成了良渚文化区域内生业发展不平衡的特点。生业发展的不平衡与自然、社会、文化的多种因素交织在一起，最终促成了良渚文化的消亡。

（一）生业经济不平衡的特征

通过种植农作物和饲养家畜，古人能够不断生产食物以满足自身生活及人口增长的需求，这是保证社会不断发展的最重要前提。良渚文化中心区的水田、灌溉设施、

---

[1]　a. 潘艳、袁靖：《新石器时代至先秦时期长江下游的生业形态研究（上）》，《南方文物》2018年第4期，第111～125页。

　　b. 潘艳、袁靖：《新石器时代至先秦时期长江下游的生业形态研究（二）》，《南方文物》2019年第1期，第122～135页。

[2]　赵志军：《中国稻作农业起源研究的新认识》，《农业考古》2018年第4期，第7～17页。

施肥行为相关遗迹及上万公斤稻谷的发现，证明当时的稻作生产已经达到较高的水平，可能还存在聚集各地水稻进行仓储的能力。在此基础上，跨入文明社会的良渚古代王国建立起来[1]。对多个遗址的植物考古研究证实，良渚文化已经进入以稻作农业生产为主导经济的农业社会。但是，农业经济不仅有农作物种植，还应该包括家畜饲养。从各遗址出土的家养动物与野生动物的比例来看，良渚社会政权中心区域即今浙江余杭一带的遗址中，家养动物都占绝对优势。在中心区域以外的今江苏苏州、上海一带，家养动物仍占50%以上，但优势不如前者明显。到了良渚文化势力范围南北边缘的延伸地区，即今浙江宁波、江苏兴化等地，野生动物成为肉食的主要来源。这种状况即便到良渚文化晚期也没有改变。

这些现象似乎说明尽管良渚文化普遍种植水稻，良渚文化中心区及其他部分地区的生业方式为种植水稻和饲养家畜，还有一些地区获取肉食资源尚没有形成饲养模式，数千年来延续的渔猎传统基本没有改变。所以我们推测，良渚文化的生业形态整体发展不平衡。这种生业形态的特征限制了良渚文化只能在具备稻作生产和饲养家畜生业方式的地区不断延续和发展。其他地区缺乏保证良渚社会持续发展壮大的经济基础，无法支撑如良渚中心区那样庞大的上层建筑和大量人口，简单的生业方式基础上不会形成复杂的上层建筑，不能形成对良渚中心区的竞争压力。

中原地区的多种农作物种植和多种家畜饲养的生业特征在相当长的时期、相当大的区域内具有一致性。具备相同生业特征的广大区域，为政治中心在不同地点先后崛起奠定了广泛的经济基础[2]。相比之下，良渚文化的生业特征可能导致其政治中心只能依靠一个特定区域进行统治，延续千年，但最终不能像龙山时代的中原地区那样，不同区域多个生业方式相同的地点先后成为中心，在代表先进文化的中心持续更替过程中促进社会不断发展壮大。

（二）生业经济与人口数量

新石器时代居民获取肉食资源的方式由渔猎转为饲养家畜，是人口不断增长和野生资源相对有限之间矛盾的产物，人口增长的压力是生产力发展的动力，这个转变过

---

〔1〕　郑云飞：《良渚文化时期的社会生业形态与稻作农业》，《南方文物》2018年第1期，第93～101、60页。

〔2〕　袁靖：《中原地区的生业状况与中华文明早期发展的关系》，见文化遗产研究与保护技术教育部重点实验室、西北大学丝绸之路文化遗产与考古学研究中心、边疆考古与中国文化认同协同创新中心、西北大学唐仲英文化遗产研究与保护实验室编：《西部考古》（第11辑），北京：科学出版社，2016年，第1～12页。

程可称为"被动发展论"[1]。良渚文化中心区出现的通过饲养家畜获取肉食资源的方式与其他地区以渔猎获取肉食资源的方式不一致，说明当时不同区域可能存在人口密度的差异。根据各地已发现的良渚文化遗址数量和所在区域面积计算，良渚文化中心区即今浙江余杭地区大约平均每20平方公里发现1处遗址；嘉兴地区每19平方公里发现1处遗址；而良渚文化的边缘地区，如苏沪地区大约平均每78平方公里发现1处遗址，包括常熟、张家港、常州等地的太湖以北地区，约每91平方公里发现1处遗址[2]。遗址的分布密度与人口的分布密切相关，遗迹分布的疏密差异也造成了各地区生业方式的差异。在遗址分布分散、人口数量有限的地区，以渔猎方式获取肉食资源更为常见，这可能是因为地广人稀，充足的野生资源可以满足古人的肉食需求。

　　人口数量低下的情况在长江下游一直持续到先秦及更晚的时期。清华简《越公其事》详细记载了勾践励精图治，推行五政，即好农、好信、征人、好兵和饬民[3]。征人成为越国的重要国策，可见当时增加人口的重要性。《国语·越语上》载："女子十七不嫁，其父母有罪；丈夫二十不娶，其父母有罪。将免者以告，公令医守之。生丈夫，二壶酒，一犬；生女子，二壶酒，一豚。生三人，公与之母；生二人，公与之饩。"[4]这些促进生育的措施同样是为了增长人口。尽管先秦时期做出了多种努力，但《史记·货殖列传》载："楚越之地，地广人稀；饭稻羹鱼，或火耕水耨。果隋赢蛤，不待贾而足；地势饶食，无饥馑之患；以故呰窳偷生，无积聚而多贫。"[5]可见，人口数量少从史前到先秦时期一直是制约这个地区社会发展的主要原因之一。

　　人口数量少，围绕资源利用和利益需求产生的各种矛盾发生频率也低，这种状态不利于促进社会管理进步。因此，除了莫角山中心区能够大量聚集人口，建造城和大坝，良渚文化的其他分布地区没能聚集大量人口，形成规模如同莫角山的中心，与莫角山的统治集团分庭抗礼。没有像龙山时代的中原地区，由于人口众多而围绕资源的获取、统治权的执掌频繁出现战争[6]。而频繁的战争实则是资源的再分配和社会结构的重组，这正是中华文明起源及早期发展的一个重要因素。

〔1〕　袁靖：《中国动物考古学》，北京：文物出版社，2015年，第175～183页。

〔2〕　郭明建：《良渚文化宏观聚落研究》，《考古学报》2014年第1期，第1～33页。

〔3〕　李学勤主编：《清华大学藏战国竹简》（柒），上海：中西书局，2017年，第8～19页。

〔4〕　上海师范大学古籍整理组校点：《国语》卷二十《越语上》，上海：上海古籍出版社，1978年，第635页。

〔5〕　（汉）司马迁撰：《史记》卷一百二十九《货殖列传》，北京：中华书局，1959年，第3270页。

〔6〕　陈杰：《文化生态史观视野下的文明化进程——中原地区与太湖地区的比较研究》，《中原文物》2010年第1期，第21～30、38页。

（三）生业经济与交流竞争

交流和竞争是促进生业发展的动力。从文化互动来看，良渚文化分布区的东缘和南缘临海，在这些地区没有发现与其他文化交往的迹象。分布区西部的浙闽丘陵区以西发现多处包含有良渚文化因素的遗址，其中也有非良渚文化的因素，有些良渚文化因素还出现了变异[1]。这些迹象说明在良渚文化的西侧存在数个地域范围相当小的弱势文化，它们对良渚文化不能构成先进文化或生产力的影响。在江淮地区以北，良渚文化与薛家岗文化和大汶口文化对峙，与这两个文化的交流较为明显。薛家岗遗址可见以双鼻壶、细高柄盘形豆等为代表的良渚文化陶器和玉琮等，良渚文化遗存中也发现了明显属于薛家岗文化器物的陶扁腹壶、直口壶和多孔石刀等[2]。当时的交流主要体现在器物上。江苏新沂花厅遗址被认为处于大汶口文化和良渚文化的交汇处，其晚期遗存可能接受了良渚文化的影响或被良渚文化占领[3]。

从生产力发展的角度看，位于良渚文化北部、与大汶口文化交流前线的聚落并未接受多少先进生产力要素的影响。以江苏兴化蒋庄遗址为例，当时的生业方式是种植水稻和以渔猎为主获取肉食资源，相比良渚文化中心区的生业发展水平，蒋庄遗址的层次较低。而靠近蒋庄遗址的大汶口文化遗址如山东枣庄建新遗址、泰安大汶口遗址出土的动物遗存均以家养动物为主[4]，安徽宿州杨堡遗址、临泉宫庄遗址出土植物遗存也显示了稻粟兼作的农业模式[5]。但蒋庄遗址的先民并未引入以农业和家畜为主的生业模式。由于周边不存在多个强势文化，良渚文化没有积极引进先进生产力要素和思想观念，也不存在抢夺资源的有力竞争，没有危机感，因此缺乏向上发展的动力。这与龙山时代中原腹地接受周边地区"泛东方文化系统"（包括主要分布于豫北、豫东及更东的后冈二期文化、造律台文化或称王油坊类型，以及海岱龙山文化）、"南方文化系

---

〔1〕　朔知：《良渚文化的范围——兼论考古学文化共同体》，《南方文物》1998年第2期，第48～53页。

〔2〕　朔知：《初识薛家岗与良渚的文化交流——兼论皖江通道与太湖南道问题》，见浙江省文物考古研究所编：《浙江省文物考古研究所学刊》（第八辑），北京：科学出版社，2006年，第105～122页。

〔3〕　栾丰实：《大汶口、良渚文化的汇聚点　　读〈花厅——新石器时代墓地发掘报告〉》，《文物》2004年第4期，第93～96页。

〔4〕　袁靖：《中国动物考古学》，北京：文物出版社，2015年，第147～148页。

〔5〕　a. 程至杰、杨玉璋、张东、张居中：《安徽临泉宫庄遗址炭化植物遗存分析》，《农业考古》2019年第3期，第13～19页。

　　　b. 程至杰、杨玉璋、袁增箭、张居中、余杰、陈冰白、张辉、宫希成：《安徽宿州杨堡遗址炭化植物遗存研究》，《江汉考古》2016年第1期，第95～103页。

统"（分布于长江中游的石家河文化）、"泛西北文化系统"（包括分布于晋陕高原的各支龙山文化和甘青地区的齐家文化）的影响[1]，从而发展壮大的历史进程明显不同。

（四）生业经济与自然环境

自然环境影响着生业经济的发展，也是文化发展的一个重要先决条件。良渚文化位于长江三角洲，这个地区有较大范围利于水稻耕作的地理环境和丰富的野生动植物资源，为良渚文化发展提供了很好的自然环境基础[2]。从水稻种植所需的水热条件，及菱角、芡实、迁徙鸟类等多种人类可利用的动植物资源来看，大部分良渚文化分布区的生业方式都充分利用了湿地的生态系统，尤其是从湿地生态发展起来的水稻种植成为了良渚文化时期主要的农业方式[3]。可见，良渚文化生业的发展和长江下游典型的湿地环境息息相关。

湿地环境易发水患等自然灾害，可能对生业发展产生影响。马桥遗址的环境考古研究证实，良渚文化的发展过程中曾两次遭遇水灾，两次水灾并非由于海侵，而可能是海面升高导致地下水位抬升，以至湖沼面积扩大造成的；或者是因为洪水泛滥。由于洪水淤积层被良渚文化的墓葬打破，说明水灾并未对当地的良渚文化造成毁灭性打击[4]。良渚文化靠近海岸，多种海岸灾害也可能影响了良渚文化的发展。台风、洪水、海平面上升和地下水盐类成分的变化，都会对良渚文化造成不同的环境压力[5]。

〔1〕　许宏：《何以中国：公元前2000年的中原图景》，北京：生活·读书·新知三联书店，2014年，第33～99页。

〔2〕　陈杰：《良渚文明兴衰的生态史观》，《东南文化》2005年第5期，第33～40页。

〔3〕　潘艳：《人类生态视野中的长江下游农业起源》，上海：上海辞书出版社，2017年，第287～291页。

〔4〕　a. 宋建、洪雪晴：《上海马桥遗址古环境探析》，《考古》1999年第8期，第81～85页。

　　　b. Liu Y, Sun Q L, Thomas I, Zhang L, Finlayson B, Zhang W G, Chen J, Chen Z Y. 2015. Middle Holocene Coastal Environment and the Rise of the Liangzhu City Complex on the Yangtze delta, China. *Quaternary Research*, 84(3): 326-334.

〔5〕　a. 陈杰：《文化生态史观视野下的文明化进程——中原地区与太湖地区的比较研究》，《中原文物》2010年第1期，第21～30、38页。

　　　b. Wang Z H, Ryves D B, Lei S, Nian X M, Lv Y, Tang L, Wang L, Wang J H, Chen J. 2018. Middle Holocene Marine Flooding and Human Response in the South Yangtze Coastal Plain, East China. *Quaternary Science Reviews*, 87: 80-93.

　　　c. Chen T, Ryves D B, Wang Z H, Lewis J P, Yu X N. 2018. Mid-to Late Holocene Geomorphological and Hydrological Changes in the South Taihu Area of the Yangtze Delta Plain, China. Palaeogeography, *Palaeoclimatology, Palaeoecology*, 498: 127-142.

我们推测，持续1000多年的良渚文化可能遭遇并成功应对了多种自然灾害。但是，当较大的自然灾害与统治集团的应对能力出现问题结合到一起，就可能对良渚文化带来极大的破坏。尤其是在距今4200～4000年，气候不稳定引起了长江下游环境恶化[1]，可能导致了当地野生资源的锐减，依赖水稻这种单一作物的农业经济难以为继。

相比之下，中原地区的气候及地貌特征使其成为当时较为适合人类社会发展的区域[2]。从生业经济来看，可能导致了当地野生资源的锐减，依赖水稻这种单一作物的农业经济难以为继。相比之下，中原地区的气候及地貌特征使其成为当时较为适合人类社会发展的区域。

（五）生业经济与统治集团治理

生业经济乃至整个社会的稳定发展与统治集团的管理密切相关。良渚文化的一个典型特征是玉礼器系统及神人兽面纹在整个良渚文化分布区表现得极为统一，这可能是维系良渚社会政权组织的主要手段和纽带，显示良渚文化有着极强的社会凝聚力，且存在统一的神灵信仰[3]。良渚文化能够持续千年之久，应该与当时统治集团的有效治理密切相关。但是，这种神权至上的机制和观念长期持续，会成为社会发展的阻力[4]。

良渚文化中心区的统治集团虽然推动各个地区接受了以莫角山遗址为中心的思想意识和玉器，但是并没有促使他们接受中心地区的以农业经济为主的生产模式，所以良渚文化没有雄厚的整体经济实力。由于经济发展不平衡，良渚文化统治集团虽然在中心区集中了大量人口，但未成功推进各地区人口持续增长。良渚文化统治集团虽然与其北面实力较强的薛家岗文化和大汶口文化有一定的交流，但在固有的神权至上的思想制约下，没有积极引进先进生产力和思想观念，缺乏外来动力，不利于发展。

良渚文化统治集团虽然依靠精神力量的作用，统一了整个地区，但是在良渚文化

---

〔1〕 Atahan P, Itzstein-Davey F, Taylor J, Dodson J, Qin J, Zheng H, Brooks A. 2008. Holocene-aged Sedimentary Records of Environmental Changes and Early Agricultural in the Lower Yangtze, China. *Quaternary Science Reviews*, 27(10): 556-70.

〔2〕 周昆叔：《中原古文化与环境》，见张兰生主编：《中国生存环境历史演变规律研究（一）》，北京：海洋出版社，1993年，第111～122页。

〔3〕 刘斌、王宁远、陈明辉、朱亦菲：《良渚：神王之国》，《中国文化遗产》2017年第3期，第4～21页。

〔4〕 a. 蒋卫东：《自然环境变迁与良渚文化兴衰关系的思考》，《华夏考古》2003年第2期，第38～45页。

　　 b. 陈杰：《文化生态史观视野下的文明化进程——中原地区与太湖地区的比较研究》，《中原文物》2010年第1期，第21～30、38页。

的后半段，已经出现从鼎盛向衰退的转变[1]。精神力量不能取代经济基础的作用。在经济基础比较稳定的时候，精神的力量可以增强凝聚力；当遇到持续的自然灾害，破坏了原来的生产方式，造成食物来源缺乏，民众的温饱成为尖锐问题时，精神的力量将无济于事，各种矛盾就会极大地动摇社会结构，导致整个社会陷入一蹶不振的状态，致使良渚文化最终消亡。

长江三角洲地区当时仅有良渚文化一枝独秀，且生业经济发展程度不均衡，不像中原地区有多个聚落群并存，且农业经济水平相当。因此，在中原地区，由于各地经济水平接近，当一个掌控大局的聚落群衰落，另外一个代表先进思想和生产力的聚落群就可能趁势崛起。

三、结　论

通过分析多个良渚文化遗址动植物遗存的研究结果，可知当时良渚文化尽管中心区存在先进的生业方式，但是整体的生业状况发展明显不平衡，没有全面发展生产力，为人口增长奠定经济基础，造成人口有限，不可能形成多个中心相互促进的局面；加之良渚文化位置偏于一隅，缺乏与其他文化的交流和竞争，没有促进生产力发展的压力和动力。良渚文化晚期，统治集团和宗教体系可能趋于僵化，不注重实际经济需求，导致无法应对自然灾害引发的多种社会矛盾，使得良渚文化最终走向消亡。由此可见，一定的生产力基础可以对文化的发展起到促进作用，但是，如果生业经济的发展不够全面，以此为基础建立的上层建筑又缺乏引进新的生产力要素的机制，社会的全面和长期发展则难以维持，这个社会最终也经受不住不利因素的打击。

附记：本文得到了北京大学考古文博学院赵辉、秦岭，上海博物馆考古部宋建、陈杰，浙江省文物考古研究所刘斌、郑云飞、宋姝，安徽大学吴卫红，江苏省考古研究所林留根，复旦大学科技考古研究院胡耀武，湖北省文物考古研究所罗运兵，中国社会科学院考古研究所李志鹏、吕鹏、陈相龙的指教，特此致谢。

（原载于《考古》2020年第2期，第83～92页。作者为袁靖、潘艳、董宁宁、司徒克，主要由袁靖撰写）

[1]　a. 蒋卫东：《自然环境变迁与良渚文化兴衰关系的思考》，《华夏考古》2003年第2期，第38～45页。

b. 陈杰：《文化生态史观视野下的文明化进程——中原地区与太湖地区的比较研究》，《中原文物》2010年第1期，第21～30、38页。

中国新石器时代至先秦时期生业初探

历史唯物主义强调，生产力决定生产关系，经济基础决定上层建筑，生产力的发展是推动人类社会进步的根本动力。在考古学研究中探讨生业和社会的相互关系是一个十分有意义的学术命题。我们按照地理特征和考古学文化特点，将中国新石器时代至先秦时期众多出土动植物遗存的遗址归入东北及内蒙古东部地区、黄河上游及新疆地区、黄河中游及华北地区、黄淮下游地区、长江上游地区、长江中游地区、长江下游地区和岭南及周边地区这样八个地区进行整理和归纳，对中国新石器时代至先秦时期的生业状况有了整体的把握。在此基础上，这里分为农业起源的特征和意义、各个地区的生业特征及发展阶段、自然环境对生业特征的影响、生业与文化的互动关系和结语等五个部分做进一步的探讨。

一、农业起源的特征和意义

（一）农业起源的特征

国内外学术界多年来一直围绕人类历史上的三个起源开展研究，即人类起源、农业起源和文明起源，其中，农业起源和文明起源都是在新石器时代完成的。

迄今为止的植物考古学研究证明，中国栽培农作物开始出现的时间和种类如下：距今12000～9000年之间，北京地区出现粟和黍[1]；距今10000年左右，浙江地区出现水稻[2]；距今8000年左右，河南南部地区出现大豆[3]；距今4500～4270年左右，山

〔1〕 赵志军：《中国古代农业的形成过程——浮选出土植物遗存证据》，《第四纪研究》2014年第34卷第1期，第77～78页。

〔2〕 Jiang L P, Liu Li. 2006. New Evidence for the Origins of Sedentism and Rice Domestication in the Lower Yangzi River, China. *Antiquity*, 80(308): 355-361.

〔3〕 赵志军，张居中：《贾湖遗址2001年度浮选结果分析报告》，《考古》2009年第8期，第88～89页。

东地区出现小麦[1]。这些农作物大多起源或出现于不同的时间和不同的地点，除水稻位于中国南方地区之外，其他四种农作物都位于中国北方地区。迄今为止的动物考古学研究证明，中国家养动物开始出现的时间和种类如下：距今10000年左右，河北南部地区出现狗；距今9000年左右，河南南部出现猪；距今5600～5000年之间，甘青地区出现绵羊和黄牛；距今4000～3600年之间，在甘肃东部出现马；距今约3300年左右，在河南东部出现鸡[2]。这些家养动物分别起源或出现于不同的时间和不同的地点，但都位于中国的北方地区。除了上述的"六畜"这些主要家养动物之外，我们还发现距今2700年左右，在山东地区和江苏地区已经饲养鹅和鸭；距今2400年左右，在中原地区已经存在家养的骡和驴；距今2370年以前，新疆地区已经存在家养的骆驼[3]。

从整体上看，中国古代农作物和家畜的起源和出现大致分为两种模式：一种是古代居民在与特定野生植物和动物长期相处的过程中，根据自己的需要逐步控制它们，将其驯化成农作物和家畜，其中以粟、黍、水稻、狗和猪为代表。另一种是古代居民通过文化交流，直接从其他地区引进农作物和家养动物，其中以小麦、羊、牛和马为代表。

（二）农业起源的意义

在中国新石器时代早期或可以追溯到旧石器时代晚期，古人开始将狼驯化成狗。狗的出现是当时人开始控制、驯化野生动物的前所未有的行为。尽管这种行为并未改变古人原有的采集渔猎的生业方式，但是这种饲养狗的行为，从认识上、方法上为日后饲养其他动物奠定了基础。更重要的是这种人为地管理、控制一种生物方式的成功，对于古人形成栽培农作物的意识和行为也是极为重要的启示。人工栽培的粟、黍和水稻意义十分重大，种植这些农作物从根本上保证了古人的食物来源，从整体上改变了古人的生业方式。农业起源是继人类起源之后，人类历史上第二次伟大的起源。种植农作物及后来开始的饲养家猪不但保证了古人可以摆脱获取自然资源的局限，通过有计划地种植和繁殖行为，稳定地获取食物来源。而且，通过不断重复以及扩大种植农作物和饲养家猪的行为，可以满足古人随着人口数量的增加而增长的对于食物的需求量。随着这个相互促进的过程持续不断地推进，人口增长到一定数量，必定形成

〔1〕 靳桂云、燕生东、刘长江：《山东胶州赵家庄发现龙山文化小麦遗存》，《中国文物报》
      2008年2月22日第7版。

〔2〕 a. 袁靖：《中国动物考古学》，北京：文物出版社，2015年，第105页。
      b. 余翀、吕鹏、赵丛苍：《甘肃省礼县西山遗址出土动物骨骼鉴定与研究》，《南方文物》
        2011年第3期，第73～79页，72页。

〔3〕 袁靖：《中国动物考古学》，北京：文物出版社，2015年，第107～112页。

管理方面的复杂化。管理方面的复杂化是社会进步的象征。这个过程不断推进，开始走向人类历史上第三次伟大的起源，即文明起源。通过文明起源和早期发展，最终形成国家。

中国古代先民自驯化和引进各种农作物和家畜之后，逐步提高自己的生产技术，形成特色鲜明的中国古代生业模式，奠定了新石器时代、夏商周乃至于中华民族、中国历史、中国文化形成和发展过程中坚实的经济基础。另外，一些特定的农作物和家畜在古代政治、军事、祭祀等领域中也发挥了不可或缺的重要作用。

在种植各种农作物和饲养各种家畜的起源、出现及发展的过程中，各个地区形成了不同的特征。

二、各个地区的生业特征及发展阶段

（一）各个地区的生业特征

自新石器时代至先秦时期各个地区的生业各有自己的特色。比如，东北及内蒙古东部地区的生业特征可以分为两个大的区域进行长时段的归纳，即北部地区在新石器时代主要是采集和渔猎，到青铜时代开始，种植农作物和饲养家畜的比重逐渐增加；而南部地区至少从距今8000年前开始出现少量的农作物，当时可能也开始饲养家畜。在整个新石器时代，种植农作物和饲养家畜的行为在燕山南北地区发展缓慢，而在辽东半岛南端地区则逐渐成为主要的生业模式。到青铜时代，主要分布在辽河下游地区的高台山文化以种植粟等农作物和饲养家畜为主，也包括渔猎活动。主要分布在西辽河地区的夏家店下层文化以种植粟和黍及饲养家猪为主，家养动物中牛和羊的数量较多，畜牧业开始出现。从夏家店上层文化至燕文化时期，农业和畜牧业均呈稳定发展的趋势。这个特征的形成与当地各个考古学文化的发展及更替状况密切相关，也与自然环境的制约和黄河流域地区以农业为特征的文化的影响有关[1]。

黄河上游及新疆地区的生业方式由最初以采集狩猎为主，种植农作物和饲养家畜为辅，转变为以栽培粟和黍及饲养家猪为主，采集狩猎为辅，再转变为以栽培粟和黍为主，饲养绵羊、黄牛和家猪，尤其是绵羊的数量明显增多，家猪的数量减少。这是由于该地区存在适宜发展草原畜牧业的自然植被或环境。而文化交流和人群迁徙带动了食草家养动物和耐干冷农作物以及技术的传播，加上气候干冷化这个外因的刺激，当地在继承原有生业方式的基础上，接纳和转化新的食物生产方式，最终导致黄河上

---

〔1〕　袁靖：《新石器时代至先秦时期东北地区的生业初探》，《南方文物》2016年第3期，第175～182页。

游地区形成独特的生业方式。而新疆地区的农作物中小麦和青稞较为突出，家养动物中似乎以马居多，表现出较为明显的游牧特征。黄河上游及新疆地区的生业特征中有一个比较典型的现象，即这个地区的农作物和家养动物似乎不是当地土生土长的，始终与东面的黄河中游地区及中国境外的考古学文化的交流密切相关[1]。

黄河中游及华北地区自新石器时代早期以来，出现栽培农作物和饲养家畜的行为，从整体上看，经历了从以采集渔猎为主、农作物栽培和家畜饲养为辅的生业方式，到以农作物栽培和家畜饲养为主、采集和渔猎经济为辅的生业方式的发展过程。这种生业方式的发展过程在这个地区内的各个小区域不尽相同，比如陕西地区与内蒙古西部除种植农作物之外，有些遗址获取肉食资源以狩猎为主或狩猎活动较为频繁的现象甚至到新石器时代末期还存在，在先秦时期还偶有发现。唯有中原地区较为普遍地呈现出以栽培作物和家养动物为主，以采集渔猎为辅的发展趋势，这个持续稳定的发展过程为后来早期中国出现在这个区域奠定了扎实的经济基础。另外，良好的自然条件是这个地区生业发展的必要前提[2]。

黄淮下游地区的生业状况经历了从采集渔猎，到采集渔猎为主、农作物栽培和家畜饲养为辅的生业方式，再到以农作物栽培和家畜饲养为主、采集渔猎经济为辅的生业方式的发展过程。以农作物栽培和家畜饲养为主、采集渔猎为辅的生业方式在新石器时代末期到先秦时期基本上稳定发展。如果做进一步的研究的话，可以看到自新石器时代中期出现水稻、粟、狗和猪等新的代表农业的生产力要素之后，到新石器时代晚期的开始阶段，种植农作物似乎尚未成为主流。但是当时获取肉食资源的方式已经开始由渔猎活动向饲养动物过渡，出现家养动物占多数的现象。进入新石器时代晚期的大汶口文化中晚期，农业种植占据主要地位，出现稻粟混作的方式，获取肉食以饲

---

〔1〕　a. 吕鹏、袁靖：《交流与转化——黄河上游地区先秦时期生业方式初探（上篇）》，《南方文物》2018年第2期，第170～179页。

　　　b. 吕鹏、袁靖：《交流与转化——黄河上游地区先秦时期生业方式初探（下篇）》，《南方文物》2019年第1期，第113～121页。

　　　c. 董宁宁：《新石器时代至先秦时期新疆地区的生业研究》，《南方文物》2019年第4期，第196～204页。

〔2〕　a. 袁靖：《黄河中游及华北地区距今10000至5000年生业状况初探》，《南方文物》2018年第1期，第151～159页。

　　　b. 袁靖：《中原地区的生业状况与中华文明早期发展的关系》，文化遗产研究与保护技术教育部重点实验室、西北大学丝绸之路文化遗产与考古学研究中心、边疆考古与中国文化认同协同创新中心、西北大学唐仲英文化遗产研究与保护实验室编：《西部考古·第11辑》，北京：科学出版社，2016年，第1～12页。

养家畜为主。到新石器时代末期，普遍存在稻粟混作的农业方式，出现小麦；饲养活动稳定发展，家养动物中新增加了黄牛和绵羊。这个地区生业的发展主要集中在新石器时代末期和商周时期。黄淮下游地区生业特征的形成与自然环境与气候的制约与提供的便利条件有关，也与古人自身的选择和能动发展相关[1]。

长江上游地区新石器时代以来的生计开发，深受自然环境的客观制约，同时文化传播的影响也非常强烈，但更多的是在适应环境基础上的文化选择。这个地区整体上在相当长的时间内以采集渔猎的方式获取食物资源。复杂的地理环境和多样的地域文化，使得长江上游地区的区域生业分化明显，多样性突出，既有西藏高寒环境中的农牧生产、峡江地带的渔业开发、成都平原发达的稻作种植，也有分布更为广泛的四川盆地周缘的典型山地经济。长江上游农业经济的形成直接受到文化传播、交流的影响，呈现出多元交融的格局。随着甘青地区、汉中盆地和长江中游等地区农业因素先后传入，经文化选择与融合，逐渐形成了适应于本地环境的生业模式。其中粟黍类谷物和主要家畜的传入均来自仰韶文化系统，但可能分为甘青地区和汉中盆地两个源头。除峡江通道外，稻作也有可能自汉水通道辗转传入四川盆地。而麦类作物和部分家畜可能来自南亚地区的线索也值得我们特别关注[2]。

长江中游地区的生业模式整体上由采集渔猎为主，向稻作栽培和家畜饲养为主逐步过渡。其北部的汉水中游地区则存在着与中原地区仰韶文化旱作农业之间的相互渗透与此消彼长，旱作农业也经由这个地区向两湖地区传播，但在新石器时代其影响较小。与此同时，汉水中游地区的家畜饲养也更多地受到中原文化的影响。江汉平原边缘的鄂东南地区在石家河文化时期，秉持着稻作农业经济为主的种植传统，但在进入西周时期以后，受中原周人势力南下的影响，以粟为代表的北方旱作农业影响得到了显著的提升。长江中游东缘赣鄱地区水稻栽培起步较早，至新石器时代晚期至青铜时代早期，受到来自中原旱作文化的影响，出现了稻旱混作的农业生产模式。鄂西峡江地区由于其自然地理条件等因素，虽然很早就存在家畜饲养，但一直经营着以捕捞鱼类为主的渔猎经济，谷物种植也一直不发达[3]。

---

〔1〕 a.李志鹏：《新石器时代早、中期黄淮下游地区先民获取动物资源的生业方式初探》，《南方文物》2018年第1期，第160～165页。

b.李志鹏：《新石器时代晚期至末期黄淮下游地区的生业初探》，《南方文物》2017年第3期，第177～186页。

〔2〕 罗运兵、姚凌、袁靖：《长江上游地区先秦时期的生业经济》，《南方文物》2018年第4期，第96～100页。

〔3〕 罗运兵、袁靖、姚凌、唐丽雅：《长江中游地区先秦时期的生业经济》，《南方文物》2019年第4期，第205～220页。

长江下游地区生业的变迁有几个主要节点，一是农业起源，二是强化农业的出现，三是"后良渚"至马桥时期的农业衰落。长江下游地区的生业状况与当地的自然环境密切相关。这个地区是水稻栽培的起源地之一。良渚文化时期是长江下游地区史前稻作农业的巅峰期，无论是稻米产量，还是稻田系统都达到了前所未有的高度，这个地区的早期文明化进程就是在这个基础上形成的。长江下游地区生业的特征是尽管水稻栽培技术出现后，稻作生产逐步成为当时人获取植物性食物的主要方式，但是在获取肉类资源方面，则在相当长的时间内以渔猎为主，到良渚文化时期，在中心区内饲养家猪的方式占据主要地位，而在边缘地区仍然以渔猎为主，这种以稻作生产和在广大区域内渔猎方式占据主要地位的现象，到先秦时期似乎还没有出现明显地改观[1]。

岭南及周边地区自距今约12000～6000年期间完全以采集渔猎的方式获取食物资源，在距今6000～5000年里，家猪、水稻、黍、粟、大麦、大豆和绿豆等都已经出现在该地区，并在距今4700年后开始比较普遍地推广。水稻和家猪等都不是在岭南及周边地区独立起源的，它们与粟和黍等旱作作物一样，是经由长江中下游地区传播而来的[2]。

（二）发展阶段

从整体上看，中国新石器时代至先秦时期的生业形态可以大致分为四个阶段，必须说明的是，多个地区由于自身发展的独特性，其生业形态不能完全归入这四个时间段之中，在一定程度上存在时间上的先后性。

第一阶段为新石器时代早期（距今约12000～10000年），这个阶段以分布在黄河中游及华北地区、黄淮下游地区、长江中游地区、长江下游地区和岭南及周边地区的遗址为代表。当时主要以采集和渔猎的方式获取食物资源，分布在黄河中游及华北地区、黄淮下游地区、长江中游地区、长江下游地区的个别遗址可能已经开始种植小米和水稻，但这种行为绝对不是普遍现象。在黄河中游及华北地区发现目前所知的中国最早的狗，狗是这个阶段唯一的家养动物。

第二阶段为新石器时代中期（距今约10000～7000年），这个阶段除长江上游地区和岭南地区仍然以采集渔猎的方式获取食物资源之外，其他地区逐步形成主要以采集

〔1〕 a. 潘艳、袁靖：《新石器时代至先秦时期长江下游的生业形态研究（上）》，《南方文物》2018年第4期，第111～125页。

b. 潘艳、袁靖：《新石器时代至先秦时期长江下游的生业形态研究（二）》，《南方文物》2019年第1期，第122～135页。

〔2〕 余翀：《新石器时代至青铜时代岭南及周边地区的生业初探》，《南方文物》2018年第2期，第180～187页。

渔猎为主、栽培作物和家养动物为辅的生业方式获取食物资源。栽培作物有粟、黍和水稻，黍多于粟。家养动物有狗和猪。家猪是这个阶段出现的新的家养动物。必须强调的是尽管明显地存在栽培作物和家养动物，但是栽培作物和家养动物的数量基本上都是十分有限的。

　　第三阶段为新石器时代晚期（距今约7000～4500年），这个阶段除东北地区北部、长江上游部分地区仍然以采集渔猎为主、栽培作物和家养动物为辅的生业方式获取食物资源之外。其他地区开始形成主要以种植农作物和饲养家畜为主、渔猎或狩猎为辅的方式获取食物的格局。必须强调的是这个阶段各个地区存在多样性的特点，比如黄河流域的农作物由主要为黍转变为主要为粟；黄河上游地区新出现家养的黄牛和绵羊；黄河中游地区水稻的比例增加，尽管多数遗址以饲养家畜为主，但是陕西地区的一些遗址还存在主要通过狩猎获取肉食的方式；黄淮下游地区出现稻旱混作的方式；长江上游地区出现较大范围的农业开发；长江中游和长江下游地区以种植农作物作为粮食之外，主要以渔猎的方式获取肉食和主要以饲养家猪的方式获取肉食这两种行为分别存在于不同的区域。这个阶段最为突出的特点是到距今5000年左右，位于黄河中游的河南地区和位于黄淮下游的海岱地区在生业方式上基本形成以种植农作物和饲养家畜为主的方式获取食物的状况，在整体的生业发展上相比其他地区开始处于领先地位。

　　第四阶段为新石器时代末期至先秦时期（距今约4500年～公元前221年），这个阶段在各个地区都继续呈现或开始形成以种植农作物和饲养家畜为主获取食物的生业方式。五谷和六畜都是在这个时期形成的，其中小麦、绵羊、黄牛、马和鸡都是从中国境外的地区传入的，马和鸡出现的时间较晚。这个阶段各个地区中的小区域发展不尽相同。东北地区主要以西辽河流域和燕山南北地区的农业和畜牧业发展为代表；黄河上游的甘青地区呈现出粟麦混作、家养动物以猪为主或以羊为主的特点，而新疆地区则以畜牧业为主；黄河中游的陕西地区自客省庄二期文化的生业水准有所倒退之后，自先周文化开始，生业重新全面崛起，而河南地区的生业则仍然呈持续发展的趋势；黄淮下游的海岱地区自山东龙山文化之后，生业发展似乎存在过一段停顿或下滑的过程，而后又重新发展；长江上游地区除成都平原之外，其他地区一直到商周时期才形成以农业为主的局面；长江中游的江汉平原地区以稻作农业为主，而汉水中游地区则有明显的稻旱混作的特点，家养动物的比例也较之前有显著的提升；长江下游地区在这个阶段是农业的重组期，新的农作物粟进入这一地区；华南地区相比以上各个地区的生业发展水平都相对滞后。

　　以上四个阶段各类特征的形成除了人为的原因之外，还与各个地区自然环境的影响有关。

三、自然环境对生业特征的影响

（一）一方水土养一方人

从宏观上看，中国新石器时代至先秦时期生业形态的变化，是一个从采集狩猎向农业经济发展的过程。西辽河流域、黄河流域和长江流域的自然环境特点为原始农业的发展提供了有利条件。它们在气候上属于温带或亚热带季风区，暖湿同期的气候特点非常有利于种植农业的发展。在土地资源条件方面，北方地区分布着大面积的黄土台地或冲积平原，南方的长江流域也有许多广阔的冲积平原或者适于耕种的河谷。在这样的气候和土地资源条件下，这些区域都形成以种植农作物和饲养家畜为主、渔猎或狩猎为辅的获取食物的生业方式。尽管在原始农业发展的过程中，旱作农业和稻作农业的分布范围一直处于变化之中，但"南稻北粟（黍）"的整体格局从未改变。热量和水分条件的南北差异正是影响这一格局的决定性因素。

如果从微观上看，区域生业模式的特点和发展过程则受到自然环境特征及其演变历史的深刻影响。各个区域的生业发展过程明显不同，其背后的一个重要原因就是自然环境特征及其演化的差异。

东北及内蒙古东部地区尽管较为湿润，但湿地和湖沼众多，农业开发的难度很大。另外，漫长、寒冷的冬季也成为重要的限制条件，在一定程度上影响到古代人类的活动及发展。在北部地区这种影响表现得更为明显。西辽河流域位于暖温带的北部边缘，还存在范围广阔的科尔沁沙地，生态环境脆弱。这导致两方面的结果，第一，农耕的气候条件不稳定，容易受到气候波动的影响；第二，农耕活动一旦达到一定的程度，极易发生水土流失和沙化等环境灾难，从而对原有的生业模式造成破坏性影响。夏家店下层文化的衰落，很可能是由于过度耕作叠加气候与环境变迁的结果[1]。

甘青地区地处中国内陆的东亚季风尾闾地区，降水少，气候整体偏干。从土地条件来看，甘青地区东部和黄湟地区地貌为丘陵沟壑，河西走廊各绿洲之间又有戈壁沙漠等的分割，可利用的农耕土地资源较少。从大地湾一期文化到仰韶文化晚期是全新世大暖期早中期气候最为暖湿的阶段，旱作农业得到了稳步发展。但随着距今4000年前后气候明显趋于干凉，再加之外来物种的引入和推广，生业方式以及文化格局都发生了显著变化。可以说，环境因素是造成该地区自新石器时代末期开始生业转变的主要原因。新疆地区典型的温带大陆性气候及生态环境脆弱的特征，形成其因地制宜的

---

〔1〕　赵济主编：《中国自然地理》，北京：高等教育出版社，1995年，第188～202页。

生业方式[1]。

黄河中游及华北地区的气候大部分属于暖温带大陆性季风气候，而且位于暖温带的南部。在先秦时期，其南部地区有相当长的时间都属于北亚热带的范围。热量和水分条件的基础都是非常好的，对于旱作农业来说。基本上不会受到气候波动的影响。该地区从海拔数十米的华北平原西部，到海拔1000多米的黄土高原，分布有平原和河谷平原、河流阶地、台地、丘陵坡地、黄土梁塬和山地等地貌类型，除一些较高的基岩山地地貌单元外。其他各种地貌类型的地表都分布有厚层的黄土或次生黄土，这样的景观特点和土地资源条件使得中原地区发展了以黍和粟为主、兼有其他多种作物的旱作农业，并有较为发达的家畜饲养业作为补充。这样的经济形态最具抵御气候波动的潜力。不同高度的景观单元都是人类活动和新石器文化发展的有利地区，这样的景观特征也最具抵御洪水灾害的潜力。同时，该区域居天下之中，与周边地区具有四面八方的全方位联系条件，为其与各个地区的文化交流创造了条件。黄河中游及华北地区的生业状况与相邻地区在相关时期内的生业状况有相似之处。这种边界效应与交流对于促进黄河中游及华北地区的文化发展也有积极的作用[2]。

黄淮下游地区气候温暖，雨量适中，属温带大陆性季风气候。新石器时代到先秦时期，该地区的温度、湿度和降水量都比现在高，全新世大暖期鼎盛期，亚热带的北界曾推进到海岱地区北部。黄淮下游地区的主要河流有黄河、淮河以及黄河与淮河下游的各支流。这些河流为整个黄淮下游地区提供了丰富、便利的水资源。整个黄淮下游地区平原地区适宜农业发展，沿海地区与河流湖泊附近可以开展渔捞活动，山区适宜采集和狩猎，这些都为黄淮下游地区新石器时代到先秦时期生业的发展提供了较为优越的地理环境和自然资源。但另一方面，随着本区东南部稻作农业的发展以及规模的扩大，所面临的气候风险也越来越大，因为该区域地处当时北亚热带的北缘，稻作农业容易受到气候波动的影响。同时，黄淮下游平原地区频发的洪涝灾害，也对农业

---

〔1〕 a. 吕鹏、袁靖：《交流与转化——黄河上游地区先秦时期生业方式初探（下篇）》，《南方文物》2019年第1期，第113～121页。

b. 赵济主编：《中国自然地理》，北京：高等教育出版社，1995年，第205～206、286～288页。

〔2〕 a. 袁靖：《黄河中游及华北地区距今10000至5000年生业状况初探》，《南方文物》2018年第1期，第151～159页。

b. 袁靖：《中原地区的生业状况与中华文明早期发展的关系》，文化遗产研究与保护技术教育部重点实验室、西北大学丝绸之路文化遗产与考古学研究中心、边疆考古与中国文化认同协同创新中心、西北大学唐仲英文化遗产研究与保护实验室编：《西部考古》（第11辑），北京：科学出版社，2016年，第1～12页。

所需的土地资源条件带来不利的影响。这些都在一定程度上影响到了该区域生业的可持续发展[1]。

　　整个长江上游地区除川西存在较大范围的平原外，整体上都是高山褶皱地带，峰岭众多，峡谷纵横，地面崎岖，土地破碎，不利于农耕。适于农耕开发的山间盆地或谷地整体面积有限，农耕难以大规模发展。同时，四川盆地周缘以及相邻的云贵高原，其复杂的地形和地貌使得其气候在水平和垂直上均有变化，形成了多种多样的生态系统，为各种野生动、植物的生长提供条件，从而也为古人提供了丰富的狩猎采集资源。这就是西南山地整体上渔猎采集经济得以持续发展的环境原因。同时，也因为山川阻隔，文化交流不便，导致不同地理小单元的农作物种类和结构不尽相同，当然，这不单纯是环境的制约，也有文化选择的因素。峡江地区也不具备大面积粮食种植的地理条件，但鱼类资源丰富。特定的地理环境与资源促进了捕鱼业的发达。而这也形成了峡江地区的遗址多沿河谷分布的聚落形态。西藏高原生业模式的更替则更多地反映了气候波动的环境制约，西藏高原先民在历史长河中最后选择了一种以种植青稞和饲养藏绵羊、牦牛为基础的生业方式，也体现了对高寒气候环境的一种适应[2]。

　　长江中下游的平原地区主要包括两湖平原、鄱阳湖平原、苏皖沿江平原和长江三角洲，这里地势低平、湖泊密布、河渠稠密、水网连片。其中长江中游不同区域单元在地形地貌、水文热量以及物种资源等地理条件上都存在着显著的差异。如汉水中游地区、南阳盆地中心平原地带以稻作为主兼营粟黍的作物生产模式，而在汉水中游的丘陵谷地、鄂西北山区则普遍以旱作为主导，虽然也存在着水稻的种植。长江下游地区较大范围的湿地环境利于水稻耕作，具有较为丰富的野生动植物资源，为新石器时代各个文化的发展提供了很好的自然环境基础，形成这个地区的生业特色。但是，长江下游地区靠近海岸，台风、洪水、海平面上升和地下水盐类组成的变化，都会对当地的生业造成不同的环境压力。在长江中下游的低海拔地区，都发现有史前时期的遗址被掩埋于淤泥之下，表明河湖水系在高海面顶托下发生了明显的淤积，使可供利用

〔1〕　a. 李志鹏：《新石器时代早、中期黄淮下游地区先民获取动物资源的生业方式初探》，《南方文物》2018年第1期，第160～165页。

　　　　b. 李志鹏：《新石器时代晚期至末期黄淮下游地区的生业初探》，《南方文物》2017年第3期，第177～186页。

　　　　c. 赵济主编：《中国自然地理》，北京：高等教育出版社，1995年，第207页。

〔2〕　a. 罗运兵、姚凌、袁靖：《长江上游地区先秦时期的生业经济》，《南方文物》2018年第4期，第96～100页。

　　　　b. 赵济主编：《中国自然地理》，北京：高等教育出版社，1995年，第237页。

的土地资源变少，从而影响到稻作农业的持续发展[1]。

华南地区是一个高温多雨、四季常绿的区域。这里植物生长茂盛，种类繁多，有热带雨林、季雨林和南亚热带季风常绿阔叶林等热带性植被。热带性森林动物丰富多样。古人基本上依靠狩猎采集就能获取丰富的食物资源。这样的环境条件也是形成这个地区长期以采集和渔猎的方式获取食物资源，农业和家畜饲养发展缓慢的一个重要原因[2]。

（二）人的主观能动性

尽管自然环境对生业的影响广泛而深刻，但是，这种影响是通过人类活动来实现的。因为，除了限制性的因素之外，自然环境仅仅为各种生业活动提供了必要的基础条件，是否开展相应的生业活动，更重要的是取决于社会和技术发展的历史进程、文化传播以及人类自身的选择。

技术的发展和传播可以在自然环境未发生变化的情况下使一个区域的生业模式发生重大转变。随着仰韶文化时期农业在经济形态中占据主导地位，中国东部广大地区的生业模式为之一变。在距今5000年前，黄牛和绵羊的引入则大大改变了中国北方地区的生业模式，许多原来无法利用的自然环境得到了开发。

从这些现象中我们可以看到，自然环境对生业特征的影响绝非能够脱离社会和文化背景独立展开的。即使真是因为环境条件的变化而导致的原有生业模式的难以为继，同样也无法离开当事人的认知和响应。

四、生业与文化的互动关系

（一）新的生产力要素的传入对文化发展的影响

由于目前所知的最早的粟和黍以及狗和家猪均起源于黄河中游及华北地区，因此可以推测这些生产力要素在东北地区、黄河上游地区和黄淮下游地区的出现与文化交流似乎不无关系。目前所知的最早的水稻起源于长江中下游地区，通过文化交流的方式传入黄河中游地区。南方地区的狗和家猪似乎起源于长江中下游地区，通过文化交流的方式传入长江上游地区和岭南及周边地区。长江中下游地区的粟是由北方地区

---

〔1〕　a.潘艳、袁靖：《新石器时代至先秦时期长江下游的生业形态研究（二）》，《南方文物》2019年第1期，第122～135页。

　　　　b.赵济主编：《中国自然地理》，北京：高等教育出版社，1995年，第224～225页。

〔2〕　赵济主编：《中国自然地理》，北京：高等教育出版社，1995年，第251～252页。

传入的。尤其值得注意的是自新石器时代晚期开始从中国境外传入的小麦、绵羊、黄牛、马、鸡等。促进了中国各个地区整个新石器时代末期至先秦时期生业经济的发展。总而言之，新的生产力要素的传播对于促进各个地区生业方式的发展起到了重要的作用，对于各个地区多个文化的兴起和发展意义重大。因为新的生产力要素不仅仅是指新的农作物和家养动物的种类，还包括新的农作物种植技术和新的家畜饲养技术，这些技术可以有效地使用可耕种土地及自然植被，提高有限区域内的农业生产总量，稳定地获取多种肉食来源。开发家畜的功能，在精神领域及战争中发挥重要的作用。我们必须高度重视新的生产力要素的传播对于各个地区文化发展的推动作用。新的生产力要素的传播促进了生业的发展，生业的发展和各个地区考古学文化的交替发展相结合，构建起中国新石器时代至先秦时期经济基础和上层建筑相互作用，推动社会发展的格局。

（二）中原地区的生业状况与上层建筑存在互动关系

中原地区是生业状况与上层建筑相互作用，促进社会发展的典型实例。中原地区自新石器时代中期开始，就开启了以栽培作物和家养动物为主，采集渔猎为辅的生业方式发展进程，中原地区在生业方面一直呈现发展的趋势。自新石器时代晚期开始，多个遗址生业状况的相同性为特定聚落在一定地域范围内成为中心聚落乃至于更高规格的中心奠定了经济基础，这是首先要充分肯定的。但是我们也注意到，领导集团及领导者的执政能力在中心聚落乃至于更高规格的中心的形成过程中发挥了重要作用。自龙山文化至二里头文化，属于不同时期的多个遗址的生业状况是稳定且持续发展的。这是一个极为重要的前提，在各个聚落生业经济全面发展的基础上，哪个聚落在一定时期内能够成为一定区域内的中心，肯定还涉及到一系列其他方面的原因，比如除保证生业稳定发展之外，还包括管理社会、统领更多聚落、壮大军事实力、抵御水患等自然灾害、处理对外交往，甚至还包括建设精神文化等等。这些能力可能不需要在任何时候都全面展现出来，但是在经济、政治、军事和文化等方面的某些矛盾特别尖锐的时候，则需要充分发挥相对应的某些能力。一旦应对不力，最为严重的后果便是导致政治中心转移或聚落消亡。中原地区不同时期政治中心的转换，是在生业状况具有相同水准的地域范围内完成的。在肯定经济基础决定上层建筑的前提下，还必须高度重视上层建筑在稳定且持续发展的经济状况中的重要领导作用，即特定的领导集团或领导者的执政能力不但可以保证生业的稳定发展。而且可以从整体上或特定的方面提升聚落及聚落群的综合实力，从而左右当时特定区域内的政治格局。而二里头这个"最早的中国"的诞生，与统治阶级的执政能力更是有着密不可分的关系，他们在控制远距离的资源调配、促进农业和手工业的发展、设计宫城布局、制定与礼制相关的内容、指挥战争等方面都发挥了重要的作用[1]。

（三）良渚文化兴衰的生业特征

良渚文化的兴衰与这个地区的生业特征关系密切，是生业与社会相互关系的又一典型实例。良渚文化中心区的水田、灌溉设施、施肥行为及上万公斤稻谷的发现，证明当时的稻作生产已经达到相当高的水平，这是良渚文化辉煌的经济基础。但是我们注意到，除稻作生产之外，位于政权中心区域的今天的余杭一带的遗址中，家养动物的数量在全部动物中都占据绝对优势。而到中心区域周边以外的今天的苏州、上海一带，家养动物在全部动物中虽然仍占50%以上，但优势不如前者那样明显。到了良渚文化势力范围的南北两缘延伸的地区，即今天的宁波、兴化等地，野生动物成为肉食的主要来源。这些现象似乎说明良渚文化尽管有种植水稻的普遍性，但是除良渚中心区及其他部分地区的生业方式为种植水稻和饲养家畜之外，还有一些地区肉食资源的获取尚没有形成饲养模式，数千年来延续的渔猎传统基本上没有改变。所以我们推测，良渚文化的生业形态在整体发展上是不平衡的。生业形态的这种特征限定了良渚文化只能在具备稻作生产和饲养家畜为主的这种生业方式的特定地区不断壮大和延续，而不能在其他不具备类似生业方式的地区发展。由于生业状况明显存在发展不平衡的现象，没有全面发展生产力，也就不能为人口增长奠定坚实的经济基础，由此造成整个地区的人口数量有限，不可能形成除良渚中心区外，出现多个中心，相互竞争的局面。加之良渚文化的地理位置偏于一隅，缺乏与其他文化的交流和竞争，没有促进发展的压力和动力。良渚文化在统治集团过分渲染原始宗教，趋于僵化，最终无法应对大的自然灾害引发的多种社会矛盾过程中，走向消亡。可见，一定的生产力基础可以对文化的发展起到促进作用，甚至可以推动良渚文化率先在中国大地上进入文明阶段。但是，这个生产力基础发展得不够全面，缺乏引进新的生产力要素的机制，而以此为基础建立起来的上层建筑如果不能全面推动包括以生产力发展在内的整个社会的发展，那么，这个社会最终是经受不住打击的[2]。

---

〔1〕　袁靖：《中原地区的生业状况与中华文明早期发展的关系》，文化遗产研究与保护技术教育部重点实验室、西北大学丝绸之路文化遗产与考古学研究中心、边疆考古与中国文化认同协同创新中心、西北大学唐仲英文化遗产研究与保护实验室编：《西部考古》（第11辑），北京：科学出版社，2016年，第1～12页。

〔2〕　潘艳、袁靖：《新石器时代至先秦时期长江下游的生业形态研究（二）》，《南方文物》2019年第1期，第122～135页。

五、结　语

　　古人经历了长时段的通过采集渔猎方式获取食物资源的历史。自新石器时代开始，古人开创了种植农作物和饲养家畜等新的生产力要素，这些新的生产力要素随着人口数量的增加逐步发展。在文化交流的过程中进一步引进新的农作物和家畜种类，带动生产力的发展，由此促进了整个社会的进步。由于各个地区自然环境和文化传统的不同。生业发展在各个地区显示出不同的特征。中原地区最终能够形成早期国家并得以持续发展，是以其得天独厚的自然环境和一直持续发展的生业经济为基础的。其他地区新石器时代的生业发展尽管有些起步较晚，有些没有在整体上表现出明显的持续性，但是进入先秦时期，则呈现出试图后来居上的势头，这是古代中国经历多国争霸，直至走向秦统一六国的不可或缺的经济基础。

　　　　　　　　　　　　　（原载于《南方文物》2019年第5期，第200~209页）

中国古代生业研究

——对"生业与社会"栏目的总结和思考

历史唯物主义强调经济基础在社会发展中的重要作用。在考古学研究中聚焦生业、探讨生业和社会的相互关系是一个十分有意义的学术命题。自20世纪90年代以来，与中国古代生业研究相关的动植物考古研究、DNA研究、同位素分析等领域取得的进步是显而易见的。但是与已经发掘和研究的新石器时代以来的数千处遗址相比，只有极其少量的遗址开展过动植物考古研究、DNA研究和同位素分析，这样就形成多个地区在多个特定的时间段里尚存在大量研究上的空白，这是需要我们努力去填补。我与《南方文物》的周广明编辑商量决定，于2014年在《南方文物》上推出"生业与社会"栏目，专门刊登相关文章，迄今为止，已经开设了23期，收获颇多，应该进行一次认真的归纳和总结。由于"生业与社会"栏目中冶金考古内容的特殊性，拟单独成文总结发表。这里首先围绕除冶金考古之外的研究成果按照具体遗址的原创性成果和专题研究进行归纳和凝练，在此基础上提出自己的认识。

一、具体遗址的原创性成果

这里按照东北及内蒙古东部地区、新疆及黄河上游地区、黄河中游及华北地区、黄淮下游地区、长江中游地区、长江下游地区和华南地区，依据植物考古、动物考古、古DNA研究和同位素分析的顺序分别阐述，在各个地区按照自西向东的行政区划排列，如果某个遗址同时开展了多个领域的研究，则一并介绍。另外，这一部分还包括一些人骨考古的内容。

（一）东北及内蒙古东部地区

对内蒙古赤峰巴彦塔拉辽代遗址出土植物遗存的研究结果显示，那个时期古人的农业经济以种植粟、黍、荞麦和大麻为主，属于北方地区典型的旱作农业，当时的生业活动还包括牧业[1]。

对辽宁大连小珠山遗址出土动物遗存的研究结果显示，距今7000年前（在时间上和小珠山文化第一期大致相当）最早进入这个地区的古人采用了狩猎和渔捞的方式获取野生动物资源；距今6000～5000年前（在时间上与小珠山文化第三期大致相当），古人获取动物资源的方式逐步转变为以饲养家猪为主；距今5000～4000年以后，古人进一步强化了饲养家猪和狩猎野生动物的行为[2]。对这个遗址出土动物的碳氮稳定同位素分析结果也显示，从小珠山遗址第二期开始，少量猪的食物结构中开始出现少量的以C_4类为特征的食物，到小珠山遗址第三期之后，在猪的食物结构中以C_4类为特征的食物比例出现明显增加。考虑到从小珠山遗址第三期开始，家猪的数量比例明显增加，另外，家犬的食物结构中出现以C_4类为特征的食物。研究者认为小珠山遗址家猪出现的时间最晚可以追溯到小珠山遗址第三期[3]。

（二）新疆及黄河上游地区

对新疆木垒平顶山墓群出土马骨的古DNA研究结果显示，属于青铜时代中晚期的8匹马都可以判定为家马，这些家马分别属于A、D、E、F、G等不同的谱系，这些家马的毛色包括栗色、栗色有白斑、黑色和金黄色四种，特别是在D区M1殉马台埋葬的4匹家马，其毛色分别为1号马黑色、2号马栗色有白斑、3号马黑色、4号马栗色有白斑，这种似乎有规律的分布，可能和古人有意识的摆放有关[4]。

对新疆拜城多岗墓地出土人骨的碳氮稳定同位素分析结果显示，该墓地出土人骨的$\delta^{15}N$的平均值为12.56‰，$\delta^{13}C$的平均值为−14.77‰[5]。

对宁夏固原南塬水厂唐墓M4随葬的2匹马骨的研究结果显示，2匹马骨分别为成年母马和幼年个体，在马骨表面残留切割等人工痕迹，当时将这两匹马宰杀后，再进行

---

〔1〕　孙永刚、赵志军：《内蒙赤峰巴彦塔拉辽代遗址浮选结果及分析》，《南方文物》2014年第3期，第68～71页。

〔2〕　吕鹏、贾笑冰、金英熙：《人类行为还是环境变迁？——小珠山贝丘遗址动物考古学研究新思考》，《南方文物》2017年第1期，第136～141、130页。

〔3〕　陈相龙、吕鹏、金英熙、贾笑冰、赵欣、袁靖：《从渔猎采集到食物生产：大连广鹿岛小珠山遗址动物驯养的稳定同位素记录》，《南方文物》2017年第1期，第142～149页。

〔4〕　赵欣、东晓玲、韩雨、尤悦、李志鹏、巫新华、陈代明、杨东亚：《新疆木垒县平顶山墓群出土马骨的DNA研究》，《南方文物》2017年第3期，第187～191页。

〔5〕　张雪莲、仇士华、张君、郭物：《新疆多岗墓地出土人骨的碳氮稳定同位素分析》，《南方文物》2014年第3期，第79～91、59页。

肢解，剔除马肉，然后将骨骼集中摆放在甬道里，当时可能在此进行过遣奠礼[1]。

对属于齐家文化早期的宁夏沙塘北塬遗址出土的人骨与动物骨骼开展碳氮稳定同位素分析结果显示，当时古人的食物主要为粟和黍，同时还食用家养动物，家养动物的饲料以粟和黍的秸秆、谷糠等为主，动物资源在古人的食谱中所占的比重不高，牛和羊的饲料为C$_3$类和C$_4$类混合的食物，以C$_3$类植物为主，可能为野生植物，饲养牛和羊的方式主要是放养，畜牧业已经出现，但在农业经济中的比重不高[2]。

通过对青海民和喇家遗址出土的8匹汉代马骨进行古DNA研究，获得6匹马的测试结果。这6匹马均属于家马，可归入A、D和F三个现代家马中常见的谱系[3]。

通过对甘肃礼县西山遗址出土的3个个体的马骨遗存进行古DNA研究，发现这3匹马都是家马，属于B和D两个不同的线粒体DNA谱系；毛色亦有栗色和骝色两种[4]。

（三）黄河中游及华北地区

对陕西蓝田新街遗址出土炭化植物遗存的研究结果显示，从仰韶时代晚期至龙山时代早期，农作物种类有粟、黍、水稻、小麦、大豆和大麻，其中粟的数量最多，其次还有黍和水稻。该遗址农业生产的方式是旱、稻混作，以旱作为主[5]。

对陕西西安弓背崖遗址出土炭化植物遗存的研究结果显示，在仰韶和东周时期一直实行以粟为主的北方旱作农业经济；到了东周时期，在以粟、黍为主要粮食作物的前提下，小麦几乎成为与黍同等重要的农作物。这个遗址未发现任何稻米遗存，东周时期大豆遗存的数量偏少，但是发现了一定数量的豇豆属植物遗存，这个遗址利用植物的特点与关中地区同时期的其他聚落既有共性，也存在差异，反映出仰韶文化时期和周代古人对植物利用历史的发展、变化以及不平衡性[6]。

---

[1] 侯富任、樊军：《宁夏固原南塬水厂唐墓M4随葬马骨研究》，《南方文物》2020年第1期，第179~186页。

[2] 陈相龙、杨剑、侯富任、王晓阳：《宁夏隆德沙塘北塬遗址生业经济研究》，《南方文物》2020年第2期，第134~143、133页。

[3] 赵欣、吕鹏、东晓玲、刘铭、袁靖、张雅军、杜玮、马骞、于孟洲、杜战伟、杨东亚：《青海省民和县喇家遗址出土汉代马骨的DNA初步研究》，《南方文物》2019年第4期，第187~195页。

[4] 东晓玲、赵欣、吕鹏、赵丛苍、余翀、陈靓、刘铭、张雅军：《甘肃省礼县西山遗址出土马骨的DNA初步研究》，《南方文物》2020年第4期，第182~186页。

[5] 钟华、杨亚长、邵晶、赵志军：《陕西省蓝田县新街遗址炭化植物遗存研究》，《南方文物》2015年第3期，第36~43页。

[6] 唐丽雅、杨俊辉、郭昕、田洁、韩凯、张翔宇：《先秦时期关中地区农业生产的一致性与不平衡性：以西安弓背崖遗址为例》，《南方文物》2020年第4期，第163~172页。

对陕西旬邑枣林河滩遗址出土炭化植物遗存的研究结果显示，当地在商周时期的农作物以粟为主、黍为辅，另外还有一定数量的大豆、大麦，是一种典型的旱作农业生产方式；当地古人的生业经济还包括饲养家养动物和采集野生植物。当时在这个遗址的F3可能进行过加工粮食作物的活动[1]。

对河南邓州八里岗遗址出土植物遗存的研究结果显示，这个遗址从裴李岗文化到龙山文化晚期，农作物包括稻、粟和黍；自裴李岗时期开始，稻的数量一直最多；仰韶文化时期，稻、粟、黍的数量基本相同，但是黍的出土概率稍微低一些；屈家岭文化时期，稻的数量再次居于最多的位置，其次为粟，再次为黍，到龙山文化晚期，延续了这三种农作物的数量比例[2]。

对河南郑州花地嘴遗址出土炭化植物遗存分析结果显示，当地在龙山文化向二里头文化转变的过渡时期，农作物以小米为主，由于发现了稻谷植硅体，当时可能还种植水稻，由于附近的新砦遗址和东赵遗址在新砦期都存在小麦的淀粉粒和植硅体，所以在新砦期或更早时期小麦可能已经传入郑州地区；大豆在新砦期尚处在从野生向驯化过渡的阶段；当时的农业经济似乎开始出现重要的变化[3]。

对属于商代中期的河南郑州小双桥遗址的植物考古研究结果显示，这个遗址为种植小米为主，同时包括稻作的农作物生产方式；由于发现小麦，其绝对数量和出土概率都明显增多，反映出种植小麦的行为在商代中期有明显的推广[4]。

对河南临汝煤山遗址出土动物遗存的研究结果显示，龙山时期古人获取肉食资源的方式为饲养狗、猪、黄牛、羊等家养动物；从龙山时期一直到殷墟时期，家猪的数量比例开始减少，而黄牛的数量比例开始增加，家猪和黄牛的肉量也存在相同的变化趋势；制作骨器的原料以黄牛的骨骼为主，黄牛在家养动物中的作用越来越突出；猪和黄牛在当时的精神领域中也有特定的作用[5]。

〔1〕 陈思源、傅文彬、刘嘉祺、唐丽雅、翟霖林、赵志军、温睿：《陕西旬邑枣林河滩遗址炭化植物遗存研究》，《南方文物》2019年第1期，第103～112页。

〔2〕 高玉、邓振华：《炭化植物遗存的提取与数据分析方法浅析——以八里岗遗址2007年浮选结果为例》，《南方文物》2016年第2期，第97～103页。

〔3〕 唐丽雅、顾万发、高博、吴倩、温睿：《新砦期农业经济研究——花地嘴遗址炭化植物遗存分析》，《南方文物》2018年第4期，第85～95页。

〔4〕 钟华、李素婷、李宏飞、赵志军：《河南省郑州市小双桥遗址浮选结果及分析》，《南方文物》2018年第2期，第163～169页。

〔5〕 尤悦、袁广阔、赵雅楠、景思源：《河南省临汝县煤山遗址出土动物遗存研究》，《南方文物》2017年第3期，第165～176页。

对河南偃师二里头遗址出土野生动物遗存的研究结果显示，古人利用的野生动物在全部动物中所占的比例不高，当时用不同的方式利用不同的野生动物[1]。

对河北邢台小里遗址后冈一期文化层出土动物遗存的研究结果显示，后岗一期的古人以饲养猪和狗为主、渔猎活动为辅的方式获取肉食资源[2]。

对属于战国至西汉时期的河北石家庄石邑城遗址出土动物遗存的研究结果显示，当时把黄牛和家猪等家畜作为主要的肉食来源，野生动物数量极少；当时可能大量利用牛角，作为制作角弓的原料[3]。

对属于金代中晚期的河北康保西土城城址出土动物遗存的研究结果显示，当时古人的肉食来源包括2岁以下的羊、猪，另外还有成年的马和牛；当时制作骨器的原料包括马、牛和骆驼等大型家畜的桡骨、胫骨、掌骨和跖骨[4]。

对陕西淳化枣树沟脑遗址马坑出土马骨的古DNA研究结果显示，属于西周中晚期的马坑出土的4匹家马分别属于不同的谱系，显示出遗传的多样性，但是其毛色都是枣色，十分单一[5]。对这个马坑出土4匹马的碳氮稳定同位素研究结果显示，1号马、2号马和4号马的$\delta^{13}C$值为以C_4类食物为食，可能是小米类，主要为人工喂养，可能还包括放养；而3号马的$\delta^{13}C$值为以C_3类植物为主，还包括一些C_4类食物，当时可能主要为放养；这种不同的饲养方式是否意味着作为牺牲用的马匹有多个来源[6]。

对河南郑州花地嘴和望京楼这两个属于青铜时代遗址出土的牛骨进行线粒体DNA分析结果显示，花地嘴遗址的5个个体和望京楼遗址的10个个体为家养黄牛，花地嘴遗址还有1个个体为圣水牛；在家养黄牛中存在8个不同的单倍型，可以分别归属到T2、T3和T4单倍型类群，其中T3最多，其他较少[7]。

〔1〕李志鹏、江田真毅：《二里头遗址的野生动物资源获取与利用》，《南方文物》2016年第3期，第162～168页。

〔2〕李志鹏、任乐乐、史云征：《河北省邢台小里遗址出土动物遗存的鉴定与初步研究》，《南方文物》2015年第4期，第92～96、119页。

〔3〕李倩、郭济桥、武庄：《河北省石家庄市石邑城遗址出土动物遗存的初步研究》，《南方文物》2020年第1期，第160～166页。

〔4〕武庄、陈灿平、韩雨、刘增欢、李倩：《河北康保西土城城址出土动物遗存研究》，《南方文物》2020年第2期，第126～133页。

〔5〕赵欣、李悦、陈洪海、王振、袁靖、杨东亚：《陕西省淳化县枣树沟脑遗址马坑出土马骨的DNA初步研究》，《南方文物》2015年第3期，第70～76页。

〔6〕陈相龙、李悦、刘欢、陈洪海、王振：《陕西淳化枣树沟脑遗址马坑内马骨的C和N稳定同位素分析》，《南方文物》2014年第1期，第82～85页。

〔7〕赵欣、顾万发、吴倩、东晓玲、韩雨、刘铭、尤悦、刘一婷、袁靖、杨东亚：《河南省郑州地区青铜时代遗址出土牛骨的DNA研究》，《南方文物》2018年第4期，第126～134、40页。

对河南安阳殷墟遗址出土马与猪牙釉质的锶同位素比值分析结果显示，殷墟遗址出土的10匹马中有5匹马可能为土生土长的，还有5匹马似乎不是在殷墟出生的，它们的来源地也不同[1]。

把河南新郑望京楼遗址出土动物骨骼的碳氮稳定同位素分析结果与其他已发表的成果结合到一起研究，可以发现从龙山晚期到夏商时期，郑洛地区的家畜饲养受粟作农业的影响较大，家畜饲料与当地种植的粟和黍关联密切，尽管在龙山末期，当地推广种植水稻和小麦等外来作物，但是对饲养活动并没有产生明显的影响[2]。

（四）黄淮下游地区

对山东菏泽何楼遗址出土动物遗存的研究结果显示，在大汶口文化早期阶段，古人获取肉食资源的方式包括渔猎和家畜饲养，以渔猎活动为主[3]。

对山东临淄齐故城阚家寨遗址出土动物遗存的研究结果显示，战国时期社会上层人物和工匠阶层的肉食消费状况大致相同，以猪、黄牛等家养动物为主，狗肉在肉食中占有一定的地位，另外还包括羊和鸡等，野生动物的数量不多[4]。

对安徽蚌埠双墩遗址2014～2015年度发掘出土猪骨的研究结果显示，距今7000年前已经存在小范围的家庭饲养家猪的行为，除家猪之外，当时可能还存在由家猪和野猪杂交后出生的猪、逃离古人控制又回归自然的猪及纯粹的野猪等；古人屠宰猪的季节主要是冬季，对猪的宰杀年龄大致在1～2岁[5]。

对安徽亳州后铁营遗址出土动物骨骼的研究结果显示，在大汶口文化时期，古人以渔猎和饲养这些方式获取肉食，以渔猎活动为主[6]。

对安徽含山凌家滩与韦岗遗址出土动物遗骸的锶同位素比值分析结果显示，凌家

〔1〕　赵春燕、李志鹏、袁靖：《河南省安阳市殷墟遗址出土马与猪牙釉质的锶同位素比值分析》，《南方文物》2015年第3期，第77～80、112页。

〔2〕　陈相龙、尤悦、吴倩：《从家畜饲养方式看新郑望京楼遗址夏商时期农业复杂化进程》，《南方文物》2018年第2期，第200～207页。

〔3〕　左豪瑞、王涛、朱光华、袁广阔：《山东省菏泽市定陶区何楼遗址大汶口早期动物资源利用初探》，《南方文物》2020年第1期，第153～159页。

〔4〕　李志鹏、杨勇、徐龙国、钱益汇、杨梦菲：《东周临淄城居民肉食消费初探：动物考古学的视角》，《南方文物》2020年第4期，第173～181页。

〔5〕　戴玲玲、张东：《安徽省蚌埠双墩遗址2014年-2015年度发掘出土猪骨的相关研究》，《南方文物》2020年第2期，第112～118页。

〔6〕　戴玲玲、张东：《安徽省亳州后铁营遗址出土动物骨骼研究》，《南方文物》2018年第1期，第142～150页。

滩遗址出土的狗和鹿可能是当地土生土长的，韦岗遗址出土的猪也可能是当地土生土长的[1]。

（五）长江中游地区

对湖北房县计家湾遗址出土炭化植物遗存的研究结果显示，随着屈家岭文化北上扩张，形成了水稻种植的高峰期，水稻在计家湾遗址的地位超过黍，成为仅次于粟的农作物。而到了西周时期，受位于北方地区的西周文化的影响，粟和黍成为计家湾先民的主要食物，虽然水稻也是食物结构的一部分，但已经不是农业生产的主体；这个变化体现了计家湾遗址所在的鄂西北豫西南地区是长江中游考古学文化北渐、黄河流域考古学文化南下的交汇之地，农业生产结构受到考古学文化变迁的强烈影响[2]。

对湖北保康穆林头遗址出土炭化植物遗存的分析结果显示，当时的生活策略以种植粟类作物为主、稻作为辅，并广泛利用山区内果树资源，这是一种适应本地自然生态环境的生业模式；这个地区还可能是猕猴桃的驯化地之一[3]。

对湖北随州周家寨汉墓M8出土植物遗存的研究结果显示，植物遗存包括稻、板栗、枣、秋子梨、葫芦以及极少量的杂草，依据植物遗存的特征可以推测墓主人下葬的时间似乎在9月~10月这个时间段里[4]。

（六）长江下游地区

对上海柘林遗址良渚文化墓地出土人骨的研究结果显示，当时的古人在大类上属于亚洲蒙古人种，女性群体的平均身高明显低于北方的同类人群；依据下肢及足骨的特殊现象，当时居民的活动中可能保持某种习惯性姿势[5]。

对浙江浦江上山文化居址的研究结果显示，上山文化的居址形态不像稳定性定居，似乎属于周期性迁居的特征，上山文化先民还保留着较高的流动性，农作物种植

---

〔1〕　赵春燕、吕鹏、朔知：《安徽含山凌家滩与韦岗遗址出土部分动物遗骸的锶同位素比值分析》，《南方文物》2019年第2期，第184~190页。

〔2〕　田洁、唐丽雅、史德勇、罗运兵、赵志军：《湖北房县计家湾遗址出土炭化植物遗存研究》，《南方文物》2019年第5期，第180-188页。

〔3〕　唐丽雅、田洁、刘嘉祺、笪浩波、瞿磊：《屈家岭文化时期山地生业模式研究——以湖北保康穆林头遗址为例》，《南方文物》2019年第5期，第189~199页。

〔4〕　秦博、高博、李怡、全刘涛、罗运兵、史德勇、唐丽雅：《随州周家寨汉墓M8出土植物遗存的研究》，《南方文物》2017年第3期，第160~164页。

〔5〕　熊建雪、郑秀文、黄翔、文少卿、任晓莹、李辉：《上海柘林遗址良渚文化墓地人骨初步研究》，《南方文物》2020年第6期，第238~245页。

尚处于比较原始的状态[1]。

对浙江宁波乌龟山遗址出土鱼类遗存的研究结果显示，从河姆渡文化晚期到良渚文化时期，乌龟山先民主要捕捞乌鳢等淡水鱼，另外也捕捞多种靠近海岸的海鱼；宁绍平原滨海地区新石器时代先民大致以三种方式捕捞鱼类，即主要捕捞淡水鱼；既捕捞淡水鱼，也捕捞近海的海鱼；主要捕捞近海的海鱼；这反映出新石器时代的古人用不同的方式利用和开发陆地上的淡水资源和海洋里的资源[2]。

对浙江宁波大榭遗址出土动物遗存的研究结果显示，在良渚文化至钱山漾时期，属于中小型聚落的大榭遗址的古人用因地制宜的方式捕捞靠近海岸的海鱼和进行狩猎，以"渔猎为主、饲养为辅"的方式获取肉食资源[3]。对浙江宁波大榭遗址一期人骨的古DNA研究结果显示，大榭古人的母系遗传类型分别属于单倍群M7下的两个支系M7b1a1、M7b*，把大榭古人与现代各语系人群的谱系进行比较，其与现在侗台语人群的祖先可能存在一定的关系[4]。

对江苏宜兴骆驼墩遗址出土的动物骨骼进行碳氮稳定同位素分析，结果显示出马家浜文化早期的古人尚未对猪进行驯化[5]。

还有学者对长江下游地区7处考古遗址发表的人骨同位素数据进行分析，并以华南两处遗址人骨同位素数据为参照，全面探讨那个时期古人的生业方式及经历的历时性变化[6]。

（七）华南地区

对广西龙州左江沿岸的5处新石器时代贝丘遗址出土的脊椎动物遗存的研究结果显示，在距今8000～4000年期间，古人获取肉食资源的方式以渔猎活动为主，野生动物

〔1〕　徐紫瑾、陈胜前：《上山文化居址流动性分析：早期农业形态研究》，《南方文物》2019年第4期，第165～173页。

〔2〕　朱旭初、董宁宁、雷少：《宁波镇海乌龟山遗址出土鱼类遗存研究》，《南方文物》2020年第2期，第97～111页。

〔3〕　董宁宁、朱旭初、雷少：《宁波北仑大榭遗址的动物遗存研究》，《南方文物》2020年第6期，第246～252页。

〔4〕　文少卿、雷少、孙畅、杜盼新、熊建雪、王凌翔：《浙江宁波大榭遗址一期人骨的古DNA研究》，《南方文物》2020年第6期，第261～266页。

〔5〕　管理、林留根、侯亮亮、胡耀武、王昌燧：《环太湖地区马家浜文化早期家猪驯养信息探讨——以江苏骆驼墩遗址出土猪骨分析为例》，《南方文物》2019年第1期，第151～158、297页。

〔6〕　董惟妙、胡耀武：《人骨稳定同位素视角下长江下游地区史前先民的生存方式及演变》，《南方文物》2020年第6期，第253～260页。

的种类较多，但主要是鹿科动物[1]。

对广东佛山银洲贝丘遗址出土贝类的研究结果显示，当时古人作为肉食资源获取的贝类以河蚬为主[2]。

二、专 题 研 究

专题研究可以分为单个物种研究、生业特征研究、随葬动物研究、环境考古、动物艺术形象研究、方法论建设等六个方面。

（一）单个物种研究

1. 小麦

对考古遗址出土小麦遗存的分析结果显示，距今4500～4000年这个时间段里，小麦已经传播到中国境内；欧亚草原地区是小麦传播的必经之地，小麦传入中国长城沿线的北方地区之后，再由北向南，传播到黄河流域的中下游地区，小麦后来逐步成为古代中国北方地区的主要旱作农作物[3]。

2. 家犬

在过去的几十年中，学者们在家犬判断标准、家犬起源与驯化、家犬饲养、犬牲的仪式性使用、家犬古DNA研究和死亡年龄判断方法等方面取得了一定的成果，今后还应在家犬判断系列标准、家犬体型与形态变化、家犬食性和死亡年龄判断方面加强研究；还需要从动物考古学的角度对家犬的起源与驯化以及犬牲的仪式性使用等方面开展进一步的分析[4]。中国最早的家犬出现于属于新石器时代早期的河北徐水南庄头遗址（距今约10000年）；家犬的出现是人类驯化动物的开始，在人类的文明史上具有重要的意义；一直到新石器时代中期为止，北方地区在推广驯化家犬方面明显快于南方地区，但是自新石器时代晚期以来，南北方地区在驯化家犬进程上的差异基本消失，饲养家犬成为各个地区人群的日常行为；家犬的体形自新石器时代早期至新石器时代中期有变小的趋势，自新石器时代中期至青铜时期，大部分家犬的体形特征基本没有发生变化，但是也有部分家犬的体形出现小型化和大型化的趋势；家犬在全部哺

〔1〕 陈曦、杨清平、江左其杲：《广西左江流域新石器时代贝丘遗址动物考古学研究》，《南方文物》2019年第2期，第155～164页。
〔2〕 李梓杰、李岩、袁靖：《广东省佛山市三水区银洲贝丘遗址古环境与人地关系的再解读》，《南方文物》2015年第4期，第88～91页。
〔3〕 赵志军：《小麦传入中国的研究——植物考古资料》，《南方文物》2015年第3期，第44～52页。
〔4〕 武庄：《先秦时期家犬研究的现状与展望》，《南方文物》2014年第1期，第65～73页。

乳动物中的数量基本上稳定在5%～10%之间[1]。古人驯化和饲养家犬的过程在开始的时候是作为宠物，后来将其作为猎犬、在战争和守卫家园中的警犬，最后主要是承担看家护院的任务；不管在什么时候，家犬都曾经被作为宠物对待；在特定的时期和地区，古人还将家犬作为祭祀和随葬活动中的动物；有意识地繁殖家犬，将其作为肉食，是古人在特定时空范围内的特殊行为[2]。

3. 猪

国际上从事动物考古的研究人员通过对西亚地区的家猪驯化过程进行研究，发现家猪的驯化不是一个单线发展的过程，是动态的、曲折复杂的、延续时间以千年计算的、缓慢地进化的；西亚地区最早的家猪驯化证据出现在距今10000年左右的查颜努遗址，应用生物考古的方法，可以帮助我们深入探讨古代家猪的饮食状况、形态特征、活动范围和谱系特征等，这些研究有助于认识在驯化过程中人与猪的互动关系[3]。

4. 黄牛

甘青地区在距今5600年左右的马家窑文化时期，发现目前所知的中国最早的家养黄牛；普通牛是在近东起源的，而后可能通过两条路线传播到中国：其中T2世系到达新疆后，经过西北地区传播到中原地区，T4世系经由欧亚草原到达东北亚，再从那里传播到中原地区；T3世系则同时在这两条路线上传播；当时主要通过喂养的方式饲养黄牛；中国出现家养黄牛的动因可能跟精英阶层追逐、掌控社会财富和权力有关[4]。

5. 绵羊

在距今5000年左右的甘青一带出土的羊骨可能是中国目前最早的绵羊，而最早的山羊则晚至距今约3700年的中原地区才有发现；自新石器时代末期至商周时期，出土羊骨的遗址数量明显增多；绵羊的饲养方式可能以放养为主；古人对羊身上的羊肉、羊毛及乳制品等多重资源进行开发利用；同时羊在祭祀活动和礼仪制度中也具有重要的作用[5]。

---

〔1〕　武庄、袁靖、赵欣、陈相龙：《中国新石器时代至先秦时期遗址出土家犬的动物考古学研究》，《南方文物》2016年第3期，第155～161页。

〔2〕　袁靖：《家犬驯化及饲养动机初探》，《南方文物》2017年第1期，第150～154页。

〔3〕　张泉、Julia Lee-Thorp：《西亚家猪驯化研究的进展与启示》，《南方文物》2019年第2期，第191～209页。

〔4〕　吕鹏、袁靖、李志鹏：《再论中国家养黄牛的起源——商榷〈中国东北地区全新世早期管理黄牛的形态学和基因学证据〉一文》，《南方文物》2014年第3期，第48～59页。

〔5〕　左豪瑞：《中国家羊的动物考古学研究综述和展望》，《南方文物》2017年第1期，第155～163页。

6. 马

多年来的家马研究涉及中国家马的起源、形态学及骨骼测量、古DNA研究及同位素分析的应用和西北地区家马葬俗等几个方面；今后要加强完善家马鉴定标准、基础材料的收集、数据的统计处理、相关自然科学方法的应用等[1]。新石器时代遗址出土的马骨与古人的饲养活动无关，但是从殷墟二期开始，出土保存完整的马骨、马车及青铜器；线粒体DNA的分析结果证明，商代晚期已经出现家马，考古资料显示当时的人与马关系密切；自商代晚期开始，中国出现了真正意义上的家马及古人对马的利用[2]。

7. 鸡

红原鸡的传统栖息地在亚洲东南部地区，最早的家鸡可能起源于那个地区，现在的研究结果证实，最晚到距今3300年左右，家鸡已经被人带入河南东部地区[3]。

8. 兔

在全新世早期，欧洲穴兔的分布范围局限在伊比利亚半岛和法国南部地区；到历史时期，生活在法国南部地区的穴兔种群被古人带到欧洲的其他地区和各大洲；进入中世纪时期，穴兔在欧洲的扩散速度明显加快；家兔的完全驯化可能发生在这个时期；最迟至16世纪，家兔终于完成了驯化的过程[4]。

9. 鼠

研究鼠类的内容包括借用生态学理论，对农业起源之后形成的"农田中的啮齿类动物"进行探索，认识这类啮齿类动物的演变及它们对农业的影响；探究"进入居址的啮齿类动物"的形成过程及这类啮齿类动物对人类行为的影响；通过研究啮齿类动物探讨古代环境和人地关系等三个方面[5]。

（二）生业特征研究

这里将全部研究结果分为东北及内蒙古东部地区、新疆及黄河上游地区、黄河中游及华北地区、黄淮下游地区、长江上游地区、长江中游地区、长江下游地区、江淮中下游地区、岭南及周边地区等九个地区分别阐述。

---

〔1〕 刘羽阳：《中国古代家马研究的回顾与展望》，《南方文物》2014年第1期，第74~77页。

〔2〕 〔日〕菊地大树著，刘羽阳译，袁靖校：《中国古代家马再考》，《南方文物》2019年第1期，第136~150页。

〔3〕 袁靖、吕鹏、李志鹏、邓惠、江田真毅：《中国古代家鸡起源的再研究》，《南方文物》2015年第3期，第53~37页。

〔4〕 王娟：《家兔驯化历史的考证》，《南方文物》2019年第4期，第174~186页。

〔5〕 王运辅：《啮齿类的动物考古学研究探索》，《南方文物》2016年第2期，第108~115、107页。

　　东北及内蒙古东部地区的北部在新石器时代的特征是采集和渔猎，从青铜时代开始，种植农作物和饲养家畜的数量开始增多；而东北及内蒙古东部地区的南部从距今8000年前开始出现少量的农作物，当时是否饲养家畜尚不能确定。在相当长的时期内，种植农作物和饲养家畜的行为在东北及内蒙古东部地区的发展不够平衡，到青铜时代后期，开始出现稳定发展的趋势，家养动物中牛和羊的数量增多；这个特征的形成跟自然环境的作用、黄河流域地区考古学文化的影响有关，但主要是跟当地多个考古学文化的发展变化相关[1]。

　　新疆及黄河上游地区的生业特征可以归纳为黄河上游地区开始时种植农作物和饲养家养动物的活动不占主要地位，当时以采集狩猎为主，后来转变为以种植农作物和饲养家养动物的活动为主，农作物主要是粟和黍，家养动物由家猪发展为绵羊、黄牛和家猪，绵羊的数量增长明显；这个地区生业特征的形成与当地适宜畜牧业发展的自然环境、气候干冷化及中西文化的交流相关。这个地区似乎没有发现完全是在当地土生土长的农作物或家畜种类；新疆地区的农作物中小麦和青稞较多，家畜中羊、牛和马的数量较多，游牧活动的特征较为明显[2]。

　　黄河中游及华北地区整体上经历了在新石器时代早期开始出现栽培农作物和饲养家养动物，后来采集渔猎活动逐渐减少，栽培农作物和饲养家养动物活动的比重越来越大，直至占据主要地位的发展过程；但是这个发展过程在整个地区不是完全一致的，中原地区，尤其是河南地区一直呈现出稳定发展的趋势，到新石器时代末期，农作物中包括粟、黍、水稻、大豆和小麦，家养动物包括狗、猪、黄牛和绵羊，形成种植多种农作物和饲养多种家养动物的方式，这种持续发展的过程与早期中国出现在这个区域的现象密切相关，而陕西地区和内蒙古地区的一些遗址中狩猎活动一直比较兴盛，持续到青铜时代；较好的自然环境条件对这个地区的生业在整体上稳定发展起到了明显的促进作用，古人的能动开发及文化交流等是这个地区生业发展的主要原因[3]。

〔1〕　袁靖：《新石器时代至先秦时期东北地区的生业初探》，《南方文物》2016年第3期，第175～182页。

〔2〕　a. 吕鹏、袁靖：《交流与转化——黄河上游地区先秦时期生业方式初探（上篇）》，《南方文物》2018年第2期，第170～179页。

　　　b. 吕鹏、袁靖：《交流与转化——黄河上游地区先秦时期生业方式初探（下篇）》，《南方文物》2019年第1期，第113～121页。

　　　c. 董宁宁：《新石器时代至先秦时期新疆地区的生业研究》，《南方文物》2019年第4期，第196～204页。

〔3〕　袁靖：《黄河中游及华北地区距今10000至5000年生业状况初探》，《南方文物》2018年第1期，第151～159页。

黄淮下游地区的生业状况经历了从采集渔猎到以种植农作物和饲养家养动物为主、采集渔猎居于次要地位的发展过程；值得注意的是到新石器时代晚期的开始阶段，种植农作物的方式还没有明显地占据主要地位，但是获取肉食资源的方式已经以家养动物为主；从新石器时代晚期的后段至青铜时期，种植农作物和饲养家养动物的方式占据主要地位，农业方式包括稻粟混作，新石器时代末期的家畜种类中增加了黄牛和绵羊；这个地区生业特征的形成与自然条件及古人的能动作用相关[1]。

长江上游地区在很长的时间内通过采集渔猎活动获取食物；由于地理环境复杂，造成多个区域性文化特色明显，其生业特征包括农牧业生产、渔业开发、种植水稻及山地经济；多个地区的农业因素传入长江上游地区，对这个地区生业特征的形成起到了重要的作用，另外，自然环境制约的作用也是需要重点关注的[2]。

长江中游地区的生业整体上经历了从采集渔猎为主向种植水稻和饲养家养动物为主的发展过程；其北部地区稻作农业与中原地区仰韶文化粟作农业互相影响，其他地区也受到中原地区粟作农业的影响，峡江地区渔猎经济一直占据比较重要的位置；这个地区生业特征的形成与自然环境的特征有一定的关系[3]。

长江下游地区是水稻栽培的重要起源地，这个地区的生业特征主要是在相当长的时间内表现为以渔猎为主的方式获取肉食，即便在种植水稻成为古人获取食物的主要方式后，以渔猎方式获取肉食的传统依旧占据主要地位，这种获取肉食的方式一直延续到青铜时代，良渚文化时期是这个地区新石器时代稻作农业的高峰期，早期文明的形成与这个高峰密切相关；长江下游地区生业特征的形成与自然环境的特征有一定的关系[4]。

江淮中下游地区在新石器时代主要依靠渔猎的方式获取肉食，家养动物的数量

[1]　a. 李志鹏：《新石器时代早、中期黄淮下游地区先民获取动物资源的生业方式初探》，《南方文物》2018年第1期，第160～165、120页。
　　b. 李志鹏：《新石器时代晚期至末期黄淮下游地区的生业初探》，《南方文物》2017年第3期，第177～186页。
[2]　罗运兵、姚凌、袁靖：《长江上游地区先秦时期的生业经济》，《南方文物》2018年第4期，第96～110页。
[3]　罗运兵、袁靖、姚凌、唐丽雅：《长江中游地区先秦时期的生业经济》，《南方文物》2019年第4期，第205～220页。
[4]　a. 潘艳、袁靖：《新石器时代至先秦时期长江下游的生业形态研究（上）》，《南方文物》2018年第4期，第111～125页。
　　b. 潘艳、袁靖：《新石器时代至先秦时期长江下游的生业形态研究（二）》，《南方文物》2019年第1期，第122～135页。

比例较低，但是也不排除凌家滩这样的中心聚落存在主要通过饲养家畜获取肉食的案例，其家养动物可能还包括由周围的一般聚落提供的[1]。

岭南及周边地区在相当长的时间内完全通过采集和渔猎获取食物，自新石器时代晚期后段，出现粟、黍、水稻、大豆和家猪等农作物和家养动物，这些都是通过文化交流的方式传入的，到新石器时代末期，种植农作物和饲养家畜开始推广；自然环境的优越性是这个地区采集渔猎方式得以长期存在的重要原因[2]。

中国先秦时期的生业状况大致可以区分为四个阶段：

第一个阶段是新石器时代早期，这个时期获取食物的方式为采集和渔猎，种植小米和水稻、饲养狗的行为已经出现，但仅存在于极少数的遗址；

第二个阶段是新石器时代中期，这个时期获取食物的方式仍然以采集和渔猎为主，种植粟、黍和水稻，饲养狗和猪的行为居于次要地位，在长江上游地区和岭南地区，仍然完全以采集渔猎的方式获取食物；

第三个阶段是新石器时代晚期，这个时期获取食物的方式发生变化，种植农作物和饲养家养动物居于主要地位，渔猎方式居于次要地位，但是个别地区还存在采集渔猎为主的现象，位于黄河中游的河南地区和位于黄淮下游的海岱地区在这个时期的生业发展水平高于其他地区；

第四个阶段包括新石器时代末期至青铜时代，这个时期各个地区都是以种植农作物和饲养家养动物的方式获取食物，小麦、绵羊、黄牛、马和鸡等新的农作物和家养动物种类进入黄河流域，尽管如此，多个小区域的发展仍然存在不平衡的现象，尤其是华南地区尚没有达到其他地区生业发展的水平[3]。

（三）随葬动物研究

甘青地区在新石器时代晚期至末期的墓葬中就存在随葬羊，后来使用羊进行祭祀活动的现象开始向东扩展，到东周时期，在祭祀活动中使用马、牛和羊，北方草原地区在春秋战国时期存在使用家羊的头和蹄子随葬的习俗，这与游牧民族的生业特征和文化面貌相关[4]。

---

〔1〕 吕鹏、吴卫红：《长江下游和淮河中下游地区史前生业格局下的凌家滩文化》，《南方文物》2020年第2期，第119～125页。

〔2〕 余翀：《新石器时代至青铜时代岭南及周边地区的生业初探》，《南方文物》2018年第2期，第180～187页。

〔3〕 袁靖：《中国新石器时代至先秦时期生业初探》，《南方文物》2019年第5期，第200～209页。

〔4〕 左豪瑞：《新石器时代至先秦时期家羊的仪式性使用初探》，《南方文物》2018年第2期，第188～199页。

商周时期在墓葬中使用的动物除牛、羊、猪、狗等家养动物外，还包括野生动物鹿，在楚墓中使用禽类和鱼类，使用的动物没有一定的年龄特征，部分墓地使用年轻个体，那些动物摆放在墓葬内不同的位置，随葬动物的头和蹄子是北方游牧民族的特征，在楚文化的墓葬中牛的等级高，北方地区则是随葬马的墓葬等级高，当时把煮熟的肉放在随葬的容器内，墓葬内随葬的动物与当时饲养的动物相关[1]。

商代都城在祭祀用牲上存在从以猪为主向以牛为主的转变，使用马和羊的实例也逐渐增多；到周代祭祀用牲中使用最多的动物是羊，其次有牛和马，基本没有发现猪；商代的祭祀用牲组合包括单独埋葬一种动物和埋葬多种动物，周代是仅埋葬一种动物，商代和周代在埋葬动物时都包括活埋和将动物杀死后埋葬两种方法，既有使用完整的动物，也有使用动物的部分肢体[2]。

先秦时期的祭祀用牲的使用经历了逐步礼制化的过程，到周代祭祀用牲的礼制化得以确立。先秦时期，祭祀用牲的礼制化自出现到成熟，与生业经济的不断发展密切相关[3]。

中央政权地区和少数民族政权地区使用动物随葬的汉墓分别具有不同的特征。按照中央政权地区两汉时期墓葬内随葬动物的复杂程度，可以区分为帝后陵、王侯墓、一般贵族与平民墓这样三个级别，墓葬中随葬的动物按照时空区别及墓葬等级的不同存在一定的规律性特征[4]。

（四）环境考古

河北徐水南庄头遗址的环境考古研究结果显示，含有文化遗物的地层是在自然的作用力下形成的，在形成的过程中掩埋了古人活动留下的遗迹。南庄头遗址的古人生活在极为干冷的冰期的河谷地带，依赖这个地区存在的动植物资源生存[5]。

山东章丘西河遗址早期的先民在河漫滩上用采集和渔猎方式获取食物。这个地区阶地形成的时间最晚在距今8000年前，在这样的地貌背景下，自后李文化之后，聚落

〔1〕　刘一婷：《商周墓葬用牲研究回顾》，《南方文物》2018年第1期，第166～172页。

〔2〕　刘一婷：《商周祭祀动物遗存研究综述》，《南方文物》2014年第1期，第58～64页。

〔3〕　吕鹏、宫希成：《祭牲礼制化的个案研究——何郢遗址动物考古学研究的新思考》，《南方文物》2016年第3期，第169～174页。

〔4〕　邓惠：《考古材料所见之汉墓动物随葬》，《南方文物》2015年第3期，第58～69页。

〔5〕　王辉、鲁鹏、郭明建、陈盼盼、饶宗岳：《徐水南庄头遗存的沉积学考察及相关问题》，《南方文物》2020年第4期，第153～162页。

的主要部分开始转移，开始种植农作物[1]。

在后李文化时期，聚落基本是处于山前地带的河漫滩或者低阶地，这样的自然环境为当时以采集和渔猎为主、栽培农作物和饲养家养动物为辅的生业方式创造了条件[2]。

在龙山文化晚期，河南禹州瓦店遗址所处的台地面与河床之间的高差较小，呈现出"水乡"的特点[3]。

对河南溱水流域新石器时代遗址进行环境考古研究的结果显示，生业模式的形成和转变是人类行动的结果；各种生业活动都离不开相应的自然环境条件；自然环境变化能够产生的影响需要建立在关联点的基础之上，而不是自然环境的某个方面发生了变化，就必然会对生业产生影响[4]。

（五）动物艺术形象研究

通过对陕西地区出土的汉代陶猪进行形态研究，可以将他们分为站立与伏卧两大类；而站立类的陶猪又可依据无鬃和有鬃再分为两种。依据形状特征，可以把这些陶猪分为两个时期，第一期约为西汉早中期，陶猪均出自帝王陵墓的陪葬坑及高等级的贵族墓内，都呈站立状、无鬃；第二期为西汉晚期至东汉晚期，大多数呈站立状、有鬃，另外还存在少量的伏卧类陶猪；随葬陶猪的习俗最早出现于西汉早期帝王的陪葬坑及高等级的贵族墓内，后来推广至社会中下层的墓葬中也随葬陶猪；陕西地区在汉代以放养和圈养两种方式饲养家猪[5]。

鹿石是古代草原文化的标志性遗产，鹿石可分为写实性和风格化两类。写实性的鹿形象绝大部分是成年的雄性驼鹿，个别是雄性马鹿。风格化的鹿图像则比较复杂。结合鹿石图像及其动物群所代表的生态分布，鹿石上鹿的图像主要反映的是驼鹿和马鹿，这似乎与早期游牧民族狩猎的对象关系密切[6]。

〔1〕 王辉、兰玉富、刘延常、佟佩华：《山东省章丘西河遗址的古地貌及相关问题》，《南方文物》2016年第3期，第141~147、138页。
〔2〕 王辉、兰玉富、刘延常、佟佩华、王守功：《后李文化遗址的地貌学观察》，《南方文物》2018年第4期，第77~84页。
〔3〕 王辉、张海、张家富、方燕明：《河南省禹州瓦店遗址的河流地貌演化及相关问题》，《南方文物》2015年第4期，第81~89、91页。
〔4〕 王辉、鲁鹏、许俊杰、莫多闻：《试论自然环境在生业模式形成和演变中的作用——以河南溱水流域的新石器时代为例》，《南方文物》2019年第5期，第170~179页。
〔5〕 刘欢：《陕西地区出土汉代陶猪的初步研究》，《南方文物》2014年第1期，第78~81、64页。
〔6〕 罗运兵、陶洋：《鹿角传奇：鹿石图像的种属辨识》，《南方文物》2017年第3期，第192~201页。

（六）方法论建设

在一个现代村落开展传统方式的加工粟的实验，发现收割的粟中含有数量较多的不成熟的粟，经过脱粒和扬场等加工程序，这些不成熟的粟和其他农作物的副产品都被当作燃料或禽畜的饲料；在中国先秦时期的植物考古样品中常常发现不成熟的粟和黍，现代粟的加工实验对于解释考古遗址中发现的不成熟的粟和黍有重要的启示价值[1]。

选取现生大豆粒标本进行形态观察和炭化实验，归纳总结栽培大豆和野生大豆在形态特征上的区别，以及炭化后的形态变化，再结合鱼化寨、周原和凤林古城等考古遗址出土炭化大豆粒的观察结果，建立科学区分考古遗址出土的炭化大豆是栽培大豆还是野生大豆的标准和依据[2]。

对考古遗址出土动物骨骼鉴定结果所使用的拉丁名命名进行回顾和分析，首先阐明动物分类阶元系统和双名命名法的基本概念，其次指出在已经发表的研究报告中，牛族、梅花鹿、西伯利亚狼、野猫、鹿、鼠、羊等是拉丁名使用不规范现象较多的几种/类动物，并对每种/类动物的情况进行了详细说明[3]。

概括了几何形态测量方法自20世纪70年代开始的历史，详细阐述了几何形态测量方法的基础理论及实际操作的要点，另外还介绍了使用这种方法在研究欧洲地区的马科动物和中国家猪起源与驯化过程中的成功案例[4]。

全面阐述了家鸡和其他3种属于雉科的鸟类在5处骨骼上的主要区分点，为从骨骼形状特征上鉴定考古遗址出土的家鸡骨骼建立了科学依据[5]。

明确提出科学分类法和古代的民俗分类法出于不同的目的，产生于不同的背景，具有各自的特征，属于两种不同的方法；针对考古遗址出土的动物遗存，要结合考古背景、利用同位素分析等多种方法进行分类[6]。

---

〔1〕　宋吉香、赵志军、傅稻镰：《不成熟粟、黍的植物考古学意义——粟的作物加工实验》，《南方文物》2014年第3期，第60～67、71页。

〔2〕　赵志军、杨金刚：《考古出土炭化大豆的鉴定标准和方法》，《南方文物》2017年第3期，第149～159页。

〔3〕　余翀：《关于考古遗址出土动物骨骼鉴定结果所使用拉丁名的思考》，《南方文物》2018年第1期，第137～141页。

〔4〕　喻方舟：《几何形态测量在动物考古学中的应用：基本理论与方法》，《南方文物》2020年第1期，第146～152页。

〔5〕　江田真毅、刘羽阳：《试论家鸡骨骼的形态特征》，《南方文物》2016年第2期，第104～107页。

〔6〕　董宁宁：《古代民俗分类法和动物考古研究》，《南方文物》2016年第3期，第148～154页。

对已经发表的中国新石器时代至商代初期的人、猪和狗的稳定同位素数据进行归纳，由此得出在北方地区粟作农业的繁盛阶段，人、家猪和家犬具有大致相同的稳定同位素特征，因此，依据家猪和家犬的稳定同位素特征可以推测先民的生业状况；但是由于新石器时代初期种植农作物尚处于起始阶段，另外南方地区的野生植被和水稻的稳定同位素特征较为相似，通过家猪和家犬的稳定同位素特征认识当地的生业状况需要建立更多的边界条件[1]。

通过对新疆巴里坤石人子沟村的民族学调查，对照这个地区考古遗址出土的动植物遗存的研究结果，全面了解遗址周围游牧人群开发、利用动植物资源的生产生活方式，观察和记录游牧人群从屠宰羊到肢解羊的过程；调查结果与考古遗址出土动植物遗存的研究结果大致吻合，证明民族学调查是一个很好的启示[2]。

以内蒙古苏尼特右旗境内10户蒙古族与汉族牧民为调查对象，就草场面积、畜群结构以及家畜的性别比例、年龄结构、繁殖与阉割、疾病与死亡等问题开展民族学调查；调查结果对于研究考古遗址出土动物遗存所反映的家畜饲养策略与利用方式、社会结构等具有重要的启示价值[3]。

三、四点思考

通过对"生业与社会"栏目开设以来发表的文章进行整理和归纳，我们看到了可喜的研究成果，更加明确了今后努力的方向，这里凝练为四点分别阐述。

（一）基础研究更加扎实

基础研究是学术发展之基。要做好生业研究，首先要注重做好单个遗址出土的动植物遗存的整理和研究工作及相关的测试和分析工作，并及时予以发表，这也是考古类杂志的首要任务。"生业与社会"栏目一贯秉承这个思路。纵览在这个栏目中发表的关于单个遗址出土植物遗存的整理、测试和研究结果的文章，从时间上看，年代最早的可以追溯到距今7000多年前的新石器时代中期，年代最晚的属于辽金时期。从

〔1〕 侯亮亮：《稳定同位素视角下重建先民生业经济的替代性指标》，《南方文物》2019年第2期，第165～183页。

〔2〕 尤悦、钟华、余翀：《新疆巴里坤县石人子沟遗址生业考古的民族学调查与研究》，《南方文物》2016年第2期，第116～122页。

〔3〕 李鑫叶、李悦、张成睿、刘欢：《内蒙古苏尼特右旗牧民家畜饲养与利用的民族学调查》，《南方文物》2020年第4期，第187～195页。

分布地域上看，包括辽宁、内蒙古、新疆、青海、宁夏、陕西、河南、河北、山东、安徽、湖北、浙江、江苏、广西、广东15个省市自治区。其包括的时空范围不可谓不广泛。在发表的将近40篇研究成果中，除了以动植物遗存的研究结果为主之外，还包括古DNA研究和同位素分析的成果，对研究资料进行多角度、全方位的探讨，有助于提升研究成果的科学性。这些成果是推动生业研究的基础，也是研究一个考古学类型或文化特征的不可或缺的重要方面。以往认识考古学文化或类型，主要是归纳多个遗址出土的人工遗迹和遗物在形状特征上的共性，再加上碳十四测定年代的数据，由此构建古代物质文化谱系。我认为，一个考古学文化或类型实际上就是代表了古人的一段历史。而作为历史，除了绝对年代和人工遗迹、遗物的形状特征之外，必然要包括经济基础，包括生产力要素，生业是体现这些方面的重要内容，由一个一个具体遗址的动植物考古研究成果所组成。我们高兴地注意到，"生业与社会"栏目已经成为发表具体遗址出土动植物遗存研究成果的重要平台。

（二）专题研究更加深入

专题研究是在基础研究上的深入，有助于进一步提升基础研究的学术价值。我们的专题研究涉及多个方面。首先，聚焦具体动植物种属开展个案研究，认识农作物和家养动物的起源、出现、发展过程及其在生业活动中的作用，这是生业研究的重要内容。尽管我们现在讨论的农作物仅涉及小麦，但是动物种属除狗、猪、黄牛、绵羊、马和鸡等六畜之外，还包括兔、鼠等。对于其中大多数动物的起源、出现及发展过程都有明确的研究结果。其次，认识各个区域的生业特征，按照东北及内蒙古东部地区、新疆及黄河上游地区、黄河中游及华北地区、黄淮下游地区、长江上游地区、长江中游地区、长江下游地区、江淮中下游地区和岭南及周边地区等9个地区，分别阐述这些地区自新石器时代至青铜时代的生业内涵及特征，并将这些特征与自然环境状况及变迁、考古学文化的发展进程等联系到一起进行探讨，阐述这些地区各自的生业发展过程及特征。通过这样的探讨，我们可以清楚地看到中原地区持续发展的生业状况及引入新的生产力要素，是中华文明起源并持续发展壮大于这个地区的重要基础；而不同地区的文化、社会发展轨迹与各个地区独特的生业发展过程密切相关。其三，研究动物的仪式性使用。在中国古代的丧葬历史中，存在随葬动物的行为。古人经过有意识的选择，赋予一些动物以特殊的含义，将它们放入墓葬中，希望它们跟随墓主到另一个世界里，继续为墓主服务。古代社会以礼经国家、定社稷、序人民，动物或动物型人工制品成为重要的象征符号，古人序五牲之先后贵贱，用于构建封建统治的序列或等级。另外，通过对古代的动物图像遗存进行考古解读，认识随葬的陶猪与墓葬等级的关系及动物图像与当时生业特征的关系，也是动物考古学关注的内容。其四，聚落与环境研究。对山东地区属于后李文化的遗址进行研究，证实当时主要以渔猎采集的方式获取食物资源时，其活动的地域往往是河漫滩或者低阶地；河南龙山文化时期的瓦店遗址在农作物栽培中之所以有数量较多的水稻，是和其所处的环境呈现出水乡的特点密切相关的。对于自然环境和生业的相互关系，我们既要肯定各种生业活动离不开相应的自然环境，也要充分认识到生业方式的形成和转变是人的行动的结果，过分强调其中一点是不可取的。

（三）研究方法更加全面

工欲善其事必先利其器，在生业研究中我们一直强调方法论的建设。方法论的建设首先是确立鉴定标准，比如通过归纳栽培大豆和野大豆的形态差异以及碳化后的变化规律，制定考古遗址出土的碳化大豆的鉴定标准。通过对几种雉科动物在多块骨骼上特征差异的确认，完善鉴定家鸡的标准。其次是命名问题，强调动物拉丁名命名法的基本概念，反思以往在拉丁名命名中常见的错误。另外，通过对古代民俗分类法和科学分类法的比较，有助于我们科学认定传世文献中的相关记载。其三是新方法的应用，如介绍国际动物考古当前常用的几何形态测量方法，用尺寸和形状来表现形态，用国内外成功的实例强调这个方法的实用性。还有就是考虑如何更好地发挥稳定同位素数据的作用，在特定遗址中作为认识生业的代用指标。其四是民族学调查。通过对现代游牧人群开发、利用动物资源和植物资源等生产和生活方式的调查，为我们认识古人的行为提供有益的借鉴和启示。

（四）研究前景更加辉煌

回想起1999年我在《考古学报》上发表《论中国新石器时代居民获取肉食资源的方式》[1]，那是在国内发表的第一篇探讨史前先民获取肉食资源的论文。当时我依据的材料仅有各地开展过动物考古学研究的42处遗址。那个时候，植物考古的浮选法尚未在国内全面推广，开展过与植物考古相关的研究的遗址更是屈指可数，更不要提及开展古DNA研究和同位素分析的成果了。进入21世纪以来，我们的动植物考古研究、古DNA研究和同位素分析取得了长足的进步，开展过上述研究的遗址数量达到数百处，而且还在以迅猛的势头向前发展。正是在这样的学术背景下，我和《南方文物》的周广明编辑商定设立"生业与社会"栏目，这个栏目设立至今，已经有6年了，通过对上述研究成果的回顾，可以说，我们实现了设立这个栏目的初衷，同时，也进一步

---

〔1〕　袁靖：《论中国新石器时代居民获取肉食资源的方式》，《考古学报》1999年第1期，第1～22页。

明确了继续前行的方向。今后，我们要继续推动发表单个遗址的研究成果，同时要注重在有条件的单个遗址中，开展包括动植物考古、古DNA研究、同位素分析和环境考古在内的多角度的分析，以求更加全面地认识当时的生业状况。我们要继续推动专题研究，专题研究是在一定的时空范围内探讨生业与社会的各个方面，有助于我们聚焦当时的生产行为和社会活动的一段历史，深化研究的内涵，拓展研究的领域。我们要继续推进生业考古相关学科的建设，立足标准化和规范化建设。动植物考古、DNA研究、同位素分析和环境考古在这些方面有自己独到的优势，除了材料的性质是一致的之外，其思路和方法在国际学术界也是共同的，我们要努力做好标准化和规范化建设的工作，让没有规矩不成方圆的古训，在新时代发挥出更加灿烂的光芒。我们要继续鼓励青年学者挑大梁，从已经发表的全部文章的作者看，青年学者占据了绝对多数，这是我们的事业欣欣向荣、蒸蒸日上的明显标志，相信我们的青年学者一定能够在研究中发挥更大的作用。

展望未来，我们有信心，把"生业与社会"栏目越办越好。就像我在开栏语中所说的："通过年复一年地发表相关的科研成果，必定能够促使生业与社会各个方面的研究走向深入，必定能够取得一系列新的认识，必定能够拓展和完善新的研究领域，必定能够为中国考古学的全面发展做出独到的贡献。"[1]

（原载于《南方文物》2021年第1期，第153～163页）

---

〔1〕　袁靖：《生业与社会：〈南方文物〉"生业与社会"专栏开栏语》，《南方文物》2014年第1期，第54～57页。

第三编

科 技 考 古

本编由8篇文章组成。

《夏鼐先生与中国科技考古》讲述了夏鼐先生为建立中国科技考古做出的丰功伟绩及我们正在沿着夏鼐先生指引的道路奋力前行。

《中国科技考古60年》《文理结合　开拓创新》和《建设复旦大学科技考古研究院的回顾与展望》讲述了20世纪50年代到21世纪前10年中国科技考古的主要研究成果、中国社会科学院考古研究所科技考古中心和复旦大学科技考古研究院的工作总结和展望。

《上海倡议》《进一步推进科技考古的三点认识》《科技考古的思考》和《科技考古的思考和研究》全方位地论述了笔者对于做好中国科技考古的系统认识。

夏鼐先生与中国科技考古

——读《夏鼐文集》有感

夏鼐先生是20世纪50年代以来中国考古工作的主要指导者和组织者，是中国杰出的考古学家，是现代中国考古学的奠基人之一。今年是夏鼐先生100周年诞辰，中国社会科学院考古研究所专门开展多项活动，怀念这位伟大的人物。关于夏鼐先生在中国考古学上所建立的丰功伟绩，多位前辈学者已经撰文做过阐述和评价。我每读一遍，就增添一份对这位中国考古学领军人物的崇敬之感。

在科技考古这个名称尚未出现以前，这方面的研究一般称之为自然科学相关学科与考古学结合开展研究或自然科学技术手段在考古学中的应用，有时还称之为实验室考古。20世纪80年代末期提出科技考古这个词，20多年来科技考古这个词已经基本上被学术界所接受[1]。今天，大家都明确地意识到，科技考古包含了自然科学相关学科与考古学结合开展研究的全部内容。但是，这个研究必须以考古学研究的目的为指导，必须带着考古学的问题开展研究，对研究结果的认识必须结合考古出土背景进行分析，即考古学研究的意识必须贯穿于整个科技考古研究的过程之中。在当今中国考古学的发展中，科技考古正在发挥出越来越重要的作用。从科技考古研究历程的角度回顾夏鼐先生当年凭借大科学家的学术敏锐和渊博的知识，努力推动自然科学相关学科与考古学结合开展研究的历历往事，同样由衷地感受到这位学术泰斗的伟大之处。本文试图依据重读《夏鼐文集》里收录的有关涉及自然科学相关学科与考古学结合开展研究的经典文章及其他资料，首先介绍夏鼐先生对中国科技考古研究的倡导作用及

---

[1]　a. 王昌燧：《前言》，见王昌燧主编：《科技考古论丛》（第2辑），合肥：中国科学技术大学出版社，2000年，第iii-iv页。

b. 赵丛苍主编：《科技考古学概论》，北京：高等教育出版社，2006年。

c. 杨晶、吴加安：《科技考古》，北京：文物出版社，2008年。

d. 陈铁梅编著：《科技考古学》，北京：北京大学出版社，2008年。

e. 袁靖：《科技考古》，见刘庆柱主编：《中国考古发现与研究（1949—2009）》，北京：人民出版社，2010年，第425～466页。

亲身实践，认识他发挥的无与伦比的作用。其次阐述自己对于如何沿着夏鼐先生规划的宏图，加倍努力，建设好中国科技考古学科的思考。

一、夏鼐先生建设中国科技考古学科的丰功伟绩

夏鼐先生建设中国科技考古学科的丰功伟绩大致可以分为作为中国考古工作的主要指导者和组织者，规划自然科学相关学科与考古学结合开展研究的学科布局；作为中国考古学的领军人物，从理论上论述自然科学相关学科与考古学结合开展研究的主要内容及把握研究的核心问题；作为大学问家，亲自从事自然科学相关学科与考古学结合开展研究及科技史研究等几个方面。

（一）规划自然科学相关学科与考古学结合开展研究的学科布局

夏鼐先生多年来一直以中国考古学领军人物的地位及能力，倡导自然科学相关学科与考古学结合开展研究，推动多个自然科学技术手段在考古学中的应用领域的建设。

比如，他领导中国社会科学院考古研究所（当年隶属于中国科学院）建立碳十四年代测定实验室。早在1955年，夏鼐先生就在《考古通讯》上介绍20世纪50年代初，由美国科学家维拉德·弗兰克·利比（Willard Frank Libby）发明的放射性碳素测定年代的方法，指出它的重要性，并建议在国内建立实验室进行测定工作[1]。这篇文章距离利比发明这个方法的时间只有5年，距离介绍这种测定方法的著作的出版只有3年。除了及时撰文介绍国际考古学研究中应用碳十四断代这个最新成果以外，20世纪50年代末，夏鼐先生经杨承宗先生介绍，从中国科学院高能物理研究所引进仇士华和蔡莲珍两位先生到考古研究所工作，积极组织实施在考古研究所筹建碳十四断代实验室。到1965年5月，碳十四断代实验室开始测定出第一批标本的年代数据。到1972年《考古》复刊后的第1期，公布了第一批测定年代数据[2]。

除了建立碳十四测定年代实验室以外，夏鼐先生对于在考古研究所建设其他自然科学技术手段在考古学中的应用领域也倾注了极大的心血，不断吸引多个领域的专门人才到考古研究所工作。在夏鼐先生的直接领导下，考古研究所于1959年开始筹建常量化学分析实验室，1961年开始体质人类学的研究工作，后来建立了体质人类学研究组；1963年开始动物考古学的研究工作，后来建立了动物考古研究组；1975年筹建热

---

〔1〕　夏鼐：《放射性同位素在考古上的应用》，《考古通讯》1955年第4期，第73～78页。
〔2〕　中国科学院考古研究所实验室：《放射性碳素测定年代报告（一）》，《考古》1972年第1期，第52～56页。

释光年代测定实验室；1978年成立实验化验室；1978年在实验化验室开始发射光谱分析工作；1980年在实验化验室开始金相分析工作；1984年在实验化验室筹建穆斯鲍尔谱分析工作等。

在夏鼐先生的大力推动下，当时考古研究所的自然科学技术手段在考古学中的应用范围已经涉及到碳十四年代测定、热释光测定年代等年代学的研究，体质人类学的研究，动物考古学的研究，陶器、青铜器等器物的物质结构和化学成分分析等，初步构建起一支具有多个领域的研究团队，在当时全国考古学界起到了很好的领军作用，发挥了重要的研究作用。

夏鼐先生除了在考古研究所内大力推动自然科学技术手段在考古学中的应用以外，还努力加强与所外多个科研和教学机构的专家们的合作，开辟新的研究领域。如石兴邦先生曾经提到夏鼐先生很重视考古发掘中古动物与古植物的研究，并鼓励大家尽量以最好的方法，采集与生态环境有关的各种标本，以便更确切地鉴定人类生存的年代及古地理、古气候状况，以及古地理、古气候对古人类文化的影响[1]。

何天相先生曾经提到夏鼐先生采集了甘肃敦煌西汉时期的简牍残片、棺木接榫、甘肃武威唐朝时期的马鞍，并把这些珍贵的木质材料送给他进行树种鉴定研究[2]。这属于植物考古研究的范围。

夏鼐先生与北京科技大学（原名为北京钢铁学院）的柯俊院士交往甚密。自20世纪70年代开始，就向柯俊院士领导的"中国冶金史编写组"提供过不少考古研究所发掘出土的青铜器标本和铁器标本，请他们进行金相和成分方面的鉴定和研究，这些研究成果都及时发表在《考古学报》上。尤其值得一提的是与柯俊院士合作，对河北藁城台西遗址出土的商代铜柄铁钺进行研究，证明这件铁器是用陨铁制成，这项研究成果在当时的国内外学术界都引起极大的反响[3]。

夏鼐先生还十分关注古陶瓷方面的研究，他专门邀请中国科学院上海硅酸盐研究所的周仁所长对考古发掘出土的陶片和瓷片进行科学分析，提供科学性的技术鉴定。并在《考古学报》上发表周仁先生的研究文章[4]。当周仁先生等撰写的《景德镇瓷器

[1]　石兴邦：《论古文化与古环境》，见周昆叔主编：《环境考古研究》（第一辑），北京：科学出版社，1991年，第5页。
[2]　何天相：《中国之古木（二）》，见中国科学院考古研究所：《中国考古学报》（第五册 第一、二分合刊），中国科学院编印，1951年，第217～293页。
[3]　夏鼐：《中国考古学和中国科技史》，见夏鼐：《夏鼐文集》（中册），北京：社会科学文献出版社，2000年，第299～304页。
[4]　夏鼐：《中国考古学和中国科技史》，见夏鼐：《夏鼐文集》（中册），北京：社会科学文献出版社，2000年，第299～304页。

的研究》一书出版后，夏鼐先生专门为此书写了书评，详细介绍此书涉及的清初瓷器胎、釉的研究；景德镇制瓷原料胎、釉的研究；景德镇瓷器质量的改进和中间工场生产试验；钴土矿的捡炼和青花色料的配制等。强调此书对于考古人员研究古代陶瓷的启发作用[1]。

（二）从理论上论述自然科学相关学科与考古学结合开展研究的主要内容及把握研究的核心问题

夏鼐先生在与王仲殊先生合作撰写的"考古学"里，专门强调自然科学、工程技术科学都与考古学相关。比如在自然科学方面，自然地理学、地质学、气象学、生态学等，主要是协助研究遗址所在地区的地史和天然资源，从各个方面复原当时的自然环境。生物学（动物学和植物学）和体质人类学，主要是用以鉴定发掘出土的植物遗存、动物和人类的骨骸，并判定他们的年代。物理学和化学则应用于对遗址的勘探，对遗物成分和性质的分析，并测定它们的年代。在工程技术科学方面，建筑学和土木工程学应用于对遗址的发掘、测量、制图，对发掘出来的遗迹进行复原或在现场加以保存等。采矿冶金学、陶瓷学和染织学应用于对工场址、矿址、窑址等遗迹的考察，对铜器、铁器、陶瓷器、玻璃器、纺织品等遗物的分析和研究，造船学则专门应用于对发掘出来的造船工场遗址和船舶的遗物进行考察和研究。他们还以地质学、植物学、动物学和体质人类学为例，用较大的篇幅详细讨论这些学科的原理、在考古学中应用的具体方面及其学术价值。他们还围绕方法进行介绍，如在测定考古资料的绝对年代时可以应用的多种自然科学方法；在判别各种器物原料的成分及其产地，并究明器物的制造方法和用途时，除普通化学分析之外，还有多种利用自然科学仪器设备进行测试的方法等[2]。

今天我们怀着敬仰之心重新阅读夏鼐先生当年的论述，仍然对其包含的科学性、前瞻性、现实性而肃然起敬，这些论述涉及到我们今天科技考古学科形成的基础。比如，对比科技考古研究与自然科学相关学科的研究，他们都使用同样的仪器设备，依据同样的分析原理，运用同样的技术手段，研究对象是同样的生物种属或由同样的物质结构和化学元素组成。他们的不同主要表现在科技考古研究的对象是考古遗址发掘出土的资料或属于古代的资料，而自然科学相关学科研究的对象除古代的以外，更多

〔1〕　夏鼐：《评周仁等著〈景德镇瓷器的研究〉》，见夏鼐：《夏鼐文集》（中册），北京：社会科学文献出版社，2000年，第504～506页。
〔2〕　夏鼐：《考古学》，见夏鼐：《夏鼐文集》（上册），北京：社会科学文献出版社，2000年，第3～29页。

的是现代的资料。另外，前者的最终目的是如何解释古代人类的行为，探讨当时的历史，而后者是认识物种的特征及物质的形态、结构、性质和运动规律。

考古学与自然科学相关学科分属于不同的学科，分别有自己的研究目标、研究思路和研究方法，这就意味着学科之间的结合不是简单地合并到一起就能够解决问题的，学科之间的有机结合需要把握好核心问题，需要各个学科的研究人员一起探讨和共同努力。

以如何认识碳十四年代测定为例，夏鼐先生在1977年就撰文提醒考古研究人员在涉及有关碳十四年代测定数据时要注意三点。第一，有两个计算碳十四年代的半衰期值，利用不同半衰期值计算的年代数据不能够互相比较，如果要比较，必须先换算成使用同一个半衰期值计算的年代。由于不同年代的碳十四浓度是有变化的，对碳十四年代的数据需要作树轮校正。第二，碳十四断代实验室给出的碳十四年代后面的加减号和数字是统计学上的标准偏差，无论是一个标准偏差还是两个标准偏差，实际年代有可能在这个偏差范围之外。第三，除统计学偏差以外，由于污染、标本本身的特殊性质等多种原因都可能引起年代误差。所以只有一系列的基本一致的碳十四年代才是有价值的，而一两个孤零零的数据是没有多大意义的[1]。

这三点认识涉及到如何科学地、客观地、全面地认识和应用碳十四年代测定数据，也涉及到在考古现场采样时就要防止标本的污染以及任何时候都不能忽略由于多种原因可能引起的误差。到30多年后的今天，夏鼐先生当年提到的这些认识仍然是我们考古研究人员要时刻注意的碳十四年代测定研究的核心问题之一。

除了详尽地论述在具体的碳十四年代测定方面需要注意的问题外，夏鼐先生还就整个考古学与自然科学相关学科结合的问题提出总体思路。他认为考古学中有些问题是考古工作者自己没有能力解决的，只能提供资料请科技史专家或科技专家帮助我们进行鉴定和研究。但是考古工作者要明确提出想解决什么问题，以便别人能够配合我们进行研究。我们提供实物标本时首先要搞清楚出土的情况。如果科技专家科学分析的结果，产生难以解答的新问题，对提供的资料产生疑问，我们考古工作者便应重新核查自己采集标本时是否有疏忽，是否有些情况没有搞清楚，或者不够确切，最好我们能自己加以改正[2]。

夏鼐先生强调了考古研究人员在提供样品时要有考古学的思考，这样才能把握好

〔1〕　夏鼐：《碳—14测定年代和中国史前考古学》，见夏鼐：《夏鼐文集》（上册），北京：社会科学文献出版社，2000年，第375～401页。

〔2〕　夏鼐：《中国考古学和中国科技史》，见夏鼐：《夏鼐文集》（中册），北京：社会科学文献出版社，2000年，第299～304页。

与自然科学相关学科的专家进行合作研究的方向，努力做到有的放矢。用考古学的思考来主导样品采集、测试的目的，这是当今科技考古的精髓。夏鼐先生还强调了考古出土状况如何决定了材料的科学价值如何，因此对于考古出土背景的把握必须慎之又慎。要充分重视考古材料出土状况的科学性，这是最终提出科学结论的基础。夏鼐先生曾经几次提到有些所谓重大发现，实际上来自被污染的样品或有特殊背景的样品，这样的教训永远应该引以为戒。夏鼐先生的这些认识可谓是从宏观上把握住考古学与自然科学相关学科结合的核心问题。

（三）亲自从事自然科学相关学科与考古学结合开展研究及科技史研究

夏鼐先生经常强调一点，要做好考古学研究，一定要对许多关系密切的学科有一定程度的了解，例如科技史、狭义的历史学（包括文献学和考据学）、民族学、地质学、体质人类学、生物学、化学等[1]。从现在的思考而言，这里面就涉及到自然科学相关学科与考古学结合开展研究的内容。尤其值得敬佩的是夏鼐先生不仅是这个方面的提倡者，更是一位身体力行者，他在自然科学相关学科与考古学结合开展研究及科技史研究方面涉及到多个领域，有些方面的论述至今尚无人望其项背。

比如在碳十四年代测定研究领域，夏鼐先生在第四批放射性碳素测定年代报告发表以后，发表了著名的《碳—14测定年代和中国史前考古学》一文。他在文章中充分肯定了碳十四年代测定方法的作用，认为从前对于有文字记载以前各种文化的绝对年代是没有办法作正确的断定，史前的年代学几乎是完全建立在主观臆测和推论上，由于利用碳十四年代测定法，全世界的史前考古学可以说进入了一个新的时代。他还在文章中借用其他学者的话，把放射性碳素断代法称之为20世纪史前考古学中的大革命[2]。后来，他自己也进一步提出，由于碳十四年代测定方法的采用，使不同地区的各种新石器文化有了时间关系的框架，使中国的新石器考古学有了确切的年代序列而进入一个新时代[3]。夏鼐先生利用已经测定的、经过审核的、公元前1000年以前的94个数据，全面整理了几个旧石器时代遗址及中原地区、黄河上游甘青地区、黄河下游地区、长江中下游地区的新石器时代遗址的测年数据，另外还整理了华南、西南和东北地区的新石器时代和青铜文化的遗址，基本上把当时所知的中国史前各个文化的

〔1〕　夏鼐：《中国考古学和中国科技史》，见夏鼐：《夏鼐文集》（中册），北京：社会科学文献出版社，2000年，第299～304页。

〔2〕　夏鼐：《碳—14测定年代和中国史前考古学》，见夏鼐：《夏鼐文集》（上册），北京：社会科学文献出版社，2000年，第375～401页。

〔3〕　夏鼐：《中国文明的起源》，见夏鼐：《夏鼐文集》（上册），北京：社会科学文献出版社，2000年，第402～413页。

年代序列作了一个阶段性的清理。在此基础上，首次提出中国文化的起源是多元的观点，否定了原来起源于黄河中游的中原地区，然后向四周传播的旧说[1]。

在天文学领域，夏鼐先生依据自己的渊博知识，对河南洛阳西汉壁画墓中的12幅星象图及河北宣化辽墓的星图进行解读，详细阐述了中国二十八宿的由来及特征，指出尽管依据文献记载，二十八宿体系在中国创立的年代最早是战国中期（公元前4世纪），但可以根据天文现象推算到公元前8至6世纪。同时，也介绍了起源于巴比伦、完成于希腊的黄道十二宫的特征，并探讨了其传入中国的年代可能早至隋代。二十八宿和黄道十二宫是和天文学中其他成果一样，最初起源于生产实践。中国和西方的劳动人民累积生产实践的长期经验，分别创立这两种体系来划分天球，以便于观测日、月、星辰等运行的位置，从而规定季节岁时，以便利于季节性的生产活动[2]。

在冶金考古领域，夏鼐先生围绕湖北黄石铜绿山古铜矿遗址进行研究，确定古矿井大多集中在大理岩和火成岩（花岗闪长斑岩）的接触带上，依据各种遗迹现象认识古代人为挖取矿石而开拓巷道时，专门制作了木质的不同形制的矿井支架，构建相当完整的排水系统，依靠井口高低不同产生的气压差所形成的自然风流确保矿坑下的氧气供给，使用辘轳提升矿石等。依据热释光测年，将几座古炉的年代定为春秋时期。当时冶铜的原料是孔雀石和自然铜等含铜品位很高的矿石。通过炼铜模拟实验，对实验结果进行化验，与出土遗物的化验结果进行比较，对当时正常的冶铜生产需要具备的条件、古炼炉的性能、春秋时代的冶铜业达到的水平等等有了比较全面的了解，大致复原了当时的整个冶炼过程[3]。通过请相关研究人员对江苏宜兴西晋周处墓出土的金属带饰进行重新鉴定，应用密度测定、光谱分析、X射线物相分析和电子探针等技术开展研究，确定它们都是银制品，而不是以前所说的铝，纠正了"晋代已经存在金属铝"的错误说法。另外，还依据此墓曾经被盗掘的事实，认为以前检测发现的碎铝片，很可能是后世混入的[4]。

〔1〕　夏鼐：《碳—14测定年代和中国史前考古学》，见夏鼐：《夏鼐文集》（上册），北京：社会科学文献出版社，2000年，第375～401页。

〔2〕　a. 夏鼐：《洛阳西汉壁画墓中的星象图》，见夏鼐：《夏鼐文集》（中册），北京：社会科学文献出版社，2000年，第377～390页。
　　　b. 夏鼐：《从宣化辽墓的星图论二十八宿和黄道十二宫》，见夏鼐：《夏鼐文集》（中册），北京：社会科学文献出版社，2000年，第391～419页。

〔3〕　夏鼐：《湖北铜绿山古铜矿》，见夏鼐：《夏鼐文集》（中册），北京：社会科学文献出版社，2000年，第434～447页。

〔4〕　夏鼐：《晋周处墓出土的金属带饰的重新鉴定》，见夏鼐：《夏鼐文集》（中册），北京：社会科学文献出版社，2000年，第448～457页。

在古代的纺织技术研究领域，夏鼐先生通过对新疆尼雅遗址和阿斯塔纳墓地出土的绮、锦和刺绣开展研究，从经纬线各自的数量、经线起花、锁绣法等织造技术的分析入手，探讨中国古代纺织技术发展史以及古代中国与西方的文化交流和贸易往来[1]。他依据对考古资料的判断、对养蚕技术及蚕丝的物质结构的认识、对古文字资料的理解、对文献资料的解读、对纺织技术的把握等等，再现了汉代和汉代以前中国丝绸生产技术的一般状况，为认识中国丝绸在世界的影响及古代横贯亚洲大陆的"丝绸之路"的重要意义奠定了很好的基础[2]。

夏鼐先生通过对宋代的杰出科学家沈括的研究，用《沈括与考古学》为名撰文介绍，从这篇文章中也可以看到他一直强调的具备多学科的知识开展考古学研究的用心。如他在文章中指出，沈括用冶金学原理解释古剑，用光学来解释古镜，用几何学来解释弩机上"望山"的用法，用民族学材料来比较汉画像石上的古衣冠和祭器，用度量衡学来研究汉代及秦汉以前的长度和容量等。甚至谈到沈括注意到古代地形和气候的变化，其研究方向已接近于现代的"环境考古学"[3]。

夏鼐先生还依据考古发掘出土的各种遗迹和遗物，相当全面地阐述了古代人民创造的天文和历法、数学和度量衡、地学、水利工程和交通工具、纺织、陶瓷和冶金、医学和药物学、农业科学等等，强调了中国古代人民的高度智慧和创造才能以及对于世界科技发展做出的卓越贡献[4]。

（四）小结

由于自己孤陋寡闻，才疏学浅，在介绍夏鼐先生当年建设中国科技考古学科的丰功伟绩时，肯定还有遗漏之处，尚祈前辈学者及同行们多多补充，我在此先表示感谢。我个人深深体会到，夏鼐先生在世的年代，中国考古学研究最重要的任务之一是构建全国的新石器时代考古学文化谱系，填补多个地区考古学文化序列的空白。当时的考古研究人员全力以赴，在许多地区进行考古调查和发掘工作，通过认识发掘出土的各个遗址中房址、墓葬、石器、陶器的形态特征，归纳出由一群遗址组成的一个文

---

〔1〕 夏鼐：《新疆新发现的古代丝织品——绮、锦和刺绣》，见夏鼐：《夏鼐文集》（中册），北京：社会科学文献出版社，2000年，第305～337页。

〔2〕 夏鼐：《我国古代蚕、桑、丝、绸的历史》，见夏鼐：《夏鼐文集》（中册），北京：社会科学文献出版社，2000年，第338～360页。

〔3〕 夏鼐：《沈括与考古学》，见夏鼐：《夏鼐文集》（中册），北京：社会科学文献出版社，2000年，第465～480页。

〔4〕 夏鼐：《考古学和科技史——最近我国有关科技史的考古新发现》，见夏鼐：《夏鼐文集》（中册），北京：社会科学文献出版社，2000年，第283～288页。

化或类型的房址、墓葬、石器、陶器的形态特征，依据这些遗迹、遗物的形态特征总结出各个地区、各个时期的各种文化之间的异同，从中寻找各种物质文化成分在历史进程中变化的线索。夏鼐先生当时为领导这方面的研究倾注了极大的心血和精力。但是即便在那样的学术背景下，夏鼐先生已经高瞻远瞩，看到了日后考古学发展的方向，在考古研究所设置多个自然科学技术手段应用于考古学研究的领域，推动全国有条件的研究或教学机构开展自然科学技术手段应用于考古学的研究；从理论上阐明自然科学相关学科与考古学结合开展研究的重要性，帮助考古研究人员不但要知其然，更要知其所以然；并且身体力行，用考古学家的思路，凝练自然科学相关学科与考古学结合开展研究的成果。他的这些所作所为，为后来中国科技考古的大发展做好了思想准备、人才准备、资料准备和实验室准备等等。大科学家的大思考、大决策、大举措、大手笔在此可见一斑。

二、沿着夏鼐先生开辟的道路继续前行

考古学发展到21世纪的今天，其研究内容已经由原来通过发掘出土的遗迹、遗物的形态特征确定一个遗址、一个类型或一个文化的年代早晚、文化特征，建立完整的古代物质文化谱系，进一步扩大到全面探讨古代社会的各个方面。任何一个区域、任何一个遗址的考古学调查和发掘，都是为了全面或部分地展现处在特定时间跨度和空间范围内的自然环境状况，人类社会的生存活动、生活方式、制作工艺、社会组织、礼仪制度、丧葬习俗、祭祀特征、文化交流等各个方面。如果说当年通过对人工遗迹和遗物的形态特征进行研究可以形象地再现其当时的原貌，从时空框架上把握各个考古学文化的相互关系，那么现在通过考古勘探、年代测定、环境考古学、体质人类学、动物考古学、植物考古学、同位素分析和古DNA分析、物质元素和结构分析等研究则可以科学地再现考古学文化的绝对年代，当时的自然环境状况与演变及人类与之相适应的互动关系，居住在不同地区的人群的体质特征和风俗习惯，古代人类采集、狩猎、种植、饲养等一系列获取食物资源方式的演变过程，各个时期的人的食物种类和数量比例，不同时期和不同等级的人是否存在食物差异，不同时期的人进行随葬和祭祀活动时所使用的各种动植物种类和特征，古代人类制作各种器物的原料、技术与方法及发展过程，文化与文化之间一些特殊因素的交流等，同时，还能提高考古调查、发掘和研究的科学性。夏鼐先生当年开始筹划构建的科技考古学科已经在两个方面发挥了巨大的作用：一个方面是对遗迹和遗物进行鉴定、测试和分析，开拓了以往的考古学所不能涉及的多个研究领域。另一个方面是确认遗址、遗迹的位置、面积、布局，对各类考古资料进行定量统计和分析，极大地提高了考古学研究的科学性与精

确度。在考古学中强调科技考古是时代向考古学提出的要求，也是考古学自身发展的必由之路。

1995年，中国社会科学院考古研究所领导决定把原来的实验化验室、体质人类学研究组、动物考古研究组、绘图室、修复室、照相室等部门合并到一起，成立科技考古中心（原名为考古科学技术实验研究中心，曾改名为考古科技中心），科技考古中心是运用自然科学方法与技术从事考古学研究的跨学科研究机构。15年来，科技考古中心先后被确定为中国社会科学院的重点扶持学科、重点学科和6个重点研究室之一。现在的科技考古中心具备多个实验室，拥有一批活跃在国内外学术前沿的专家学者，主持完成过多项省部级以上课题，出版了多本具有开创或完善学科建设价值的专著，用中文、英文、日文在国内外的核心期刊上发表过数百篇具有较高学术价值的论文和研究报告，多个实验室建成了系统规范的标本库、资料库和数据库，获得了多项省部级以上奖励。科技考古中心以其整体实力在亚洲地区的科技考古研究中名列前茅。

从更大的范围看，自20世纪90年代开始，在全国范围内逐步形成一个建设、完善科技考古研究机构的高潮，拉开了中国科技考古大发展的序幕。这具体表现在多家国家级的科研和教学单位中专门成立了包括多个科技考古研究领域的机构，不少省级文物考古单位里都有专人从事科技考古不同领域的研究。一些科研和教学单位都开始培养专门从事科技考古的博士生和硕士生。科技考古研究已经大致可以分为考古勘探、年代测定、环境考古、人骨研究、动物考古、植物考古、古DNA分析、碳氮稳定同位素分析、微量元素分析、锶同位素分析、物质元素和结构分析、计算机技术在考古中的应用等多个领域。基本上每隔2年举办一次的全国性科技考古学术研讨会已经连续召开了十次会议。一批科技考古的专著得以出版。科技考古的重要性越来越得到学术界的高度认可，支持科技考古、依靠科技考古、发展科技考古与强化科技考古已经成为整个考古学界的共识。

今天，能否在考古学研究中做好科技考古工作，已经成为衡量一个国家考古学研究水平的重要标尺。我个人认为，对照夏鼐先生当年的谆谆教导及身体力行，要做好今后的科技考古研究，尚需要思考以下几个问题。

（一）科技考古要努力加强与考古学的有机结合

夏鼐先生曾经说过，考古学是利用古代留传下来的实物来研究古代人类的社会、经济、日常生活等各方面情况和它们的演化过程。考古学研究的遗迹、遗物等实物资料多埋没在地下，必须经过科学的调查发掘，才能被系统地、完整地揭示和收集。考古学上的有些问题是需要请科技史专家或科技专家帮助我们解决的[1]。我们要做好当前的考古学研究，就要强调科技考古全面、系统地参与到每项考古调查、发掘中去。即在考古调查和发掘以前，科技考古的研究人员要共同参与设计和规划，在考古研究人员的主导下，结合不同的考古实际状况制定各种切实可行的技术路线，同时要一起开展野外工作，如考古勘探工作要结合探铲钻探，大致搞清楚遗址内的布局，为合理地布方、有计划地开展发掘提供思路。在考古发掘过程中要有计划地采集碳十四系列样品，保证碳十四年代测定的科学性。要对古代遗址形成及废弃过程中的自然环境状况进行研究，认识当时人的各种行为的自然环境背景。要采集出土的人骨和动植物遗存，开展形态学、古DNA研究和食性分析，科学地把握当时人的体形特征、基因特征及包括病理现象在内的各种信息；认识当时人的食物资源的种类、比例及获取方式，了解当时人利用动植物进行祭祀、随葬及战争的行为。要对出土的青铜器、陶器、石器、玉器及容器内的残留物和特定环境里的土壤进行各种物理和化学分析，认识有关古代人类的生产工艺、原材料来源及当时人的特殊行为特征等内容。上述的各项认识都应该输入地理信息系统，再结合考古发掘、研究的内容，进行各种分类或综合分析。最后，以考古学研究为主线，把包括科技考古在内的多学科研究的内容有机地结合在一起，这样才能全面认识古代社会。

（二）从事科技考古的研究人员要成为复合型人才

夏鼐先生曾经指出，要做好考古学研究，一定要对许多关系密切的学科有一定程度的了解[2]。夏鼐先生对考古研究人员提出的要求中包括要了解自然科学相关学科的知识。其实，从本质而言，这个要求也适用于那些对考古研究感兴趣的自然科学研究人员。他们也需要对考古学研究的目的、方法和内容有一定程度的了解。考古研究人员和自然科学研究人员分别属于不同的学科，这些不同的学科都有各自的研究目的和方法。因此，要把科技考古研究推向前进，考古研究人员和自然科学研究人员互相都有一个学习对方的过程。考古研究人员要认真了解自然科学研究人员探讨物质世界的各种方法和原理，开拓研究思路，充分调动各种积极因素。而自然科学研究人员则要注重认识考古研究人员是如何去解释古代社会和人类历史发展规律的，充分利用多种

[1]　a.夏鼐：《考古学》，见夏鼐：《夏鼐文集》（上册），北京：社会科学文献出版社，2000年，第3~29页。
　　　b.夏鼐：《中国考古学和中国科技史》，见夏鼐：《夏鼐文集》（中册），北京：社会科学文献出版社，2000年，第299~304页。
[2]　夏鼐：《中国考古学和中国科技史》，见夏鼐：《夏鼐文集》（中册），北京：社会科学文献出版社，2000年，第299~304页。

仪器设备的性能，开发各种考古资料的价值。研究人员只有通过这样一个知识结构更新的过程，才能把自然科学相关学科的方法全面、有效地运用在勘探、考察、鉴定、测试、分析各种与考古相关的资料中，而这样的研究结果才能与考古学的目的有机地结合在一起，充分展现出科技考古研究的学术价值。现在一些科研和教学机构已经培养或正在培养科技考古方向的研究生，这是一个十分可喜的现象。今后，有条件的大学还要加强对本科生的教学工作，开设科技考古的课程，系统地培养复合型人才，引导他们以新的思维在今后的田野考古中开展工作，为在全国范围的考古实践中广泛开展科技考古研究打好基础。

（三）以考古学文化的观点为指导开展研究

夏鼐先生曾经指出，研究考古学文化必须要注意三点，第一点是一种"文化"必须有一群的特征；第二点是共同伴出的一群类型，最好是发现不止一处；第三点是我们必须对于这一文化的内容有相当充分的认识[1]。这些研究考古学文化的认识对于指导我们做好科技考古研究也是具有指导意义的，可以帮助我们把对特定遗址的某个科技考古研究领域的具体看法，放到这个遗址所属的由多个遗址组成的考古学文化层面上去认识。如果属于同一个文化的其他多个遗址已经开展了这方面的研究，那么我们要把新认识和从其他多个遗址里已经得出的认识进行比较，把握他们的同一性和差异性，以求更加客观、更加全面地提出自己的认识。如果其他遗址还没有做这方面的研究，或者所做的遗址数量不多，我们则要加强这方面的研究，在属于同一文化的其他遗址开展工作。从考古学文化层面上提出的科技考古的研究结果，必须建立在对一定数量的遗址进行全面、扎实的基础性研究工作上。另外，在系统总结一个考古学文化的某个科技考古领域研究的基础上，开展不同时期、不同地区的文化与文化间的同一领域的比较研究，从中归纳他们之间是否存在连续性、关联性、变异性、差异性等，以求在全国范围内全面认识这一领域的研究结果。同样，如果其他考古学文化还没有做这方面的研究，或者做的力度和深度还不够，我们则要努力去开展这方面的研究。从全国的范围内、在大跨度的时间框架里提出科技考古某个领域的研究结果，同样要建立在对多个文化内的同类遗存进行全面、扎实的基础性研究工作上。

（四）推动考古学研究方法的创新

夏鼐先生在20世纪80年代初就提出要借用多种自然科学的方法和技术开展考古学

---

[1]　夏鼐：《关于考古学上文化的定名问题》，见夏鼐：《夏鼐文集》（上册），北京：社会科学文献出版社，2000年，第354~358页。

研究^[1]，这已经涉及到考古学方法创新的问题。通过总结考古地层学、考古类型学和考古年代学等方法的发展过程，可以看到这些方法的形成首先都是依据考古学实践的需要，借鉴别的学科的方法，然后在考古实践中不断完善、充实这些方法，使之逐步适应考古学的研究，成为考古学自己的方法。重温这些方法的形成过程对我们应该有一个很大的启示。我们通过借鉴物理学、化学、生物学、地球科学和数学的研究方法，逐步建立起考古勘探、年代测定、环境考古学、体质人类学、动物考古学、植物考古学、食性分析、古DNA研究、成分和结构分析等诸多研究领域，获得了一系列有学术价值的成果。这些成果再一次证明科技考古的应用价值，科技考古对深入开展考古学研究是一个极大的促进，科技考古的实践过程正在带动考古学方法的进一步多样化，我们要以考古地层学、考古类型学和考古年代学的形成及发展过程为鉴，努力做好科技考古研究，有意识地补充和完善科技考古的各种研究方法，逐步做到科技考古各个研究领域里分别包括的野外调查、采样、鉴定、测量、实验、化验等多种研究方法的规范化，积极推进考古学方法多样化的创新过程。

（五）小结

随着考古学研究重心的转移，透物见人，把握绝对年代框架，研究由于人与自然环境的相互影响，由于人的意识和行为形成的包括生产活动、手工业技术、生活状况、丧葬习俗、礼制、意识形态等等在内的古代历史逐渐成为考古学研究的主要内容。科技考古凭借一系列独特的获取古代信息的研究方法，成为当前考古学研究的重要方面。因为科技考古的方法是借鉴自然科学等相关学科的方法，相当一部分从事科技考古研究的人员来自自然科学等相关学科，考古学与自然科学等相关学科的结合是多个学科的交叉，涉及到如何在相互融合的基础上形成新的思路和方法。因此，尽管科技考古在中国考古界已经初具规模，但如何做好科技考古，尚需端正认识，刻苦努力。相比自然科学研究的目的是认识物质的形态、结构、性质和运动规律，科技考古研究的目的是考虑如何解释古代人类的行为，探讨当时的历史。要做好科技考古，最重要的是从大思路上要积极融入考古学研究之中，要明确科技考古的研究目标就是来自考古学的研究目标，科技考古的研究思路必须以考古学的研究思路为基础，要获得考古研究人员认可的科技考古研究成果，在践行观察、检测、鉴定、分析等科学的方法论之外，必须把握考古学的基础知识，认识考古学文化，思考研究对象的出土背景，明确研究对象是古人的意识、行为的产物。而在这样的基础上开展科技考古，除

〔1〕 夏鼐：《考古学》，见夏鼐：《夏鼐文集》（上册），北京：社会科学文献出版社，2000年，第3~29页。

了获得一系列得到考古研究人员认可的结果之外，也一定能够在科技考古各个领域的方法论上有所创新。

三、结　　语

今天，中国科技考古学科正呈现出蓬勃发展的大好形势。这得益于国家的大力支持，得益于夏鼐先生的英明决策和身体力行，得益于前辈学者们的大力开创，得益于广大科技考古研究人员的刻苦钻研，得益于学习科技考古的青年学子们的勤奋努力，也得益于全国广大考古研究人员的积极参与。相信只要坚持与时俱进的精神，不断进行新的探索，扎扎实实地开展工作，我们获取的信息资料就会越来越丰富，我们涉及的研究领域就会越来越广阔，我们得到的研究成果就会越来越精彩，考古学的明天就一定会更加灿烂辉煌。

（原载于《南方文物》2010年第4期，第18～25页）

中国科技考古60年

考古学与自然科学相关学科的密切关系不同于其他人文学科。这不仅仅是因为考古学的诞生就与借鉴地质学和生物学的方法有关，也因为考古学从出现到现在，利用自然科学相关学科方法进行研究的过程就从未间断过。今天，考古学已经逐渐演变成一个以人文科学研究为目的，应用大量自然科学研究方法的学科。能否更加广泛、有效地在考古学研究中运用各种自然科学研究方法，已经成为21世纪衡量一个国家考古学研究水平高低的极为重要的标尺。

在长期的考古学与自然科学相关学科结合在一起开展研究的过程中，大家已经习惯把这些方面的合作研究称为科技考古。笔者对科技考古的定义如下：借用自然科学相关学科的方法和技术，对考古遗址进行勘探、田野调查和取样，对出土的遗迹、遗物及采集的样品进行各种鉴定、测试和分析，对各类与考古研究相关的资料进行定量统计，通过各种研究，认识当时的绝对年代、自然环境特征、人类的体质特征、人类的各种行为、农业和手工业的起源及发展过程，进一步提高考古学研究的效率和精确度。仔细推敲科技考古这个词，总有不够完全贴切之感。但是在我们尚未找到一个更加合适的词之前，暂时用科技考古这个叫法应该是最佳选择。因为这个词已被从事考古学研究的人员、从事科技考古研究的人员、从事自然科学相关学科研究的人员和学习考古学及相关专业的学生所接受。

以下围绕20世纪50年代以来科技考古的发展简史、开展科技考古的可行性和必要性、科技考古的主要研究领域及科研成果、科技考古的展望四个方面分别阐述。

一、科技考古的发展简史

在20世纪50年代，推动中国科技考古发展的首先是自然科学界的研究人员。中国科学院上海物理化学研究所（后来改名为长春应用化学研究所）和冶金陶瓷研究所（后来改名为上海硅酸盐研究所）的研究人员对考古遗址出土的陶器和金属器进行了分析和研究，迈出了20世纪50年代以来中国科技考古的第一步。到20世纪50年代末，当时还隶属于中国科学院的考古研究所开始建设碳十四测定年代实验室，由此，考古学界开始主动参与建设和发展科技考古学科。后来，随着时代的发展，考古学界主动参与科技考古的趋势变得越来越明显。

到20世纪60年代，考古研究所陆续开辟了碳十四测定年代、对陶器、金属器进行化学分析、体质人类学和动物考古学等研究领域。

到20世纪70年代，北京大学历史系考古教研室（后来改名为北京大学考古文博学院）和文物保护科学技术研究所（后来改名为中国文化遗产研究院）相继成立碳十四测定年代实验室。考古研究所又增加了热释光测定年代方法。北京钢铁学院（后来改名为北京科技大学）成立冶金与材料史研究所，专门开展冶金考古研究。

到20世纪80年代，北京大学考古系实验室又增加了铀系法测年方法，中国历史博物馆（后来改名为国家博物馆）考古部建立了水下考古研究中心，当时已经归属于中国社会科学院的考古研究所又增加了金相分析方法。

自20世纪90年代开始，在全国范围内逐步形成一个建设、完善科技考古研究机构的高潮，拉开了中国科技考古大发展的序幕。

如在考古学界，中国社会科学院考古研究所在原有的考古勘探、年代测定、体质人类学、动物考古学、成分和结构分析、文物保护与修复、考古绘图、考古照相等研究和应用领域的基础上，又增加了环境考古学和植物考古学两个新的研究领域，成立了考古科学技术实验研究中心（后来改名为科技考古中心）。国家博物馆考古部建立了遥感与航空摄影考古中心。吉林大学成立了包括古代人骨体质人类学与遗传基因研究、地理信息系统在考古中的应用、环境考古学、动物考古学等在内的边疆考古研究中心。北京大学考古文博学院的实验室又开辟了加速器测定年代、成分分析、定量考古和同位素分析等研究领域。另外，湖南省文物考古研究所、山东省文物考古研究所、浙江省文物考古研究所、陕西省考古研究所（2006年更名为陕西省考古研究院）、河南省文物考古研究所都相继引进和培养人才，专门开展植物考古和动物考古等方面的研究。

而在自然科学界，除中国科学院上海硅酸盐研究所和北京科技大学冶金与材料史研究所继续在古陶瓷和冶金史研究方面开展研究以外，华东师范大学成立城市与环境考古遥感开放实验室，中国科技大学成立科技考古教研室。另外，在中国科学院地质与地球物理研究所和北京大学环境学院等一批科研和教学机构里都有研究人员开展环境考古研究。还有，尽管没有专人从事科技考古，不少自然科学机构也或多或少地参与过考古学研究，如复旦大学的杨福家院士曾和中国科学院上海原子核研究所（后来改名为应用物理研究所）的研究人员合作，用质子X荧光分析的方法研究越王勾践的宝剑、秦代箭镞等。中国科学院遗传研究所和复旦大学现代人类学研究中心也有研究人员对考古遗址出土的人骨进行过遗传基因的研究[1]。

自21世纪以来，成都市文物考古研究院、吉林省文物考古研究所、湖北省文物考古研究所也开始专门安排研究人员从事动物考古和植物考古等方面的研究，还有多所大学中与考古文博专业相关的院系都开始引进和培养教学人员，从事科技考古研究或开设科技考古课程。中国科学院研究生院还专门成立了科技史与科技考古系。

特别需要指的是，自20世纪90年代以来，科技考古研究的新进展还表现在自然科学研究机构和考古学研究机构一起合作建立教学或研究实体，实现跨单位、跨学科的联合。如中国科技大学、中国科学院自然科学史研究所、中国社会科学院考古研究所联合建立中国科技大学科技史与科技考古系。中国科学院遥感研究所、国家博物馆考古部和华东师范大学城市与环境考古遥感开放实验室联合建立遥感考古联合实验室。

除上述研究机构的建设和研究领域的拓展以外，中国科技考古的大发展还集中体现在以科技部为主的国家有关部委支持的多个大型项目上。

1997～2000年的国家"九五"重点科研项目"夏商周断代工程"，就是由来自历史、考古、天文、碳十四测定年代等人文社会科学和自然科学等不同学科的专家共同完成的。

2002～2003年实施的"中华文明探源工程预研究"则又增加了环境考古和冶金考古两个新的研究领域。

2004～2005年实施的"十五"国家科技攻关计划重点项目"中华文明探源工程（一）"则在碳十四测定年代、环境考古、冶金考古三个研究领域的基础上，又增加了植物考古、动物考古、食性分析、动物的古DNA研究、陶器成分研究、玉器和石器的工艺研究等多个新的领域，参与研究的人员涉及地球科学、物理、化学、生物学、数学等多个自然科学基础学科。

2006～2008年实施的"十一五"国家科技支撑计划重点项目"中华文明探源工程（二）"的研究，则具有以下五个特点。

第一是在年代学、环境考古、植物考古、动物考古、食性分析、冶金考古、陶器成分分析、石器和玉器制作工艺研究等研究方法已经逐步成熟的领域里，把主要注意力放在野外调查、采样和分析资料上。运用科学的方法对各个门类的数量极为丰富的原始资料进行分析，提出带有原始创新和集成创新意义的成果。

---

〔1〕　a. 袁靖：《考古学与当代科技》，见中国社会科学院考古研究所考古科技中心编：《科技考古》（第一辑），北京：中国社会科学出版社，2005年，第1～7页。

　　　b. 杨福家：《科技考古笔谈——核技术在考古中的应用》，见中国社会科学院考古研究所考古科技中心编：《科技考古》（第一辑），北京：中国社会科学出版社，2005年，第7～8页。

　　第二是继续开辟新的研究领域。新增加了人骨研究和地理信息系统在考古学研究中的应用，人骨研究探讨的内容还包括古DNA分析和病理学研究。

　　第三是加强考古学与自然科学相关学科中一流研究机构的合作。逐步搭建多个全国性的考古学和自然科学相关学科相结合的研究平台，努力做到让一批最优秀的人员用一系列最先进的技术研究各种最珍贵的资料，获取有科学依据的考古学研究成果。

　　第四是加强国际交流。专门邀请了美国哈佛大学、加州大学、英国伦敦大学、加拿大多伦多大学等世界一流学校的多位著名研究人员参与研究，发挥那些外国研究人员各自的学术优势，争取做到中外学者共同努力，一起为探讨中华文明的起源和发展过程，在世界范围内弘扬中华民族的优秀文化贡献力量。

　　第五是加强对研究生的培养。吸收包括中国社会科学院研究生院、中国科学院研究生院、北京大学、北京科技大学、中国科技大学、中国农业大学、吉林大学、山东大学、南京大学、兰州大学、西北大学等多所大学的研究生参加课题。逐步建设一支研究生人数占有一定比例的科研队伍，保证包括科技考古在内的考古学事业后继有人[1]。

　　中国科技考古的发展除了研究机构的增加、研究领域的拓展、研究课题的增多外，召开全国性的会议和筹建全国性的学术组织也是一个很好的证明。1988年5月，在广西南宁召开了第一次全国实验室考古学术讨论会，这是全国从事科技考古的研究人员定期聚集在一起进行学术讨论的开端。1991年4月，在河南郑州召开第三次全国科技考古学术讨论会，此次会议将会议名称由原来的全国实验室考古学术讨论会正式改名为全国科技考古学术讨论会。同时由中国社会科学院考古研究所、北京大学、北京科技大学和中国科技大学等单位联合筹备建立"中国科技考古学会"[2]。到现在为止，一共召开过9次全国性科技考古学术大会，出版了3部会议论文集[3]。

　　除全国科技考古会议论文集外，其他论文集则还有西北大学文博学院等编的《文物保护与科技考古》，中国社会科学院考古研究所考古科技中心编的《科技考古》第1

〔1〕　袁靖：《科技考古研究的新起点》，《光明日报》2007年8月10日第9版。

〔2〕　王昌燧：《前言》，见王昌燧主编：《科技考古论丛》（第2辑），合肥：中国科学技术大学出版社，2000年，第ⅲ-ⅳ页。

〔3〕　a.《科技考古论丛》编辑组编：《科技考古论丛：全国第二届科技考古学术讨论会论文集》，合肥：中国科学技术大学出版社，1991年。

　　　b. 王昌燧主编：《科技考古论丛》（第2辑），合肥：中国科学技术大学出版社，2000年。

　　　c. 王昌燧主编：《科技考古论丛》（第3辑），合肥：中国科学技术大学出版社，2003年。

辑和第2辑[1]。另外，迄今为止已经出版了4部涉及整个科技考古的专著，其中包括李士、秦广雍的《现代实验技术在考古学中的应用》，赵丛苍的《科技考古学概论》，杨晶、吴加安的《科技考古》，陈铁梅的《科技考古学》[2]。

通过简单回顾60年来科技考古的发展过程，可以看到这个过程与中国考古学本身的具体发展过程密切相关，同时也明显地受到世界考古学发展的影响。

在20世纪50年代初，与科技考古相关的研究并不活跃，这与我国的考古学本身面临的任务有关。当时考古研究人员的首要任务是在辽阔的国土上构建由众多考古学文化类型组成的文化谱系，还要承担大量与基本建设相关的发掘任务，其工作量不可谓不巨大。通过认识各种人工遗迹和遗物的形状把握各个考古学文化类型的物质特征几乎代表了当时的全部研究，科技考古的参与及发展受到各种条件的局限。

从20世纪90年代以来，科技考古研究之所以能够取得相当大的进步，首先是因为考古学文化时空框架的构建工作基本完成，研究古代社会的各个方面，探讨古代人类的行为，归纳人类历史的发展规律逐渐成为考古学研究面临的主要内容。而要开展这样的研究，必须应用科技考古的方法，才能保证资料的全面性、方法的科学性、内容的丰富性和结论的可靠性。同时，随着改革开放的深入，中国考古学界的研究人员和自然科学界从事科技考古的研究人员也看到了西方考古学界大力借助科技考古方法进行研究，将整个考古学研究推进到一个全新的层次的现状，及对未来的考古学研究具有深远影响的发展趋势。这对中国相关领域的科研人员也是一个很大的启发。

可以说，中国考古学的发展过程始终左右着中国科技考古学科的发展过程，世界考古学的发展对中国科技考古的发展也起到了相当大的推动作用。另外，自然科学相关学科的发展也明显地推进了科技考古的进步，如碳十四测定年代、计算机技术、遗传基因研究和同位素分析等一系列新方法的创立，对于推动科技考古发展的作用无疑是不可低估的。

---

〔1〕　a. 西北大学文博学院、中国化学会应化委员会考古与文物保护化学委员会、中国科技考古学会（筹）编：《文物保护与科技考古》，西安：三秦出版社，2006年。

　　　　b. 中国社会科学院考古研究所考古科技中心编：《科技考古》（第一辑），北京：中国社会科学出版社，2005年。

　　　　c. 中国社会科学院考古研究所考古科技中心编：《科技考古》（第三辑），北京：科学出版社，2007年。

〔2〕　a. 李士、秦广雍：《现代实验技术在考古学中的应用》，北京：科学出版社，1991年。

　　　　b. 赵丛苍主编：《科技考古学概论》，北京：高等教育出版社，2006年。

　　　　c. 杨晶、吴加安：《科技考古》，北京：文物出版社，2008年。

　　　　d. 陈铁梅编著：《科技考古学》，北京：北京大学出版社，2008年。

从以上的简单概括中可以看到，随着中国科技考古研究机构的逐步增多、研究队伍的进一步扩大、研究领域的大力拓展、研究成果的不断获得，中国科技考古的重要性越来越得到学术界的高度认可，支持科技考古，依靠科技考古，发展科技考古，强化科技考古，已经逐步成为整个考古学界的共识。

二、在考古学中应用自然科学相关学科的可行性和必要性

我们今天在考古学中应用科技考古的目的主要是适应考古学发展的需要，全方位收集田野考古中的信息，充分发挥考古学资料的价值，更加拓宽考古学研究的范围，进一步提高考古工作的效率和科学性，全面深化考古学研究的内容。

论及在考古学中应用科技考古的可行性，首先要提到的是科技考古秉承"以今证古"的理论。这个理论最早出自英国地质学家查理斯·莱伊尔（Charles Lyell）于19世纪提出的"均变论"。他认为"地球的变化是古今一致的，地球过去的变化只能通过现今的侵蚀、沉积、火山作用等物理和化学作用来认识。现在是认识过去的钥匙"[1]，即认为自然界的物质形态、结构、性质和运动规律从古至今都是相同的。

考古学的研究对象是古代的物质遗存。研究对象的这种物质性特征是我们能够在考古学中应用科技考古的关键。因为科技考古涉及的自然科学相关学科包括物理学、化学、生物学、地球科学、数学等基础学科。这些学科探讨的内容又分别是特定物质的形态、结构、性质、运动规律及空间形式和数量关系。这些学科所具备的系统、严谨的科学原理及丰富的研究结果充分证明了它们的科学性、合理性、有效性和实用性。我们现在通过将这些基础学科的方法和技术与考古学的有机结合，运用物理学和化学的方法探讨遗物的年代、结构和成分，借鉴生物学全面研究古代的人、动物和植物，通过地球科学的方法探讨当时的自然环境，借助数学的方法对各种资料和测试及其鉴定结果进行统计分析。与此同时，我们对科技考古的各种研究，从设计、进行到结果都要进行考古学的思考。这样做就可以充分保证对古代遗迹、遗物进行科技考古研究时在方法上的科学性，同样也能保证最后结论的可靠性，符合考古学研究的目的。

概括起来说，科技考古各个领域的研究与物理学、化学、生物学、地球科学、数学等纯粹的自然科学研究主要有四点共性：一是使用同样的仪器设备；二是依据同样的分析原理；三是运用同样的技术手段；四是对同样的物质结构和化学元素组成的对

---

〔1〕　〔英〕C. 莱伊尔著，徐韦曼译：《地质学原理（第一册）》，北京：科学出版社，1959年，第143~152页。

象进行分析。他们之间的区别主要有两点：一是分析的材料在时间上有差异性，前者的材料肯定属于古代，后者的材料则包括现代和古代；二是研究目的不同，前者主要考虑如何解释古代人类的行为，探讨当时的历史，属于人文科学的范畴。后者则是认识物质的形态、结构、性质和运动规律，完全属于自然科学。依照以上的论述，我们坚信，只要真正做到考古学与自然科学相关学科的有机结合，在考古学中开展科技考古研究是切实可行的。

　　通过可行性的论证，我们还要充分强调必要性。考古学发展到今天，其研究内容已经由原来通过发掘出土的遗迹、遗物的形状确定一个遗址、一个类型或一个文化的年代早晚、文化特征，建立完整的古代物质文化谱系，进一步扩大到全面探讨古代社会的各个方面。任何一个区域、任何一个遗址的考古学调查和发掘，都是为了全面或部分地展现处在特定时间跨度和空间范围内的自然环境状况，人类社会的生存活动、生活方式、制作工艺、社会组织、礼仪制度、丧葬习俗、祭祀特征、文化交流等各个方面。考古学研究内容的巨大变化要求我们全面强化科技考古在考古学中的应用。

　　如果说当年通过对人工遗迹和遗物形状进行研究可以形象地再现其当时的原貌，从时空框架上把握考古学文化的相对位置，那么现在通过考古勘探、年代测定、环境考古学、体质人类学、动物考古学、植物考古学、成分和结构分析等研究则可以科学地再现当时的自然环境状况、演变及人类与之相适应的互动关系，考古学文化的绝对年代，居住在不同地区的人群的体质特征和风俗习惯，采集、狩猎、种植、家养等一系列获取食物资源方式的演变过程，包括动植物在内的各个时期人的食物种类，人类制作各种器物的方法、原料及发展过程，不同时期的古人进行随葬和祭祀活动时所使用的各种动植物种类和特征，文化与文化之间一些特殊因素的交流等，同时，还能提高考古调查、发掘和研究的科学性。

　　概括起来说，在考古学中应用科技考古主要在两个方面发挥了巨大的作用：一方面是对遗迹和遗物进行鉴定、测试和分析，开拓了传统考古学所不能涉及的多个研究领域。另一方面是确认遗址、遗迹的位置、面积、布局，对各类考古资料进行定量统计和分析，极大地提高了考古学研究的效率和精确度。在这样的基础上形成的考古学综合研究成果才能真正符合21世纪世界考古学发展的要求[1]。

　　我们认为，在考古学中强调科技考古是时代向考古学提出的要求，也是考古学自身发展的必由之路。

---

〔1〕　袁靖：《考古学与当代科技》，见中国社会科学院考古研究所考古科技中心编：《科技考古》（第一辑），北京：中国社会科学出版社，2005年，第1～7页。

三、科技考古的主要研究领域及成果

科技考古涉及多个自然科学相关学科在考古学中的应用，其研究领域大致可以区分为考古勘探、年代测定、环境考古、人骨研究、动物考古、植物考古、古DNA分析、碳氮稳定同位素分析、微量元素分析、锶同位素分析、物质结构和成分分析、计算机技术在考古中的应用等。这里分别阐述各个领域的研究内容及其成果。

（一）考古勘探

利用遥感技术和地球物理的探测方法在范围较大的区域中寻找地面和地下的考古遗存，通过对卫星图片和航空照片进行增强处理，确定古代遗址的分布位置，进行考古遗址的测绘与监测。利用磁力仪和探地雷达在遗址内开展工作，在数据波形图中寻找异常点，确定考古遗存的几何形态及空间分布范围等。

考古发掘工作开始以前，进行全面的遥感考古与地球物理探测，与传统的必须依靠人工钻探和发掘才能认识地下遗迹的状况相比，优势在于提高了工作效率，节约了时间和经费，而且不会破坏地下文物。依靠高分辨率的航空、航天影像和地球物理探测设备，可以判明地下各种遗迹的分布状况，为制订田野发掘计划和确立遗址的保护方案提供科学的依据。

这里分别介绍遥感考古和地球物理方法在考古中的应用的成果。

1. 遥感考古

遥感考古开始于1981年对天津南部地区古河道的遥感影像研究，当时发现在航空照片和TM影像上，古河道都有明显特征，同时还发现遥感影像能探测到地下10米深度内的古河道遗迹[1]。多年来，遥感考古领域出版了多部专著及专辑[2]，另外还有许

---

[1] 高洪兴：《天津南部地区古河道遥感影像特征及其反映深度》，见国家遥感中心编：《遥感文选》，北京：科学出版社，1981年，第160～168页。

[2] a. 朱俊英编著：《考古勘探》，北京：科学出版社，1996年。

　　b. 山东省文物考古研究所编制：《中国临淄文物考古遥感影像图集》，济南：山东省地图出版社，2000年。

　　c. 宋宝泉、邵锡惠编著：《遥感考古学》，郑州：中州古籍出版社，2006年。

　　d. 华东师范大学主办：《遥感专辑（二）遥感考古研究》，《华东师范大学学报》1992年。

　　e. 华东师范大学主办：《环境遥感考古专辑（二）》，《华东师范大学学报》（自然科学版）1997年。

　　f. 刘建国：《考古测绘、遥感与GIS》，北京：北京大学出版社，2008年。

多研究报告和论文。

　　比较有代表性的成果主要是多位研究人员分别通过航空影像研究了内蒙古的辽上京、辽中京、辽祖陵、辽庆陵、庆州、元应昌路、元上都、金边堡，北京地区古长城，河南的二里头、偃师商城、汉魏故城、隋唐东都城、邙山古墓群、龙门、巩县宋陵，陕西的秦始皇陵园、统万城，新疆库尔勒至轮台地区的古代城址，安徽明中都城、寿春城，湖北纪南城与郢城等。刘树人等鉴别出长江下游地区春秋时期的台墩遗址和土墩墓。刘建国成功地将安阳殷墟、汉长安城等遗址的航空影像与TM影像进行叠加，充分发挥各种遥感影像的优势，并探讨了城址遥感考古技术的一些方法[1]。

　　通过上述研究，不仅发现了多处新的遗址，同时也科学地确定了每个遗址或遗迹的位置、结构及分布规律。

2. 地球物理方法

　　考古中常见的物探方法有磁法、电阻率法、地面透射雷达等。

　　20世纪70年代后期开始，安徽滁县地区文物保护科研所在国家文物局的支持下开展了一定规模的实验性研究，这应该是中国学者将地球物理方法在考古学上应用的开始[2]。经过这些年来的工作，取得了一些成果。如张寅生应用差分式磁力仪对安徽绩溪北宋瓷窑遗址进行测量，发现一处长方形的磁异常区，特别是在其中心部位的磁场强度比正常值高出许多，由此推测地下是窑体，并得到考古发掘的确认[3]。钟建应用垂直梯度磁力仪对青海民和喇家遗址进行探测，发现了一个地点磁场强度异常，经探铲确认是一个窖穴，通过发掘出土各种陶器、石器30余件[4]。高立兵等利用电阻率法在河南商丘地区进行探测，发现了高电阻区，后经考古发掘证实是一处东周城址的城墙[5]。高立兵还利用探地雷达方法勘探了陕西西安唐大明宫含元殿遗址的夯土基址和承础石、河南偃师商城和山东滕州前掌大商周墓地的遗迹，为考古发掘提供了宝贵的线索[6]。

---

〔1〕　刘建国：《安阳殷墟遥感考古研究》，《考古》1999年第7期，第69～75页。

〔2〕　刘乐山、朱振文：《试论物探在田野考古工作中的应用》，安徽省考古学会、安徽省文物考古研究所主办，文物研究编辑部编：《文物研究》（第七辑），合肥：黄山书社，1991年，第429～434页。

〔3〕　张寅生：《磁法在田野考古勘探中的应用研究》，《考古》2002年第7期，第59～69页。

〔4〕　钟建：《物探在田野考古勘探中的应用》，见中国社会科学院考古研究所考古科技中心编：《科技考古》（第一辑），北京：中国社会科学出版社，2005年，第23～30页。

〔5〕　高立兵、阎永利、底青云、王若：《高密度电阻率法在商丘东周城址考古勘探中的应用》，《考古》2004年第7期，第72～78页。

〔6〕　高立兵：《地面透射雷达（GPR）及其在考古勘探中的应用》，《考古》2000年第8期，第75～86页。

（二）年代测定

在新石器时代考古及夏商周考古研究中主要使用的测定年代的方法有两种。一种是运用常规碳十四测年和加速器质谱仪测年的方法对考古遗址中出土的样品进行测试，通过$\delta^{13}C$校正、树轮校正和系列样品拟合研究等，最后得到高精度的日历年代数据，判定遗址、遗迹或具体文化层的绝对年代。另一种是通过对某一气候区特定树木的年轮进行分析和研究，建立长序列的树木年轮年表，对这个地区考古遗址中出土的同类树种的木质遗物进行精确地定年，为确定遗址的年代提供参考依据。

认识各个考古遗址的年代是考古学首先要解决的问题，测定年代的方法可以确定每个遗址的绝对年代，这样就可以逐步构建立体的时间框架，为比较考古学研究中各个文化、类型、遗址及各种文化现象确立一个统一的时间标尺。

这里分别介绍碳十四测定年代和树轮测定年代的成果。

1. 碳十四测定年代

1959年，当时还隶属于中国科学院的考古研究所就由仇士华和蔡莲珍两位开始筹建碳十四测定年代实验室，1965年测出第一批数据。到现在为止，除出版2部专著外[1]，中国社会科学院考古研究所科技考古中心碳十四测定年代实验室发表了34篇碳十四测定年代报告、北京大学考古系发表了10篇碳十四测定年代报告、文物保护科学技术研究所发表了6篇碳十四测定年代报告[2]。

碳十四测定年代的成果主要表现在以下几个方面：

第一，仇士华等全面、系统地阐述碳十四测定年代的基本原理及发展概况，碳十四样品的采集、制备、测量的实验技术，碳十四测定年代方法的误差分析等，而且，还不断在方法论上有所创新，在"夏商周断代工程"和"中华文明探源工程"的实施过程中，采用层位连续的系列样品的年代学数据，同树轮校正曲线作匹配拟合，获取样品的日历年代，使误差大为缩小[3]。北京大学考古文博学院建立了加速器质谱碳十四测年实验室，其与北京大学重离子物理研究所合作测定的碳十四年代数据在国

---

〔1〕 a. 仇士华主编：《中国^{14}C年代学研究》，北京：科学出版社，1990年。

b. 中国社会科学院考古研究所编：《中国考古学中碳十四年代数据集（1965—1991）》，北京：文物出版社，1992年。

〔2〕 袁靖、刘建国、高立兵：《中国科技考古五十年》，《考古》1999年第9期，第59～68页。

〔3〕 a. 仇士华主编：《中国^{14}C年代学研究》，北京：科学出版社，1990年。

b. 仇士华：《夏商周断代工程的碳十四断代方法》，《中国文物报》1996年10月20日第3版。

c. 吴小红：《中国文明起源研究的新进展》，《中国文物报》2007年12月21日第5版。

际碳十四测年数据比对中名列前茅[1]。

第二，建立了新石器时代年代学的谱系。其中尤以中原地区、山东地区、黄河上游甘青地区、长江中游汉水流域、太湖平原和杭州湾地区的考古年代序列比较完整细致，而内蒙古东部及东北地区、华南地区的年代框架也初步建立起来[2]。新石器时代年代框架的建立，为考古学研究按照时间标准进行横向和纵向的文化比较创造了有利的条件。

第三，通过夏商周断代工程的研究，初步提出了商代后期自盘庚迁殷到西周共和元年近500年里各个王在位的时间、商代前期自汤到阳甲这300年里比较详细的年代框架、公元前2070～前1600年这个夏代的基本年代框架。另外，初步推定周武王克商的时间为公元前1046年[3]。

第四，张雪莲等将王城岗—新砦—二里头作为一个长系列进行分析，由此推断新砦的年代应在公元前1870～前1720年间，并将二里头遗址的起始年代更推延到公元前1735年，即二里头遗址的起始年代不会早于公元前1800年[4]。

第五，北京大学考古文博学院和河南省文物考古研究所合作，在发掘河南登封王城岗遗址中采集系列样品55个，通过碳十四年代测定和研究，明确提出王城岗龙山文化前期年代上限应不早于公元前2200～前2130年，下限应不晚于公元前2100～前2055年，王城岗龙山文化后期年代上限应不早于公元前2130～前2075年，下限应不晚于公元前1885～前1835年[5]。

〔1〕　a. 陈铁梅：《碳十四测年的加速器质谱方法与考古学研究法》，《考古与文物》1990年第2期，第100～106页。

　　　b. 郭之虞、李坤、刘克新、鲁向阳、李斌、汪建军、陈铁梅、原思训、高世君、袁敬琳、钱伟述、陈佳洱：《北京大学加速器质谱计研究与应用进展》，《自然科学进展》1995年第5卷第5期，第513～516页。

　　　c. 吴小红：《北京大学碳十四年代测定研究》，《中国文化遗产》2004年第3期，第22页。

　　　d. 刘克新、丁杏芳、傅东坡、潘岩、吴小红、周力平、郭之虞：《北京大学AMS ^{14}C 国际比对样品测量》，《第四纪研究》2007年第27卷第3期，第469～473页。

〔2〕　仇士华、蔡莲珍：《科技方法在考古学上的应用》，见中国考古学会编：《中国考古学年鉴·1990》，北京：文物出版社，1991年，第124～139页。

〔3〕　夏商周断代工程专家组编著：《夏商周断代工程1996—2000年阶段成果报告：简本》，北京：世界图书出版公司北京公司，2000年。

〔4〕　张雪莲、仇士华、蔡莲珍、薄官成、王金霞、钟建：《新砦—二里头—二里冈文化考古年代序列的建立与完善》，《考古》2007年第8期，第74～89页。

〔5〕　北京大学考古文博学院、河南省文物考古研究所编著：《登封王城岗考古发现与研究（2002～2005）》，郑州：大象出版社，2007年，第776～784页。

2. 树木年轮方法

1999年，王树芝对青海都兰热水古墓群的45个祁连圆柏木材样本进行树轮年代学研究，这是对考古遗址出土的木材进行树木年轮研究最早的实例[1]。近年来的主要研究成果是通过对青海德令哈夏塔图墓葬群采集的均属于祁连圆柏的55个生长芯、10个圆盘和5个棺板样本进行了树轮年代学研究。建立了跨度为2332年的考古木材浮动树轮年表，此浮动年表与已经建立的柴达木盆地东北部公元404年以来的现代树轮年表进行交叉定年，使此浮动树轮年表成为绝对树轮年表，即从公元前1575年到公元756年[2]。今后凡是出自这个地区考古遗址的、年代在公元前1575年到公元756年的木材遗存，只要同属于圆柏，就可以比较准确地确定年份，从而为科学地认识考古遗存的年代提供参考资料。

（三）环境考古

主要是对各个遗址所在区域的地质状况进行野外调查，对土壤样品进行年代测定、孢粉、磁化率、微体古生物、粒度、黏土矿物等分析，全面把握古代不同时空范围内的自然环境的状况及变迁，认识不同时期的气候状况，包括地貌、水文、动植物资源在内的自然环境特征，并结合考古学文化展开研究，探讨特定的自然环境是如何制约古代人类的生存，而古代人类又是如何在适应自然环境而生存的基础上进一步发展，同时又给自然环境造成影响，甚至破坏自然环境的。

开展环境考古研究，可以帮助我们认识古代气候的变化特征，认识各个考古遗址所在区域的古地貌、古水文及自然资源状况，探讨由于古代人类和自然环境相互作用而形成的古代人地关系，为解释一些特殊文化现象的发生原因提供自然环境变化诱因方面的证据。

1987年，周昆叔等明确提出环境考古的概念，并在北京市上宅遗址开展工作，通

---

[1]   王树芝：《青海都兰地区公元前515年以来树木年轮表的建立及应用》，《考古与文物》2004年第6期，第45～50页。

[2]   Wang S Z, Shao X M, Xu X G, Xiao Y M. 2008. Dating of tombs in Delingha, Qinghai Province, China, on the basis of a 2332-year tree-ring juniper chronology (*Sabina przewalskii Kom*) (1575 BC—756 AD). *Dendrochronologia*, 26(1): 35-41.

过恢复古环境来认识古代居民的行为[1]。到现在为止发表了多本专著[2]，另外还有许多研究报告和论文。环境考古的主要研究成果包括以下3个方面：

1. 自然环境变化与文化及经济形态变迁的关系

第一，河流阶地的发育为人类活动提供了新的可能活动空间，夏正楷等研究了西拉木伦河流域史前文化遗址的垂直分布与河流阶地发育的关系。距今8000～6500年间，流域现代水系初现雏形，地貌表现为宽广的山间黄土堆积平原，兴隆洼—赵宝沟时期的居民活动在黄土平原和周围山麓地带。距今6500年前后，河流水系形成并发生强烈下切，黄土堆积平原被分割为黄土台塬和河谷。距今6000～4000年间，红山和小河沿文化的居民除了继续活动在黄土台塬之外，新生的河漫滩也是人类的活动场所。距今4000年前后河流再次下切，形成现在的二级阶地和新的河漫滩。这些新形成的土地资源为夏家店下层文化和夏家店上层文化的人类提供了安全和适合农作物的场所。在距今1000年前后，河流再次下切，形成现在的一级阶地，辽代人类主要活动在这一级阶地面上[3]。

第二，崔之久等认为西拉木伦河流域构造的中度抬升和河流下切，造成了西拉木伦河流域考古文化遗址在空间上的垂向迁移；频繁的迁移导致了考古遗址在堆积形态上主要表现为单一型，体现了不同考古文化之间"间断"的、不稳定的传承方式。这样的时空分布规律，反映了在中度抬升地区构造与气候演变的大背景下，地貌演化和水文条件的改变对考古文化类型演替的影响[4]。

---

[1]　周昆叔：《北京环境考古》，《第四纪研究》1989年第1期，第84～94页。

[2]　a. 周昆叔主编：《环境考古研究》（第一辑），北京：科学出版社，1991年。

　　　b. 周昆叔、宋豫秦主编：《环境考古研究》（第二辑），北京：科学出版社，2000年。

　　　c. 中国社会科学院考古研究所编著：《胶东半岛贝丘遗址环境考古》，北京：社会科学文献出版社，1999年。

　　　d. 宋豫秦等：《中国文明起源的人地关系简论》，北京：科学出版社，2002年。

　　　e. 汤卓炜编著：《环境考古学》，北京：科学出版社，2004年。

　　　f. 周昆叔、莫多闻、佟佩华、袁靖、张松林主编：《环境考古研究》（第三辑），北京：北京大学出版社，2006年。

　　　g. 莫多闻、曹锦炎、郑文红、袁靖、曹兵武主编：《环境考古研究》（第四辑），北京：北京大学出版社，2007年。

　　　h. 周昆叔：《环境考古》，北京：文物出版社，2007年。

[3]　夏正楷、邓辉、武弘麟：《内蒙西拉木伦河流域考古文化演变的地貌背景分析》，《地理学报》2000年第55卷第3期，第329～335页。

[4]　崔之久、杨晓燕、夏正楷：《初论古文化类型演替与传承模式的区域分异——以西拉沐沦河流域和汶泗流域为例》，《第四纪研究》2002年第22卷第5期，第434～441页。

第三，莫多闻对甘肃葫芦河流域中全新世时期古环境变化与古文化兴衰进行了梳理和分析，认为该地区气候演化对古文化影响十分深刻。距今8000～7000年间的有利气候导致了大地湾一期文化的出现和发展，延续至大约距今5000年前的较为适宜的气候，保障了该地区仰韶文化的稳定发展，而距今5000年之后气候的干旱化趋势是该地区人类活动规模缩小、文化面貌衰退、牧业文化比重增加等现象发生的主要原因[1]。

第四，靳桂云在对河北怀来太师庄泥炭剖面进行高分辨率环境重建的基础上，探讨了气候变化对人类文化的影响。距今5400～4800年间持续的暖湿气候有利于古代农业文化的发展，红山文化晚期的繁荣正好与此相对应；而距今4800～4200年间冷干的气候事件使红山文化末期和小河沿文化时期的谷物种植业无法进行，最终导致了文化的衰落；到了距今4200～3380年间，气候特征又转变为暖干，夏家店下层文化的繁荣发展应该与此温暖的环境背景有关[2]。

第五，在农牧交错带附近，农业与牧业的不同在于农业强烈受到气候条件的限制。在一定的生产力水平下，旱作农业有其西北的分布界限，而一旦气候发生变化，不能满足农业生产时，人类文化如果不愿意改变其经济形态，就只能向东南方向迁移。在内蒙古中南部地区，龙山时代遗址的分布较仰韶时代的偏东，而在此期间，无论是气候还是降水都出现明显变化的趋势。这反映了气候条件对农业文化的限制[3]。

第六，田广金等在鄂尔多斯高原地区建立了原始农业发展对应古土壤发育的模式。该地区全新世地层中发育了四期古土壤，除了第一期尚未发现农业文化遗存，其余皆有农业文化与之对应。而在四期古土壤发育期间，则普遍发育了代表干燥气候的风成沉积，如风成沙、砂黄土等。与此相应的考古学文化类型表现出畜牧业经济的发展和游牧文化的出现[4]。

第七，水涛认为在甘青地区，开始于距今4000年前后的新冰期寒冷气候环境，改变了本地区原始农业生产赖以生存的基本条件，导致原有经济体系的逐步解体和衰落。而在此过程中，新的经济因素不断增长，并最终取代了旧的农业方式。而新的经

〔1〕　莫多闻、李非、李水城、孔昭宸：《甘肃葫芦河流域中全新世环境演化及其对人类活动的影响》，《地理学报》1996年第51卷第1期，第59～69页。

〔2〕　靳桂云：《燕山南北长城地带中全新世气候环境的演化及影响》，《考古学报》2004年第4期，第485～505页。

〔3〕　田广金、史培军：《内蒙古中南部原始文化的环境考古研究》，见内蒙古文物考古研究所编：《内蒙古中南部原始文化研究文集》，北京：海洋出版社，1991年，第119～132页。

〔4〕　田广金、史培军：《中国北方长城地带环境考古学的初步研究》，《内蒙古文物考古》1997年第2期，第44～51页。

济形态就是在甘青地区青铜时代普遍出现的畜牧业生产方式[1]。

第八，安成邦等通过对甘肃中部黄土剖面孢粉和其他环境代用指标的分析，表明距今4000年前后气候迅速干凉化。粒度、有机质、孢粉和软体动物指示距今4000年以前夏季风总体强盛，气候湿润，距今4000年后夏季风强烈退缩，气候迅速变干。气候的干旱化及其引起的环境变化对齐家文化晚期的面貌造成了明显的影响，原始农业衰落，畜牧经济占据主要地位[2]。

2. 自然环境突变事件对社会发展的影响

洪水引发的灾害对人类活动的影响也是环境考古研究的一大热点。不同学者从不同侧面提供了良渚文化毁于河流泛滥而非海侵的证据[3]。在上海马桥遗址、青海喇家遗址等地点，研究者也利用地貌学与第四纪地质学的研究手段，论证了洪水是文化发展中断的重要原因[4]。夏正楷等在对距今4000年前后中国北方不同地区的异常洪水事件进行分析的基础上，提出了洪水对文化影响的不同区域模式[5]。

3. 人地关系综合研究

宋豫秦等对中国文明起源相关地区的人地系统演变过程进行了比较全面的总结。对西辽河流域、甘青地区、环岱海地区、海岱地区、四川盆地、江汉平原、环太湖地区、中原地区的区域景观生态系统特征、全新世环境变迁以及考古学文化的内涵和特征等进行了系统的综述，并对文化演进过程中气候变化的作用进行了分析，提出了各具特征的区域人地关系模式[6]。

袁靖通过对胶东半岛多个贝丘遗址的调查、试掘和研究，认为在距今6000～5700

[1] 水涛：《论甘青地区青铜时代文化和经济形态转变与环境变化的关系》，《环境考古研究》（第二辑），北京：科学出版社，2000年，第65～71页。

[2] 安成邦、冯兆东、唐领余、陈发虎：《甘肃中部4000年前环境变化与古文化变迁》，《地理学报》2003年第58卷第5期，第743～748页。

[3] a. 张明华：《良渚文化突然消亡的原因是洪水泛滥》，《江汉考古》1998年第1期，第62～65页。
b. 程鹏、朱诚：《试论良渚文化中断的成因及其去向》，《东南文化》1999年第4期，第14～21页。

[4] a. 朱诚、宋健、尤坤元、韩辉友：《上海马桥遗址文化断层成因研究》，《科学通报》1996年第41卷第2期，第148～152页。
b. 夏正楷、杨晓燕、叶茂林：《青海喇家遗址史前灾难事件》，《科学通报》2003年第48卷第11期，第1200～1204页。

[5] 夏正楷、杨晓燕：《我国北方4ka B.P.前后异常洪水事件的初步研究》，《第四纪研究》2003年第23卷第6期，第667～674页。

[6] 宋豫秦等：《中国文明起源的人地关系简论》，北京：科学出版社，2002年。

年，随着大范围的海侵，当地居民开始获取贝类和其他一些海产资源，这是他们适应环境生存的表现。在距今5700～5275年，被当地居民捕获的贝类尺寸出现变小的倾向，当地居民在继续依赖于自然资源的基础上，开始对贝类的生长造成影响。在距今5275～4860年，不但贝类的尺寸继续减小，贝丘遗址也最后消亡。这主要是因为山东内陆地区以种植粟类为主的大汶口文化传入胶东半岛，改变了当地获取食物资源的方式[1]。

王巍在讨论公元前2000年前后大范围文化变化的原因时，指出各地区因其地理环境和文化传统的不同，发生变化的背景和原因也可能各不相同。在具体分析时，将降温和洪水等灾变事件的影响与各地区自然地理环境的特点、人们的经济形态和居住形态等因素联系起来，发现这些事件的影响程度有着显著的区域差异。另外，还讨论了各区域所处区位以及文化特点等方面的因素对文化兴衰和文明化进程的影响[2]。

（四）人骨研究

通过对考古遗址中出土的人骨进行测量、非测量特征和小变异的研究，牙齿形态特征及肢骨的测量和观察，牙齿和骨骼的病理研究，古DNA研究、碳氮稳定同位素分析、微量元素分析、锶同位素分析等各种研究，探讨古代人群的来源、扩散、分布、亲缘关系、经济类型、饮食结构、阶层差异、健康和疾病等。

任何一个考古遗址都是古代人类活动后遗留下来的，考古发掘往往会挖到当时的人骨，考古学研究离不开对具体人骨的研究。通过这样的研究，我们可以确认古代各个时期、各个地区人类的体质特征、健康状况、风俗习惯和人群之间的交流等，对于研究一些社会问题也可以发挥重要的作用。

这里主要阐述体质人类学研究的成果。自20世纪50年代初颜訚对齐家文化墓葬中出土的人头骨进行研究[3]以来，研究者们发表了几本专著[4]及许多研究报告和论文，其研究成果主要可以分为以下几个方面。

---

〔1〕　中国社会科学院考古研究所编著：《胶东半岛贝丘遗址环境考古》，北京：社会科学文献出版社，1999年。

〔2〕　王巍：《公元前2000年前后我国大范围文化变化原因探讨》，《考古》2004年第1期，第67～77页。

〔3〕　颜訚：《甘肃齐家文化墓葬中头骨的初步研究》，《考古学报》1955年第九册，第193～197页。

〔4〕　a. 中国社会科学院历史研究所、中国社会科学院考古研究所编著：《安阳殷墟头骨研究》，北京：文物出版社，1985年。

　　　b. 朱泓主编：《体质人类学》，长春：吉林大学出版社，1993年。

　　　c. 韩康信：《丝绸之路古代居民种族人类学研究》，乌鲁木齐：新疆人民出版社，1993年。

　　　d. 韩康信、谭婧泽、何传坤：《中国远古开颅术》，上海：复旦大学出版社，2007年。

　　　e. 李法军：《河北阳原姜家梁新石器时代人骨研究》，北京：科学出版社，2008年。

1. 人种研究

学者们通过对考古遗址中出土的大量人骨所反映的古代居民的体质特征进行观察，将他们按地区进行区分。如韩康信等确认黄河中游仰韶文化的居民、黄河下游大汶口文化的居民和南方新石器时代的居民在体质上各有特征，他们可能分别与传说中的华夏集团、东夷集团和苗蛮集团有关。韩康信还认为，我国东南地区新石器时代居民与东亚和南亚人种都表现出一定程度的接近。在我国北方和东北地区发现的青铜时代和更晚的古人骨骼上，较常见北亚人种或北亚和东亚人种混合的性质。而在西北地区卡约文化遗址中出土的人骨则接近东亚蒙古人种[1]。张振标认为中国新石器时代的人类颅骨特征明显地存在两个不同的地方类型。长江以北为北部类型，长江以南为南部类型[2]。朱泓将众多考古遗址出土的人骨分别命名为古中原类型、古华北类型、古华南类型、古西北类型、古东北类型、古蒙古类型等[3]。

研究者们强调了殷商民族在体质特征上基本是蒙古人种。殷王族祖先的体质可能混有某些类似现代北亚蒙古人种的特征。殷墟中小墓、祭祀坑出土的人头骨研究也证明其与东亚蒙古人种比较接近[4]。

张君通过对青海李家山卡约文化居民的头骨非测量特征的观察研究分析了该地的人群与其周边人群的亲缘关系，并提出了合理的解释[5]。

刘武等通过对下王岗和庙子沟两批中国北方新石器时代人类牙齿形态特征的观察研究，指出华北新石器时代人类牙齿形态特征与亚洲东北部人类极为相似，而与东南亚人类有较大差异[6]。李法军等通过对阳原姜家梁新石器时代人类牙齿形态特征的观

〔1〕　韩康信：《中国新石器时代种族人类学研究》，见田昌五、石兴邦主编：《中国原始文化论集：纪念尹达八十诞辰》，北京：文物出版社，1989年，第40～55页。

〔2〕　张振标：《中国新石器时代人类遗骸》，吴汝康、吴新智、张森水主编：《中国远古人类》，北京：科学出版社，1989年，第62～80页。

〔3〕　a. 朱泓：《建立具有自身特点的中国古人种学研究体系》，见吉林大学社会科学研究处编：《我的学术思想》，长春：吉林大学出版社，1996年，第471～478页。
　　　b. 朱泓：《中国东北地区的古代种族》，《文物季刊》1998年第1期，第54～64页。

〔4〕　中国社会科学院历史研究所、中国社会科学院考古研究所编著：《安阳殷墟头骨研究》，文物出版社，1985年。

〔5〕　张君：《从头骨非测量特征看青海李家山卡约文化居民的种族类型》，《考古》2001年第5期，第80～84页。

〔6〕　a. 刘武、朱泓：《庙子沟新石器时代人类牙齿非测量特征》，《人类学学报》1995年第14卷第1期，第8～20页。
　　　b. 刘武：《华北新石器时代人类牙齿形态特征及其在现代中国人起源与演化上的意义》，《人类学学报》1995年第14卷第4期，第361～380页。

察，得出其与庙子沟组的关系更为密切[1]。

2. 风俗习惯

韩康信等探讨了在我国东南地区部分新石器时代居民的人骨，发现有三种特殊的风俗习惯。即分布在黄河下游及长江中下游的大汶口文化、屈家岭文化、马家浜文化、良渚文化及华南一些几何印纹陶遗存的居民中发现有人工拔牙现象。其发源的中心在山东—苏北地区的大汶口—青莲岗文化分布区，而且同时又是头骨枕部畸形和口颊含球习俗分布的地区。上述三种习俗在出现的时间、文化性质和地理分布之间的共生和平行关系，表明其与关中地区新石器时代居民的习俗明显不同[2]。

3. 文化交流及体质类型的复杂化

韩康信等通过对中国山东临淄出土的周至汉代人骨和日本西部的弥生人、绳纹人的综合测量数据进行比较，确认蒙古人种东亚类群中的一支在历史时期曾经向东部海洋地区扩展[3]。韩康信等还通过对中国和日本古代拔牙风俗的比较研究，证明两者具有大致相近的沿海环境和相似的生理特点，但两者之间的系统演变关系尚缺乏明显联系。

王明辉的研究表明新石器时代早中期中国北方居民的体质形态比较单纯，未发现明显的混血现象，可能是当地更早时期居民的直系后裔。到了新石器时代晚期，中国北方人群内部出现了体质形态的分化现象，青铜时代初期这种分化现象更加明显，甚至在同一文化的同一遗址内部出现了截然不同的两种体质类型，这应该与生产力的发展、文化的交流和人群的迁徙以及血缘的混杂有关，并直接促进了中国北方文明的进步与发展。也许正是由于文化交流和基因混杂形成的体质类型上的多样性，在某种程度上成就了中国北方居民良好的身体素质，同时也确立了他们在对外竞争中的优势地位，为初步形成中华民族在体质形态上的多元一体格局奠定了基础[4]。

4. 古病理研究

朱芳武等对广西桂林甑皮岩遗址出土人骨的龋齿现象进行过分析[5]。刘武、张

〔1〕　李法军、朱泓：《河北阳原姜家梁新石器时代人类牙齿形态特征的观察与研究》，《人类学学报》2006年第25卷第2期，第87～101页。

〔2〕　韩康信、潘其风：《古代中国人种成分研究》，《考古学报》1984年第2期，第245～263页。

〔3〕　韩康信、中桥孝博：《中国和日本古代仪式拔牙的比较研究》，《考古学报》1998年第3期，第289～306页。

〔4〕　王明辉：《新石器时代晚期至青铜时代中国北方居民体质特征的变化及相关问题》，见中国社会科学院考古研究所考古科技中心编：《科技考古》（第二辑），北京：科学出版社，2007年，第161～179页。

〔5〕　朱芳武、卢为善：《桂林甑皮岩新石器时代遗址居民的龋病》，《人类学学报》1997年第16卷第4期，第271～273页。

全超等对新疆、内蒙古和内地几处考古遗址出土的古代居民牙齿磨耗、牙齿疾病、牙齿生前脱落及咀嚼肌发育情况进行观察并对比，发现生活在青铜—铁器时代的新疆和内蒙古居民牙齿平均磨耗与内地新石器时代居民大体接近。但是在磨耗方式上，新疆和内蒙古居民呈现出一些可能反映其生活或行为方式的特殊磨耗。还发现内地居民龋齿发病率高，边疆地区居民的牙齿生前脱落更普遍。作者认为生活在青铜—铁器时代的新疆和内蒙古居民的食物比内地居民的食物更为粗糙坚硬、含颗粒成分高；新疆和内蒙古居民牙齿的特殊磨耗、牙齿生前脱落等现象说明边疆地区的居民生活环境比较恶劣。此外，龋齿病出现率比内地居民低，则说明边疆居民谷物类富含碳水化合物的食物的摄入量比例较低。这些发现进一步提示在青铜—铁器时代的新疆和内蒙古地区的居民社会经济生活中狩猎—采集仍占有较为重要的地位，农业经济的比重相对较低[1]。

韩康信等发现距今5000~2000年分布于中国西北部的新疆、青海、甘肃、陕西和中原的河南、东部的山东和东北部的黑龙江等多个墓地出土的人头骨中存在穿孔现象，经研究证明，当时存在开颅术[2]。

5. 通过分析人口年龄和性别研究社会发展

王建华通过对黄河中下游地区史前人口年龄构成和性别构成的研究，对古代社会组织结构进行了探讨。认为因为人类具有社会属性，人口性别和年龄的构成都受到社会因素的影响，在特定的时期会有特定的现象反映出来，所以通过这些特定的、以考古现象的形式反映出来的特征，可以分析社会发展的进程和变化[3]。

6. 古人类体质变化与环境变化的关系

吴秀杰、刘武等对中国北方全新世人群头面部形态特征进行了研究，研究结果显示近万年来中国全新世人群的体质特征仍在进化，脑颅和面颅趋向缩小、鼻形趋向狭化、眶形趋向高窄化、颅形趋向圆隆化。世界各地人群体质特征相似的演化趋势表明，全新世人群头骨形态特征的微观演化是受人类进化机制制约的。头骨缩小的原因与气候、环境及人们生活方式的改变有一定的关系[4]。

---

〔1〕　刘武、张全超、吴秀杰、朱泓：《新疆及内蒙古地区青铜—铁器时代居民牙齿磨耗及健康状况的分析》，《人类学学报》2005年第24卷第1期，第32~53页。

〔2〕　韩康信、谭婧泽、何传坤：《中国远古开颅术》，上海：复旦大学出版社，2007年。

〔3〕　a. 王建华：《黄河中下游地区史前人口年龄构成研究》，《考古》2007年第4期，第63~73页。

　　　b. 王建华：《黄河中下游地区史前人口性别构成研究》，《考古学报》2008年第4期，第415~440页。

〔4〕　吴秀杰、刘武、张全超、朱泓、Christopher Norton：《中国北方全新世人群头面部形态特征的微观演化》，《科学通报》2007年第52卷第2期，第192~198页。

（五）动物考古研究

在田野考古中建立科学的取样方法，确立考古遗址出土的各种家畜的科学的鉴定标准，通过对考古遗址中出土的动物遗存进行定性定量分析和研究，运用形态学、古DNA分析、碳氮稳定同位素分析、锶同位素分析等方法，探讨中国各种家畜的起源及发展过程。运用定性定量分析等方法，结合动物骨骼出土的考古背景，认识不同时空范围内古代人类利用动物及其与之相关的各种行为。

通过这样的研究，我们可以把握古代各种家养动物的起源和发展过程，探讨古代不同时期、不同地区、不同阶层的居民获取动物作为肉食资源的多种方式及利用动物进行祭祀、随葬、战争和劳役的特征与规律，探讨古代动物种属反映的文化交流等。

20世纪50年代以来最早的动物考古学研究是李有恒等对半坡遗址出土动物骨骼的鉴定和研究[1]。这篇报告创立的鉴定动物种属、探讨当时人的活动及认识当时的自然环境等研究思路和方法，一直影响了后来几十年的动物考古学研究。60年来的主要研究成果除几部专著和译著[2]外，还包括一大批对考古遗址出土的动物骨骼的鉴定和研究论文。动物考古学中形态学方面的研究成果主要表现在以下几点。

1. 家养动物的起源

据袁靖研究，中国最早出现的家养动物是狗，距今10000年左右。其次是猪，距今8200年左右。绵羊作为家养动物起源的时间大概在公元前3600~前3000年。黄牛作为家养动物起源的时间至少在公元前2500年到公元前2000年左右。公元前1700年左右发现马。公元前1600年左右出现家养的鸡。中国古代狗、猪、绵羊、黄牛、马、鸡等各种家养动物是分别起源于不同的时间和不同的地点的。中国古代家畜起源和出现过程可以分为两种模式。一种是中国古代居民在与一些野生动物长期相处的过程中，根据自己的需要逐步控制它们，把它们变为家畜。另一种是古代居民通过文化交流过程，

[1]　李有恒、韩德芬：《陕西西安半坡新石器时代遗址中之兽类骨骼》，《古脊椎动物与古人类》1959年第1卷第4期，第173~186页。

[2]　a.魏丰、吴维棠、张明华、韩德芬：《浙江余姚河姆渡新石器时代遗址动物群》，北京：海洋出版社，1990年。

b.陈全家、王善才、张典维：《清江流域古动物遗存研究》，北京：科学出版社，2004年。

c.安格拉·冯登德里施著，马萧林、侯彦峰译：《考古遗址出土动物骨骼测量指南》，北京：科学出版社，2007年。

从其他地区直接把已经成为家畜的动物引进来[1]。另外，依据刘莉等的研究，家养水牛很可能是公元前1000年前后从南亚西北部地区传入中国的[2]。

2. 新石器时代居民获取肉食资源方式

袁靖通过对大量考古遗址出土动物遗骸的研究，认为长江流域新石器时代居民主要通过渔猎活动获取肉食资源的特征和黄河流域新石器时代居民在相当长的时间里主要通过饲养家猪的方式获取肉食资源的特征形成鲜明的对照。中国新石器时代的居民由完全依赖于自然环境提供的动物资源，到开始开发某些野生的动物资源，把它们作为家养动物，再到主要依靠这类开发的动物资源获取肉食这一系列生存活动行为的变化，总是在肉食量需求的增长及居住地周围自然环境所能提供动物资源的多少这种制约下被动地形成和发展的。这个过程可以总结为"被动发展论"[3]。

3. 利用动物进行祭祀和随葬的特征

袁靖认为，中国新石器时代居民进行祭祀和随葬的动物主要是狗和猪，到新石器时代晚期出现牛和羊。商代在祭祀活动中也大量使用动物。最早使用的主要是猪，也使用狗、羊和牛。证明它与新石器时代的祭祀活动存在一定联系。而后逐步发展演变为主要使用马、狗、羊和牛，尤其是马在商代晚期的祭祀活动中发挥了特殊的作用。商代祭祀的动物种类增多，规模也在变大。这些变化有助于区分献祭者的身份。以大量的牛或牛与其他动物的组合作牺牲，比用猪作牺牲能够更加具体地反映出等级制度[4]。

另外，袁靖通过对商周时期墓地中随葬的动物骨骼研究，发现当时有把动物的前肢完整地放入墓里的习惯。中型以上的墓葬里分别随葬猪和羊、牛和羊、猪、牛和羊的前肢。如果在同一座墓里随葬两种以上动物的前肢，这两种以上动物前肢的左、右侧必须是相同的。随葬动物前肢的墓葬在全部墓葬中属于少数[5]。

〔1〕 a. Yuan J. 2008. The Origins and Development of Animal Domestication in China. *Chinese Archaeology*, 8(1): 1-7.

b. 袁靖：《中国古代家养动物的动物考古学研究》，《第四纪研究》2010年第30卷第2期，第298～306页。

〔2〕 刘莉、杨东亚、陈星灿：《中国家养水牛起源初探》，《考古学报》2006年第2期，第141～178页。

〔3〕 袁靖：《黄河与长江流域史前居民获取肉食资源方式的差异》，《光明日报》2008年9月21日第7版。

〔4〕 Yuan J, Flad K R. 2005. New Zooarchaeological Evidence for Changes in Shang Dynasty Animal Sacrifice. *Journal of Anthropological Archaeology*, 24(3): 252-270.

〔5〕 袁靖、梁中合、杨梦菲：《论山东滕州前掌大墓地随葬动物的特征》，见中国社会科学院考古研究所编：《二十一世纪的中国考古学：庆祝佟柱臣先生八十五华诞学术文集》，北京：文物出版社，2006年，第903～908页。

4. 阉割行为的出现

袁靖通过对秦始皇陵6号坑出土的马骨及秦俑坑出土的陶马进行研究，发现全部驾车的马都是阉割过的，而作为骑乘的"鞍马"有些是阉割的，有些没有阉割，当时的阉割行为与马的用途密切相关[1]。

5. 文化交流

袁靖通过对平陵出土的动物遗骸研究，认为由于葬于平陵的汉昭帝死于公元前74年，因此可以断定至少在公元前74年以前，生息于阿尔泰山一带的双峰驼和出自非洲的驴已经作为家养动物，通过文化交流传到了陕西西安一带[2]。

（六）植物考古研究

植物考古涉及炭化植物、木炭碎块、植硅体、淀粉颗粒等各种遗存的研究。通过在田野考古中建立科学的取样方法及浮选法，确立考古遗址出土的各种农作物及其他植物、树种、植硅体、淀粉颗粒的科学的鉴定标准，并进行定量分析。认识包括采集、栽培、祭祀和文化交流等方面在内的古代人类与植物的各种关系。

通过对考古遗址中出土的植物遗存进行定性定量的分析和研究，可以探讨古代各种农作物的起源和发展过程，认识古代不同时期和地区的居民获取植物性食物的种类和比例，把握不同时空范围内古代人类的各种生产、消费方式及发展规律，认识特定植物在祭祀行为和文化交流中的作用及意义，分析古代人类活动对森林环境的影响。

以下分别阐述炭化植物、木炭碎块、植硅体、淀粉颗粒等各个领域的研究成果。

1. 炭化植物遗骸的研究

自20世纪50年代在河南洛阳涧西属于仰韶文化的孙旗屯遗址发现小米遗存以来[3]，植物考古研究人员在众多属于新石器时代的考古遗址中发现了大量的植物种子和果核。主要认识有以下几点。

（1）农作物起源

农作物起源是植物考古研究的重要内容之一。赵志军认为，中国北方旱作农业的代表性农作物粟和黍在距今8000～7500年间已经出现，南方地区最早的农作物水稻出

---

〔1〕 袁靖：《K0006号陪葬坑出土马骨研究》，见陕西省考古研究所、秦始皇兵马俑博物馆编著：《秦始皇帝陵园考古报告·2000》，北京：文物出版社，2006年，第226～233页。

〔2〕 袁靖：《动物考古学揭密古代人类和动物的相互关系》，见文化遗产研究与保护技术教育部重点实验室、西北大学文化遗产与考古学研究中心编著：《西部考古》（第2辑），西安：三秦出版社，2007年，第82～95页。

〔3〕 袁靖、刘建国、高立兵：《中国科技考古五十年》，《考古》1999年第9期，第59～68页。

现于距今12000年，小麦出现于距今4500年，大豆出现于距今8000年[1]。

（2）探讨甘青地区古代人类经济生活和生产方式

赵志军通过对甘青地区考古遗址出土的植物遗存研究，认为甘青地区新石器时代晚期的齐家文化以农耕生产为主，但是，出土一定数量的苜蓿属植物种子也值得注意，苜蓿属植物大多是良好的牲畜饲料，遗址中发现的苜蓿属植物种子很有可能是当时人们收割回来的牲畜饲料的遗存[2]。由于在属于卡约文化的青海丰台遗址里浮选出土的炭化植物种子中，70%以上是大麦、小麦和粟三种农作物遗存，其他植物种子大多属于青海东部地区常见的田间杂草类型。由此说明丰台遗址先民的经济生活应该是以农耕为主。青海东部地区在青铜时代的卡约文化时期，并没有向畜牧经济转化，依旧是以农业生产为主，而且还有所发展[3]。

（3）探讨文明起源的农业经济背景

赵志军通过确定位于中原地区的一系列龙山时代和夏、商、西周时期的考古遗址出土的粟、黍、稻谷、小麦、大豆五个品种的农作物，提出当时已经存在多种农作物的种植制度。多种农作物的种植制度的意义不仅在于可以提高农业的总体产量，而且还在于能够减少粮食种植的危险系数。中原地区普遍种植稻谷，提高了粮食作物的总体产量。小麦至少在龙山时期已经传入中原地区，到了二里岗时期就已经相当普及。这些都为中原地区中华文明的起源和发展提供了坚实的农业经济基础[4]。

（4）探讨古代人类社会制度和精神生活

赵志军通过对贵州属于青铜文化的鸡公山遗址进行植物考古学研究，发现99%以上的植物种子属于稻谷和芸苔属两个种类，未发现一例杂草植物种子。植物种子群体

[1]　a. 赵志军：《从兴隆沟遗址浮选结果谈中国北方旱作农业起源问题》，见南京师范大学文博系编：《东亚古物〔A卷〕》，北京：文物出版社，2004年，第188～199页。

　　　b. Zhao Z J. 1998. The Middle Yangtze Region in China is One Place Where Rice was Domesticated: Phytolith Evidence from the Diaotonghuan Cave, Northern Jiangxi. *Antiquity*, 72(278): 885-897.

　　　c. 赵志军：《公元前2500年～公元前1500年中原地区农业经济研究》，见中国社会科学院考古研究所考古科技中心编：《科技考古》（第二辑），北京：科学出版社，2007年，第1～11页。

　　　d. 赵志军、张居中：《贾湖遗址2001年度浮选结果分析报告》，《考古》2009年第8期，第84～93、109页。

[2]　赵志军：《青海喇家遗址尝试性浮选的结果》，《中国文物报》2003年9月19日第7版。

[3]　赵志军：《青海互助丰台卡约文化遗址浮选结果分析报告》，《考古与文物》2004年第2期，第85～91页。

[4]　赵志军：《公元前2500年～公元前1500年中原地区农业经济研究》，见中国社会科学院考古研究所考古科技中心编：《科技考古》（第二辑），北京：科学出版社，2007年，第1～11页。

所表现的数量多但品种单一的现象，很有可能反映的就是当时祭祀活动使用植物的情况，据此推测，鸡公山遗址很可能是一处以祭祀为主要功能的特殊性质的古代遗址。而分布密集的祭祀坑、大量出土的非实用的高领罐等也证实鸡公山遗址是一处祭祀遗址。这样，植物考古学的研究结果就为确定该遗址的性质提供了具有说服力的直接证据[1]。

（5）复原古代庭院植被景观

赵志军通过鉴定广州南越王宫署遗址的水井中出土的属于40余个不同的植物种类的种子。发现按其主要利用价值可以分为观赏类、食用类、材用类和其他类（如药用类、芳香类等）四类，那些以观赏功能为主的、出土数量惊人的植物种类很有可能就是御苑内种植的植物品种，而那些以食用功能为主的、出土数量较少的有可能是被作为果品带入御苑内的植物品种。品种丰富的瓜果类植物遗存一方面反映了南越王国上层贵族当时的奢华生活；另一方面也展示了我国先民在瓜果栽培上的悠久历史，以及在植物资源开发上对世界作出的巨大贡献[2]。

2. 木炭碎块的研究

木炭碎块的研究最早开始于崔海亭和王树芝的工作[3]。研究者们通过对位于湖北、内蒙古、山东和陕西等地区的多个遗址出土的木炭碎块进行研究，确认了蒙古栎、枣树、桑树、钢竹、榆树、油松等多个树种，认识到当时人们利用的树木种类和食用的一些植物性食物，同时对当时的气候状况也作出了科学的推测[4]。

---

〔1〕　Zhao Z J. 2007. Floatation Technique and Its Application in Chinese Archaeology. In Peter Ucko(ed.) *From Cincepts of the Past to Practical Strategies: The Teaching of Archaeological Field Technbiques*. London: Saffron Press, 233-238.

〔2〕　赵志军：《南越宫苑遗址1997年度浮选结果分析报告》，见南越王宫博物馆筹建处、广州市文物考古研究所编：《南越宫苑遗址》，北京：文物出版社，2008年，第200～210页。

〔3〕　a. 崔海亭、李宜垠、胡金明、腰希申、李昉：《利用炭屑显微结构复原青铜时代的植被》，《科学通报》2002年第47卷第19期，第1504～1507页。

　　　b. 王树芝、王增林、吴耀利、黄卫东、王杰：《湖北枣阳市雕龙碑遗址房屋建筑出土木炭的研究》，《考古》2002年第11期，第85～87、104页。

〔4〕　a. 王树芝、王增林、贾笑冰、梁中合：《山东聊城教场铺遗址出土炭化碎块的鉴定以及古代人类对木本植物利用的初步分析》，见中国社会科学院考古研究所编：《新世纪的中国考古学：王仲殊先生八十华诞纪念论文集》，北京：科学出版社，2005年，第984～999页。

　　　b. 王树芝、王增林：《木炭碎块的研究》，见北京大学考古文博学院、河南省文物考古研究所编著：《登封王城岗考古发现与研究（2002～2005）》，郑州：大象出版社，2007年，第555～567页。

3. 植硅体研究

植硅体研究最早开始于80年代末。如王永吉等通过对汉代五铢钱的陶范进行分析，发现里面包含有大量水稻壳植硅体，说明古代人类在铸造过程中加入了相当数量的稻壳[1]。其成果主要表现在以下几个方面。

（1）研究水稻的起源与发展

研究人员运用测量水稻颖壳的双峰型植硅体和水稻扇型植硅体的判别函数对古代样品进行研究[2]，证明江西万年吊桶环遗址在距今12000年以来存在从采集野生稻到栽培稻的发展过程[3]，浙江浦江上山遗址在距今10000年前后已经存在驯化稻[4]，长江流域甚至在距今13000年左右可能已经存在驯化稻[5]。到新石器时代中期，长江中下游地区的聚落中已经普遍种植水稻。在新石器时代晚期，水稻栽培技术已经传播到黄淮之间乃至黄河流域。海岱地区在大汶口文化时期可能属于稻作农业的逐渐发展阶段，龙山文化时期达到稻作农业发展的高峰，从岳石文化至商周时期，稻作农业的发展呈现明显下滑的趋势[6]。

（2）食物分析

吕厚远等利用植硅体分析法分析了距今4000年前青海喇家遗址出土的面条遗存，证实了面条是用小米面制作，这是世界上最早的面条，当时的先民已经具备对这些植物果实进行脱粒和粉碎的能力[7]。吕厚远等还通过观察粟和黍的植硅体形态，认识其

〔1〕 王永吉、吕厚远、衡平、苍树溪、冯志坚：《植物硅酸体的研究及在我国第四纪地质学中的初步应用》，《海洋地质与第四纪地质》1991年第11卷第3期，第113～124页。

〔2〕 a. 王永吉、吕厚远：《植物硅酸体研究及应用》，北京：海洋出版社，1993年。
b. 吕厚远、吴乃琴、王永吉：《水稻扇型硅酸体的鉴定及在考古学中的应用》，《考古》1996年第4期，第82～86、103页。
c. Zhao Z J. 1998. The Middle Yangtze Region in China is One Place Where Rice was Domesticated: Phytolith Evidence from the Diaotonghuan Cave, Northern Jiangxi. *Antiquity*, 72(278): 885-897.

〔3〕 赵志军：《吊桶环遗址稻属植硅石研究》，《中国文物报》2000年7月5日第3版。

〔4〕 Jiang L P, Liu L. 2006. New Evidence for the Origins of Sedentism and Rice Domestication in the Lower Yangzi River, China. *Antiquity*, 80(308): 355-361.

〔5〕 Lu H Y, Liu Z X, Wu N Q, Borne S, Satite Y, Liu B Z, Wang L. 2002. Rice Domestication and Climatic Change: Phytolith Evidence from East China. *Boreas*, 31(4): 378-385.

〔6〕 a. 靳桂云：《山东地区先秦考古遗址植硅体分析及相关问题》，见山东大学东方考古研究中心编：《东方考古》（第3集），北京：科学出版社，2006年，第259～280页。
b. 靳桂云：《山东新石器时代稻遗存考古的新成果》，见山东大学东方考古研究中心编：《东方考古》（第5集），北京：科学出版社，2008年，第226～243页。

〔7〕 Lu H Y, Yang X Y, Ye M L, Liu K, Xia Z K, Ren X Y, Cai L H, Wu N Q, Liu T. 2005. Millet Noodles in Late Neolithic China. *Nature*, 437: 967-968.

差异性，在世界上首次成功地建立了区别粟和黍的植硅体形态的标准[1]。

（3）农田研究

研究人员利用植硅体分析的方法，在江苏吴县草鞋山遗址、湖南澧县城头山遗址、浙江余姚田螺山遗址、山东胶州赵家庄和栖霞杨家圈遗址开展工作，在每个遗址的多个地点采集土样，进行植硅体鉴定和统计，通过植硅体数量的多少，确定水田遗存的范围[2]。

4. 淀粉颗粒研究

淀粉颗粒研究最早开始于吕烈丹在广西桂林甑皮岩的工作。她系统地阐述了如何在石器表面收集采样的方法，并且发现甑皮岩遗址出土石器表面的残余物中包含有淀粉颗粒，主要是芋类植物的颗粒，通过与浮选结果对比，证明甑皮岩遗址的史前居民采集利用的植物中包含了芋类，而且还有其他块茎类[3]。

（七）碳氮稳定同位素分析、化学元素分析、锶同位素分析、古DNA分析

通过对古代人骨进行碳氮稳定同位素分析、化学元素分析、锶同位素分析，认识生活在不同时期、不同地区、属于不同阶层的人的食性特征，探讨他们是否存在迁徙活动。通过对古代动物骨骼进行碳氮稳定同位素分析、锶同位素分析，认识各种动物的食性特征，为探讨它们是否属于家养动物及是否存在迁徙现象等提供科学依据。应用古DNA分析的方法研究古代人骨和动植物遗存的遗传基因，认识他们的谱系特征等。

这些研究可以为我们研究古代人骨和动植物遗存提供新的视角，认识各种有关古代人和动物的食物种类、营养级别、出生地的元素特征等，这些信息都是我们全面把握当时社会状况的重要证据。而相比从形状上难以科学地把握不同遗址或同一遗址出

〔1〕 Lu H Y, Zhang J P, Wu N Q, Liu K, Xu D, Li Q. 2009. Phytoliths Analysis for the Discrimination of Foxtail Millet (*Setaria italica*) and Common Millet (*Panicum miliaceum*). *PLoS ONE*, 4(2): e4448.1-15.

〔2〕 a. 宇田津彻郎、汤陵华、王才林、郑云飞、柳泽一男、佐佐木章、藤原宏志：《中国的水田遗构探查》，《农业考古》1998年第1期，第138～155页。

b. 靳桂云、燕生东、宇田津彻郎、兰玉富、王春燕、佟佩华：《山东胶州赵家庄遗址4000年前稻田的植硅体证据》，《科学通报》2007年第52卷第18期，第2161～2168页。

c. 栾丰实、靳桂云、王富强、宫本一夫、宇田津彻朗、田崎博之：《山东栖霞县杨家圈遗址稻作遗存的调查和初步研究》，《考古》2007年第12期，第78～84、103页。

〔3〕 吕烈丹：《甑皮岩遗址出土石器表面残余物的初步分析》，见中国社会科学院考古研究所、广西壮族自治区文物工作队、桂林甑皮岩遗址博物馆、桂林市文物工作队编：《桂林甑皮岩》，北京：文物出版社，2003年，第646～651页。

土的骨骼或种子的同一性或差异性，基因特征则可以明确无误地提供相关人骨、动物骨骼和种子的种属信息。

这里分别阐述碳氮稳定同位素分析、化学元素分析、锶同位素分析、古DNA分析的研究成果。

1. 碳氮稳定同位素分析

20世纪80年代，蔡莲珍等通过对陕西西安半坡等遗址的人骨进行碳十三测定，推测小米是这些古代人类的主要食物，这是国内的首例碳稳定同位素研究[1]。近年来的研究成果主要有以下两个方面。

（1）人骨研究

张雪莲、胡耀武、董豫等分别通过对多个新石器时代及青铜时代遗址出土的人骨进行分析，发现内蒙古赤峰兴隆洼，山东长岛、教场铺，河南安阳殷墟、郑州商城、偃师二里头，山西襄汾陶寺，青海民和喇家和辽宁北票喇嘛洞遗址等均是以C_4类植物为主，可能是粟类。而上海崧泽、浙江余姚河姆渡和江苏金坛三星村遗址则以C_3类为主，可能是稻类。青海上孙家、甘肃火烧沟和新疆焉不拉克遗址则明显的两种植物兼有，但其C_3类可能是麦类。从氮十五的分析结果看，长岛、焉不拉克、火烧沟的人骨氮十五值较高，显示出当时摄取的营养级较高，但长岛与焉不拉克及火烧沟的肉食来源可能不同，长岛为鱼类的可能性较大，后两者为陆相动物的可能性较大。而其他遗址出土人骨的营养级较低。另外，从食谱的分析结果看，没有发现男性和女性之间存在明显的差异[2]

（2）动物骨骼研究

管理、吴小红、胡耀武等分别通过对10000年以来的考古遗址出土的鱼、鼠、猪、牛、鹿等多种动物骨骼进行碳氮稳定同位素分析，认识到生息于不同时期、不同地区的多种动物的碳氮稳定同位素指标，提出在北方地区的遗址里，如果猪骨的碳十三中以C_4类植物为主，与同一遗址中出土的人骨的测试结果相一致，那么可以作为判断这些猪是家猪的证据之一，而在南方地区的遗址里，因为水稻属于C_3类植物，与自然环

〔1〕 蔡莲珍、仇士华：《碳十三测定和古代食谱研究》，《考古》1984年第10期，第949~955页。

〔2〕 a. 张雪莲：《碳十三和氮十五分析与古代人类食物结构研究及其新进展》，《考古》2006年第7期，第50~56页。

b. 胡耀武、王根富、崔亚平、董豫、管理、王昌燧：《江苏金坛三星村遗址先民的食谱研究》，《科学通报》2007年第52卷第1期，第85~88页。

c. 董豫、胡耀武、张全超、崔亚平、管理、王昌燧、万欣：《辽宁北票喇嘛洞遗址出土人骨稳定同位素分析》，《人类学学报》2007年第26卷第1期，第77~84页。

境中以C_3类植物为主的状况相吻合，那么依据碳十三的测试结果就很难做出判断，不过可以依据氮十五的高低是否与人骨接近来进行鉴别，这类研究对于科学地鉴定家猪和野猪，无疑是一个相当有用的方法[1]。

2. 化学元素分析

化学元素的研究最早开始于郑晓瑛，她通过对甘肃酒泉干骨崖遗址出土的人骨分析，发现多种化学元素的差异与性别无关，但是与年龄及不同的时代有关联。当时人们主要以植物类食物为主[2]。后来，胡耀武等通过对贾湖遗址出土的10余例人骨标本进行微量元素分析，发现其中有1例明显偏离代表贾湖遗址生态环境的测量值，推测其可能是来自异乡的"移民"[3]。张全超等通过对新疆和静察吾乎沟口四号墓地出土人骨的研究，发现当时人的食物中主要是肉类[4]。

3. 锶同位素分析

迄今为止唯一的实例是尹若春等通过分析河南舞阳贾湖遗址出土的猪牙釉质样品和人骨样品，在确定当地的锶同位素比值范围的基础上，分析出14个个体的人骨中有5个是外来迁入的个体。其中在第一期的4个个体中没有发现外来个体，第二期的5个个体中发现2个，第三期的5个个体中发现3个。在外来迁入的5个个体中，有3个女性和2个男性。人口迁移率从第一期到第三期似乎有增加的趋势，这种现象与贾湖居民随着经济文化的发展而和同时期周围其他地区居民的交流逐渐频繁的考古学分析结果是比较一致的[5]。

〔1〕　a. 管理、胡耀武、汤卓炜、杨益民、董豫、崔亚平、王昌燧：《通化万发拨子遗址猪骨的C，N稳定同位素分析》，《科学通报》2007年第52卷第14期，第1678～1680页。

　　　b. 吴小红、肖怀德、魏彩云、潘岩、黄蕴平、赵春青、徐晓梅、Nives Ogrinc：《河南新砦遗址人、猪食物结构与农业形态和家猪驯养的稳定同位素证据》，见中国社会科学院考古研究所考古科技中心编：《科技考古》（第二辑），北京：科学出版社，2007年，第49～58页。

　　　c. 胡耀武、栾丰实、王守功、王昌燧、Michael P. Richards：《利用C，N稳定同位素分析法鉴别家猪与野猪的初步尝试》，《中国科学D辑：地球科学》2008年第38卷第6期，第693～700页。

〔2〕　郑晓瑛：《中国甘肃酒泉青铜时代人类股骨化学元素含量分析》，《人类学学报》1993年第12卷第3期，第241～250页。

〔3〕　胡耀武、James H. Burton、王昌燧：《贾湖遗址人骨的元素分析》，《人类学学报》2005年第24卷第2期，第158～165页。

〔4〕　张全超、王明辉、金海燕、朱泓：《新疆和静县察吾呼沟口四号墓地出土人骨化学元素的含量分析》，《人类学学报》2005年第24卷第4期，第328～333页。

〔5〕　尹若春、张居中、杨晓勇：《贾湖史前人类迁移行为的初步研究——锶同位素分析技术在考古学中的运用》，《第四纪研究》2008年第28卷第1期，第50～57页。

4. 古DNA分析

国内学者有关古DNA研究的文章最早开始于对湖南长沙马王堆汉墓出土女尸的研究[1]，迄今为止已经出版了一部专著[2]和多篇论文。主要成果有以下几个方面。

（1）自20世纪90年代末以来，吉林大学生命科学学院的周慧和边疆考古研究中心的朱泓等研究人员通过对新疆、内蒙古、辽宁、河北等地的多个新石器时代、商周时期、战国时期、金代和元代的古代遗址或墓地中出土的人骨进行古DNA研究，取得了有关当时人群迁徙、基因交流、母系遗传、氏族社会性质等一系列有价值的认识，在中国古代人骨的古DNA研究中发挥了突出的作用[3]

（2）袁靖通过和日本学者的合作研究，发现我国河南安阳洹北花园庄遗址和内蒙古敖汉大甸子遗址出土狗骨的遗传基因与日本公元5世纪左右的鄂霍茨克文化和公元13～16世纪的遗址出土狗骨的基因一致，但是中国遗址的年代要比日本早得多。加之大甸子遗址出土的狗的遗传基因序列还与位于现在日本冲绳的琉球狗的遗传基因序列同样。这些结果都从时间顺序上科学地证明了日本一些狗的祖先在中国，这些狗在很早的时候通过文化交流传到了日本[4]。

（3）蔡大伟等对河南二里头遗址出土的9个距今3700年左右的绵羊标本进行了古DNA研究，发现8个古DNA序列均属于亚洲世系A，与中国特有的小尾寒羊、湖羊、蒙古羊、同羊等地方品种有着共同的母系祖先，在遗传上有一定的继承关系，而野生盘羊和原羊都不是中国藏系和蒙古系绵羊的母系祖先[5]。

（八）物质结构、成分分析和工艺研究

通过使用各种测试和分析仪器，对考古遗址中出土的各种陶瓷器、金属器、玉器、玻璃器及与特殊遗存相关的土壤等进行各种有机或无机的分析与研究，可以认识各类器物的成分、结构和人工痕迹。通过对各种制作工艺的研究，可以认识各类器物的制作技术的特征。通过对未经后世扰乱的特殊器物内的残留物及位于特殊遗迹的人或动物腹腔部分的土壤进行研究，可以认识其所包含的特殊化学元素，进而认识当时

〔1〕　《长沙马王堆一号汉墓古尸研究》编辑委员会编，湖南医学院主编：《长沙马王堆一号汉墓古尸研究》，北京：文物出版社，1980年，第179～187页。

〔2〕　蔡大伟主编：《分子考古学导论》，北京：科学出版社，2008年。

〔3〕　蔡大伟主编：《分子考古学导论》，北京：科学出版社，2008年，第99～104页。

〔4〕　袁靖、石黑直隆：《中日古代家犬的遗传基因比较研究》，《中国文物报》2002年12月13日第7版。

〔5〕　Cai D W, Han L, Zhang X, Zhang X L, Zhou H, Zhu H. 2007. DNA Analysis of Archaeological Sheep Remains from China. *Journal of Archaeological Science*, 34(9): 1347-1355.

人和动物的行为。

这些研究对于我们认识不同时期、不同地区古代人类的各种生产工艺的状况、发展变迁、原材料来源、文化交流及人类行为等，都具有重要的意义，是研究古代经济状况的重要内容。

这里分别阐述陶瓷器、金属器、玉器、玻璃器、土壤等的研究成果。

1. 陶瓷器研究

自20世纪50年代以来，最早的陶瓷器研究开始于周仁等[1]。后来，研究者们通过不同方法对陶瓷器进行分析，发表了一批专著[2]和相当数量的鉴定报告、研究论文。这里主要阐述陶器的研究成果，分为以下几个方面。

（1）李家治认为在新石器时代制陶原料主要为高铁质黏土，在有的地方还会使用高岭土。到了商周时期，人们对原料选择提出更高的要求，集中表现在三氧化二铁和氧化铁含量的降低和二氧化硅含量的提高上。而自商周时期以后，三氧化二铁含量的继续降低和二氧化硅含量的继续增加，对由陶过渡到瓷和提高瓷器的质量有着决定性的作用[3]。李文杰认为，从新石器时代至汉代制作陶胎所用的黏土有普通易熔黏土、高镁质易熔黏土、高铝质耐火黏土、高硅质黏土或瓷石等四个类型[4]。

〔1〕　周仁、郭演仪、李家治：《景德镇制瓷原料及胎、釉的研究》，见周仁等：《景德镇瓷器的研究》，北京：科学出版社，1958年，第13~46页。

〔2〕　a. 周仁等：《中国古陶瓷研究论文集》，北京：轻工业出版社，1982年。

　　　b. 中国硅酸盐学会编：《中国古陶瓷论文集》，北京：文物出版社，1982年。

　　　c. 李家治、陈显求、张福康、郭演仪、陈士萍等：《中国古代陶瓷技术科学成就》，上海：上海科学技术出版社，1985年。

　　　d. 中国科学院上海硅酸盐研究所编：《中国古陶瓷研究》，北京：科学出版社，1987年。

　　　e. 李家治、陈显求主编：《古陶瓷科学技术 第一集 1989年国际讨论会文集（ISAC'89）》，上海：上海科学技术文献出版社，1992年。

　　　f. 李文杰：《中国古代制陶工艺研究》，北京：科学出版社，1996年。

　　　g. 罗宏杰编著：《中国古陶瓷与多元统计分析》，北京：中国轻工业出版社，1997年。

　　　h. 卢嘉锡总主编，李家治分卷主编：《中国科学技术史：陶瓷卷》，北京：科学出版社，1998年。

　　　i. 郭景坤主编：《'02古陶瓷科学技术5国际讨论会论文集》，上海：上海科学技术文献出版社，2002年。

　　　j. 郭景坤主编：《'05古陶瓷科学技术6国际讨论会论文集》，上海：上海科学技术文献出版社，2005年。

〔3〕　李家治：《中国陶器和瓷器工艺发展过程的研究》，见李家治、陈显求、张福康、郭演仪、陈士萍等：《中国古代陶瓷技术科学成就》，上海：上海科学技术出版社，1985年，第1~19页。

〔4〕　李文杰：《中国古代制陶工艺研究》，北京：科学出版社，1996年，第329~358页。

（2）李家治通过对蛋壳黑陶的化学分析，发现它最大的特点是烧失特别高，这是在烧成将要结束时用熏烟法进行渗碳的结果[1]。

（3）研究者们确认陶器上红陶衣或褐陶衣的原料为含铁量高的红黏土，白陶衣的原料为高岭土，黑陶衣的原料则为与陶胎原料相同的普通易熔黏土。彩陶中红彩的主量元素为硅、铝，较多量元素为铁，黑彩的主量元素为硅、铝，较多量元素为铁、锰，棕彩与黑彩的化学组成相同，但棕彩锰的含量低于黑彩，而铁的含量高于黑彩；白彩的化学组成与白陶衣相同，是以高岭土为颜料[2]。

（4）李家治通过对陶瓷器烧成温度的测定可以看到新石器时代和商代陶器的烧成温度均在1000℃以下，一般约为950℃；到了商周时代，原始瓷器的烧成温度测定则已提高到1200℃左右；汉、晋、隋、唐以及以后各个时期，瓷器的烧成温度又提高到1300℃左右[3]。

（5）李家治通过对考古遗址中出土的陶瓷器的釉和涂料的化学成分及助熔剂的含量总和进行分析，大致把我国瓷釉的形成和发展分成商代以前，釉的孕育阶段；商周时期，釉的形成阶段；汉、晋、隋、唐、五代时期，釉的成熟阶段；宋代以后，釉的提高阶段这样四个阶段[4]。

（6）研究者们通过中子活化的方法对古陶瓷开展研究。如陈铁梅等对商时期原始瓷产地进行研究，认为商代各遗址出土的原始瓷器很可能是江西吴城及其邻近地区生产的[5]。王增林等对山东、河南地区考古遗址出土的陶器进行研究，确认了山东地区多个龙山文化遗址出土的陶鬶既有当地制作的，也有从别的地方传入的。岳石文化的陶器制作技术传播到二里头遗址，二里头遗址中高等级的陶器来自不同的地方等[6]。

〔1〕　李家治：《中国陶器和瓷器工艺发展过程的研究》，见李家治、陈显求、张福康、郭演仪、陈士萍等：《中国古代陶瓷技术科学成就》，上海：上海科学技术出版社，1985年，第1～19页。

〔2〕　李文杰：《中国古代制陶工艺研究》，北京：科学出版社，1996年，第329～358页。

〔3〕　李家治：《中国陶器和瓷器工艺发展过程的研究》，见李家治、陈显求、张福康、郭演仪、陈士萍等：《中国古代陶瓷技术科学成就》，上海：上海科学技术出版社，1985年，第1～19页。

〔4〕　李家治：《中国陶器和瓷器工艺发展过程的研究》，见李家治、陈显求、张福康、郭演仪、陈士萍等：《中国古代陶瓷技术科学成就》，上海：上海科学技术出版社，1985年，第1～19页。

〔5〕　陈铁梅、Rapp G. Jr.、荆志淳、何弩：《中子活化分析对商时期原始瓷产地的研究》，《考古》1997年第7期，第39～52页。

〔6〕　a. 王增林、梁中合、袁靖、田伟之、倪邦发、王平生：《山东地区龙山文化陶器的中子活化分析与研究》，《考古》2003年第10期，第950～958页。

　　　b. 王增林、许宏：《二里头遗址陶器样品中子活化分析与研究》，见中国社会科学院考古研究所考古科技中心编：《科技考古》（第二辑），北京：科学出版社，2007年，第83～96页。

（7）在近年来开展的"中华文明探源工程"中，罗宏杰负责的课题组通过对公元前3500～前1500年的多个考古遗址出土的陶器进行成分分析，发现白陶、印纹硬陶、原始瓷的原料属于瓷石类型，在部分陶器原料中加入草木灰、高岭石、石灰石等，这为后世陶瓷的生产奠定了物质基础。河南偃师二里头遗址出土的斗笠状白陶表面使用朱砂涂红，这是先民最早使用汞元素的一个见证。河南洛阳南洼遗址出土的作为高级别礼器的白陶并非来自二里头遗址，这两个遗址出土的白陶应该有各自的制陶场所。在这一历史时期黄河中下游地区一般陶器的烧成技术没有明显改变，但长江下游地区的窑炉技术却在不断提高，由于高温技术和原料的突破，自公元前1800年以来南方和北方都出现了原始瓷。遗址中出土陶器的化学组成分析结果表明，豫西地区的仰韶文化与甘青地区的马家窑文化之间存在交流，二里头文化中存在某种南方地区文化的因素，上海广富林文化的来源是多样的，这些都反映了当时南北方不同地区文化的相互交流和影响[1]。

2. 金属器研究

早在1950年，梁树权等就采用重量法测定了44件殷周青铜器的化学成分[2]。60年来，研究者们使用多种分析技术研究了大量的金属器，出版了一批专著[3]，发表了大

---

〔1〕　罗宏杰：《陶制品研究》，《中国文物报》2009年8月21日第6版。

〔2〕　梁树权、张赣南：《中国古铜的化学成分》，《中国化学会会志》1950年第17卷第1期，第9～17页。

〔3〕　a. 北京钢铁学院《中国冶金简史》编写小组编：《中国冶金简史》，北京：科学出版社，1978年。

　　　b. 北京钢铁学院主办：《中国冶金史论文集》，《北京钢铁学院学报》编辑部，1986年。

　　　c. 华觉明等：《中国冶铸史论集》，北京：文物出版社，1986年。

　　　d. 北京科技大学主办：《中国冶金史论文集》（二），《北京科技大学学报》1994年增刊。

　　　e. 苏荣誉、华觉明、李克敏、卢本珊：《中国上古金属技术》，济南：山东科学技术出版社，1995年。

　　　f. 田长浒主编：《中国铸造技术史（古代卷）》，北京：航空工业出版社，1995年。

　　　g. 华觉民：《中国古代金属技术：铜和铁造就的文明》，郑州：大象出版社，1999年。

　　　h. 北京科技大学主办：《中国冶金论文集》（三·A），《北京科技大学学报》2002年第24卷增刊。

　　　i. 孙淑云主编：《中国古代冶金技术专论》，香港：中国科学文化出版社，2003年。

　　　j. 北京科技大学冶金与材料史研究所、北京科技大学科学技术与文明研究中心编：《中国冶金论文集》（第四辑），北京：科学出版社，2006年。

　　　k. 韩汝玢、柯俊主编：《中国科学技术史·矿冶卷》，北京：科学出版社，2007年。

　　　l. 谭德睿、孙淑云主编：《金属工艺》，郑州：大象出版社，2007年。

量的鉴定报告和研究论文。其成果主要有以下几个部分。

（1）各种金属制品的起源

根据柯俊等的研究，由于在甘肃东乡林家马家窑遗址和甘肃永登连城蒋家坪遗址均发现青铜刀，证明我国在距今5000年左右已经有青铜器存在。在齐家文化、火烧沟文化、夏家店下层文化均发现有红铜制作的器物，证明在距今3500年以前尚有红铜制作的器物存在，而以后则基本消失。在河南安阳殷墟西区墓地发现的铅礼器和兵器多达50多件，证明距今3000年左右已经可以制作铅器。在陕西宝鸡弜国墓地出土锡鼎、锡簋，证明距今2800年前已经可以炼锡。而在内蒙古、甘肃、陕西、湖南、河南、山西、山东、江苏等地属于春秋时期的遗址里均发现铁器，证明距今2500年前冶铁技术已经形成[1]。

（2）金属器的成分研究和制作工艺研究

梁宏刚等认为河南偃师二里头遗址在青铜器铸造中已存在有意识地使用锡和铅的可能性，但是锡和铅的加入还没有明显的规律可循；二里头遗址铜器的铸造技术都是范铸法，而且是从单范铸造发展到多范铸造，并采用了复合陶范法，由于铜器形制往往是仿自同期或略早的陶、石器等，所以铸造上还保留一定程度的原始性，代表着中国青铜器的起源和早期发展阶段[2]。

李敏生等认为河南安阳殷墟的青铜器可按成分分为纯铜型、铜锡型、铜锡铅型、铜铅型等四种类型。其中铜锡铅型的大多数器物中铅的加入是有意而为，证明当时已掌握冶铸三元合金的新工艺。青铜的硬度与含锡量的多少成正比，大型青铜礼器含锡量偏低，一方面是有意节约原料，另一方面含锡量低更易于突出礼器的造型和繁缛的纹饰[3]。赵春燕通过对殷墟出土青铜器的化学分析，发现不同时期同一器类和相同时期不同器类的合金成分均不相同，铭文相同的同类青铜器和埋于不同墓葬的同一铭文的

〔1〕　a. 北京钢铁学院冶金史组：《中国早期铜器的初步研究》，《考古学报》1981年第3期，第287~302页。

　　　b. 柯俊：《冶金史》，见北京钢铁学院主办：《中国冶金史论文集》，《北京钢铁学院学报》编辑部，1986年，第1~11页。

　　　c. 韩汝玢：《中国早期铁器（公元前5世纪以前）的金相学研究》，《文物》1998年第2期，第87~96页。

〔2〕　梁宏刚、孙淑云：《二里头遗址出土铜器研究综述》，《中原文物》2004年第1期，第29~39、56页。

〔3〕　中国社会科学院考古研究所实验室：《殷墟金属器物成分的测定报告（一）》，见《考古》编辑部编：《考古学集刊》（第2集），北京：中国社会科学出版社，1982年，第181~193页。

青铜器的合金化学组成的成分相似，墓葬的等级越高，其铜合金中锡的含量越高[1]。

　　谭德睿对商周陶范的原料及处理工艺进行了详细的检测和研究，并根据复原试铸的实践推测商周青铜器的陶范铸造工艺流程，这种研究方法对后来的陶范研究起到了示范作用[2]。刘煜对多位研究人员关于河南安阳殷墟出土青铜礼器铸造工艺的研究做过综述[3]，并和其他研究人员一起通过研究殷墟出土的陶范、炉壁，发现其材料均取自当地的土壤，但是这些土壤均经过淘洗等，陶范内掺杂的白色物质可能是蚌壳粉或其他天然的硅酸钙矿石，炉壁背面含有沙粒，可能是为了提高耐火度，陶范表面刷涂红色泥料，可能是出于脱范工艺的考虑，当时熔炼的是铜锡铅三元合金[4]。柯俊发现到战国时期使用金属模制作铁范，然后利用铁范进行大规模生产[5]。

　　刘煜通过对河南安阳殷墟青铜器制作工艺的研究，认为殷墟青铜器的铸造工艺在二里岗期青铜器的基础上逐渐完善，在其演进过程中实现了铸造工艺的成熟和分铸法的广泛应用，将中国古代的陶铸工艺推向了前所未有的高度，金属芯撑等技术得到推广，在生产过程中实现了针对不同需求的技术运用，到殷墟四期的青铜器明器化现象与针对不同需求的器物使用不同的技术来降低成本的考虑有关[6]。

　　孙淑云等通过对甘肃玉门火烧沟四坝文化铜器的研究，发现其材质包括红铜及锡青铜、砷青铜和锑青铜等二元合金，另外还有铜锡铅三元合金，红铜是最主要的金属材料；当时以铸造为主要制作工艺，锻制的器物很少[7]。

　　梅建军等通过对新疆东部地区出土的早期铜器研究，认为锡青铜的普遍使用是该地区青铜时代冶金发展的一个重要特征，这一特征的形成可能与周邻地区的文化影响有关；砷铜的早期出现和使用是该地区青铜冶金发展的另一个重要特征，它不仅从冶

〔1〕　赵春燕：《安阳殷墟出土青铜器的化学成分分析与研究》，见刘庆柱主编，考古杂志社编：《考古学集刊》（第15集），北京：文物出版社，2004年，第243～269页。

〔2〕　谭德睿：《中国青铜时代陶范铸造技术研究》，《考古学报》1999年第1期，第211～250、263～274页。

〔3〕　刘煜：《殷墟青铜礼器铸造工艺研究综论》，《华夏考古》2009年第1期，第102～113页。

〔4〕　刘煜、岳占伟：《殷墟陶范的材料及处理工艺的初步研究》，见中国社会科学院考古研究所考古科技中心编：《科技考古》（第一辑），北京：中国社会科学出版社，2005年，第226～236页。

〔5〕　柯俊：《冶金史》，见北京钢铁学院主办：《中国冶金史论文集》，《北京钢铁学院学报》编辑部，1986年，第1～11页。

〔6〕　刘煜：《殷墟青铜器制作工艺的技术演进》，中国社会科学院考古研究所考古科技中心编：《科技考古》（第一辑），北京：中国社会科学出版社，2005年，第296～315页。

〔7〕　孙淑云、潜伟、王辉：《火烧沟四坝文化铜器成分分析及制作技术的研究》，《文物》2003年第8期，第86～95页。

金技术的角度肯定了新疆东部与甘肃西部的密切联系，而且为探讨甘青地区与欧亚草原地带的文化交流提供了中间环节；铜砷铅三元合金的发现则很可能与新疆西部奴拉赛炼铜遗址有关[1]。

李晓岑等通过对云南晋宁石寨山遗址出土金属器的研究，认为当时已经使用金、银、铜、铁、锡、铅、汞等多种金属制作器物，除金器和铁器外，还有银金器、银铜器、金银铜器、铜锡合金、铜锡铅合金等；青铜器的制作以铸造方法为主，还采用热锻、铸后冷加工、锻后热冷加工等方法；已经使用汞鎏金和镀锡作为表面装饰工艺等[2]。

孙淑云等通过对古代铜镜显微组织的研究，以及对青铜的铸造、淬火、回火及退火的实验，确认古代铜镜的制作主要是铸造而成[3]。

李众认为春秋晚期出现"块炼铁"方法，西汉至东汉早期出现炼钢技术，东汉末年或魏晋时期出现以铸代锻，南北朝时期出现灌钢方法[4]。陈铁梅认为，通过对河南登封阳城铸铁遗址出土的铁器研究证实，当时已经能够生产质地接近于脱碳钢的铁质材料和工具[5]。

（3）金属器的矿料来源研究

研究者们通过铅同位素分析及其他方法，探讨不同地区出土的青铜器、铜鼓的矿料来源问题。如金正耀发现河南安阳殷墟、江西新干大洋洲商墓和四川广汉三星堆遗物坑中出土的青铜器中发现高放射性成因铅，推测当时的部分矿料来自特定地区[6]。彭子成等认为陕西宝鸡㢴国墓地出土的青铜器的部分矿源可能来自陕西秦岭山脉和湖

〔1〕　梅建军、刘国瑞、常喜恩：《新疆东部地区出土早期铜器的初步分析和研究》，《西域研究》2002年第2期，第1～10页。

〔2〕　李晓岑、韩汝玢、蒋志龙：《云南晋宁石寨山出土金属器的分析和研究》，《文物》2004年第11期，第75～85页。

〔3〕　孙淑云、N. F. Kennon：《中国古代铜镜显微组织的研究》，见北京科技大学主办：《中国冶金史论文集》（二），《北京科技大学学报》1994年增刊，第50～65页。

〔4〕　李众：《中国封建社会前期钢铁冶炼技术发展的探讨》，见北京钢铁学院主办：《中国冶金史论文集》，《北京钢铁学院学报》编辑部，1986年，第53～67页。

〔5〕　陈铁梅编著：《科技考古学》，北京：北京大学出版社，2008年，第142页。

〔6〕　a. 金正耀：《晚商中原青铜的锡料问题》，《自然辩证法通讯》1987年第9卷第4期，第47～55、80页。

　　　b. 金正耀、W. T. Chase、平尾良光、彭适凡、马渊久夫、三轮嘉六、詹开逊：《江西新干大洋洲商墓青铜器的铅同位素比值研究》，《考古》1994年第8期，第744～747、735页。

　　　c. 金正耀、马渊久夫、Tom Chase、陈德安、三轮嘉六、平尾良光、赵殿增：《广汉三星堆遗物坑青铜器的铅同位素比值研究》，《文物》1995年第2期，第80～85页。

北大冶铜绿山。广西的大部分冷水冲型铜鼓的矿料来源于广西江北地区，而北流型和灵山型铜鼓的矿料可能来源于广西北流县和容县等地。云南早期铜鼓的矿料几乎都来源于滇西至滇中的滇池一带，江西部分青铜器的矿料主要来源于瑞昌和铜岭古矿区，河南安阳青铜器的矿料部分来源于郑州古铜矿和湖北大冶铜绿山古铜矿，而湖北大冶的青铜器是用本地的铜料铸成[1]。万辅彬等认为广西的麻江型铜鼓的矿料来源于云南楚雄地区、滇中地区，贵州毕节地区和广西西北部和西部[2]。华觉明等分析了古文献所载早期铜产地、现代地质勘探揭示的铜矿资源分布和早期采铜冶铜遗址的发掘和研究，辅以铅同位素法等现代检测手段，论证长江中下游铜矿带和中条山区及其以西地带为商周铜料的主产地[3]。

（4）矿冶遗址研究

李延祥等一直致力于对古代矿冶遗址及青铜冶铸炉渣等进行系统分析和研究，其研究涉及辽宁、内蒙古、湖北、安徽、山西、河北、新疆、宁夏、浙江、江苏、四川、广西等地区先秦至唐代冶炼遗址。李延祥等的研究揭示出西拉木伦河上游地区的矿冶遗址由点到面的分布趋势，以大井古铜矿为中心，西拉木伦河流域可能在夏家店上层文化早期存在着以大井古铜矿为原料供应地的复杂的青铜冶铸网络。山西垣曲商

〔1〕　a.彭子成、胡智生、卢连成、苏荣誉：《弻国墓地金属器物铅同位素比值测定》，见卢连成、胡智生、宝鸡市博物馆编辑：《宝鸡弻国墓地》，北京：文物出版社，1988年，第629～645页。

　　　b.彭子成、邓衍尧、刘长福：《铅同位素比值法在考古研究中的应用》，《考古》1985年第11期，第1032～1037页。

　　　c.鲁冀邕、彭子成、万辅彬：《广西冷水冲型铜鼓的铅同位素考证》，《文物》1990年第1期，第79～84页。

　　　d.彭子成、李晓岑、张秉伦、李志超、李昆声、万辅彬：《云南铜鼓和部分铜、铅矿料来源的铅同位素示踪研究》，《科学通报》1992年第8期，第731～733页。

　　　e.彭子成、孙卫东、黄允兰、张巽、刘诗中、卢本珊：《赣鄂皖诸地古代矿料去向的初步研究》，《考古》1997年第7期，第53～61页。

　　　f.李晓岑、李志超、张秉伦、彭子成、李昆声、万辅彬：《云南早期铜鼓矿料来源的铅同位素考证》，《考古》1992年第5期，第464～468、455页。

〔2〕　a.万辅彬、姚舜安、李世红、鲁冀邕、彭子成、蒋廷瑜：《古代铜鼓矿料来源的铅同位素考证》，《物理》1990年第3期，第145～152、136页。

　　　b.万辅彬、盛乐民、李晓岑、张玉忠、李世红、蒋廷瑜：《麻江型铜鼓的铅同位素考证》，《自然科学史研究》1992年第11卷第2期，第162～170页。

〔3〕　华觉明、卢本珊：《长江中下游铜矿带的早期开发和中国青铜文明》，《自然科学史研究》1996年第15卷第1期，第1～16页。

城出土的含砷渣块反映出当时利用砷钴镍矿物等"点炼"砷铜，这与当地存在铜钴矿等特殊资源有关。中国硫化矿冶炼铜的技术至迟在距今3000年前已开始使用，至迟在东周时期已经能够冶炼冰铜，低品位硫化矿石的冶炼至迟在唐代已经完全成熟[1]。

梅建军等通过对新疆奴拉赛铜矿冶炼遗址的研究，认为这是一处以硫化铜矿为原料、使用冰铜熔炼工艺、炼制铜砷铅三元合金的遗址；根据矿石和炉渣含砷均很低来判断，合金中的砷应是在冶炼流程的后期通过有意识加入砷或含砷矿物而引入的[2]。

（5）金属器的综合研究

华觉明对中国冶铜术和青铜冶铸生产的产生、青铜冶铸业的采铜和炼铜技术、范铸技术、铸作技术、合金配制、冶铁术的兴起及各种金属手工业的发展都做了系统的论述[3]。

韩汝玢、柯俊等对中国古代采矿技术、早期铜与铜合金技术、古代青铜合金技术、古代有色金属冶炼技术、古代钢铁冶金技术、古代铁器制作技术、古代冶铁炉、古代炼钢技术、古代铸造技术、古代锻造技术及热处理技术、古代金属表面处理技术等做了详尽的论述[4]。

在"中华文明探源工程（二）"中，梅建军负责的课题组通过研究，认为中国西北地区的早期铜器发现远盛于中原和北方地区，表明该地区在中国早期冶金发展史上占据着极其重要的地位。与欧亚草原早期青铜文化的密切联系，应是西北地区早期铜器兴盛背后的关键因素之一。中国北方是另一个早期冶金术获得显著发展的重要地区，与西北地区的早期冶金存在密切的关系。北方地区与中原之间也存在文化联系与

〔1〕　a.李延祥、韩汝玢：《林西县大井古铜矿冶炼遗址冶炼技术的研究》，见北京科技大学主办：《中国冶金史论文集》（二），《北京科技大学学报》1994年增刊，第22～32页。

　　　b.李延祥、朱延平、贾海新、韩汝玢、宝文博、陈铁梅：《西辽河流域的早期冶金技术》，见北京科技大学冶金与材料史研究所、北京科技大学科学技术与文明研究中心编：《中国冶金史论文集》（第四辑），北京：科学出版社，2006年，第39～52页。

　　　c.李延祥、陈建立、朱延平：《西拉沐伦河上游地区2005年度古矿冶遗址考察报告》，见北京科技大学冶金与材料史研究所、北京科技大学科学技术与文明研究中心编：《中国冶金史论文集》（第四辑），北京：科学出版社，2006年，第335～346页。

　　　d.梁宏刚、李延祥、孙淑云、佟伟华：《垣曲商城出土含砷渣块研究》，《有色金属》2005年第9期，第127～130页。

〔2〕　梅建军、平尾良光、榎本淳子、高滨秀、王明哲：《新疆奴拉赛古铜矿冶遗址的科学分析及其意义》，见北京科技大学冶金与材料史研究所、北京科技大学科学技术与文明研究中心编：《中国冶金史论文集》（第四辑），北京：科学出版社，2006年，第367～381页。

〔3〕　华觉明：《中国古代金属技术：铜和铁造就的文明》，郑州：大象出版社，1999年。

〔4〕　韩汝玢、柯俊主编：《中国科学技术史·矿冶卷》，北京：科学出版社，2007年。

互动。中原地区早期冶金术的发展是中华文明在中原崛起的技术和经济基础之一。青铜礼容器和组合范铸技术在二里头遗址的出现，构成了中原地区冶金术划时代发展的核心内容，也使中原地区成为当时中国的冶金技术中心。这种中心地位的形成，既吸收了来自西北和北方的技术因素，也有本地区技术演进的基础。中原、西北和北方地区之间文化互动的加强，是冶金术迅速传播并取得突破的基础和动因[1]。

3. 玉器研究

对考古遗址出土的玉器进行材质研究的实例不多，主要是闻广的工作。他认为中国古玉主要是软玉，并列出科学地鉴定软玉的显微结构和颜色的标准[2]。

4. 玻璃器研究

1957年，袁翰青分析了洛阳和长沙出土的4种战国的玻璃珠和璧的化学成分，这是20世纪50年代以来最早的研究[3]。多年来的研究成果主要是干福熹等研究人员对从战国到西汉的遗址中出土的一批古玻璃进行成分分析，发现包括铅钡硅酸盐玻璃、钠钡硅酸盐玻璃和钾硅酸盐玻璃三大类，其中既有中国特有的，也有国外同时也存在的，因此关于中国的古代玻璃的起源是"自创"还是"技术引进"，尚有待进一步的研究[4]。

5. 土壤研究

21世纪初，赵春燕在国内首次利用中子活化分析方法，对河南安阳殷墟花园庄54号墓出土的8件带盖的陶罍内的积土进行分析，通过对检测出来的无机元素的含量进行分类，初步区分出当年随葬时这些陶罍内分别盛装了植物性食物和动物性食物[5]。

（九）计算机技术在考古中的应用

通过建立各个研究领域的数据库，按照需要对各类数据进行多种统计分析；将各个考古遗址的空间数据和属性数据等考古信息数据输入地理信息系统，建立考古地理信息系统。

〔1〕　梅建军：《冶金术研究》，《中国文物报》2009年8月21日第6版。
〔2〕　闻广：《苏南新石器时代玉器的考古地质学研究》，《文物》1986年第10期，第42~49页。
〔3〕　干福熹：《中国古代玻璃研究概况》，见干福熹等著：《中国古代玻璃技术的发展》，上海：上海科学技术出版社，2005年，第1~8页。
〔4〕　干福熹：《中国古代玻璃研究概况》，见干福熹等著：《中国古代玻璃技术的发展》，上海：上海科学技术出版社，2005年，第1~8页。
〔5〕　赵春燕、徐广德、赵志军：《殷墟花园庄54号墓出土陶器内积土的化学分析初步结果》，见中国社会科学院考古研究所考古科技中心编：《科技考古·第一辑》，北京：中国社会科学出版社，2005年，第316~318页。

　　这些研究对于提高考古学研究中统计分析的科学性和精确度，有序地容纳一定区域内的全部考古信息，显示、查询和修改数据，生成各种图形、图像产品和研究模型提供了极大的便利。

　　这里分别阐述考古定量分析和考古地理信息系统的研究成果。

　　1.考古定量分析

　　20世纪70年代童恩正等学者利用计算机对破碎的记有卜辞的卜甲进行缀合，这是我国学者最早把计算机技术应用于考古学研究的尝试[1]。后来，比较有代表性的研究包括裴安平等运用CASA系统对湖北江陵雨台山楚墓群进行年代序列分析[2]。陈铁梅以多元分析聚类的方法对陕西渭南史家墓地进行了考古分期排序的研究[3]。朱乃诚将考古地层学、类型学与计量分析相结合，分别对湖南三元宫屈家岭墓地、陕西渭南史家、宝鸡北首岭下层和华县元君庙等仰韶文化半坡类型基地进行了考古分期排序的研究[4]。

　　2.考古地理信息系统

　　国内的第一个实例是1996年在河南颍河上游两岸100公里范围内的聚落遗址调查中，使用GIS和GPS对遗址进行了较精确的测绘[5]。近年来比较突出的成果是刘建国出版了1部专著[6]并发表了多篇文章，介绍了地理信息系统方面的基本理论、方法和技术，结合山西临汾盆地，河南洛阳盆地、洹河流域，陕西七星河、美阳河流域等区

〔1〕　童恩正、张陞楷、陈景春：《关于使用电子计算机缀合商代卜甲碎片的初步报告》，《考古》1977年第3期，第205～209页。

〔2〕　裴安平、李科威：《雨台山楚墓CASA年代序列分析与相关问题讨论》，《考古》1991年第3期，第459～462、399页。

〔3〕　陈铁梅：《多元分析方法应用于考古学相对年代研究》，《史前研究》1985年第3期，第101～108页。

〔4〕　a.朱乃诚：《概率分析方法在考古学中的初步运用——以陕西渭南史家墓地的墓葬为分析对象》，《史前研究》1984年第1期，第85～104页。

　　　b.朱乃诚：《史前墓葬分期排序研究方法的考察——从史家墓地的分析结果谈起》，《考古》1991年第3期，第233～237页。

　　　c.朱乃诚：《三元宫墓葬的分期及其文化性质》，《考古》1990年第5期，第433～440页。

　　　d.朱乃诚：《半坡类型早期文化遗存初探》，《考古与文物》1992年第3期，第69～80页。

　　　e.朱乃诚：《元君庙仰韶墓地的研究》，见《考古》编辑部编，王仲殊主编：《考古学集刊》（第9集），北京：科学出版社，1995年，第162～199页。

〔5〕　中国河南省文物考古研究所、美国密苏里州立大学人类学系：《河南颍河上游考古调查中运用GPS与GIS的初步报告》，《华夏考古》1998年第1期，第1～16页。

〔6〕　刘建国：《考古与地理信息系统》，北京：科学出版社，2007年。

域考古调查、地形、水文、遥感影像等信息，应用地理信息系统，分别建立了各区域的聚落考古信息系统，然后运用GIS的空间分析功能，研究不同时期聚落分布与局部地区自然环境的关系等。

（十）科技考古综合研究

科技考古的进步不但表现在上述各个研究领域的一系列创新性成果上，还体现在多个领域合作的综合研究上。这主要是21世纪开始以来科技部支持的"中华文明探源工程"的研究。比如通过碳十四年代测定，确定河南登封王城岗遗址所属的河南龙山文化后期的下限不晚于公元前1885～前1835年，二里头遗址的起始年代不会早于公元前1800年，对中原地区龙山文化和二里头文化的年代框架有了新的认识。

以统一的年代标准来对照各个地区的环境变迁，可以看到自公元前2000年左右开始，西辽河流域、黄河上游地区的古气候和古环境均发生明显变化，这些变化直接影响到本地区原始农业生产赖以存在的基本条件。

同样，以统一的年代标准来对照各个地区的技术与经济状况，可以看到西辽河流域的农业经济一直属于比较单一的农作物种植方式，到夏家店下层文化以后，出现明显的衰退。黄河上游地区的农业经济自齐家文化晚期开始，逐步转为畜牧型经济。长江流域的农作物种植一直是单一品种，而家畜饲养长期没有发展起来，尽管在良渚文化时期养猪业有过一个快速发展阶段，但是在随后的马桥文化中又明显地出现衰退的迹象。参考对古代自然环境研究的结果，可以看到这些地区经济形态的变化和当时自然环境的变化有着密切联系。我们现在还不能明确认定是自然环境的恶化或突发的自然灾害导致了这些地区原有的经济形态的衰退或转型，但是从这些地区均种植比较单一或完全单一的农作物种类看，他们很可能承受不住当时自然环境变化的压力，进而影响到整个文化的发展进程。

总而言之，上述这些地区的经济形态都没有在保持原来状态的基础上，进一步形成可持续发展的趋势，而唯独黄河中下游地区的经济形态呈现出持续发展的态势。最典型的是自龙山文化时期开始，中原地区出现多品种农作物种植方式和多种饲养家畜的方式，这些不但为中原地区的经济发展奠定了比较坚实的基础，也保证了中原地区可以在最大限度上减轻自然灾害对农业生产的破坏。在中原地区的遗址中发现砷铜器，出现合范技术，尤其是到了二里头时期，出现一定数量的青铜礼器，这是中国青铜文明的最核心的标志。各种陶礼器的制作技术也相当成熟，出现原始瓷。生产工具中用于收获的石器占据较大比例，石器制作规整化。玉器制作技法有了明显提高。可见其手工业生产也出现了划时代的进步。同时还发现了冶炼遗址，并出现与盐业相关的遗存。这些都意味着中原地区在控制资源方面措施得当。从整体上看，中原地区在农业、手工业及资源配置方面都处于强势地位。依据中原地区整个经济形态的强势及文明起源于中原地区的事实，我们可以推测中原地区的技术与经济形态对文明的起源及演进起到了很强的促进作用。当然，这并不是中华文明形成的唯一因素，但绝对是不可或缺的重要因素。

另外，技术的进步促进了地区之间文化交流的发展。包括古DNA测试在内的研究表明，到公元前2000年左右，原产于西亚地区的小麦、绵羊、黄牛等均已跨过中国西北及北部地区，进入黄河中游地区。另外，在西北和内蒙古地区都发现家马存在的证据，说明家马可能也是从中国境外传入的动物。冶金术研究、陶器成分分析证实，当时几个地区之间存在文化交流的现象。西辽河流域的红山文化的玉器制作技术传播到黄河下游地区的山东龙山文化，而后又传播到黄河中游地区和长江下游地区。在多个地区都能够看到由于技术进步而带来的文化交流现象，但是相比之下，中原地区是各种文化交流最为集中的地区，这对中国文明的形成和发展也具有不可忽视的重要作用[1]。

这种综合研究，以绝对年代为标尺，对各个地区的技术与经济状况以及与之密切相关的自然环境进行研究，从科技考古研究的角度，为把握与中华文明形成和发展相关的时间尺度、自然环境变迁及技术与经济的发展状况提供了科学的依据。

四、对进一步做好科技考古研究的展望

回顾中国科技考古60年来取得的科研成果，我们深深感受到这门学科对于推动考古学研究起到极大的作用。面向未来，如何进一步把科技考古研究做得更好，是我们必须思考的问题，这里归纳出几点认识。

（一）努力加强与考古学的有机结合

我们现在要强调的是科技考古全面、系统地参与到每项考古调查、发掘中去。即在考古调查和发掘以前，科技考古的研究人员要共同参与设计和规划，结合不同的考古实际状况制定各种切实可行的技术路线，一起开展野外工作，如考古勘探工作要结合探铲钻探，大致搞清楚遗址内的布局，为合理地布方、有计划地开展发掘提供思路。在考古发掘过程中要有计划地采集碳十四系列样品，保证碳十四年代测定的科学性。要对古代遗址形成及废弃过程中的自然环境状况进行研究，认识当时人的具体行

---

〔1〕　袁靖：《再论技术与经济发展状况与中华文明形成的关系》，见科技部社会发展科技司、国家文物局博物馆与社会文物司编：《中华文明探源工程文集·技术与经济卷·1》，北京：科学出版社，2009年，第10～21页。

为的自然环境背景。要采集出土的人骨和动植物遗存，开展形态学、DNA分析和食性分析，科学地把握当时人的形态、基因特征及包括病理现象在内的各种信息；认识当时人的食物资源的种类、比例及获取方式，从一个侧面了解当时人利用动植物进行祭祀、随葬及战争的行为。要对出土的青铜器、陶器、石器、玉器及容器内的残留物和特定环境里的土壤进行各种物理和化学分析，认识有关古代人类的生产工艺、原材料来源及当时人的一些行为特征等内容。上述的各项认识都应该输入地理信息系统，再结合考古发掘、研究的内容，进行各种分类或综合分析。最后，以考古学研究为主线，把包括科技考古在内的多学科研究的内容结合在一起，这样才能全面认识古代社会。

（二）加强学科之间的相互沟通

考古学家和自然科学家分别属于不同的学科，这些不同的学科都有各自的研究目的和方法。因此，要把在考古学中应用自然科学相关学科的研究推向前进，考古学家和自然科学家互相都有一个学习对方的过程。考古学家要认真了解自然科学家探讨物质世界的各种方法和原理，开拓研究思路，充分调动各种积极因素。而自然科学家则要注重认识考古学家是如何去解释古代社会和人类历史发展规律的，充分利用多种仪器设备的性能，开发各种考古资料的价值。研究人员只有通过这样一个知识结构更新的过程，才能把自然科学相关学科的方法全面、有效地运用在勘探、考察、鉴定、测试、分析各种与考古相关的资料中，而研究结果才能与考古学的目的有机地结合在一起，充分展现出多学科研究的学术价值。现在一些大学和科研机构已经培养或正在培养科技考古的研究生，这是一个十分可喜的现象。今后，有条件的大学还要加强对本科生的教学工作，开设科技考古的课程，系统地培养复合型人才，引导他们以新的思维在今后的田野考古中开展工作，为在全国范围的考古实践中广泛开展科技考古研究打好基础。

（三）以考古学文化和区系类型观点为指导开展研究

考古学文化和区系类型的观点可以帮助我们把对特定遗址的某个科技考古研究领域的具体看法，放到这个遗址所属的由多个遗址组成的考古学文化层面上去认识。如果属于同一个文化的其他多个遗址已经开展了这方面的研究，那么我们要把新认识和从其他多个遗址里已经得出的认识进行比较，把握它们的同一性和差异性，以求更加客观、更加全面地提出自己的认识。如果其他遗址还没有做这方面的研究，或者所做的遗址数量不多，我们则要加强这方面的研究，在属于同一文化的其他遗址开展工作。从考古学文化层面上提出的科技考古的研究结果，必须建立在对一定数量的遗址进行全面、扎实的基础性研究工作上。另外，在系统总结一个考古学文化的某个科技考古领域研究的基础上，开展不同时期、不同地区的文化与文化间的同一领域的比较研究，从中归纳它们之间是否存在连续性、关联性、变异性、差异性等，以求在全国范围内全面认识这一领域的研究结果。同样，如果其他考古学文化还没有做这方面的研究，或者做的力度和深度还不够，我们则要努力去开展这方面的研究。从全国的范围内、在大跨度的时间框架里提出科技考古某个领域的研究结果，同样要建立在对多个文化内的同类遗存进行全面、扎实的基础性研究工作上。

（四）推动考古学研究方法的创新

总结考古地层学、类型学和年代学的发展过程，可以看到这些方法的形成首先都是依据考古学实践的需要，借鉴别的学科的方法，然后在考古实践中不断完善、充实这些方法，使之逐步适应考古学的研究，成为考古学自己的方法。重温这些方法的形成过程对我们应该有一个很大的启示。我们通过借鉴物理学、化学、生物学、地球科学和数学的研究方法，逐步建立起考古勘探、年代测定、环境考古学、体质人类学、动物考古学、植物考古学、食性分析、古DNA分析、成分和结构分析等诸多研究领域，获得了一系列有学术价值的成果。这些成果再一次证明科技考古的作用，强调了考古学的科学性，增强了考古学的科技含量，突出了考古学里全方位研究古代社会的内容。对深入开展考古学研究是一个极大的促进，符合考古学发展的方向。科技考古的实践过程正在带动考古学方法的进一步多样化，我们要以地层学、类型学和年代学的形成及发展过程为鉴，努力做好科技考古研究，有意识地完善研究方法，积极推进考古学方法多样化的创新过程。

我们相信，只要坚持与时俱进的精神，进一步努力做好科技考古研究，不断进行新的探索。我们获取的信息资料就会越来越丰富，我们涉及的研究领域就会越来越广阔，我们得到的研究成果就会越来越精彩，考古学的明天就一定会更加灿烂辉煌。

（原载于刘庆柱主编：《中国考古发现与研究（1949—2009）》，北京：人民出版社，2010年，第425～466页）

文理结合　开拓创新

——中国社会科学院考古研究所科技考古中心成立15年的回顾与思考

一、雄关漫道真如铁

1995年，中国社会科学院考古研究所顺应世界考古学的发展潮流，把原来的实验化验室、体质人类学研究组、动物考古研究组、绘图室、修复室、照相室等部门合并到一起，成立科技考古中心（原名为考古科技实验研究中心）。考古研究所前辈学者们的努力开创，为科技考古中心的建立，奠定了很好的基础。

科技考古中心建立时，我们的初衷就是进一步把自然科学相关学科的技术和方法引入考古学研究之中，为考古学研究开辟新的思路，提供新的方法，利用新的技术，获取新的信息，补充新的资料，提出新的观点。我们相应地设立了考古勘探、年代测定、环境考古、体质人类学、食性分析、植物考古、动物考古、物质结构和成分分析、计算机技术在考古中的应用、文物保护和修复、考古绘图和照相等10多个涉及研究或技术的领域。我们给自己提出了三个要求。第一，要在上述领域里认真研究和工作，提出新的观点和认识，做好技术工作。第二，要在上述领域里逐步建立一系列适合中国考古学发展的具体方法和标准，努力做到规范化、科学化、国际化。第三，要在国内外同类研究的一级刊物上发表学术文章，出版专著，宣传我们的研究成果。

科技考古中心成立以来，经过大家的共同努力，我们取得了不少值得自豪的成绩。具体可以概括为以下六个方面。

（一）建立了包括科技考古各个主要领域的研究团队

现在中心下属的实验室包括考古勘探实验室、年代测定实验室、环境考古实验室、人骨研究实验室、动物考古实验室、植物考古实验室、木材研究实验室、古DNA实验室、食性分析实验室、物质结构和成分分析实验室、考古绘图室、考古照相室等12个部门。涉及的研究领域包括遥感考古、物探、考古地理信息系统、碳十四年代测定、树轮分析定年、环境考古、体质人类学研究、动物考古、植物考古、木材研究、古DNA研究、碳氮稳定同位素分析、锶同位素分析、冶金考古、陶瓷考古、玉器研究、残留物分析、考古绘图、考古照相等等。与国内外的任何一家相关的教学或研究机构相比，科技考古中心涉及的科技考古研究领域是最为全面的。

特别要强调的除研究领域的设置以外，我们这个研究团队其他方面的现状也比较理想，如从中心20位人员的年龄结构看，50年代、60年代、70和80年代出生的人员基本上各占三分之一，研究人员中半数以上拥有博士学位，三分之一以上有过到国外留学或进行学术访问一年以上的经历，3人具有博士生导师资格。这样一支研究团队是我们今后继续发展壮大，取得更大成绩的重要保证。

（二）研究成果的创新性

中心已经出版了8部专著和论文集，这些著作有的具有开创性，有的完善了学科体系，各具特色。例如，《胶东半岛贝丘遗址环境考古》是中国第一本区域性环境考古研究专著，首次系统地阐述了中国环境考古学研究的目标、理论、方法及胶东地区的古代人地关系。《科技考古》（第一辑）全面展示了中心在科技考古各个领域取得的优秀成就，11位中国科学院院士和11位考古学家专门为此撰文，在全国考古学界引起了很大反响。《科技考古》（第二辑）是中国第一本探讨中原地区技术、经济状况与文明起源互动关系的文集，填补了国内多年来研究史前时期技术与经济方面的空白。《考古与地理信息系统》是中国第一本将GIS的各种分析运用到聚落考古研究之中的创新之作。《考古测绘、遥感与GIS》是中国第一本关于考古空间信息技术方面的教材，已被多所大学考古专业采用。《科技考古文集》是中国第一本比较全面地论述中国动物考古学研究的多个重要方面，另外还涉及环境考古、科技考古的多个研究领域的论文集。《植物考古学研究的目标、理论和实践》是中国第一本系统论述中国植物考古学研究的理论、方法和包括10余处遗址的研究成果的文集。《科技考古》（第三辑）是中国第一本对黄河及长江流域主要地区的技术与经济状况与文明起源互动关系进行比较研究的文集，以大量事实进一步强调了中原地区技术与经济发展状况对中华文明起源和形成的重要作用。

中心历年来发表论文及研究报告有350余篇，其中相当数量是在国内外考古学或某个专业领域的顶尖杂志上发表。这些文章涵盖科技考古的各个领域，或是多种科技方法在考古学研究中的首次运用，例如，遥感考古和地理信息系统、碳十四系列样品测定、树轮分析和木材鉴定、浮选法、食性分析、人骨小变异和病理分析、残留物分析等；或是探讨了考古学界一直关注而未能解决的诸多问题，例如，完善了史前和夏商周年代框架，探讨了中华文明起源与各地环境变迁之间的关系，解释了人类体质特征变化与经济模式和营养健康状况之间的关系，揭示了中国北方旱作农业和南方稻作农业及多种家养动物的起源和发展过程，分析了商周时期青铜器铸造技术演进与社会发展之间的互动关系，阐述了古代文化交流的方式与路径，研究了与中华文明进程相关的一些重大问题。

（三）致力于中国考古学方法论的建设

当今的考古学已经逐渐演变成一个以人文科学研究为目的、包括大量自然科学研究方法的学科。中心一直强调自然科学相关学科与考古学的有机结合，致力于在全国范围内建设系统的科技考古方法，利用中心全面的学科优势，通过授课、合作研究等方式，努力推动遥感考古、考古地理信息系统、年代测定、树轮分析、环境考古、人骨研究、动物考古、植物考古、化学分析、冶金考古、陶瓷考古、计算机图形图像学等一系列科技考古新方法在考古学界的应用和推广，开拓了传统考古学无法涉猎的多个研究领域，获取了传统考古学无法得到的大量信息，极大地提高了考古发掘、研究的效率和精确度。在夏商周断代工程、文明探源工程、指南针计划等国家重大科研项目的实施过程中，中心在一些方法论上起到了指导性的作用。中心在标准化建设方面也发挥了积极作用，建立了动物考古、植物考古、碳氮稳定同位素分析、考古绘图等多个领域取样、研究及绘图的规范，获得国家文物局与考古学界的认可。方法论的创新推动了考古学研究进一步走向科学化和规范化，也为中国考古学研究与国际考古学界的发展接轨提供了保证。

（四）参与国际学术交流，在世界范围内弘扬中华民族优秀文化

中心的研究人员努力把最新的中国科技考古研究成果推向世界，在国外发表了20余篇英文文章。如在美国、英国属于SCI和SSCI的杂志上发表8篇英文文章。其中作为第一作者在*Antiquity*（《古物志》）上发表4篇，在*Journal of Anthropological Archaeology*（《人类考古学》）、*Dendrochronologia*（《树轮年代学》）上分别发表1篇；作为合作者在*Science*（《科学》）上发表2篇，在*Journal of Archaeological Science*（《考古科学杂志》）上发表1篇；作为第一作者在其他英文杂志和论文集上发表8篇，作为合作者在其他英文杂志上发表论文4篇。另外，还在日本考古学界的一流刊物上用日文发表多篇论文。

中心的多位研究人员多次到美国、英国、法国、德国、加拿大、希腊、墨西哥、日本、韩国、菲律宾等国的科研、教学机构做访问学者，参加各种国际学术会议；分别主持过多次植物考古和动物考古的国际学术会议；和多位国外学者合作开展多个课题研究。

（五）承担多项省部级以上课题

中心十多年来通过竞争，承担了包括国家科技攻关计划、国家科技支撑计划、国家社会科学基金、国家自然科学基金、中国社会科学院重大课题、国家文物局课题等省部级以上课题以及中外合作课题共计42项，累计资助金额1162万元。在国家"九五"重点科研项目"夏商周断代工程"中，中心承担了大量常规碳十四年代的测定工作，为顺利完成60年来首个以国家工程的形式开展的、以考古学为主的多学科交叉研究任务做出了重要贡献。在之后开展的先后属于国家科技攻关计划、国家科技支撑计划的"中华文明探源工程"各个阶段（2000～2008年）的研究中，中心都是项目得以顺利开展的重要支柱。如在已经顺利结项的"中华文明探源工程（二）"的全部4个课题中，中心主持1项、参与主持1项、参加另外2项，成为在国内众多考古文博研究、教学机构中承担任务最多的一个研究室级别的部门。在刚刚启动的"中华文明探源工程及其相关文物保护技术研究"中，中心主持和参与的课题有6项，继续在整个项目中发挥着重要的作用。

（六）获奖情况

中心在发展过程中不断地得到国家和学术界的认可，历年来获得或参与获得的各种省部级以上奖励或行业的全国性奖励有18项。如"政府特殊津贴""全国留学回国人员先进个人""全国优秀科技工作者""全国优秀博士后""中国社会科学院有突出贡献的中青年专家""中国第四纪青年科学家奖"中国社会科学院授予的"优秀科研成果奖"，国家文物局授予的"田野考古奖"，中国文物报评选的"最佳考古发掘报告""全国文博考古十佳图书""全国文博考古最佳文集"等。

现在的科技考古中心是中国社会科学院的6个"重点研究室"之一，科技考古中心的植物考古实验室和动物考古实验室还是国家文物局动植物考古重点科研基地。

回想起来，我当年是学习中国史前考古学的。1989年，我到日本去留学，学习环境考古和动物考古。在日本留学的那段时间里，我常常有技不如人的感觉，有找对方向的感觉，有豁然开朗的感觉，有奋起直追的感觉。当时是真心实意地努力学习日本考古学的新技术和新方法，希望日后应用到中国考古学的实践中去。

1993年我拿到博士学位后回国。这些年来一直工作在科技考古研究的第一线上。现在，我们科技考古中心在国内考古界的地位是有目共睹的，其中的动植物考古研究在世界考古界也开始崭露头角。自2005年以来，在与国外学者的交往过程中，我开始感受到，在整个东亚地区，我们中国的科技考古走在前面了，在世界学术舞台上，我们已经成为东亚地区的相关研究的主要代表。古代的东方文明主要是中国人创造的，现在，我们中国学者开始站在世界学术舞台上讲述具有充分科学依据的古代东方文明的故事，我们科技考古中心在推动中国科技考古前进的过程中，功不可没。

但是我们也应该清醒地认识到，跟欧美的科技考古研究相比，我们还有很大的差距。比如，英国剑桥大学麦当劳考古研究所实际上就是一个科技考古中心，他们具备环境考古、动物考古、植物考古、古DNA研究、碳氮稳定同位素研究等多个研究领域，具有多位世界著名的研究人员。英国牛津大学的碳十四测定年代实验室在世界上久负盛名。美国的史密森研究院、哈佛大学等不少研究机构和学校都分别具有世界一流的从事科技考古多个研究领域的著名专家。单就动物考古研究而言，整个美国从事这个领域研究的人员数量就比我们全国从事同类研究的人员数量多出10倍以上。欧美学者一直引领着世界科技考古发展的方向。不过，对这种与欧美相比还有差距的感受和当年留学日本时的感受是不一样的。那时是汗颜，日本学者在学习欧美相关研究方法和技术的过程中，拿出了一系列成果，而我们当时在一些领域还没有起步，在个别领域的方法论上还有问题。现在，更多的感觉是我们的研究方向是正确的，我们的研究成果是精彩的，我们的不足主要是普遍性不够、系统性不够、综合性不够、理论性不够。相比欧美已经有超过半个世纪的研究而言，我们起步太晚，做任何事情，毕竟不能一步登天，只要持之以恒，就一定大有希望。

二、而今迈步从头越

科技考古中心已经走过了15年的发展历程，现在，新的时期又开始了。我们要努力提倡中心的每一位从事研究工作或技术工作的人员都具备有自己特色的专长，逐步把某个研究方向、某个研究内容或某项有影响力的研究成果或技术专长和科技考古中心某个人的名字联系在一起，中心的每一个人都要逐步用研究成果或技术工作成果夯实自己的研究方向或特长，逐步得到国内外学术界的认可。我们对今后的设想大致可以概括为以下六个方面。

（一）在把握学科发展方向的过程中加强中心的建设

当前世界上衡量一个国家考古学研究水平的重要标尺之一，就是能否在考古学研究中应用更多的自然科学方法。因此科技考古中心的研究方向，就是定位在进一步推动自然科学相关学科的技术与方法与考古学研究的有机结合，深刻领会考古学研究的目的，把中心的科研人员各具特色的研究凝聚到中国考古学研究的诸多前沿课题这个关键点上，形成科技考古研究的合力，开拓传统考古学无法涉猎的多个研究领域，获取传统考古学无法得到的大量信息，提高考古发掘、研究的效率和精确度。为深化中国考古学研究作出自己独到的贡献。

（二）在推动和完善方法论建设的过程中加强中心的建设

在考古学中应用自然科学相关学科的方法和技术的实践过程，正在带动考古学方法的进一步多样化，我们要以考古学现有的地层学、类型学和年代学方法的形成及发展过程为鉴，在各个研究领域里努力做到考古学和自然科学相关学科的有机结合，逐步完善各个研究领域包括取样、鉴定、测试、统计、分析在内的一系列研究方法，积极推进考古学研究方法多样化的创新过程。

（三）在做好人才培养的过程中加强中心的建设

培养人才是科技考古中心能够持续发展、逐步壮大的关键之一。我们要为研究人员的发展创造各种条件，尤其要关心年轻人的成长，帮助他们出国或到国内一流的研究机构访问和进修。要通过课题制的形式促进科研人员更加明确研究的方向、完善研究的方法，取得有价值的成果。争取在数年之内，有更多的研究人员能够在全国范围内的同一研究领域中发挥更加重要的作用。

（四）在做好各个实验室的数据库和标本库建设的过程中加强中心的建设

数据库的建立有利于数据的共享，通过对不同区域、不同时代相关数据的对比，还可以发现新的研究思路或线索。标本库包括现代标本和古代标本两大类，现代标本库的建立和完善可以保证研究的科学性，古代标本库的建立不仅有助于保存大量不同时期、不同地点的珍贵的考古资料，进一步突出科技考古中心的特色、价值和地位，也有助于今后利用的新的技术手段，从这些资料中获取更多的重要信息。因此，科技考古中心各个实验室都要加强数据库的建设，建立数字化文本和图片库，以"中国考古网"为依托，在全国范围内搭建相互交流和学习的网络平台。标本库的建立要以系统性、全面性和有代表性为目标。

（五）在推动国内外学术交流的过程中加强中心的建设

要提倡中心的每个实验室都要有针对性地和国内一流的考古学、自然科学研究机构或教学单位建立合作关系。共同开展课题研究，壮大研究队伍，提高研究水平。每个实验室还要力争和国际上一流的科技考古研究部门或教学单位建立学术交流关系，引进研究思路、方法、资金乃至于客座研究人员，壮大我们的研究实力，同时也为我们的研究走向世界创造条件，为在世界范围内弘扬中华民族的优秀文化贡献力量。

（六）通过管理加强中心的建设

首先是学风建设，要大力强调学风建设，提倡严谨，远离浮躁。切忌急功近利，避免生搬硬套，力戒闭门造车。其次是有一个最低限度的定量管理，要求从事研究工作的研究人员每年都要发表高质量的研究文章。从事技术工作的同志按照年度计划完成规定的任务。我们要争取每年在国外的考古或科技考古的一流刊物上发表英文论文，逐步提高我们科技考古中心在国际考古学界的知名度。最后是时刻牢记安全第一，各个实验室都要制定具有自己实验室特色的管理条例，相关实验室要保证各台仪器设备正常运转，要严格管理化学药品。

我们认为，科学技术方法和手段在考古学中的逐步推广，正在给中国考古学带来一场革命性的变化。只要我们继续努力扎扎实实地做好研究工作，继续加强考古学与自然科学相关学科的紧密结合，继续提高考古学调查、发掘和研究中的科学技术含量，考古学运用的技术方法就会越来越科学，考古学提取的信息资料就会越来越丰富，考古学开辟的研究领域就会越来越广泛，考古学获得的研究成果就会越来越精彩，考古学的明天就一定会更加灿烂辉煌。

（原载于《南方文物》2011年第4期，第1~4页）

建设复旦大学科技考古研究院的回顾与展望

2017年5月我受邀到复旦大学，组建科技考古研究院。2017年9月23日，作为复旦大学双一流重点建设平台的复旦大学科技考古研究院正式挂牌，时任复旦大学校长的许宁生院士在复旦大学科技考古研究院成立大会暨学术研讨会上给我颁发了科技考古研究院院长的聘书。这是一家全国独一无二的冠以科技考古研究院名称的实体研究机构。我们在科技考古研究院成立之初就确立了研究目标：以国际考古学界的一流范式为蓝本，以国际考古学界的前沿课题为指引，以高水平综合性大学为依托，利用复旦大学的多学科综合优势，广泛联系和整合国内外科技考古的学术资源，建立具有国际与国内影响力的，兼具科研、教学和理论创新功能的科技考古研究院，力争逐步在国内外考古界确立具有复旦大学科技考古特色的学术地位[1]。以现在的眼光来衡量，六年前确立的那个目标，已经包含了后来提倡的新文科建设的内容，即强调文理结合，突出开拓创新。六年来，当时确立的那个目标始终指引着我们努力拼搏，奋勇向前。另外，在科技考古研究院的成立大会上，我们发出在全国范围内推动科技考古研究的《上海倡议》。这个倡议主要包括科技考古是应用自然科学等相关学科的方法和技术开展考古学研究；科技考古要时刻聚焦考古问题；加强科技考古各个领域方法论的研究；科技考古各个领域之间要加强合作和交流；加强中国科技考古与国际学术界的交流；强化科技考古课程和实践这样六点内容。六年后的今天，我们仍然能够感受到这六条倡议给我们带来的启示和动力，以及在国内形成的影响。

回顾六年的历程，在学校、文物与博物馆学系各级领导的正确指导下，在全系各位老师的大力支持下，在全国多家考古教学、研究机构研究人员的鼎力相助下，科技考古研究院的每一位老师都努力发挥积极作用，为建设科技考古研究院做出了自己的独特贡献。我们自2019年年初开始，每年都在《中国文物报》上发表专版，介绍科技考古研究院一年来的进展。如2019年1月11日发表的《而今迈步从头越——复旦大学科

---

[1] 陆建松、陈刚、陈淳、袁靖、潘艳、董惟妙：《复旦大学科技考古研究院发展规划》，见袁靖主编：《中国科技考古纵论》，上海：复旦大学出版社，2019年，第171～185页。

技考古研究院成立450天记》[1]、2019年12月20日发表的《长风破浪会有时——复旦大学科技考古研究院2019年的回顾与展望》[2]、2020年12月18日发表的《直挂云帆济沧海——复旦大学科技考古研究院2020年的成果与展望》[3]、2021年12月7日发表的《潮平两岸阔 风正一帆悬——复旦大学科技考古研究院2021年的成果与展望》[4]、2022年12月16日发表的《九万里风鹏正举——复旦大学科技考古研究院2022年的成果与展望》[5]。这些报道详细记载了科技考古研究院筚路蓝缕，砥砺前行，栉风沐雨，不忘初心的六年征程。

这里进一步把我们的主要收获凝练成以下十个方面：

一是建立实验室。实验室是科技考古发展壮大的重要平台。科技考古研究院成立时，我们没有一间实验室。但是今天，我们已经拥有7个方向的实验室，总面积为600多平方米。这些实验室分别是环境考古实验室、人骨考古实验室、动物考古实验室、植物考古实验室、同位素分析实验室、古DNA研究实验室、陶瓷考古实验室等。其中，同位素分析实验室包括前处理实验室和同位素质谱仪实验室两个部分；古DNA研究实验室包括古DNA实验室、PCR实验室、古DNA高通量测序室、计算实验室四个部分。在科技考古研究院成立之初，我们除了没有实验室之外，还缺乏仪器设备。到现在，通过学校支持和校外赞助，我们仪器设备的总金额达到1600多万元。其中价值200万元以上的设备包括同位素质谱仪、高通量基因测序仪、多台自动化样本制备工作站等。这六年来，学校不仅为实验室建设提供了场地，对于科技考古研究院的研究经费投入也超过了900万元。在较短的时间内实现的这些硬件建设极大地推动了科技考古研究院的发展。

二是引进一批人才。人才是我们的事业兴旺发达的根本保证。2017年5月17日我受聘到复旦大学筹建科技考古研究院时，文物与博物馆学系的陆建松主任和陈淳老师发挥了重要的指导作用。当时实际运作的老师除我之外，还有三位，一位是从事植物

---

〔1〕　复旦大学科技考古研究院：《而今迈步从头越——复旦大学科技考古研究院成立450天记》《中国文物报》2019年1月11日第6版。

〔2〕　复旦大学科技考古研究院：《长风破浪会有时——复旦大学科技考古研究院2019年的回顾与展望》《中国文物报》2019年12月20日第5版。

〔3〕　复旦大学科技考古研究院：《直挂云帆济沧海——复旦大学科技考古研究院2020年的成果与展望》《中国文物报》2020年12月18日第7版。

〔4〕　复旦大学科技考古研究院：《潮平两岸阔 风正一帆悬——复旦大学科技考古研究院2021年的成果与展望》《中国文物报》2021年12月7日第4版。

〔5〕　复旦大学科技考古研究院：《九万里风鹏正举——复旦大学科技考古研究院2022年的成果与展望》，《中国文物报》2022年12月16日第5版。

考古研究的潘艳老师，另一位是从事同位素分析的董惟妙老师，还有一位是刚刚在英国剑桥大学取得博士学位，我们计划引进的从事动物考古研究的董宁宁博士，我们四人就是当时实际筹建科技考古研究院的基本队伍。自2017年开始，我们每年都引进优秀人才。发展到现在，我们有从事考古学研究的秦小丽老师、王辉老师、魏峻老师和李唯老师，从事人骨考古的魏偏偏老师，从事动物考古的董宁宁老师和我，从事植物考古的潘艳老师和生膨菲老师，从事同位素分析的胡耀武老师和董惟妙老师，从事古DNA研究的文少卿老师，从事陶瓷考古的沈岳明老师和郑建明老师，还有科研助理薛轶宁老师，现有正式编制的人员达到15人。加上8位从事博士后研究的人员，共有23人，已经形成一支由中国考古学界普遍认可的优秀科研人员和青年才俊组成的队伍，开始彰显出复旦大学的特色。

三是主持、参与调查和发掘多个遗址及整理发掘报告。考古调查和发掘是科技考古研究院持续发展的重要基础，整理发掘报告是调查和发掘成果的集中体现。六年来，我们主持、参与调查的遗址为河南省颍河中游地区史前时期遗址、浙江省浦阳江支流永兴河流域先秦时期遗址、江西省信江流域瓷窑址、浙江省庆元县瓷窑址。我们主持、参与发掘的遗址为甘肃省天水市师赵村、礼县四角坪，宁夏回族自治区贺兰县苏峪口，山西省临汾市霍州窑，浙江省杭州市余杭古城、獐山等遗址。另外，主持了陕西省西安市临潼区康家遗址田野发掘报告的整理和研究工作，还参与了浙江省杭州市德寿宫、湖州市矾石桥、温州市码头等遗址及河南省汝州市张公巷窑址出土瓷器的整理与研究工作。通过这些调查、发掘和整理工作，获得了全面、翔实的考古资料，夯实了深入开展全方位研究的基础。同时，也有利于把科技考古推广到更多包括中小型遗址在内的抢救性发掘工作中，逐步推动科技考古的取样和研究同步到考古发掘环节。

四是申请课题。课题制是促进整合、高效的学术研究的有效途径。六年来，我们申请到多个项目和课题，包括国家自然科学基金面上项目、国家社会科学基金重大项目、重点课题、一般课题、青年课题、冷门绝学课题及参与国家社会科学基金重大项目课题、国家"十四五"重点研发计划项目课题。我们的绝大多数老师都申请到课题，有的老师还不止1项。我们获得的纵向课题经费大约为960多万元。这些课题一方面保证了充分的经费来源，可以支撑系统、深入的研究。另一方面也可以逐步积累学术影响力，扩大知名度。除纵向课题之外，我们还与多个省市自治区的考古机构合作，开展横向研究。这些横向课题的经费总额大约为1270多万元。其中，尤其是王辉老师、沈岳明老师、文少卿老师、郑建明老师和胡耀武老师争取到的横向课题经费分别为数百万元或100万元以上不等，贡献极为突出。通过横向课题的合作，也让复旦大学建立起与多个中央和地方考古机构的联系，从而逐步提升复旦大学科技考古的辐射范围。

五是开展合作研究。合作研究是实行强强联合、协同创新的有效保证。我们除与校内的生命科学学院人类遗传学与人类学系、核物理系、材料系、历史系和历史地理研究所进行合作之外，还与校外的中国社会科学院考古研究所、中国科学院地质与地球物理研究所、上海硅酸盐研究所、江苏省考古研究所、浙江省文物考古研究所、上海博物馆、新疆维吾尔自治区文物考古研究所、宁夏回族自治区文物考古研究所、甘肃省文物考古研究所、陕西省考古研究院、山西省考古研究院、河南省文物考古研究院、杭州市文物考古研究所、宁波市文物考古研究所、漯河市文物考古研究所、西北大学文化遗产学院、兰州大学资源环境学院等多家考古研究和教学机构合作，完善研究方法，拓宽研究思路，推动多个遗址的研究工作，全面获取古人遗留下来的珍贵信息并凝练其重要的学术价值。我们正在推动与陕西省考古研究院合作，共建科技考古联合实验室。与杭州市文物考古研究所合作，建设教学科研实践基地。以上这些合作可以分为三个层次：首先，与各地考古院所的合作，有利于获取第一手材料，促进科技考古研究资料获取、成果产出的良性循环；其次，与校内外科研机构的合作，可以在新文科布局下推进研究方法的创新与优化；再进一步的深入合作，则强调科技考古在发掘、研究和教学之间的深入耦合。

六是加强国际交流。国际交流有助于引进国外科技考古的先进理念和方法及在世界上讲好中国故事。我们分别邀请英国利物浦大学考古系的Keith Dobney教授和美国加州大学河滨分校人类学系的Elizabeth Berger博士到科技考古研究院做为期1个月的访问学者，帮助我们拓宽研究的视野。美国、加拿大、日本、以色列等国的多位学者也先后访问科技考古研究院并做学术讲演，取得了热烈反响。科技考古研究院的多位老师分别到美国、加拿大、爱尔兰、德国、意大利和日本等国参加学术会议，讲好中国的相关研究实例。这些年来，我们推动了与加拿大多伦多大学人类学系、日本东京大学综合研究博物馆的合作研究。这些举措吸引了更多的国外学者聚焦中国的考古学研究，也在国际学术舞台上展示了中国学者的风采。

七是推动多个领域形成特色。特色是展示科研实力、彰显复旦大学考古品牌的重要方面。我们自2020年建成了生物考古平台。2022年在《西域研究》上发表生物考古专栏的论文，围绕新疆地区的相关遗址和遗存，从人骨考古、动物考古、植物考古、同位素分析、古DNA研究等角度开展专题研究，取得了很好的效果。这种集中发表五位一体的研究结果在全国是开了先例的。生物考古平台将作为高质量研究成果的科研高地、优秀人才的孵化基地、国际交流的前沿阵地、合作共享理念的实践场地，在国内生物考古研究中发挥重要作用，在国际学术界努力形成生物考古研究的复旦大学特色。陶瓷考古是复旦大学"双一流"建设的重点学科，是科技考古研究院中成果突出的领域。陶瓷考古举办过多次古陶瓷培训班和瓷器展览，培养、提高研究人员的专业技能，现在正在努力建设国内覆盖面最全的古陶瓷标本中心，争取成为展示中国陶瓷工艺与文化的重要窗口，也成为国内最好的陶瓷考古数据库中心。追求特色进一步扩大了复旦大学考古学科的影响。

八是发表科研成果。科研成果是我们的立身之本。这些年来，我们建立了复旦科技考古文库。以复旦科技考古文库的名义出版了9本专著，分别是《中国科技考古导论》《中国科技考古纵论》《中国科技考古讲义》《中国新石器时代考古讲义》《中国新石器时代至青铜时代生业研究》《中国初期国家形成的考古学研究——陶器研究的新视点》《陶器研究的理论与方法》《中国早期玉器科技考古与保护研究》《哈密盆地史前居民食谱》等。除复旦科技考古文库之外，还出版了10多本考古调查和发掘报告、学术专著、图录和科普读物。除著作外，还有一大特色是作为第一作者或通讯作者，在《考古》《文物》《故宫博物院院刊》《考古与文物》《江汉考古》《东南文化》《人类学学报》《学术月刊》《西域研究》《中原文物》《南方文物》及《中国文物报》等报刊杂志上发表中文论文和相关文章210余篇。特别要指出的是自2020年以来，我们每年都在SCI/SSCI等收录的国际刊物上发表英文论文15篇以上，这在国内的考古研究和教学机构中是名列前茅的。我们在把论文写在祖国大地上的同时，还在国际学术界以文会友，在国内外扩大复旦大学考古学科的影响。

九是培养学生。教书育人是大学的宗旨，培养学生是保证我们的事业后继有人的关键要素。这六年来，我们培养的博士研究生有36名，其中，学习考古的10名、人骨考古的1名、动物考古的3名、古DNA研究的1名、同位素分析的4名、陶瓷考古的17名。硕士研究生有46名，其中，学习考古的12名、动物考古的3名、植物考古的1名、同位素分析的3名、古DNA研究的5名、陶瓷考古的22名。科技考古导论成为本科生的必修课。我们给研究生开设的课程分别为考古学理论、考古学方法、考古学理论与实践前沿、科技考古研究、生物考古、生物考古前沿研究、人骨考古学、史前经济研究专题、农业起源研究、动物考古的方法与实践、动物考古的分析与阐释、植物考古的方法与实践、同位素食谱分析、古代陶器研究、陶器的生产与利用、陶瓷考古研究、陶瓷工艺的理论与实践、瓷器起源研究、中国古代制瓷技术研究、丝绸之路考古、丝绸之路考古研究、海上丝绸之路考古、海上丝绸之路考古前沿等。在研究生数量不断增加的同时，课程设置也逐步走向规范化和系统化。

十是得到相关部门的认可。相关部门的认可是推动我们努力奋斗的动力之一。我们于2019年初得到国家文物局的批准，正式取得考古发掘的团体领队资格。在2022年初《教育部办公厅和国家文物局办公室关于实施考古学国家急需高层次人才培养专项的通知》中，复旦大学被选拔为培养人才的十三所大学之一，科技考古是通知中列出的八个优先开展专项人才培养的研究方向之一。这是教育部和国家文物局对复旦大学近年来有关考古学和科技考古的教学、科研工作的认可。我们在最近一轮全国高校学科评估中也取得了跳跃性的进步，连升2级。我们和宁夏回族自治区文物考古研究所合作发掘的宁夏回族自治区贺兰县苏峪口西夏瓷窑址被评为2022年度全国六大考古新发现，并入选全国十大考古新发现终评。魏峻老师获得国家"万人计划"哲学社会科学领军人才称号。我独著的《中国动物考古学》获教育部第八届优秀科研成果三等奖（人文社会科学）。我主编的《中国科技考古讲义》获中国文物学会、《中国文物报》评选的2019年全国文化遗产十佳图书奖。我独著的《中国科技考古导论》获首届复旦大学教材建设一等奖。这些认可和奖项体现了科技考古研究院的研究实力。

我马上要从科技考古研究院院长的位置上退下来了。回顾这六年的峥嵘岁月，自己觉得是交出了一份比较让人满意的答卷。展望今后的岁月，相信科技考古研究院一定会在这个基础上，继续做大做强，取得新的更加突出的成绩。这里我提出六点希望。

其一是希望科技考古研究院的老师们能够充分珍惜我们六年来取得的成果。这里面也包含了相关部门的认可和国内外同行的肯定。我们的每一项成果都来自大家的努力拼搏、团结奋斗，这一切都是来之不易的。大家要秉持科学精神，努力开拓创新，以考古学的问题为导向，以科技考古研究院现有的布局为起点，踏踏实实地一步一步走好今后的科研之路、教学之路。

其二是希望科技考古研究院的老师们在以考古学研究为导向的同时，进一步努力把科技考古融入考古学之中。从事以田野考古为主的老师们要继续全面了解科技考古的新思路和新方法，为深入推进考古学研究创造更好的条件。从事科技考古的老师们要继续深刻认识考古学研究的目的和意义，要把考古学家的认可作为衡量自己研究水平的重要标尺，在考古学研究中真正发挥自己的独特作用。

其三是希望我们的田野考古能够持续推进下去。我们要更加充分地认识考古调查和发掘是考古学的立身之本，要进一步强调田野考古的重要性和无可替代的作用。从政策、经费等多个方面向田野考古倾斜，妥善解决田野考古中遇到的各种问题，培养学生在田野考古中认识考古，鼓励年轻老师在田野考古中找到自己的学术生长点。

其四是希望我们的生物考古和陶瓷考古继续做大做强。依靠正确的研究思路、优秀的科研人员、一流的仪器设备和重要的考古资料，我们的科研成果才能体现出明显的含金量。这其中，正确的研究思路是最为重要的。我们要以进一步彰显复旦大学生物考古和陶瓷考古的特色作为前进的动力，继续聚焦考古学的关键问题、热点问题、前沿问题，做好自己的研究。

其五是希望我们编写的考古发掘报告能够显示出当今时代的特色。在考古发掘报告中尽可能全面地揭示古人的一段特定时空范围内的历史是我们应该努力追求的目标，努力从多个角度系统获取古人遗留的各个方面的信息是写好考古发掘报告的基础。希望主编和参与编写考古发掘报告的老师们以写出高水平的考古发掘报告激励自己，大家共同努力，写出精品力作。

其六是希望我们能够进一步加强与国内外考古研究和教学机构的合作。合作研究能够为我们拓宽思路、开阔视野、完善方法、提高层次、深化内容、服务社会、获取材料、资金支持、学生实习等多个方面提供实质性的帮助。我们要继续拓宽合作的渠道，推动合作项目的落地，努力强化这种有利于双方共同进步的方式，取得双赢的结果。

以上是我的六点希望，供大家思考。必须强调的是我虽然从科技考古研究院院长的位置上退下来了，但是我对科技考古研究院充满感情，充满期望。我会继续以我力所能及的方式为科技考古研究院的发展贡献力量，为大家取得的每一个进步喝彩、鼓掌。衷心祝愿科技考古研究院的明天更加美好。

（本文为2023年6月从复旦大学科技考古研究院院长任上退下来时撰写的感言，未公开发表）

上海倡议

当前，考古学已经逐渐成为一门以人文社会科学研究思路为指导、广泛采用自然科学研究方法和技术的交叉学科。能否在考古学研究中更加广泛、有效地运用多种自然科学等相关学科的方法和技术，进一步推动学科的发展，已经成为21世纪衡量一个国家考古学研究水平的极为重要的标尺。

2017年9月23日，参加复旦大学科技考古研究院成立大会暨科技考古学术研讨会的与会人员，围绕中国科技考古的现状和未来进行了热烈地讨论，形成如下六点倡议：

一、科技考古是应用自然科学等相关学科的方法和技术开展考古学研究。其研究内涵可以概括为：以考古学的研究目标为指引，将考古学的研究问题为导向，应用自然科学的研究方法和技术，对考古遗址及所在区域进行调查、勘探和取样，对出土的多种遗迹和遗物进行观察、鉴定、测试、分析和统计，多角度地获取有关古代人类活动的多种信息并进行深入解读和探讨，从整体上拓展考古学研究的领域，深化考古学研究的内容，提高考古学研究的科学性，提升考古学研究的历史科学价值。

二、科技考古要时刻聚焦考古问题。科技考古各个领域的研究人员要始终以考古学研究的总体目标为指导，紧密围绕考古学的重要问题进行探讨。在研究中要加强与田野考古人员的密切合作，既要坚持研究过程的科学性，更应充分认识到考古出土对象在形成过程中的复杂性，尤其应当认真观察和分辨研究对象的出土背景。科技考古研究人员逐渐介入田野考古发掘一线是今后的发展方向，科技考古逐步全面融入考古学研究之中是其发展的必由之路。

三、加强科技考古各个领域方法论的研究。工欲善其事，必先利其器。要进一步完善科技考古各个领域的田野采样方法和实验室测试技术，采样方法和实验室测试技术应与实现考古学研究目的相适应。要注意制定样品采集和分析规范，也要围绕解决特定考古学问题的需要充实、调整相关技术与操作方法。与此同时，科技考古研究人员应关注现代科学技术的发展动向，积极学习和引入新的研究方法，拓宽科技考古的研究领域，深化科技考古的研究内容。

四、科技考古各个领域之间要加强合作和交流。人类的每一种物质文化都是由特定人群在一定时空范围内创造的，每个遗址都凝固着一段古代历史。科技考古研究人员在针对具体遗址出土的各类遗迹和遗物开展专门研究时，不仅要思考研究对象的历时性发展脉络，还要尽可能地从生态和文化系统整体出发，思考系统内各个部分的关联性和制约性。从多个角度探讨各部分在整个系统中的作用以及动因。加强科技考古各个领域之间的协调与合作，是全面复原历史的重要保证。

五、加强中国科技考古与国际学术界的交流。放眼世界，科技考古各个领域的研究方法和技术是相通的，各个领域面对的研究材料的属性是一致的，不因文化和地域差异而存在隔阂。国际科技考古领域的诸多前沿研究对我们深入开展中国科技考古的相关研究是十分有益的启示，我们要在加强国际合作研究的基础上，认真关注、思考和借鉴国外学者的思路、技术路线以及研究成果。同时，我们也应该在加强国际交流的过程中，把中国科技考古的最新成果推向世界，讲好中国故事。

六、强化科技考古课程和实践。要全面、系统地对考古专业的本科生和研究生讲授科技考古的思路、方法和实践案例，既要强调科技考古研究方法的科学性和独特性，更要始终突出考古学的研究目的和人文社会科学的本质属性。引导学生在田野考古发掘中实地认识研究资料的出土过程及采集方法，指导学生围绕考古遗址出土的遗迹和遗物开展科技考古各个领域的研究，培养更多从事科技考古研究的人员，培训和引导从事田野考古发掘和研究的人员掌握某项甚至多项科技考古技能，塑造一专多能的复合型人才，更好地适应中国考古学发展的需要。

（原载于袁靖主编：《中国科技考古纵论》，上海：复旦大学出版社，2019年，第139～140页）

进一步推进科技考古的三点认识

　　我先从伦福儒的《考古学：理论、方法与实践》这本书讲起。2004年，陈星灿学部委员等翻译了伦福儒的《考古学：理论、方法与实践》第3版，这本书是欧美国家考古专业的大学生的教科书。这本书翻译出版后，在中国考古界引起很大的反响，文物出版社专门召开新书出版座谈会，从事考古的研究人员纷纷购买和阅读。这本书还被时任国家文物局局长单霁翔推荐为国家文物局全体人员的必读书。2015年，陈淳老师翻译了《考古学：理论、方法与实践》第6版，这一版增加了2章，在中国考古界反响更大，至今仍然为大家所推崇。《考古学：理论、方法与实践》第6版一共分了16章，其中认知考古学、考古学和公众、如何管理遗产这3章基本上和科技考古没有关系，而考古学史、证据的多样性、遗址与遗迹的调查与发掘、社会考古学、贸易与交换、考古学的阐释、五项个案研究、建立考古学的职业生涯等8章和科技考古密切相关，还有断代方法与年代学、环境考古学、生计与食谱、工艺技术、人群的生物考古学这5章完全就是科技考古的内容。这本书里包含了大量科技考古的内容，展现了世界考古学发展的趋势。在中国考古界，科技考古正在全方位地进入考古学研究之中，参与考古学研究，对以往的理论和方法进行全方位的补充和完善，填补多项空白，创新性地再现古代历史。可以这样认为，当年考古地层学和类型学的建立，为确立考古学科奠定了坚实的基础，如今科技考古各个研究领域的确立和完善，正在全面丰富、充实和拓展考古学的研究思路、研究方法和研究内容，推动中国考古学研究进入一个崭新的时代，这是一个在人文社会科学领域里前所未有的学科发展进程。

　　我认为，科技考古就是以考古学的研究目标为指引，把考古学研究的问题作为导向，应用自然科学等相关学科的方法和技术，对考古遗址进行勘探和古地貌复原，对遗址所在区域进行调查和取样，对出土的多种遗迹和遗物进行观察、鉴定和测试，对各类与考古研究相关的资料进行定性分析和定量统计，以获取更加丰富、更加全面的古代人类活动的信息，在考古学研究思路的指导下，经过归纳、分析和探讨，从整体上进一步拓展考古学研究的领域，深化考古学研究的内容，提高考古学研究的科学性，体现考古学研究的价值。

　　自20世纪90年代以来，科技考古在考古学研究中取得了诸多成果，值得充分肯定。目前的科技考古可以按照其研究方法和研究内容分为两大类。一类是利用专门的仪器设备，对某些肉眼看不到的特定对象进行探测、测试和分析，按照科学的依据提出科学结论。比如，对地下遗迹和遗物的勘探、年代测定、古DNA研究、同位素研究、有机残留物分析等。另一类是对与古代人类活动相关的自然环境、古代人类的骨骼、与古代人类的生产与生活直接相关的对象进行研究，得出比较客观的推测或结论。这类研究往往包括多种学科、技术与方法，如环境考古、人骨考古、动物考古、植物考古、冶金考古、古陶瓷科技考古、玉石器科技考古等。我在这里围绕科技考古的进一步发展谈三点认识。

第一点是要在一个遗址全方位地开展科技考古研究。

考古学发展到今天，其研究的内容已经由原来通过发掘出土的遗迹、遗物的形状确定一个遗址、一个类型或一个文化的年代早晚、文化特征，建立完整的古代物质文化谱系，逐步扩大到全面探讨古代社会的各个领域。任何一个区域、任何一个遗址的考古学调查和发掘，都是为了全面或部分地展现在一个特定时间跨度和空间范围内的自然环境状况，人类社会的生存活动、生活方式、制作工艺、社会组织、礼仪制度、丧葬习俗、祭祀特征和文化交流等各个方面。考古学研究内容的这种巨大变化要求我们全面强化科技考古在考古学中的应用。

因为通过考古勘探、年代测定、环境考古、人骨考古、动物考古、植物考古、食性分析、古DNA分析、物质成分和结构分析等科技考古研究可以科学地再现考古学文化的绝对年代，当时的自然环境状况、演变及人类与之相适应的互动关系，居住在不同地区的人群的体质特征和风俗习惯，包括动植物在内的各个时期人的食物种类，采集、狩猎、种植和家养等一系列获取食物资源方式的演变过程，人和动物的食性特征，人和动物的基因谱系、亲缘关系，当时人进行随葬和祭祀活动时使用各种动植物的种类和不同时期的特征，人类制作各种器物的方法、原料、发展过程及对社会发展进程的影响，从动植物的遗存了解与礼制的构建相关的内容，动物在劳役和战争等方面的作用，文化与文化之间一些特殊因素的交流等。同时，还能进一步提高考古调查、发掘和研究的科学性。这些研究都要全方位地应用于具体遗址的考古学研究之中，所以我们要在一个遗址全方位地开展科技考古研究。

这里以河南偃师二里头遗址为例。二里头遗址是迄今为止科技考古相关研究人员参与人数最多的一个遗址。经过科技考古各个领域的研究人员全方位的研究，我们认识到二里头遗址的绝对年代大致为公元前1750～前1500年；当时的气候温暖湿润，洛河改道，汇入伊河，使二里头遗址的北面与邙山连为一体，形成可以建立王者气象的都邑的地势地貌。二里头遗址的居民在土质肥沃、距离邙山不远、濒临伊洛河的二级阶地上建立居住地；当时人的形态特征属于古中原类型，健康状况较好，母系来源多样；可持续发展的多种农作物生产已经成为社会稳定发展的基础，狗、猪、牛、羊等多种家畜饲养主要保证了肉食来源，同时在体现等级制度的祭祀活动中发挥了特殊的作用，黄牛和绵羊的祖先可以追溯到西亚地区；当时已经形成长距离的调运金属资源的产业链，制作金属器和玉器的专门性技术出现质的飞跃，可以对金属器和玉器进行规模化生产，这些产品是为贵族专用的；陶器制作的规模化生产进一步稳定，出现专门用于礼制或贵族专用的陶器生产部门；当时已经能够做到依据石器的功能特征选择合适的石材制作石器；出现具备规范化特征的制作骨角器技术及专门生产漆器、纺织品的部门等。可以说，依山傍水的地势地貌、适宜的气候条件、健康人口的组成、达到较高程度的农业及手工业生产力水平、专业化分工的巩固及当时已经存在人口和家养动物的对外交流等，均为早期国家在二里头的形成提供了理想的自然环境、良好的经济基础及开放的文化氛围。这为我们从历史研究的角度认识二里头遗址发挥了重要的作用。

今后科技考古研究人员应该在考古研究人员的主导下，像二里头遗址所做的各项工作那样，一个一个遗址全方位地开展科技考古研究，系统认识一个遗址的面貌，在这样的基础上，小到遗址之间纵向和横向的比较，大到归纳一个考古学文化的认识，才能够提升到历史研究的高度。

第二点是科技考古各个领域要反思、完善研究思路和方法。

科技考古领域的全部研究人员都要真正以考古学的问题为导向，要明确自己所做的研究是考古学研究，要努力把自己的探讨提高到历史研究的高度。具体到各个研究领域，有各自需要侧重的地方。比如年代学要注重每个地区新石器时代及青铜时代各个考古学文化年代数据的精确度，要有战略谋划，要有计划地针对一个一个有代表性的遗址开展高精度测年，这样才能逐步构建新石器时代及青铜时代的年代框架，体现21世纪碳十四年代测定的特色。

环境考古要注意单个遗址古代的地势地貌和水文，尤其要关注水和古河道的问题。我们一直在感叹人骨考古、动植物考古、冶金考古和陶瓷考古等有明确的研究对象，而环境考古面对诸多自然环境因素，很难找到最佳切入点。但是，从环境考古的典型案例中，我们都能看到与水相关的内容。比如，二里头遗址当时最大的环境变迁是伊河和洛河合并、瓦店遗址当年是水乡、陶寺遗址是宋村沟和南沟的形成过程、良渚遗址是水坝，这些都与水有关，其他遗址是否也是如此，要用研究结果来证明。因此，在全新世的气候状况已经大致明确的前提下，努力探明当时的古水文状况是否就是环境考古的最佳切入点。

人骨考古要注重深化研究内容，完善研究领域，至少古DNA分析、同位素分析的结果和形态学的形状测量、性别判定等结果如何有机地结合在一起值得思考。另外，针对人骨考古中注重病理现象的研究，我认为病理现象只是人骨研究的一个方面，但不能算重要方面，比如龋齿、关节炎等是枝节问题。以龋齿为例，我们将今论古，知道龋齿对人的一生没有什么影响，现今人群中患龋齿病的人占到多少比例我们都不清楚，去医院看龋齿病的人数绝对不能代表全部，广大农村患龋齿病的人不在少数。我特别要强调的是一个普遍生病的人群是没有前途的，各个地区多个考古学文化的传承和发展，是以健康人群为基础的，健康人群应该是人骨考古的主要研究内容。人骨考古的方向在哪里，需要深刻反思。

动物考古要从年代测定、形态测量和观察、古DNA分析、同位素分析等角度全方位地做工作。我们从2018年开始聚焦陕西凤翔血池遗址7号坑出土的全部26匹马骨，从年代测定、形态学研究、古DNA分析、碳氮稳定同位素分析、锶同位素分析等多个角度开展研究，研究结果很精彩，即将全部发表在《考古与文物》上。司马迁在《史记·封禅书》里讲述了封禅是一种古老的礼仪制度及自己随从汉武帝巡视并祭祀天地诸神和名山川、参与了封禅礼的过程。最后他特别提到，"若至俎豆珪币之详，献酬之礼，则有司存"，遗憾的是有司记载的那些史料并没有保存下来，成为千古之谜。今后我们还将继续对血池遗址其他祭祀坑中的用牲开展研究，在系列研究结果的基础上，努力参与破解湮灭在历史长河中的千古之谜。

植物考古要考虑在一个遗址中大植物遗存、植硅体和淀粉粒等几种方法如何结合到一起。现在的研究中往往出现大植物遗存与植硅体的研究结果截然相反的实例，这里明显就有一个方法论的问题，需要给出正确的解释。我们还要考虑五谷之外的其他植物遗存的作用，动物考古有家养动物和野生动物之分，植物考古是否也有必要探讨农作物和其他野生植物的区分和作用，认识各种野生植物在我们研究古代农业生产及古人获取食物资源中的价值。

古DNA分析、同位素分析、残留物分析要结合研究对象的考古背景思考，调整思路，开创新的学术生长点。当前需要强调的是随着古DNA高通量测序技术和全基因组分析手段的建立和推广，我们对于古代人类和动物的认识更为全面、对于个体的把握更为精准，而新的认识对于探讨众多考古学文化类型发展演变的实质、把握古代人群之间交流的脉络、研究亲缘关系、界定社会形态，分析各种家养动物的驯化过程，意义重大。近年来，古DNA分析取得了多项最新成果，如文少卿做的陕西血池和杨官寨的人骨和马骨研究，董豫做的山东傅家遗址的人骨研究，万诚做的河北姜家梁遗址的人骨研究，蔡大伟、赵欣做的多处遗址的马、黄牛和绵羊研究，给我们一系列重要的启示，持之以恒地做下去，数年之后，一定会给考古学带来一场革命性的变化，帮助我们把对各个考古学文化来龙去脉的追踪、人群谱系的探讨、古代社会结构的研究、家养动物基因变化背后反映出来的古人的技术进步和文化交流的研究等，建立在更加

科学的基础之上，填补学术空白。碳氮稳定同位素的分析不能仅仅对研究对象区分完
C_3和C_4，简单地下一个结论就完事了，这样的研究结果基本都在我们预测的范围内，
必须寻找新的突破点，提出新的认识。锶同位素分析还应该认真思考当地锶同位素的
标准如何建立的问题，不然在此基础上提出的当地土生土长与外来的区分，就有可能
是不客观的。

冶金考古是取得重要进展的研究领域，今后要注重各个研究和教学机构的研究在
思路和方法上的一致性，这似乎是冶金考古继续做大做强的必经之路，既有利于比较
研究，也有助于在国际学术舞台上讲好中国故事。

古陶瓷科技考古要注重陶瓷器的制作工艺研究，这是一个可以在全国范围内甚至
可以在世界范围内，对不同时期的遗址出土的陶瓷器开展比较研究的基础。因为各种
原因，我们关于陶瓷器的制作工艺研究，尤其是关于陶器的制作工艺研究一直是一个
薄弱环节，需要重点突破。

如果我们能以考古学的问题为导向，明确自己是在做考古学研究，把自己的探
讨提高到历史研究的高度，同时在上面提到的各个领域的研究思路和方法上都有所推
进，中国的科技考古必将在考古学研究和历史研究中发挥更加不可或缺的作用。

第三点是中国考古学会下属的各个跟科技考古相关的专业委员会要发挥引领作
用。环境考古、人骨考古、动物考古、植物考古、新技术考古等各个专业委员会集中
了全国相关研究领域的精兵强将，陶器和石器研究大多归入新石器时代考古专业委员
会，冶金考古归入夏商和两周考古专业委员会，这些领域的研究跟考古研究紧密结合
在一起，研究的环境和条件更好。近年来，围绕陶器、青铜器制作工艺召开过多次研
讨会，取得圆满成功，就是明证。我们动物考古专业委员会这几年来围绕思路、方法
有过多次讨论，研究人员之间相互交流成果，互动很积极，成效显著，动物考古专业
委员会发挥了很好的引领作用。我们各个专业委员会在思路上、方法上、数据库上要
做好组织和引导，大家从理论到方法，从研究成果到数据库建设方面多交流，多合
作，凝聚共识，壮大实力，一定能够为深化中国考古学研究、推动中国考古学发展贡
献自己独特的力量。

我在这里要强调的是与科技考古相关的各个专业委员会要做好标本库和数据库
的建设工作。当前，不可移动文物的保护、发掘和研究工作基本上进展顺利，人工制
作的可移动文物的登记造册、保护和研究工作也有了良好的开端。近年来，随着考古
工作中科学性的全面提升，通过科技考古的多种方法获取的包括人骨、动物骨骼、植
物遗存、冶金遗存和陶瓷遗存等在内的一大批特殊的可移动文物数量骤增，可以百万
计。通过各种测量和测试获取的数据也可以用海量来概括。这一大批特殊的可移动文
物和相关科学数据蕴含着极高的科学价值。例如，人骨遗存中承载着中国古代的人类

基因、健康状况和疾病状况等信息。动植物遗存记录着动植物的品种、数量和基因等信息，乃至生物演化、气候变化、环境变迁等方面的信息。冶金、陶瓷等遗存中，记载着古代众多科技工艺流程、文化交流、技术演变等信息。包括标本和数据在内的这些科技基础资源不仅是开展科研与保护利用工作不可或缺的重要资料，同时对于现代人口健康、医学、农业、养殖业、工业等社会经济领域的发展亦具有重要科学价值。放眼整个世界，没有任何一个国家拥有如此重要、珍贵、系统和丰富的历史文化遗产资源。每年随着考古发掘和相关科研工作的推进，这批特殊的可移动文物和科学数据的规模还在不断扩大。

做好标本库和数据库的工作，第一，有利于提高这批特殊的可移动文物和科学数据生产和保存的规范性、系统性和安全性，实现文物科技基础资源的科学化管理、开放共享和价值增值。第二，从支撑科学研究方面来看，这批时空框架完善的特殊的可移动文物，将为后续的考古和文物保护提供充足的研究资料，特别是对基础研究将产生重要支撑，增强考古领域的科学发现和科技创新能力。第三，从促进科研合作方面来看，这批特殊的可移动文物和科学数据所提供的共享信息，将促进考古界和科技界在各个层面的深度合作，由此产生的协同创新效应将极大地激励科研效率，提高科研品质，对探源溯因问题，将起到不可替代的研究支撑作用。

我们要分门别类地做好各个领域的标本库和数据库建设，包括既往资料的收集、整理与分析，基本框架的研讨与构建，术语或含义的规范、标准化建设、入库标本范围和标准的确定，标本的收集和分类，标本数据采集和归纳，实物标本的数字化和信息化，查询或检索系统的构建等方面，为以后建立网上博物馆奠定基础等内容。我们还要突出"互联网+"的优势。以"互联网+"为指导，以统一标准、统一规范，系统整理科研标本的信息或数据，并实行计算机网络化管理，向国内相关科研院所、高校开放，也为国际交流合作提供技术平台。

总之，我们要以考古学的研究目标为指引，把考古学研究的问题作为导向，努力充实和完善科技考古各个领域的研究方法，聚焦一个一个遗址，开展全方位的研究，获取具有一流学术价值的成果。与此同时，还要做好标本库和数据库建设工作，为后续研究奠定基础，为展示古人的智慧和技术准备充足的标本，让各类数据的价值得到全面提升。中国科技考古的明天，一定会更加灿烂辉煌。

（原载于王巍、余西云主编：《中国考古学理论与方法》，北京：科学出版社，2020年，第28～34页）

科技考古的思考

在当今的世界考古学研究中，科技考古正在发挥越来越重要的作用。中国考古学紧跟世界考古学发展的步伐，在科技考古各个领域成果显著、引人注目。目前的科技考古可以按照其研究方法和研究内容分为两大类。一类是利用专门的仪器设备，对某些肉眼看不到的特定对象进行探测、测试和分析，按照科学的依据提出科学结论。比如，遥感考古与物探考古、年代测定、古DNA研究、同位素研究和有机残留物分析等。另一类是对与古代人类活动相关的自然环境、古代人类的骨骼、与古代人类的生产与生活直接相关的对象进行研究，得出比较客观的推测或结论。这类研究往往包括多种学科、技术与方法，如环境考古、人骨考古、动物考古、植物考古、冶金考古、陶瓷器科技考古和玉石器科技考古等。分别属于这两大类的具体研究领域共十二个。从根本上说，各个领域的研究都必须以考古学研究的目标为指引，以考古学研究的问题为导向，强化科技方法在考古学研究中的作用。

行成于思，为了进一步把科技考古推向前进，本文在简单阐述十二个领域的研究目的和内容的基础上，对他们在今后的研究过程中需要努力的方向提出自己的认识。

一、遥感考古与物探考古

遥感考古与物探考古就是依靠高分辨率的航空、航天影像和地球物理探测设备，进行全面的遥感考古与地球物理探测，为制定田野发掘计划和确立遗址的保护方案提供科学的依据[1]。

遥感考古和物探考古今后的工作主要体现在以下三点。

第一，认识研究工作的长期性和艰巨性。因为中国的考古遗址大多是由夯土构成，其与周围的土壤没有明显差别，只是在结构上稍微紧密一点，只有在偶然情况下接收的遥感影像上才能产生一些细微差异，以供判断。我们要做出真正得到考古研究

---

〔1〕 中国社会科学院考古研究所：《科技考古的方法与应用》，北京：文物出版社，2012年，第6~25页。

人员认可的成果，还有一个从探索到成功的漫长过程。

第二，具体情况具体对待。迄今为止，物探考古真正得到考古研究人员认可的案例屈指可数，其原因与上述遥感考古的解释大致相同，同时要指出的是物探考古更注重于对具体遗迹和遗物的探测，其难度更大，如何在各种异常中分辨何为古代人工遗迹和遗物的反映，何为外界环境的干扰，除仪器本身灵敏度的制约之外，各地的自然状况均有特定的限制，需要因地而异，区别对待。

第三，与考古学紧密结合。需要特别强调的是不管遥感和物探设备的技术如何先进，遥感考古和物探考古都是应用于田野考古的技术，在这样的前提下，相关研究人员在开展工作时，与田野考古研究人员的交流与合作是密不可分的，只有这样，才能在今后长期的实践过程中，不断总结经验，提高分辨的技能，真正取得有实质性的进展。

二、年代测定

考古研究中测定年代的方法主要有两种，即碳十四测年法和树木年轮定年法。碳十四测年法就是对样品进行碳十四含量测定，并通过碳十三检验、树轮校正和系列样品拟合研究等，最后得到高精度的日历年代数据，判定遗址、具体文化层或遗物的绝对年代。树木年轮定年法是通过对某一气候区特定树木的年轮进行分析和研究，建立长序列的树木年轮年表，对这个地区考古遗址中出土的同类树种的木质遗物进行精确地定年，为确定遗址和遗物的年代提供参考依据[1]。

年代测定尚有四点有待完善之处。

第一，重构年代框架。现在全国各个时期的年代框架还缺乏科学的整合。全面、系统地认识各个地区考古学文化的年代系列还需要有目的、有计划地开展工作，在此基础上，重新构建更加客观的年代框架。

第二，对碳十四测定年代标本的材质有统一的要求。炭化的一年生农作物种子、年龄为一岁左右的动物骨骼都是相当理想的测定年代的对象。有针对性的开展采样、测定和研究，其结果应该是比较理想的。

第三，看懂碳十四测定年代报告。考古研究人员要理解各种英语字母缩写的含义，掌握根据原始数据进行树木年轮校正的基本方法，正确应用碳十四测定年代的成果。我们必须牢记碳十四测定年代显示的"距今"仅仅计算到1950年，这个"距今"

〔1〕　中国社会科学院考古研究所：《科技考古的方法与应用》，北京：文物出版社，2012年，第26～44页。

跟我们现在的年代已经有60多年的差距了。

第四，我们应该客观地意识到，当前树木年轮定年的应用范围十分有限，尚局限在青海地区，这意味着今后的基础工作尚需进一步加强。我们要一个气候区一个气候区地建立相应的树轮年工表，尝试着对考古遗址出土的木质文物进行精确定年提供科学的依据。

三、古DNA研究

古DNA研究利用分子生物学技术，从古代生物遗存中获取DNA序列，然后运用群体遗传学和生物信息学等分析方法，研究古代生物的谱系、分子演化理论、人类的起源和迁徙、动植物的家养和驯化过程等[1]。20余年来，随着古DNA实验技术不断进步，分子克隆、PCR和高通量测序技术分别引领了古DNA研究的三次革命，极大地推动了该研究领域的发展。

古DNA研究当前需要注意的主要有以下两点。

第一，在思路和技术层面上尚需深化和提高。国际上现已普遍采用基于高通量测序的古DNA全基因组测试，这是我们的发展方向之一。另外，古病理的研究目前还停留在理论上的可行阶段，需要在实践中思考如何解决难点和关键问题。还有，我们对于农作物遗存的基因研究进展有限，这是因为炭化种子的古DNA提取难度极大，但是如果当年日本学者对于河姆渡、龙虬庄和草鞋山等遗址出土炭化稻米的研究结果成为个案，这是一件值得深思的事情。

第二，需要加强与考古学研究的有机结合。在对特殊的考古样品进行分析的时候，不考虑出土状况，不考虑具体的形态学特征，不考虑迄今为止的历时性研究结果，单纯地以数量极少、没有经过科学论证的古DNA研究结果进行考古学的学术讨论，很可能要误入歧途。

四、同位素分析

同位素分析主要分为碳氮稳定同位素分析和锶同位素分析两种，碳氮稳定同位素分析包括碳十三（$\delta^{13}C$）和氮十五（$\delta^{15}N$）这两种稳定同位素分析，应用这个方法测定考古遗址出土的人骨和动物骨骼的碳十三值和氮十五值并进行研究，可以帮助我们科

---

[1]　文少卿、袁靖：《DNA研究在考古中的应用》，见袁靖主编：《中国科技考古讲义》，上海：复旦大学出版社，2019年，第120～137页。

学地确定古代人类和动物的食谱，探讨其形成的原因，最终认识人的行为特征。锶同位素分析即通过测定样品中的锶同位素比值，确定其所包含的地域特征。应用锶同位素分析的方法，对考古遗址出土的人和动物遗存进行分析，可以帮助我们科学地确定考古遗址中出土的人和动物是本地的还是外来的，再进一步探讨其形成的原因[1]。

今后同位素分析需要注意以下三个方面。

第一，同位素分析必须建立在完成考古学研究的基础之上。同位素分析的研究人员必须与人骨考古或动物考古的研究人员紧密合作，在从事人骨考古和动物考古的研究人员完成对材料初步研究的基础之上，共同凝练科学问题，制定研究方案，有意识地挑选标本开展研究，研究思路的科学性和技术路线的可行性都是十分重要的。

第二，开辟新的研究方法永远是学科前进的动力。国外学者现在正在通过对人骨和动物的骨骼进行氢、氧稳定同位素的研究，认识气候状况及人和动物的个体迁徙；利用序列稳定同位素分析的技术，对人和动物的牙齿进行取样、测试和分析，探讨人和特定动物的食物结构及其可能存在的历时性变化。他们在这些方面都取得了重要成果，在进一步发挥同位素分析在考古学研究中的作用上成效显著。这些都是需要借鉴的。

第三，从文化探讨和技术路线的角度反思锶同位素研究。对多个遗址出土的家养动物遗存进行锶同位素的分析后，结论中经常提到一部分黄牛和绵羊等家养动物是当地土生土长的，另一部分黄牛和绵羊等家养动物是从外地迁入的。由此又引发一个问题，为何各个遗址都需要从外地引进黄牛和绵羊？这是一个需要从文化的角度和锶同位素分析方法的思路上给予科学解释的问题。

五、残留物分析

先民在加工和利用生物资源的过程中，残留至今的有机物质统称为有机残留物。有机残留物可分为两种：可见残留物（如液体、炭化物等）和不可见微量残留物（如陶片吸附的脂类、酒石酸和树脂酸，还包括植硅体及淀粉粒在内的植物微体化石等）。可见残留物在考古发掘中出土的实例相对较少；而不可见微量残留物则广泛存在于石器、陶器和青铜器上，这是残留物分析的主要对象[2]。

这个研究领域尚需进一步完善和提高的方面，主要有以下三点。

[1] 中国社会科学院考古研究所：《科技考古的方法与应用》，文物出版社，2012年，第128～137页。

[2] 杨益民：《古代残留物分析在考古中的应用》，《南方文物》2008年第2期，第20～25页。

第一，学习国际上最新的研究方法。我们的研究相比国际上的前沿研究仍有差距。比如，我们对考古遗存的脂质分析极少，对陶片吸附的脂质研究尚未涉及；对考古遗存的蛋白质分析研究的深度和广度有待提高。在借鉴相关研究方法的同时，还应大力拓宽其应用的范围。以蛋白质组学方法为例，该方法除了残留物分析之外，还应对古代某些传染性疾病的相关病菌开展研究，比如肺结核致病菌结核杆菌等。这类研究可以为我们认识古代流行病的发生及其对人类社会的影响提供借鉴。

第二，从多个角度探讨分析结果。以往的研究结果尚存在多种解释。比如针对酒残留物的分析结果，就存在人工有意识地发酵和残留食物的自然发酵两种可能性，需要进行明确的区分。可以考虑把考古学的出土背景、器型分析和科技分析有机地结合在一起，为酒残留物的判定提供更加全面的证据。

第三，制定科学的研究计划。在认真归纳研究成果的基础上，提升课题意识，确立明确的科学问题，将个案研究融入考古学文化演变和人类社会发展这一大背景下进行探讨。比如，面对众多考古遗址出土的大量陶片，以分析陶片上的残留物作为切入点，借鉴动植物遗存及相关人工遗物的研究结果，探讨古代居民的生计模式和社会发展状况等。

六、环境考古

环境考古研究的目的就是为了全面、具体地阐述和解释古代的自然环境和人类行为的相互作用。其研究主要包括两个部分：重建古代的自然环境；探讨古代的人地关系。其中，古环境的重建有赖于各种地貌、沉积现象以及环境代用指标的提取，这构成了环境考古研究的基本任务。而相关的古代人类行为不仅包括古代人类具体的生产和生活方式，更重要的还有他们对其所处的自然环境的认识。这些资料大部分可以通过田野考古调查和发掘以及多种自然科学方法的应用而获知，有些则需要包括环境考古在内的考古学研究做进一步的探讨[1]。

环境考古还存在一些需要解决的问题，主要有以下四个方面。

第一，具体遗址的环境考古研究是把握遗址内涵的关键要素之一。需要探讨一个具体遗址在特定时间段里的地势地貌、河流走向、水位高低、遗址周围是否有过包括自然灾害在内的环境变化、被当时人利用的以食物为主的自然资源的种类和数量比例、当时的人类活动是否对自然环境造成影响等等。在这样的研究基础上，才能科学

---

〔1〕　中国社会科学院考古研究所：《科技考古的方法与应用》，北京：文物出版社，2012年，第45～63页。

地认识当时的自然环境因素及其作用机制。

第二，认识河流地貌的演化过程在考古学研究中具有重要意义。河流地貌作为与人类活动关系最为密切的地貌类型之一，其在全新世期间的变化是非常明显和频繁的。河流的堆积、下切和摆动等过程都可能会对聚落和遗物等考古材料造成明显的影响。在研究聚落形态和遗物的分布中，对地貌过程影响的评估应该成为一项基本内容。另外，河流地貌的演化也深刻地影响着一个区域的土地资源状况及水土条件，而这些因素又与聚落选址、生业模式息息相关。因此，在探讨古代人地关系时，需要深入研究河流地貌的演化过程。

第三，强化对自然灾害的研究。近年来，人们开始关注史前自然灾害的研究，但主要集中在水灾和地震方面，对于旱灾、虫灾、瘟疫等其他自然灾害，由于难以发现地质记录，所以研究工作极少。对于史前灾害事件，目前主要还处于定性的描述阶段，缺乏定量的研究。尽管有部分学者开始进行古水文学方面的相关研究，试图对洪水事件进行定量描述，但还需进一步完善理论和方法。自然灾害对古代人类的影响是一个复杂的问题，它涉及自然灾害的性质、规模和成灾机制，还涉及人类社会自身的抗灾能力，今后还要重视这一方面的研究。

第四，完善环境考古的研究方法。需要对环境考古中应用的每一种方法从原理到应用范围进行检验和反思。第四纪地质学方法重建的古环境与探讨古代人类的生存环境具有较大的差异。应用第四纪地质学的方法最为优先考虑的是沉积物的时间分辨率以及其所包含的古环境信息的丰富程度，并不必然能够准确地揭示先民对其所处的自然环境的认识状况。充分考虑人地关系中的文化因素，有助于深入推进环境考古研究。

七、人骨考古

人骨考古的研究对象来源于考古发掘出土的人类化石或骨骼。通过测量学及非测量性状的研究、牙齿人类学研究、古病理、古DNA、碳氮稳定同位素、锶同位素等各种研究，全面探讨古代人群的各种状况。其内容包括：人群的种族形态、饮食、营养和健康、社会身份、风俗习惯和古人口统计学以及遗传学等方面[1]。

人骨考古当前需要思考的问题有四点。

第一，继续关注新石器时代至历史时期的人头骨特征研究。在继续完善和把握新

---

〔1〕　中国社会科学院考古研究所：《科技考古的方法与应用》，北京：文物出版社，2012年，第64～80页。

石器时代不同地区存在特有的人种类型的基础上，如何探讨具体的考古学文化及类型内部是否存在少数个体差异，如何进一步探讨夏商周三代及历史时期位于不同地区及遗址的人骨群体特征，认识人群交流、文化融合对原史时期和历史时期的人群体质特征的影响。从长时段的历史进程中把握不同地区、不同人群的体质特征及其变迁，是今后持续努力的一个方向。

第二，对肢骨的研究需要进一步深入。狩猎采集与农耕饲养这两种生业方式是不同的。其劳动的动作亦存在明显的差异，不同的人群在长时间里持续进行这样不同的劳作，会在肢骨上留下可以观察到的特征。换言之，如何依据肢骨上的特征推测当时的生业状况，也是需要认真探讨的问题。

第三，加强测量数据的统计学研究。在长期的人骨考古研究中，积累了极为丰富的测量数据，这些数据不但涉及到人骨的各个部位，更为重要的是反映了居住在不同地区的不同人群的体质形态特征，需要从统计学的角度进行探讨，更加准确地揭示研究对象的具体特征，进行创新性的研究。

第四，开展多角度的研究。除了对人骨进行体质特征的研究之外，应该考虑有计划地开展对于人骨的年代学研究、古DNA研究和同位素研究，尤其要注意把不同领域的研究聚焦到具体的个体上，全面汇集具有典型特征的单个个体的信息，结合新石器时代人种类型的分布和特征、原史时期和历史时期的人群体质特征，开展全方位的探讨。

八、动物考古

动物考古学的研究对象为分布在各个地区、各个时期的考古遗址中出土的贝类、鱼类、爬行类、鸟类和哺乳类等动物遗存，通过定性定量分析及古DNA、碳氮稳定同位素、锶同位素等各种研究，结合考古学的文化背景进行探讨，可以认识古代人类利用动物资源的行为，探讨家畜化的过程，研究动物在古代人类的物质文化和精神文化中的作用和地位[1]。

动物考古研究当前需要思考的问题有两点。

第一，全方位地开展研究。今后除了对动物遗存进行形态学的研究之外，还应该考虑有计划地开展对于动物遗存的年代学研究、古DNA分析和同位素分析，尤其要注意把不同的研究方法聚焦到某一具有典型意义的个体，汇集最有价值的信息，加强统

---

〔1〕　中国社会科学院考古研究所：《科技考古的方法与应用》，北京：文物出版社，2012年，第81～89页。

计学的研究，结合考古学背景，开展全方位的探讨。

第二，丰富研究实例和深化研究内涵。相比新石器时代各个考古学文化类型所属的多个遗址的人工遗迹和遗物的研究和归纳，动物考古学的研究实例数量不多，用少量遗址的动物考古学研究成果去概括数十个乃至于数量更多的遗址的某个考古学文化的获取肉食方式、家畜饲养状况及古人对动物的各种利用方式难免比较片面，从中难以客观地把握规律性的特征。今后要注意在考古发掘过程中大力推广和应用动物考古学的采样方法，开展全方位的研究，用新石器时代考古学区系类型的思路作为指导，在归纳众多考古遗址出土动物遗存的研究成果的基础上，把动物考古学研究推向深入。

九、植 物 考 古

植物考古学的研究对象包括大植物遗存（未炭化和炭化）、木材（未炭化和炭化）、孢粉、植硅体和淀粉粒。其研究目的是认识和了解古代人类与植物的相互关系，探讨各种栽培作物的起源和发展过程，复原古代人类生活方式和解释人类社会的发展过程[1]。

植物考古当前需要思考的问题有三点。

第一，进行互相印证。尝试着使用大植物遗存分析、植硅体分析和淀粉粒分析这样三种方法对同一遗址出土的植物遗存开展研究，对研究结果进行互相比较和印证，进一步提高认识古代农业及古人获取植物性食物方式的科学性和全面性。

第二，丰富研究实例。相比对于新石器时代各个考古学文化类型所属的多个遗址的人工遗迹和遗物的研究和归纳，植物考古学研究的实例为数不多，用屈指可数的遗址的植物考古学的研究成果去概括包括数十个乃至于数量更多的遗址的一个考古学文化的农业状况及获取植物性食物的方式往往是比较片面的，从中难以客观地把握规律性的特征。在今后的考古发掘过程中应努力推广和应用植物考古学研究的方法，以新石器时代考古学区系类型的思路作为指导，填补空白，深入研究。

第三，注意方法论的探讨。除现有的借助显微镜对大植物遗存进行观察和统计之外，还要考虑借助古DNA分析的方法对保存状态较好的大植物遗存进行测试，借助相关仪器对特定大植物遗存的属性进行检测，进一步提高植物考古学研究的科学性。

---

〔1〕　中国社会科学院考古研究所：《科技考古的方法与应用》，北京：文物出版社，2012年，第90～121页。

十、冶金考古

通过对青铜器、铁器、金银器和其他古代使用的金属及其制作技术进行多种测试分析和研究，把冶铸遗址、遗物的实地考察、现存传统工艺的调查与实习、文献资料的考订以及古代工艺的复原研究有机地结合在一起，不仅可以了解中国古代金属技术的发展历程，而且可以探讨有关不同地区的文化交流、技术传播以及社会发展的问题[1]。

基于国内矿冶遗址的庞大数量及出土众多相关文物的现实状况，当前的冶金考古需要在田野调查、发掘和采样及实验室内的多种测试和分析方面注意以下三点。

第一，进一步强调规范化。针对矿冶遗址调查中的采样、矿冶遗址发掘中的采样和对金属制品的采样中的问题，开展冶金遗存采样的规范化研究，并最终建立在田野调查和发掘过程中冶金考古和考古的联合研究机制。

第二，进一步深化研究。比如，迄今为止仅对一些重要的铜铁冶铸遗址进行了较为系统的研究，但金、银、锡、铅、锌和汞等有色金属冶炼遗址的研究仍处于起步阶段。目前对青铜器陶范铸造技术的研究无论在深度和广度上均有欠缺，尚需通过对不同地区青铜器的总体观察和陶范工艺的深入研究加以解决。现在对钢铁冶金技术的研究大多通过对钢铁文物的检测来进行，但诸如"铸铁脱碳钢""灌钢"和"炒钢"的判定标准仍不明确，需要结合冶铁遗址进行更深层次的调查研究。对宋代以后用煤炼铁引起的钢铁技术的变化以及钢铁技术对社会的影响的研究亟待加强。

第三，加强综合研究。以往的冶金考古以个案研究居多，并多从配合考古和历史研究的角度展开，研究人员偏重于提取金属器物和冶铸遗物的科技内涵，缺乏考古学研究的思考，今后需要认真考虑冶金考古在探讨冶金技术这个生产力要素的状况及其变迁，深究其形成的历史原因及在社会历史发展中的重要作用。

十一、陶瓷科技考古

陶瓷器科技考古主要是对古陶瓷进行系统的年代、组成、结构、物理性能、成型工艺和呈色机理等的测试分析，阐释古陶瓷产生与发展的技术支撑、资源条件以及工艺特征和发展脉络，阐明新石器时代陶器的发明和使用对人类生活产生的影响，瓷

---

〔1〕　中国社会科学院考古研究所：《科技考古的方法与应用》，北京：文物出版社，2012年，第172～194页。

器的发明与不断创新对社会进步所起的作用,再现古陶瓷蕴含的丰富的科技与人文信息,为传承、保护和利用古陶瓷蕴含的科技与人文资源奠定基础[1]。

当前,陶瓷科技考古有五点需要认真思考的问题。

第一,探讨陶器的起源及发展还需注重新技术和新方法的引入与适用性研究。对于早期陶器起源的时间、地点以及工艺特征等尚需进一步深入研究。另外,新石器时代陶器中夹砂、夹碳陶占有一定比重,如何通过制定相应的特殊样本处理方法和流程,以降低由于夹砂、夹碳陶器的严重非均匀性分布给分析数据的通用性所带来的不利影响,是必须解决的问题;再有,在进行陶器成分测试时,选择何种仪器以提高数据的可比性,关系到陶器的研究方向,需要慎重考虑。

第二,加强陶器比较研究的关键技术参数与表征指标的研究。在进行陶器比较研究时,需要获取样品的原料处理、烧制工艺、成型技法、关键物相组成、含量,胎体岩相、气孔尺寸大小与分布状态,以及烧成温度等信息的准确定量数据,需要重点解决如何设定标准,确定关键工艺技术参数,在此基础上比较陶器制作工艺的异同,这是科学地探讨不同文化的陶器制作技术与文化跨区域交流互动研究的基础。

第三,原始瓷、瓷釉和瓷器的起源问题。随着考古发掘不断深入,近年在上海马桥、山西襄汾陶寺、河南偃师二里头等重要遗址发现了白陶、原始瓷和釉陶等,为探索原始瓷和瓷釉的起源提供了重要资料。白陶有高岭土质、瓷石质和高镁质等,其是否与原始瓷起源有关,白陶工艺结合釉陶工艺是否对原始瓷制作起到推动作用,尚需要认真分析。另外,随着考古材料不断丰富,青瓷、白瓷和青花瓷等的起源问题亦需深入研究。

第四,加强陶瓷民族考古学和模拟实验研究。通过古陶瓷制作的民族学调查和模拟实验研究,可以深层次、全方位地理解古陶瓷制作原料的选取、加工,泥料的配置,陶瓷的成型、装饰和烧成工艺,制作陶瓷的生产组织和管理,成品的流通、使用和废弃等,进而更好的认识古代人类社会的文化与生活。陶瓷民族学研究已取得一定结果,而模拟实验研究在国内尚处于起步阶段,相关理论、实践与方法还在摸索之中,有待进一步的努力。

第五,陶瓷器工艺研究应回归社会、文化和历史。以往关于陶器的科技考古研究更多侧重于"技术"层面,对"社会"层面的剖析不够,对陶器的生产和消费等生产组织方面的研究尚需深入探索。以往关于瓷器的科技考古研究多注重从陶瓷材料学的角度揭示其科技价值,然而每种新瓷品的发明均应有一定的社会背景。比如,认识中国古代

---

[1] 中国社会科学院考古研究所:《科技考古的方法与应用》,北京:文物出版社,2012年,第160~171页。

社会几次大规模的人口迁徙对南北方制瓷业的影响，应用科技分析的结果对这些影响或变化进行阐释，深层次地揭示瓷器制作工艺与文化内涵的关系需要久久为功。

十二、玉石器科技考古

对石器的选材、制作、使用及功能的分析是考古学，尤其是史前考古学研究的重要课题之一。它能够为我们认识古代人类文化的各个层面，特别是生产技术领域的各个方面提供十分有价值的资料，并开展有针对性的比较研究，探讨与生产力相关的学术问题。对玉器材质的鉴定和制作工艺的探讨，从原料和工艺的角度开展研究，是认识当时生产状况的重要内容，最终目的是探讨社会性质问题[1]。

为了进一步做好玉石器科技考古，需要高度重视两点。

第一，科技考古研究强调将今论古，对于探讨玉石器的生产工艺问题，借鉴民族学的调查资料和开展实验考古都是十分必要的，这些实践的过程可以为认识古人的技术及生产行为提供重要的实证性启示。

第二，注重对生产关系的探讨。对于玉石器的研究不但要考虑玉石器生产本身的工艺特征，揭示古代文献中鲜有记载的制作工艺流程和技术进步过程，还要研究当时是如何组织生产玉石器的，与其相关的社会生产关系如何，进而探讨当时的政治、经济、贸易和宗教等深层次问题。

综上所述，今天，考古学已经逐渐成为一门以人文社会科学研究为目的、广泛采用自然科学等相关学科的研究方法和技术的学科。能否在考古学研究中更加广泛、更加有效地运用多种自然科学等相关学科的方法和技术，更加全面地获取各种资料和信息，进行全方位的研究，已经成为21世纪衡量一个国家考古学研究水平的极为重要的标尺。我们要清醒地认识到，科技考古涉及的各个领域在实施过程中，从思路、方法到实践，都有需要进一步完善之处，如何真正融入考古学研究之中，还大有文章可作。

我们要在今后的研究中，继续强化科技考古，认真践行科技考古，更加全面地深化中国考古学研究，努力在世界学术舞台上讲好中国考古学的故事。

（原载于《江汉考古》2018年第4期，第3～10页）

---

〔1〕　中国社会科学院考古研究所：《科技考古的方法与应用》，北京：文物出版社，2012年，第195～210页。

科技考古的思考和研究

2021年，我们隆重纪念了中国考古学诞生100周年。2022年，又迎来北京大学考古诞生100周年，这同样是一个值得隆重纪念的时刻。北京大学考古与中国考古学的发展基本同步，100年来，为中国考古学的发展做出了极为卓越的贡献。

我的研究与科技考古相关，我注意到早在1924年，北京大学的《研究所国学门考古学会开会记事》中就明确提出"用科学的方法调查、保存、研究中国过去人类之物质遗迹及遗物，一切人类之意识的制作物与无意识的遗迹、遗物以及人类间接所遗留之家畜或食用之动物之骸骨、排泄物……均在调查、保存、研究范围之内"，并主张"除考古学家外，应网罗地质学、人类学、金石学、文字学、美术史、宗教史、文明史、土俗学、动物学、化学……各项专门学者，与热心赞助本会会务者，协力合作"[1]。这些话语中用了两处省略号，包含了两个重要的启示，一是充分体现了北京大学的前辈学者的全局性认识，除了强调人工遗迹和遗物是考古学的研究对象之外，把古人遗留的家畜等动物遗骸也归入考古学的研究对象，这里使用省略号的意思是还可以包括更多的研究对象。二是充分体现了北京大学的前辈学者的高瞻远瞩，在罗列的学科中，除考古学之外，还包括自然科学相关学科、人文学科和社会科学相关学科，在具体的学科后面同样使用了省略号，意思是还可以包括更多的学科。仅从这两方面看，这篇可以称之为最早的中国考古学宣言，其立意之高远、认识之深刻、考虑之周全、格局之宏大，到今天仍然给我们以重要的启示。100年过去，中国考古学发生了巨大的变化，除了众多新发现、新认识之外，科技手段已经成为考古学研究必不可少的方法，科技考古也成了考古学的六个二级学科之一。本文拟围绕科技考古的理论总结、科技考古的实例和中国科技考古发展的展望进行论述。

一、科技考古的理论总结

1954年，克里斯托弗·霍克斯（Christopher Hawkes）就指出，用考古材料解释人

---

[1] 《研究所国学门考古学会开会记事》，《北京大学日刊》1924年6月12日第3版。

类行为存在一个递增的难度等级。技术是最容易的领域，而经济、社会和政治结构，乃至于意识形态则表现出急遽上升的难度。这个说法后来被简称为"霍克斯难度等级"〔1〕。在霍克斯所处的时代，除了类型学和地层学以外，还没有多少利用其他学科的方法对考古资料进行研究的成功的实例。在考古学研究中，如果实物证据太少，单单依靠各种推测而得出的结论，往往难以得到普遍的认同。因此，要深化考古学研究，必须开辟采集各类信息的新方法，从多个角度进行各种探讨，强调多重证据。这样，在认识古代社会的过程中，除了依据人工遗迹和遗物的物质形状特征，确定一个遗址、一个类型、一个文化在时空框架里的位置及探讨其他问题以外，考古学界广大研究人员十分关注从科技考古的角度如何获取发掘出土的各种信息，如何对各种信息进行分析和研究，提出类型学、地层学等研究以外的多种实证性认识。科技考古的使命是建立在可行性和必要性的基础之上的。

论及在考古学中应用科技考古的可行性，首先要提到的是科技考古秉承"将今论古"的理论。这个理论最早出自英国地质学家查理斯·莱伊尔（Charles Lyell）于19世纪提出的"均变论"。他认为"地球的变化是古今一致的，地球过去的变化只能通过现今的侵蚀、沉积、火山作用等物理和化学作用来认识。现在是认识过去的钥匙。"〔2〕这个理论的核心是认为自然界的物质形态、结构、性质和运动规律从古至今都是相同的，这是将今论古的科学性之所在。

考古学的研究对象是古代的物质遗存。这种物质性特征是我们能够在考古学中应用科技考古的主要因素。科技考古涉及的自然科学等相关学科大致包括物理学、化学、生物学、地球科学、统计学、农学、医学等。这些学科分别探讨特定物质和生物的形态、结构、性质、运动规律及空间形式和数量关系，他们具备系统、严谨的科学原理及丰富的研究结果。这些原理和成果充分证明了他们各自的科学性。现在我们将这些学科的方法和技术与考古学有机结合，运用物理学和化学的方法探讨遗物的年代、结构和成分，借鉴生物学、农学和医学的方法全面研究古代的人、动物和植物，通过地球科学的方法探讨当时的自然环境，借助统计学的方法对各种资料和测试、鉴定结果进行统计分析。需要强调的是我们对各种研究的设计及结果都要从考古学的角度进行思考，保证科技考古对各种古代遗迹和遗物进行研究时，实现方法上的科学性、思路上的逻辑性、应用上的可行性，最终确保结论的可靠性。

〔1〕 Hawkes C. 1954. Archaeological Theory and Method: Some Suggestions from the Old World. *American Anthropologist*, 56(2): 155-168.

〔2〕 〔英〕C. 莱伊尔著，徐韦曼译：《地质学原理（第一册）》，北京：科学出版社，1959年，第143~152页。

科技考古各个领域的研究和物理学、化学、生物学、地球科学、统计学、农学、医学等自然科学相关学科的研究主要有四点共性。一是使用同样的仪器设备；二是依据同样的分析原理；三是运用同样的技术手段；四是对由同样的物质形状、结构和成分组成的对象进行分析。它们之间主要有三点区别。一是分析的材料存在时间上的差异性，前者的材料肯定属于古代，后者的材料则包括现代和古代；二是对研究结果解释方法上的不同，前者要考虑研究对象的考古背景，关注古人活动造成的影响，后者基本上是就事论事。三是研究目的的不同，前者主要考虑如何解释古代人类的行为，探讨当时的历史，属于人文学科的范畴，后者则是认识物质的形态、结构、性质和运动规律，完全属于自然科学。由于整个操作过程完全相同，仅仅是在研究对象所属的时间、对研究结果解释的侧重点和研究的最终目的上有差异，所以我们可以肯定，只要真正做到考古学与自然科学等相关学科的有机结合，在考古学中开展科技考古研究是切实可行的。

最近，有的学者对科技考古中应用以"均变论"为基础的"将今论古"提出疑义，认为"对于研究文化属性的人，包括研究其文化演变史的历史学来说，'均变论'假说就未必适用了"[1]。对于"均变论"不适合指导研究文化属性的人这个说法我完全赞同，我们也从来没有说过要以"均变论"为指导研究文化属性的人。我们强调"将今论古"，突出的是自然界的物质形态、结构、性质和运动规律从古至今都是相同的，所以我们在研究中可以使用同样的仪器设备、依据同样的分析原理、运用同样的技术手段以及对由同样的物质形状、结构和成分组成的考古遗迹和遗物进行分析。在说明研究对象是什么的探讨中，我们依据"将今论古"的原则开展研究，取得了众多优秀的结果。而在探讨为什么的时候，我们始终强调要以考古学的研究思路为指导，充分考虑研究对象的出土背景，实事求是地开展研究。从总体上看，在科技考古各个领域的研究中，秉承"将今论古"的原则，突出的是方法论上的科学性和可行性，那种用今人的思考和行为生搬硬套地解释考古现象的做法，在以往的科技考古研究中不能说绝对没有，但肯定是极为少见的，是错误的，丝毫没有影响到科技考古的主流研究。今后，我们还需要更加客观地、全面地、科学地、准确地认识"将今论古"在科技考古中的指导作用。

关于在考古学中应用科技考古的必要性，我们认为，考古学发展到今天，其研究的内容已经由原来通过发掘出土的人工遗迹、遗物的形状确定一个遗址、一个类型或一个文化的年代早晚、文化特征，建立完整的古代物质文化谱系，逐步扩大到全面探

〔1〕　徐良高：《也谈自然科学、现代科技手段与考古学的关系》，见中国社会科学院考古研究所
　　　　科技考古中心编：《科技考古》（第六辑），北京：科学出版社，2021年，第223～236页。

讨古代社会的各个领域。任何一个区域、任何一个遗址的考古学调查和发掘，都是为了全面或部分地展现在一个特定时间跨度和空间范围内的自然环境状况，人的体质特征、古人的生存活动、生活方式、制作工艺、社会组织、礼仪制度、丧葬习俗、祭祀特征、文化交流等各个方面。考古学研究内容的巨大变化要求我们全面强化科技考古在考古学中的应用。

当年通过对人工遗迹和遗物形状的研究可以形象地再现其当时的原貌，从时空框架上把握考古学文化的位置。现在通过考古勘探、年代测定、环境考古、人骨考古、动物考古、植物考古、食性分析、古DNA分析、残留物分析、物质成分和结构分析等科技考古研究则可以科学地再现考古学文化的绝对年代，当时的自然环境状况、演变及古人与之相适应的互动关系，居住在不同地区的人群的体质特征和风俗习惯，包括动植物在内的各个时期古人的食物种类、数量，利用采集、狩猎、种植和家养等一系列获取食物资源方式的演变过程及原因，当时人进行随葬和祭祀活动时使用各种动植物的种类、数量和不同时期的特征及形成原因，古人制作各种器物的方法、原料、发展过程及对社会发展进程的影响，与礼制的构建相关的内容，涉及劳役、战争等方面的作用，文化与文化之间一些特殊因素的交流等等。同时，还能进一步提高考古调查、发掘和研究的科学性。

概括起来说，在考古学中应用科技考古主要在两个方面发挥出巨大的作用。一个方面是对遗迹和遗物进行采样、鉴定、测试和分析，开辟了以往的考古学所不能涉及、但又必须涉及的多个研究领域。另一个方面是确认遗迹的位置、面积、布局，对各类考古资料进行定量统计和分析，极大地提高了考古学研究的科学性和精确度。在这样的基础上形成的考古学综合研究成果才能真正符合21世纪考古学发展的要求，真正如夏鼐等所言，考古学是历史科学的重要组成部分[1]。

这里可以完整地概括科技考古的内涵及科技考古的五个特征。科技考古的内涵是以考古学的研究目标为指引，聚焦考古学研究的问题，应用自然科学等相关学科的方法和技术，对考古遗址进行勘探，对遗址所在区域进行调查和取样，对出土的多种遗迹和遗物进行观察、鉴定和测试，对各类与考古研究相关的资料进行定性分析和定量统计，以获取更加丰富、更加全面的古代人类活动的信息，在考古学研究思路的指导下，经过归纳、分析和探讨，从整体上拓展考古学研究的领域，深化考古学研究的内容，提高考古学研究的科学性，体现考古学研究的价值。

---

〔1〕　夏鼐、王仲殊：《考古学》，见中国大百科全书总编辑委员会《考古学》编辑委员会、中国大百科全书出版社编辑部编：《中国大百科全书·考古学》，北京：中国大百科全书出版社，1986年，第1页。

科技考古的五个特征如下：其一，从多个特定的角度对具体遗迹和遗物进行探讨，开拓以往的考古学研究中无法涉猎的多个领域，具有创新性。其二，秉承"将今论古"的原则，各个研究领域的方法都是在自然科学等相关学科的技术和方法的基础上建立的，具有可行性。其三，研究对象均出自考古发掘或与考古发掘相关，同时又分别具有物理学、化学、生物学、地球科学、农学、医学等学科的属性，具有多重性。其四，各个研究领域的鉴定、测试结果都可以进行重复验证，具有科学性。其五，各个研究领域的研究标准和研究结果分别适用于全国各个地区乃至于整个世界的考古遗址出土的同类遗迹和遗物的比较研究，具有普遍性。这五个特征概念清晰、范围明确、逻辑严谨、结论科学。

综上所述，在考古学研究中进一步强调科技考古是时代向考古学提出的要求，也是考古学本身发展的必由之路。经过多年的努力，在考古学中开展科技考古研究，经历了一个由逐步应用到全面推广的过程，这个过程正在给考古学研究带来一场革命性的变化。其深远意义和学术价值将在今后考古学研究的发展进程中不断体现出来。

二、科技考古的实例——以河南省洛阳市偃师区二里头遗址为例

多年来，出版的属于科技考古的各类专著有数十本，发表的研究论文和研究报告有数千篇，科技考古各个领域的研究成果引人注目，蔚为大观。这里仅以我们取得的河南洛阳偃师二里头遗址的科技考古研究成果为例，阐述科技考古在考古学研究中发挥的重要作用。

学术界一般认为二里头遗址是夏王朝晚期的都邑。1959年以来，历经半个多世纪的田野考古发掘与研究工作，充分揭示出了二里头遗址宫室、城墙与道路系统为代表的聚落形态，青铜器、陶器、玉器、绿松石器等遗物表现出的文化面貌，墓葬、祭祀坑、卜骨等所展示的宗教观念等。自"夏商周断代工程"开始，就聚焦二里头遗址的绝对年代开展研究，后来的"中华文明探源工程"各个阶段的研究，也一直把二里头遗址作为重点。碳十四测年、环境考古、人骨考古、动植物考古、同位素分析、古DNA研究、冶金考古、陶器科技考古、玉石器科技考古等科技考古诸多领域都介入到二里头遗址的研究之中，二里头遗址是公认的迄今为止中国考古学学科范畴内科技考古各个领域的研究介入最多的一个遗址。这样全方位的研究，极大地拓展了学术界对于二里头遗址的绝对年代、周围资源与自然环境、人群构成、生业经济、手工业技术、文化交流等诸多方面的认识。这里对已经取得的成果进行概述。

二里头遗址的绝对年代范围大致为公元前1750～前1520年。其中，二里头文化一期的年代约为公元前1750～前1680年，二期的年代约为公元前1680～前1610年，三期

的年代约为公元前1610~前1560年，四期的年代约为公元前1560~前1520年[1]。

　　环境考古的研究结果证实，二里头遗址所在的伊洛河流域多次发生洪水，其中公元前2000年左右的洪水事件属于特大洪水。洪水过后，这里出现了广阔平坦的泛滥平原，平原上由洪水形成的冲积土，土质肥沃，有利于农业的发展。泛滥平原上多为积水的洼地，有利于稻作。洪水还促成了古洛河的决口和改道，从而导致洛河在二里头以西流入伊河，并造成二里头北侧的洛河断流，成为废弃河道，这个地区一改先前两河相夹、地域狭小的封闭状况，在二里头遗址以北形成一个统一的冲积平原。二里头遗址正好位于冲积平原最南端的一个高地，伊洛河水从高地南侧流过，从高地一直向北，则是连绵起伏的邙山，这种从宏观上呈现出来的依山傍水的地势，大有王者之气，是王朝建都的首选之地。二里头遗址当时的气候比较温暖湿润，遗址附近分布有以栎树为优势种的落叶阔叶栎林，有少量的针叶树侧柏和圆柏等。野生动物群包括贝类、鱼类、爬行类、鸟类和哺乳类等。这些自然植被及野生动物，为当时人的生活提供了丰富的野生动植物资源[2]。

　　人骨考古方面，二里头遗址曾经发掘了400多座墓葬，但是由于保存状况不佳、早年的发掘和采集工作尚有一定的局限等原因，经过系统研究的人骨仅有76个个体，基本出自小型墓。男女性别比例为0.52∶1，呈男性明显少于女性的特征，这种状况属于极少出现的现象。新石器时代墓地的研究结果往往是男多女少，比例为1.5∶1左右。二里头遗址人骨研究显示，当时男性平均年龄约为28岁，女性约为30岁，整体表现为年龄相当年轻。这也是一种少见的现象，新石器时代的墓地中男性平均年龄是35~38岁，女性比男性略小1~2岁。二里头遗址居民头骨表现出的体质特征以"古中原类型"为主，头骨的形态介于现代蒙古人种的东亚类型和南亚类型之间[3]。河南地区的仰韶文化、王湾三期文化的居民以及殷墟中小型墓中出土的个体也都是以"古中原类型"占主体。对22个个体的人骨样品进行了碳氮稳定同位素分析，有20个样品明显地是以C_4类植物为主食，即以吃小米为主，有2个个体的食物明显与主体人群不同，其中一个以吃水稻为主，另一个则可能曾主要以海洋性食物为食。这2个个体是从外地迁入的可能性较大。对18个二里头时期的人骨个体进行了锶同位素分析，其中本地个体为

〔1〕　仇士华：《¹⁴C测年与中国考古年代学研究》，北京：中国社会科学出版社，2015年，第101页。

〔2〕　夏正楷、王辉、宋豫秦、王树芝、袁靖、李志鹏、杨杰：《自然环境》，见中国社会科学院考古研究所编著，许宏、袁靖主编：《二里头考古六十年》，北京：中国社会科学出版社，2019年，第26~51页。

〔3〕　王明辉：《性别年龄鉴定》《形态学研究》，见中国社会科学院考古研究所编著，许宏、袁靖主编：《二里头考古六十年》，北京：中国社会科学出版社，2019年，第243~248页。

11个，其余7个为外来个体，外来人口比例高达39%左右[1]。这也从一个侧面反映出二里头作为都邑性城市，曾经汇聚了来自各地的人群。通过线粒体DNA分析，有28个个体分别属于7个单倍群，呈现出母系来源多样的特点[2]。复旦大学科技考古研究院的DNA研究团队曾经对属于仰韶中期庙底沟文化的陕西西安杨官寨遗址墓地出土的85例人骨进行古DNA分析，发现其中母系来源的多样性极高，父系遗传结构稳定，当时社会是以父系亲缘关系为纽带，距今5000多年的杨官寨遗址已出现男性为主导的社会组织关系[3]。二里头遗址古人的线粒体DNA研究结果与杨官寨遗址的结果十分相似，这虽然不能作为二里头遗址是男性为主导的社会组织关系的直接证据，但是至少给我们一个重要的启示。

植物考古方面，二里头遗址的农作物种类包括粟、水稻、黍、小麦和大豆，其中以粟和水稻为主，稻谷遗存的出土数量相当多，其出土概率也相当高，与粟的出土概率不相上下。这反映出两种可能性，一种可能是在二里头遗址周边曾经大规模种植水稻。另一种可能是反映了特殊的社会现象，即这些稻谷是从其他种植水稻的地区调入，供贵族食用的，因为植物考古浮选样品的采样区主要是在贵族居住区。研究者认为，既然二里头遗址是一座具有一定规模的都城遗址，考虑到当时的农业生产力水平，要想保证人口相对集中、消费水平相对较高的古代都城的粮食需求，仅依靠都城周边地区即后代所称京畿地区的农业生产是远远不够的，还必须从远距离的臣属地广泛征集谷物，即《尚书·禹贡》所记载的土贡制度。如是，二里头遗址浮选出土的农作物所反映的就不完全是当地的农业生产状况，而应该是二里头都城遗址当时居民的粮食消费情况[4]。当时如果已经存在土贡制度，是开历史时期土贡制度的先河，意义非同一般，在二里头遗址今后的研究中必须给予重点关注，探求真相。

动物考古方面，在二里头遗址中可以确认的家养动物有狗、猪、羊（包括山羊和绵羊）和普通牛。家养动物在全部动物中一直都占有相当高的比例，野生动物始终没有超过25%。羊和普通牛的数量自二里头文化一期至四期有逐渐增多的趋势，家猪的比例相应地逐渐减少，而狗的比例基本上没有变化。普通牛、绵羊和山羊等食草性牺

〔1〕　张雪莲、赵春燕：《食性研究》，见中国社会科学院考古研究所编著，许宏、袁靖主编：《二里头考古六十年》，北京：中国社会科学出版社，2019年，第253~258页。
〔2〕　赵欣：《古DNA分析》，见中国社会科学院考古研究所编著，许宏、袁靖主编：《二里头考古六十年》，北京：中国社会科学出版社，2019年，第258~261页。
〔3〕　复旦大学科技考古研究院：《而今迈步从头越》，《中国文物报》2018年1月11日第6版。
〔4〕　赵志军、刘昶、王树芝：《植物资源的获取与利用》，见中国社会科学院考古研究所编著，许宏、袁靖主编：《二里头考古六十年》，北京：中国社会科学出版社，2019年，第208~225页。

畜的数量在家畜中所占的比例逐步增加，表示当时的居民逐步以食草性动物来开发草本植物这种新的生计资源，推动了当时家畜饲养业规模的扩大与多畜种的家畜饲养方式的发展。在宫城里发现猪牲，与统治者的祭祀行为相关。通过线粒体DNA分析，普通牛中谱系T3占统治地位，绵羊则为谱系A，这些谱系最早都起源于西亚地区，由此证明，中原地区饲养的普通牛和绵羊均不是本土起源的物种，而是中外文化交流的结果。食性分析证实，猪、狗和普通牛总体上都表现出以C_4类植物为主的食谱类型，反映了粟作农业对这三种家畜饮食的影响，它们应以人工喂养为主。绵羊的食物以C_3类植物为主，C_4类植物为辅，表明绵羊的饲养方式主要为野外放养。锶同位素研究发现普通牛和绵羊中都有少量外地输入的个体。除把家养动物作为肉食资源之外，当时已经出现剪羊毛的行为[1]。尽管在二里头遗址尚未见用普通牛祭祀的遗迹，但是以龙山时期的山台寺遗址和平粮台遗址发现祭祀用牛为例，结合甲骨文和《诗经》中的相关记载，证明普通牛是王或领导阶层祭祀祖先或神灵的重要动物。《史记》有两条非常重要的记载，"尧乃赐舜絺衣，与琴，为筑仓廪，予牛羊"和"（舜）归，至于祖祢庙，用特牛礼"。这两条记载显示了五帝时期（可能为距今4500～4000年），在中国北方地区，部落联盟的领导者从其上级那里接受了牛和羊等重要财富，并将牛作为牺牲奉献给祖先的历史。领导者用这种方式巩固其在部落联盟中的地位。在二里头时期，普通牛在精神领域里是否也发挥了重要的作用，还有待于今后的考古发现和研究。

冶金考古方面，对豫西晋南地区采矿和冶炼遗址的研究证实，在这个地区采矿在山上，冶炼靠近河流，二里头遗址只进行铜器铸造活动，铜、锡、铅等合金元素具有各自单独的供应源，当时已经形成长距离的由采矿、冶炼和铸造分别构成的完整的铜器制造产业链，这也从一个方面显示出当时政权的强大控制能力。从二里头文化一期到四期，铜器中纯铜所占的比例不断减少，青铜的比例不断增加，铜器材质与器类有一定的对应关系，比如红铜制作的器物以生产和生活工具类居多，而青铜合金制品包括工具类、武器类以及礼器等[2]。二里头遗址的先民在新石器时代晚期就已经具备的

〔1〕　a. 袁靖、李志鹏、杨杰：《动物资源的获取与利用》，见中国社会科学院考古研究所编著，许宏、袁靖主编：《二里头考古六十年》，北京：中国社会科学出版社，2019年，第225～242页。

　　　b. 李志鹏、赵海涛、许宏：《河南偃师市二里头遗址宫殿区1号巨型坑出土猪牲的鉴定与初步分析》，《考古》2015年第12期，第35～37页。

〔2〕　a. 刘煜、陈建立、梁宏刚、孙淑云：《铜器制作技术》，见中国社会科学院考古研究所编著：《二里头：1999～2006》，北京：文物出版社，2014年，第1500～1543页。

　　　b. 陈国梁、刘煜：《铜器》，见中国社会科学院考古研究所编著，许宏、袁靖主编：《二里头考古六十年》，北京：中国社会科学出版社，2019年，第140～155页。

控制高温和制模翻范技术的基础上，迅速地吸收、消化并改进提高了传入的青铜冶铸技术，创造了辉煌的青铜器陶范铸造技术[1]。青铜礼容器和组合范铸技术在二里头遗址的出现，构成了中原地区冶金术划时代发展的核心内容，也使中原地区成为当时中国的冶金技术中心[2]。铸造青铜器是当时一门可以称之为高科技的产业，由二里头遗址的统治者所控制。

陶器科技考古方面，二里头文化一至四期的陶器制作技术总体变化不大，羼合料均为岩石矿物。成型方法以泥条盘筑为主，模制为辅。主要以还原气氛烧制陶器。从微量元素、痕量元素的组成上看，日常用陶器和个别属于一期至二期早段的陶礼器属于一组，二期至四期的陶礼器及原始瓷器属于另一组，还有一件属于四期的陶礼器单独成组，显示出胎土来源的不同。二里头遗址宫城区出土的陶器在原料精细程度、制作技术指标、标准化程度等方面都要高于贵族居住区和一般居住区，宫城内分布的陶器以宴飨类器具为主。二里头遗址可能存在多个有各自较为固定的制陶原料来源的制陶作坊。二里头遗址的陶礼器生产可能是在王权或贵族的控制下，由专门的陶工进行的，当时的制陶业中存在专门为王族和贵族服务的技术人员。二里头遗址出土的白陶不是在当地生产的，而具有岳石文化风格的器物则是在当地制作的。二里头遗址大部分原始瓷和印纹硬陶可能与二里头遗址与南方地区的考古学文化存在交流相关[3]。

玉器科技考古方面，二里头文化中的玉器以闪石玉为主，其制作工艺是以片切割技术生产毛坯，然后采用了琢制、锯切割、管钻穿孔和研磨抛光等技术。完全使用片切割技术生产毛坯，没有发现任何线切割痕迹，这是二里头遗址玉器制作工艺的一个特色。成熟的大型开片技术代表玉器切割技术的根本性变革，可以制作为彰显王权和军威的大型玉礼器和玉兵器，可见生产工艺提高了一个层次。二里头遗址发现了用绿松石嵌片制作的牌饰。绿松石嵌片毛坯的制作使用了打制、研磨和锯片切割技术，嵌片的长宽仅有几毫米，厚度仅有1～2毫米。管珠毛坯的制作可能使用了打制、锯片切割、研磨和实心钻孔等技术。二里头遗址的绿松石制作工艺相当精湛，当时应该存在由统治者控制的专门化的制作机构。二里头遗址出土的绿松石可能来自鄂豫陕绿松石矿的北矿带，显示出当时从国家层面对绿松石来源的控制[4]。

石器科技考古方面，被二里头遗址居民利用的石料种类达32种，几乎所有的石料

〔1〕　陈建立：《中国古代金属冶铸文明新探》，北京：科学出版社，2014年，第477页。
〔2〕　梅建军：《冶金术研究》，《中国文物报》2009年8月21日第6版。
〔3〕　赵海涛、彭小军：《陶器》，见中国社会科学院考古研究所编著，许宏、袁靖主编：《二里头考古六十年》，北京：中国社会科学出版社，2019年，第131～140页。
〔4〕　邓聪、郝炎峰、叶晓红：《玉器》，见中国社会科学院考古研究所编著，许宏、袁靖主编：《二里头考古六十年》，北京：中国社会科学出版社，2019年，第155～186页。

类型都可在伊洛河两侧露出的地层及岩体中找到。当时对于石料的开发是有选择的，主要集中于几种石材，以砂岩为最多，安山岩次之。这一现象反映了二里头遗址的居民对石料特性已经有了比较清楚的认识，并能够加以充分利用。他们充分结合石材特性和石器功能，一种石料往往用于制作一种或者几种主要的石器工具。石器中以收割工具数量较多。当时的石器制作技术比较成熟，以磨制为主。石刀、石铲和石斧等器类的专业化程度较高，石镰和石钺次之[1]。

动物考古还发现，二里头遗址的居民以普通牛的骨骼作为骨器加工最主要的骨料，在加工骨角器时的切割痕迹具有明显的分布规律，由此可以推测当时加工骨、角和蚌器的技术已经比较成熟。当时已经普遍使用具有一定流程的切割法，可以保证按照取料人的意图截取骨角料，而且可以有效地利用原料。二里头文化时期的卜骨，无论原料的选取，还是加工制造的方法，与中原龙山时期的卜骨都是一脉相承的，但同时也有自己的创新之处。比如，在卜骨原料的选取上，二里头文化时期除牛、羊和猪三种动物的肩胛骨外，还发现有鹿科动物的肩胛骨[2]。

综上所述，二里头遗址的绝对年代大致为公元前1750～前1520年。当时的气候温暖湿润，二里头遗址的居民在土质肥沃、距离邙山不远的伊洛河二级阶地上建立居住地。当时人的主体为"古中原类型"，他们的健康状况较好。持续发展的多品种的农业生产能够为社会的稳定发展提供粮食保障，多品种的家畜饲养也保证了肉食来源，可持续发展的农业是社会发展的最为重要的经济基础；当时可能已经存在土贡制度。另外，有的家畜还成为统治阶层巩固礼制的牺牲。金属资源的开采、冶炼及长距离的调控方式已经形成，创立青铜器组合范铸技术，金属器制作工艺开始成熟，属于王专门掌控的生产部门。陶器制作的规模化生产进一步稳定，出现专门用于礼仪或王及贵族专用的陶器生产部门。制作玉器的技术更加专业化，可以进行规模化生产，其产品是为贵族专用的。当时已经能够做到依据石器的功能特征选择合适的石材制作石器。制作骨角器的技术具备规范化的特征。手工业生产部门的专业化、规模化和规范化不仅可以极大地提高统治阶层及居民的物质生活水平，青铜器、陶礼器和玉石礼器还成为礼仪和等级制度的重要象征物品，这些生产部门的组织架构和运行能力在完善上层

〔1〕　钱益汇：《石器》，见中国社会科学院考古研究所编著，许宏、袁靖主编：《二里头考古六十年》，北京：中国社会科学出版社，2019年，第186～205页。

〔2〕　a. 陈国梁、李志鹏、袁靖：《骨、角、蚌、牙、贝、螺质遗物》，见中国社会科学院考古研究所编著，许宏、袁靖主编：《二里头考古六十年》，北京：中国社会科学出版社，2019年，第206～208页。

　　　b. 陈国梁、李志鹏：《骨、角、蚌、牙、贝、螺质遗物》，见中国社会科学院考古研究所编著：《二里头：1999～2006》，北京：文物出版社，2014年，第136～148页。

建筑的统治中发挥了特殊的作用。

二里头遗址的科技考古研究充实了我们对于二里头这一广域王权国家的认识，实证了二里头文化高度发达的经济状况、控制网络和统治文明。二里头遗址的科技考古工作模式为科技考古全方位介入考古遗址的发掘与综合研究提供了一个精彩的案例，值得在全国范围内推广。

三、中国科技考古发展的展望

经过科技考古研究人员的不懈努力，我们取得了众多出色的科研成果。但是，要真正在建立中国特色、中国风格、中国气派的考古学中充分发挥科技考古的作用，我们还有许多工作要做。这里提出今后需要注意的八个方面。

（一）科技考古要融入考古学研究之中

我们要进一步强化科技考古与考古学的融合。考古学的研究目的是探讨古代文化和人类社会的发展过程及规律，科技考古在拓宽考古学的研究领域和深化考古学的研究内容方面可以发挥重要的作用。考古研究人员与科技考古研究人员要以此为前提，不断充实和完善自己的研究思路和知识结构。在实践过程中，考古研究人员和科技考古研究人员要共同聚焦考古问题，树立课题意识，深入开展研究。经过多年的探讨，我们对于考古学文化的绝对年代、自然环境状况、不同时空范围内古人的体质特征、生业状况及手工业状况形成了总体性认识。在对具体遗址开展包括科技考古在内的发掘和研究时，首先要全局在胸，从已有的认识出发，提出科学问题，做好课题设计，在实践中形成和完善自己的认识。反之，如果在发掘工作开始前，考古研究人员和科技考古研究人员没有具体的问题意识，从空白开始，没有制定切实可行的技术路线，依靠摸索前行，最终可能仍然会陷入所谓"两张皮"的尴尬。

（二）用区系类型的思路指导科技考古研究

因为我们从事的每一项科技考古领域的研究，首先都是针对具体遗址出土的遗迹、遗物开展基础工作。我们的第一步认识都是通过研究特定遗址的具体对象提出自己的看法。以区系类型的思路为指导，可以帮助我们把自己对特定遗址的科技考古某一领域的具体看法，放到这个遗址所属的由多个遗址组成的一个考古学文化的层面上去认识。如果属于同一个文化的其他多个遗址已经开展了科技考古相关领域的研究，那么我们要把自己的新认识和从其他多个遗址里已经得出的认识进行比较，把握它们的同一性和差异性，以求更加客观、更加全面地归纳自己的研究成果。而如果其他遗址还没有做这方面的研究，或者做的遗址数量还不多，我们则要努力去加强这方面的研究。在系统总结一个考古学文化科技考古某一领域研究的基础上，还要开展不同时期、不同地区的文化与文化之间在这个方面的比较研究，从中归纳它们之间是否存在连续性、关联性、变异性、差异性等，以求在全国范围内全面认识科技考古某个研究领域的研究结果。如果其他考古学文化还没有做这方面的研究，或者做的力度和深度还不够，我们则要努力去开展这方面的研究。

（三）进一步调整思路和完善方法论

调整思路和完善方法论是每一个科技考古研究领域都必须认真思考和实践的问题。比如，遥感考古和物探考古要逐步建立适合不同地区、不同堆积状况的遗迹和遗物的探测方法。随着系列样品测年技术的逐步推广，炭化的一年生小米种子、年龄为一岁左右的家猪骨骼都是理想的测年对象，有助于进一步提高碳十四测年数据的精确度。环境考古要注重围绕考古遗址当时及遗址废弃之后的河道或湖泊状况开展有针对性的研究，这是探讨古代人地关系的重要内容。人骨考古和动物考古在做好形态学及定性定量研究的同时，要积极开展同位素分析和古DNA分析，做到全方位地提取个体的信息，开展系统的科学研究。植物考古要注重对同一遗址分别开展大植物遗存、植硅体和淀粉粒的研究，要注重比对这些不同研究方法得出的结论的同一性和差异性，真正凝练反映当时实际状况的认识。通过对人骨和动物的骨骼进行氢、氧稳定同位素的研究，认识气候状况及人和动物的个体迁徙；利用序列稳定同位素分析的技术，对人和动物的牙齿、骨骼进行取样、测试和分析，探讨古人在不同时期的食物特征及特定动物食物结构的季节性变化等都是同位素分析中新的研究方向。在有机残留物分析中，对陶片吸附的脂质研究需要加快推进；对相关遗存的蛋白质组学研究的深度和广度有待提高。人工制品科技考古要注重探讨各类制品的制作工艺流程和技术进步过程，认识生产力的发展在社会发展中的作用。

（四）加大古DNA研究的力度

这是一个我们在当前和今后数年内要努力开拓和不断完善的研究领域，所以在这里单独列出来强调。自21世纪以来，对于人骨和动物遗存的古DNA研究给我们带来了全新的认识。这些认识一反过去依据人工遗迹、遗物的形状及动物骨骼的出土状况推测社会结构、文化交流的模式，直接依据古DNA的研究结果，重现当时的社会结构和历史真相。当前，随着DNA高通量测序技术和全基因组分析手段的建立和推广，我们对于古代人类和动物的认识会更为全面、对于谱系的掌握会更加系统、对于个体的把握会更为精准，而新的认识对于探讨众多考古学文化类型发展演变的实质、把握古代人群之间交流的脉络、研究亲缘关系、界定社会形态、分析各种家养动物的驯化过程，意义重大。对考古遗址出土的人骨和动物骨骼开展全方位的古DNA研究，必定会给中国考古学研究带来一个全新的观察视角，其作用可能会与当年碳十四测定年代给考古学带来的革命性变化相媲美。

（五）开展全方位的科技考古研究

现在，任何一个区域、任何一个遗址的考古学调查和发掘，都是为了全面或部分地展现在一个特定时间跨度和空间范围内的历史，诸如自然环境状况，人类社会的生存活动、生活方式、制作工艺、社会组织、礼仪制度、丧葬习俗、祭祀特征、文化交流等多个方面。科技考古研究可以科学地再现遗址的绝对年代，当时的自然环境状况及古人与之相适应的互动关系，人群的体质特征和风俗习惯，包括动植物在内的古人的食物种类、数量，采集、狩猎、种植和家养等一系列获取食物资源的方式，当时人进行随葬和祭祀活动时使用各种动植物的种类和数量，古人制作各种器物的方法和原料，文化与文化之间一些特殊因素的交流等等。这些，都是探讨一个遗址蕴含的历史中不可或缺的重要内容，对于全面深化考古学研究、丰富考古学文化的内容而言，意义重大。总之，对于每个遗址的考古发掘和研究，都必须全方位地应用科技考古，这样才有可能获取系统的认识。要真正做好遗址与遗址、类型与类型、文化与文化之间的比较研究，也必须建立在这样全方位探讨的基础之上。

（六）进一步强调科技考古的学科规范

学科规范主要指规范化和加强计量统计。规范化的具体工作之一就是建立科技考古各个领域的标本库、数据库。多年来，发掘出土的人骨、动植物遗存、冶金遗存、陶瓷遗存、玉石器遗存、纺织物遗存等数量骤增。这一大批文物蕴含着古代中国境内各个地区、各个时段的人类个体的基因信息、健康状况、疾病状况；动植物的种类信息、基因信息；古代多项科技工艺流程的信息等等。放眼整个世界，没有一个国家拥有如此重要、珍贵、系统和丰富的文物科技资源。对这一大批资料要做到科学整合、安全保护、合理利用以及全面共享。经过近百年的研究，科技考古各个领域都积累了近乎海量的数据，发表了数千篇研究报告和研究论文，设计好一个考虑全面、归类科学、用途广泛、大家认可的ArcGIS数据库，将全部资料分门别类地输入进去，是一项重要的工作。这样的数据库既避免了每位研究人员和研究生各自从原始报告中查找资料的重复劳动，保证了获取资料的科学性和准确性，也为比较研究、集成创新搭建了一个平台。建立标本库和数据库，都面临着规范化的问题，近年来，科技考古多个领域都建立了各自的操作规范，我们要进一步完善和执行这些规范，在统一的基础上开展深入研究。科技考古各个领域研究结果的特征之一是用数字显示，我们要关注统计学，做好计量统计，增强我们研究结果的科学性。

（七）加强中国科技考古与国际学术界的交流

放眼国际学术界，我们可以看到，科技考古各个领域的研究方法和技术是相通的，各个领域面对的具体研究材料的属性是一致的，研究方法、技术及研究材料的属性不会因为文化和地域的差异而存在隔阂。尤其是研究方法和技术，其科学性和可靠性是建立在各国学者普遍认同的基础之上的。国际科技考古领域的诸多前沿研究对我们深入开展中国科技考古的相关研究是十分有益的启示，我们要加强国际合作研究，吸引国际上的一流学者关注中国的科技考古研究，包括参与到中国科技考古研究之中。我们要认真思考和借鉴国外学者的思路、技术路线以及研究成果，从中启发思路、完善研究方法，做好我们的科技考古研究。同时，我们也应该在加强国际交流的过程中，把中国科技考古的最新成果推向世界，讲好中国故事。

（八）强化科技考古人才的培养

目前，国内多所高校的考古专业都为本科生和研究生开设有科技考古课程，我们要推动更多的具有考古专业的高校做好这方面的教学工作。我们要全面、系统地对考古专业的本科生和研究生讲授科技考古的思路、方法和实践案例，既要强调科技考古研究方法的科学性、独特性、可行性和实用性，更要始终突出考古学的研究目的和人文社会科学的本质属性，提升科技考古的教学质量，推出科技考古精品课程。要引导学生在田野考古发掘中实地认识与科技考古相关的研究资料的出土过程及采集方法，指导学生围绕考古遗址出土的遗迹和遗物开展科技考古各个领域的研究，培养更多掌握科技考古某个或多个领域研究方法的人员，同时也要考虑培训和引导从事田野考古发掘和研究的人员掌握某项甚至多项科技考古技能，塑造一专多能的复合型人才，更好地适应中国考古学发展的需要。

当年从自然科学中引入地层学和类型学，建立了考古地层学和考古类型学，为确立中国考古学科奠定了坚实的基础。如今科技考古各个研究领域的确立和完善，正在全面丰富、充实和拓展考古学的研究思路、研究方法和研究内容，推动中国考古学研究进入一个崭新的时代。这是一个前所未有的学科发展进程，放眼整个人文社会科学学科，没有一个学科如考古学那样，呈现出如此快速发展的趋势，展现出如此众多的学术生长点。科技考古在考古学延伸历史轴线，增强历史信度，丰富历史内涵，活化历史场景中已经发挥，并且还将继续发挥不可或缺的重要作用。今后，我们要进一步做大做强科技考古，深入推进科技考古，为建设中国特色、中国风格、中国气派的考古学，做出新的、更大的贡献。

（原载于北京大学考古文博学院、北京大学中国考古学研究中心编：《考古学研究》（十三），北京：科学出版社，2022年，第579～591页）

第四编

著 述 篇 目

2009年至2023年的著述统计如下：

发表12部专著、论文集，151篇文章。其中动物考古专著2部；主编生业考古专著1部；科技考古专著1部、论文集1部，主编专著1部、教材1部、论文集3部；主编考古教材1部；共同主编考古专著1部；动物考古研究论文15篇（其中英文1篇，日文2篇），研究报告2篇，研究综述1篇，随笔28篇；生业考古研究论文13篇（其中英文2篇），随笔28篇；科技考古研究论文13篇，研究综述2篇，随笔34篇；文化遗产保护随笔8篇；考古随笔4篇；访谈3篇。

作者著述篇目

著　作

袁靖：《科技考古文集》，北京：文物出版社，2009年。

中国社会科学院考古研究所科技考古中心编（袁靖主编）：《科技考古》（第三辑），北京：科学出版社，2011年。

中国社会科学院考古研究所著（袁靖主编）：《科技考古的方法与应用》，北京：文物出版社，2012年。

袁靖：《中国动物考古学》，北京：文物出版社，2015年。

中国社会科学院考古研究所科技考古中心编（袁靖主编）：《科技考古》（第四辑），北京：科学出版社，2015年。

袁靖：《中国科技考古导论》，上海：复旦大学出版社，2018年。

袁靖主编：《中国科技考古纵论》，上海：复旦大学出版社，2019年。

袁靖主编：《中国科技考古讲义》，上海：复旦大学出版社，2019年。

袁靖主编：《中国新石器时代至青铜时代生业研究》，上海：复旦大学出版社，2019年。

袁靖主编：《中国新石器时代考古讲义》，上海：复旦大学出版社，2020年。

袁靖：《动物寻古：在生肖中发现中国》，桂林：广西师范大学出版社，2023年。

中国社会科学院考古研究所编著，许宏、袁靖主编：《二里头考古六十年》，北京：中国社会科学出版社，2019年。

论文和相关文章

2009年

袁靖：《中国新石器时代使用猪进行祭祀和随葬的研究》，见北京大学考古文博学院、中国国家博物馆编：《俞伟超先生纪念文集·学术卷》，北京：文物出版社，2009年，第175～192页。

袁靖：《考古学与当代科技》，见中国社会科学院文史哲学部集刊编辑委员会编：《中国社会科学院文史哲学部集刊（2008）史学卷》（上册），北京：社会科学文献出版社，2009年，第156～164页。

袁靖：《再论技术与经济发展状况与中华文明形成的关系》，见科技部社会发展科技司、国家文物局博物馆与社会文物司编：《中华文明探源工程文集·技术与经济卷·1》，北京：科学出版社，2009年，第10～21页。

袁靖：《科技考古　方兴未艾》，《中国文物报》2009年2月4日第4版。

袁靖：《刘东生先生与科技考古》，见中国第四纪科学研究会编：《纪念刘东生院士》，北京：商务印书馆，2009年，第170～171页。

袁靖：《悼念俞伟超先生》，见中国国家博物馆、北京大学考古文博学院编：《俞伟超先生纪念文集·怀念卷》，北京：文物出版社，2009年，第155～158页。

袁靖：《家畜饲养研究》，《中国文物报》2009年8月21日第6版。

袁靖：《技术与经济发展状况和中华文明形成的关系》，《中国文物报》2009年8月21日第6版。

袁靖：《科技考古60年》，《中国文物报》2009年9月30日第5版。

袁靖：《后记》，见科技部社会发展科技司、国家文物局博物馆与社会文物司编：《中华文明探源工程文集·技术与经济卷·1》，北京：科学出版社，2009年，第542～543页。

Yuan J, Campbell R. 2009. Recent Archaeometric Research into the Origins of Chinese Civilization. *Antiquity*, 83(319): 96-109.

2010年

袁靖：《论动物考古学研究与区系类型的关系》，见湖南省文物考古研究所编：《湖南考古辑刊》（第8集），长沙：岳麓书社，2010年，第250～256页。

袁靖：《中国古代家养动物的动物考古学研究》，《第四纪研究》2010年第30卷第2期，第298～306页。

袁靖：《科技考古》，见刘庆柱主编：《中国考古发现与研究（1949—2009）》，北京：人民出版社，2010年，第425～466页。

袁靖：《夏鼐先生与中国科技考古——读〈夏鼐文集〉有感》，《南方文物》2010年第4期，第18～25页。

袁靖、李君：《河北徐水南庄头遗址出土动物遗存研究报告》，《考古学报》2010年第3期，第385～391页。

袁靖、罗运兵、李志鹏、吕鹏：《论中国古代家猪的鉴定标准》，见河南省文物考古研究所编著：《动物考古》（第1辑），北京：文物出版社，2010年，第116~123页。

袁靖：《动物考古学揭秘古代人类与动物的关系》，见国家图书馆古籍馆编（周和平主编）：《文津演讲录》（8），北京：国家图书馆出版社，2010年，第139~158页。

袁靖：《新方法　新资料　新学问》，《中国文物报》2010年3月19日第8版。

袁靖：《科技考古的发展要突出四化》，《中国文物报》2010年6月25日第7版。

袁靖：《中国人何时开始养动物？》，《中华遗产》2010年第8期，第10~11页。

袁靖：《科技考古与"四化"》，《人民日报》（海外版）2010年7月9日第15版。

袁靖：《科技考古：一门文理结合、开拓创新的学科》，《中国社会科学报》2010年8月19日第11版。

袁靖、李志鹏、吕鹏：《搭建平台、交流学术、统一规范、提高水平》，《中国文物报》2010年3月5日第7版。

袁靖：《直挂云帆济沧海》，《中国文物报》2010年12月10日第7版。

袁靖：《继往开来　开拓创新》，《中国文物报》2010年12月24日第5版。

袁靖「動物考古学から解明される古代人類と動物の関係」『博古研究』第39号，2010年，13~33頁。

2011年

袁靖：《考古学与现代科技——谈自然科学相关学科的方法与技术》，见刘迎秋主编：《社科大讲堂·史学卷》，北京：经济管理出版社，2011年1月，第441~454页。

动物考古课题组（袁靖、罗运兵执笔）：《中华文明形成时期的动物考古学研究》，见中国社会科学院考古研究所科技考古中心编（袁靖主编）：《科技考古》（第三辑），北京：科学出版社，2011年，第80~99页。

袁靖：《长江三角洲地区新石器时代动物考古学研究的思考》，见北京大学中国考古学研究中心、浙江省文物考古研究所编：《田螺山遗址自然遗存综合研究》，北京：文物出版社，2011年，第270~278页。

袁靖：《文理结合　开拓创新——中国社会科学院考古研究所科技考古中心成立15周年的回顾与思考》，《南方文物》2011年第4期，第1~4页。

袁靖：《求真务实　加强合作　开拓创新》，《中国文物报》2011年4月29日第7版。

袁靖：《前言》，见中国社会科学院考古研究所科技考古中心编（袁靖主编）：《科技考古》（第三辑），北京：科学出版社，2011年，第ⅰ~ⅳ页。

袁靖：《后记》，见中国社会科学院考古研究所科技考古中心编（袁靖主编）：《科技考古》（第三辑），北京：科学出版社，2011年，第303~304页。

袁靖：《开辟科技考古各个领域专栏研究的设想》，《中国文物报》2011年7月22日第7版。

袁靖：《薪火相传　精益求精》，《中国文物报》2011年11月25日第7版。

2012年

袁靖：《总论》，见中国社会科学院考古研究所著（袁靖主编）：《科技考古的方法与应用》，北京：文物出版社，2012年，第1～5页。

袁靖：《动物考古》，见中国社会科学院考古研究所著（袁靖主编）：《科技考古的方法与应用》，北京：文物出版社，2012年，第81～89页。

袁靖：《中华文明探源工程十年回顾：中华文明起源与早期发展过程中的技术与生业研究》，《南方文物》2012年第4期，第5～12页。

袁靖：《生业兴起 文明进程中的五谷、六畜、百工》，《中国文化遗产》2012年第4期，第40～46页。

袁靖：《环境考古研究的再思考》，《中国文物报》2012年3月2日第6版。

袁靖：《前言》，见中国社会科学院考古研究所著（袁靖主编）：《科技考古的方法与应用》，北京：文物出版社，2012年，第1～4页。

袁靖：《后记》，见中国社会科学院考古研究所著（袁靖主编）：《科技考古的方法与应用》，北京：文物出版社，2012年，第221～222页。

中国社会科学院考古研究所科技考古中心（袁靖执笔）：《利器以善考古事》，《中国文物报》2012年8月3日第8版。

袁靖：《公元前3500年至前1500年黄河、长江及西辽河流域的资源、技术和生业研究》，《中国文物报》2012年8月17日第6版。

袁靖：《探寻5000年前经济技术未解之谜》，《科技日报》2012年9月12日第7版。

袁靖「中国新石器時代におけるブタを用いた祭祀と関係について」『博古研究』第43号，2012年，1～15頁。

2013年

袁靖：《中国动物考古学专题研究的创新之作——读罗运兵的专著〈中国古代猪类驯化、饲养与仪式性使用〉有感》，《中国文物报》2013年2月8日第4版。

袁靖：《考古发掘报告应该考虑的体例和内容》，《中国文物报》2013年3月1日第6版。

袁靖：《建设科学道德和优良学风》，《人民政协报》2013年5月20日C1版。

袁靖：《中译本序》，〔美〕瑞兹（Reitz, E. J.）、〔美〕维恩（Wing, E. S.）著，中国社会科学院考古研究所译：《动物考古学》（第2版），北京：科学出版社，2013年，第 i ~ iii 页。

袁靖：《考古学应加强科技研究》，《人民政协报》2013年7月15日第9版。

袁靖：《读〈科技考古进展〉有感》，《中国文物报》2013年8月2日第4版。

袁靖：《同位素示踪研究的新探索》，《中国文物报》2013年8月2日第6版。

袁靖：《工业遗产保护及合理利用刍议》，《中国文物报》2013年8月14日第3版。

袁靖、邓惠：《关于历史时期动物考古学研究的思考》，《中国文物报》2013年9月13日第6版。

袁靖：《一石激起千层浪》，《中国文物报》2013年12月20日第6版。

2014年

袁靖：《生业与社会：〈南方文物〉"生业与社会"专栏开栏语》，《南方文物》2014年第1期，第54 ~ 57页。

袁靖：《考古研究所动物考古研究回忆》，见陈启能主编：《中国哲学社会科学发展历程回忆·史学卷》，北京：中国社会科学出版社，2014年，第38 ~ 48页。

袁靖、安家瑗：《动物骨骼鉴定》，见原州联合考古队编著：《唐史道洛墓》，北京：文物出版社，2014年，第171 ~ 206页。

袁靖：《马到成功》，《中国文物报》2014年1月3日第5版。

袁靖：《后记》，《第四纪研究》2014年第14卷第1期，第267页。

袁靖：《而今迈步从头越》，《中国文物报》2014年2月28日第6版。

袁靖：《生业与社会本期导读》，《南方文物》2014年第3期，第46 ~ 47页。

2015年

袁靖：《科技考古三题》，见中国社会科学院考古研究所编著：《新世纪的中国考古学：续：王仲殊先生九十华诞纪念论文集》，北京：科学出版社，2015年，第592 ~ 599页。

袁靖、吕鹏、李志鹏、邓惠、江田真毅：《中国古代家鸡起源的再研究》，《南方文物》2015年第3期，第53 ~ 57页。

袁靖：《喜气洋洋说羊年》，《人民政协报》2015年2月9日第10版。

袁靖：《三阳开泰》，《中国文物报》2015年2月13日第5版。

袁靖：《行成于思》，《中国文物报》2015年5月22日第6版。

袁靖：《吾将上下而求索》，《中国文物报》2015年7月14日第7版。

袁靖：《生业与社会本期导读》，《南方文物》2015年第3期，第34～35页。

袁靖：《业精于勤　行成于思》，见中国社会科学院考古研究所科技考古中心编（袁靖主编）：《科技考古》（第四辑），北京：科学出版社，2015年，第ⅰ～ⅷ页。

袁靖：《动物考古学揭秘动物与人同行的历史》，《文汇报・文汇学人》2015年12月4日第6～8版。

袁靖：《生业与社会本期导读》，《南方文物》2015年第4期，第79～80页。

袁靖：《中国考古学的发展与〈考古〉的历程——纪念〈考古〉创刊60周年笔谈》，《考古》2015年第12期，第15～16页。

袁靖：《文理结合　开拓创新》，见王巍主编：《追迹：考古学人访谈录・2》，上海：上海古籍出版社，2015年，第189～210页。

2016年

袁靖：《中原地区的生业状况与中华文明早期发展的关系》，见文化遗产研究与保护技术教育部重点实验室、西北大学丝绸之路文化遗产与考古学研究中心、边疆考古与中国文化认同协同创新中心、西北大学唐仲英文化遗产研究与保护实验室编：《西部考古》（第11辑），北京：科学出版社，2016年，第1～12页。

袁靖：《中国新石器时代至先秦时期东北及内蒙古东部地区生业初探》，《南方文物》2016年第3期，第175～182页。

袁靖：《畜牧业研究》，《中国文物报》2016年1月1日第5版。

袁靖：《金猴献瑞——猴年大吉》，《中国文物报》2016年1月29日第5版。

袁靖：《做好日本侵华造成的"万人坑"遗址的保护、研究与展陈工作》，《中国文物报》2016年3月8日第3版。

袁靖：《生业与社会本期导读》，《南方文物》2016年第2期，第95～96页。

袁靖：《生业与社会本期导读》，《南方文物》2016年第3期，第139～140页。

袁靖、余辉：《漫谈文物书画中的猴题材》，《中国美术报》2016年1月15日A06～A07版。

袁靖、吕鹏：《从"消失的城市"到"重现的历史"——袁靖先生访谈录》，《南方文物》2016年第1期，第16～33页。

2017年

袁靖：《家犬驯化及饲养动机初探》，《南方文物》2017年第1期，第150～154页。

袁靖：《金鸡报晓》，《中国文物报》2017年1月27日第5版。

袁靖：《生业与社会本期导读》，《南方文物》2017年第1期，第134～135页。

袁靖：《"科技考古"名称的来由》，《中国文物报》2017年2月24日第6版。

袁靖：《明确和完善基本建设考古取费性质和标准》，《中国文物报》2017年3月7日第3版。

袁靖：《多部门合力，让历史文化遗产和国家重点档案"活"起来》，《中国档案报》2017年3月7日第1版。

袁靖：《建设和完善国家特殊文物资源标本库和数据库》，《中国文物报》2017年3月10日第3版。

袁靖：《进一步提升文物保护装备，做好文物科技工作》，《中国文物报》2017年3月10日第3版。

袁靖：《设置国家文化遗产保护用地》，《中国文物报》2017年3月14日第3版。

袁靖：《进一步做好长城保护利用工作》，《中国文物报》2017年3月17日第3版。

袁靖：《境外考古热中的冷思考》，《光明日报》2017年4月11日第12版。

袁靖、王辉：《环境考古要重点研究与水相关的地貌过程》，《中国文物报》2017年5月5日第6版。

袁靖：《科技考古研究人员重任在肩》，《中国文物报》2017年6月16日第6版。

2018年

袁靖：《黄河中游及华北地区距今10000年至5000年生业状况初探》，《南方文物》2018年第1期，第151～159页。

袁靖：《科技考古的思考》，《江汉考古》2018年第4期，第3～10页。

袁靖、董宁宁：《中国家养动物起源的再思考》，《考古》2018年第9期，第113～120页。

袁靖：《公元前3000年至公元前1500年中西文化交流的考古学研究及思考》，《民主与科学》2018年第1期，第15～18页。

袁靖：《狗年说狗》，《人民政协报》2018年2月5日第10版。

袁靖：《人类最忠实的朋友——狗年说狗》，《中国文物报》2018年2月9日第5版。

袁靖：《为长城构筑更完善的保护屏障》，《光明日报》2018年3月8日第16版。

袁靖：《生业与社会本期导读》，《南方文物》2018年第1期，第135～136页。

袁靖：《生业与社会本期导读》，《南方文物》2018年第2期，第161～162页。

2019年

袁靖：《科技考古的发展与思考》，《南方文物》2019年第1期，第11～23页。

袁靖：《中国新石器时代至先秦时期生业初探》，《南方文物》2019年第6期，第200～209页。

袁靖：《全方位探寻新的发现》，《人民政协报》2019年1月14日第9版。

袁靖：《与猪同行》，《中国文物报》2019年1月25日第5版。

袁靖：《猪年大吉——从考古视野看生肖猪》，《人民政协报》2019年1月28日第10版。

袁靖：《关注田野考古一线》，《中国文物报》2019年3月9日第2版。

袁靖：《建议做好考古遗址公园建设》，《中国文物报》2019年3月16日第4版。

袁靖：《牢记使命，书写传承中华民族灿烂辉煌历史》，《人民政协报》2019年3月29日第12版。

袁靖：《生业与社会本期导读》，《南方文物》2019年第1期，第101～102页。

袁靖：《生业与社会本期导读》，《南方文物》2019年第2期，第153～154页。

袁靖：《生业与社会本期导读》，《南方文物》2019年第4期，第163～164页。

袁靖：《生业与社会本期导读》，《南方文物》2019年第5期，第168～169页。

2020年

袁靖、潘艳、董宁宁、司徒克：《良渚文化的生业经济与社会兴衰》，《考古》2020年第2期，第83～92页。

袁靖：《进一步推进科技考古的三点认识》，见王巍、余西云主编：《中国考古学理论与方法·Ⅰ》，北京：科学出版社，2020年，第28～34页。

袁靖：《子鼠迎春——鼠年说鼠》，《中国文物报》2020年1月17日第5版。

袁靖：《鼠年说鼠》，《人民政协报》2020年3月14日第6版。

袁靖：《生业与社会本期导读》，《南方文物》2020年第1期，第144～145页。

袁靖：《生业与社会本期导读》，《南方文物》2020年第2期，第95～96页。

袁靖：《生业与社会本期导读》，《南方文物》2020年第4期，第151～152页。

袁靖：《生业与社会本期导读》，《南方文物》2020年第6期，第237页。

Jing Y, Campbell R, Castellano L, Chen X L. 2020. Subsistence and persistence: agriculture in the Central Plains of China through the Neolithic to Bronze Age transition. *Antiquity*, 94(376): 900-915.

2021年

袁靖：《中国古代生业研究——对"生业与社会"栏目的总结和思考》，《南方文物》2021年第1期，第153~163页。

袁靖：《中原地区的生业状况与中华文明早期发展的关系》，见南京博物院编：《南博讲坛·2019年：博物馆与地域文明》，南京：江苏凤凰文明出版社，2021年，第93~114页。

袁靖：《科技考古——助力中国考古学进入黄金时代》，《江汉考古》2021年第6期，第222~228页。

袁靖：《生业兴起》，见陈星灿主编：《考古学家眼中的中华文明起源》，北京：文物出版社，2021年，第270~279页。

袁靖：《牛年说牛》，《中国文物报》2021年1月29日第5版。

袁靖：《生业与社会本期导读》，《南方文物》2021年第1期，第151~152页。

袁靖：《生业与社会本期导读》，《南方文物》2021年第4期，第152~153页。

袁靖：《生业与社会本期导读》，《南方文物》2021年第5期，第136~137页。

袁靖：《科技助推考古学进入新时代》，《科学世界》2021年第10期，第1页。

袁靖：《探索未知　揭示本源》，《人民政协报》2021年10月28日第3版。

Yuan J. 2021. Zooarchaeological Study on the Origins of Animals Domestic in Ancient China. *Chinese Annals of History of Science and Technology*, 5 (1):1-26.

2022年

袁靖：《科技考古的思考与研究》，见北京大学考古文博学院、北京大学中国考古学研究中心编：《考古学研究》（十三），北京：科学出版社，2022年，第579~591页。

袁靖：《中国动物考古学的思考与研究》，《南方文物》2022年第4期，第34~43页。

袁靖：《虎年说虎》，《中国文物报》2022年1月7日第5版。

袁靖：《文明探源　孜孜以求》，《人民政协报》2022年6月11日第5版。

袁靖：《生业与社会本期导读》，《南方文物》2022年第2期，第125~126页。

袁靖：《生业与社会本期导读》，《南方文物》2022年第4期，第200~201页。

袁靖：《推动科技考古融合发展》，《人民政协报》2022年10月31日第10版。

袁靖访谈：《科技考古：勾勒古代中国的历史细节》，《人民政协报》2022年11月4日第3版。

袁靖：《深入推进多学科合作的考古学研究》，《人民政协报》2022年11月10日第3版。

2023年

袁靖：《兔年说兔》，《中国文物报》2023年1月11日第5版。

袁靖：《生业与社会栏目本期导读》，《南方文物》2023年第2期，第113～114页。

袁靖：《生业与社会栏目本期导读》，《南方文物》2023年第5期，第121～122页。

Abstract

Part I   Zooarchaeology

This part is composed of six essays.

"Review of Zooarchaeological Research at the Institute of Archaeology CASS" describes the history of zooarchaeology research at the Institute of Archaeology CASS over the past 50 years.

"Revisiting Chicken Domestication in Ancient China " presents recent developments in the study of chicken domestication in China.

"Thoughts on Zooarchaeological Studies in the Neolithic Yangtze Delta" discusses the meat resource acquisition strategies and their characteristics in the Neolithic Lower Yangtze Delta.

The essays, "Exploring Dog Domestication and its Motivation" and "Rethinking the Origins of Animal Domestication in China", explore the domestication of dogs and pigs theoretically.

"Reflections and Research on Chinese Zooarchaeology" is a complete synthesis of Chinese Zooarchaeology.

Part II   The Archaeology of Subsistence

This part is composed of eight essays.

"Research on Technology and Subsistence in the Origin and Early Development of Chinese Civilization" describes the main accomplishments of research on technology and subsistence in the "In Search of the Origins of Chinese Civilization" project from 2004 to 2012.

"Subsistence and Society" recalls the original intention and design of the special column "Subsistence and Society" in the journal "Southern Cultural Relics".

The essays, "Exploring the Subsistence in the Northeast Region from the Neolithic to Pre-Qin Periods", "Exploring the Subsistence in the Middle Yellow River and North China from 10000 to 5000 BP", "The Relationship between Subsistence and the Early Development of Chinese Civilization in the Central Plains" and "The Rise and Fall of the Liangzhu Society in the Perspective of Subsistence Economy", investigate into the relationship between subsistence and societal development in various regions.

"Exploring the Subsistence from the Neolithic to Pre-Qin Periods in China" discusses regional subsistence and their characteristics throughout China.

"Research on Subsistence in Ancient China" presents a synthesis of the research published in the "Subsistence and Society" column in the journal "Southern Cultural Relics" in the last eight years and brings forward some prospects for future research.

Part III　Archaeological Science

This part is composed of eight essays.

"Xia Nai and Archaeological Science in China" highlights the significant contribution of Xia Nai to the establishment of archaeological science in China and describes our efforts to move forward along the road guided by Xia Nai.

The essays, "Sixty Years of Archaeological Science in China", "Combining Humanities and Science, Blazing New Trails" and "Construction of the Institude of Archaeological Science at Fudan University: A Review and Prospects", summarize the accomplishments in archaeological science in China from the 1950s to the first decade of the 21st century, and render a comprehensive review and prospects based on the research experiences of the Centre of Archaeological Science, CASS and the Institude of Archaeological Science at Fudan University.

"Shanghai Initiative", "Three Points on Further Promoting Archaeological Science", "Thoughts on Archaeological Science" and "Research and Reflections on Archaeological Science" are systematic discussions on how to improve archaeological science in China from multiple perspectives.

Part IV　List of Publications

The summary of publications from 2009 to 2023 is as follows:

Twelve monographs and collections of essays and 151 articles have been published. Among them, two monographs are on zooarchaeology. One monograph is on the archaeology of subsistence. On the archaeological science, there is one monograph, one collection of essays. One monograph, one textbook and three collections of essays are edited. On the archaeology, one textbook and one monograph (co-editor) have been published, been published. There are 15 papers on zooarchaeology (one in English, two in Japanese), two research reports, one synthesis and 28 informal essays. There are 13 papers (two in English) and 28 informal essays on the archaeology of subsistence. There are 13 papers, two syntheses, and 34 informal essays on archaeological science. There are eight informal essays on the conservation of cultural heritage. There are also four informal essays and three interviews on archaeology.

后　记

　　我在2009年出版的《科技考古文集》后记中写道，研究、撰文、著书，这是我二十多年所走的路，今后也会继续这样走下去的。细细想来，在少年时代，这种做学问的影响就一直伴随着我。

　　记得小时候，每当暑假，外公就常带我们几个孩子从上海到绍兴的寿家老宅小住。每次回到老宅子里，我们常常会去隔壁的三味书屋一转。三味书屋是我的曾太叔公寿镜吾创办的私塾，当年它和寿宅是连在一起的。因为鲁迅先生曾经写过有名的文章《从百草园到三味书屋》，所以在20世纪50年代，寿家人就把三味书屋献给了国家，三味书屋也就成为鲁迅纪念馆的一部分了。

　　我的太公寿孝天幼年时曾在三味书屋读书，考中秀才后，他和杜亚泉、王子余、宗能述等人合作办了一个叫越郡公学的学堂，这是绍兴最早的新式学堂之一。当时的中国已经到了清朝末年，积贫积弱，内忧外患，民不聊生，学堂自然也就办不下去了。太公离开小镇绍兴，来到上海，进了商务印书馆当编辑。那时的商务印书馆在张元济先生"开发民智，拯救中华"理念的指导下，编辑出版了一大批有价值的学术著作和教材。太公编辑、翻译、校对的各种数学教材有二十余种。我现在在"百度"上还能查到寿孝天，有他的照片，从照片上可以看出是一位慈祥的老人。"百度"上将他称之为"中国教育家、数字家、翻译家"，列出了他翻译、校订的书目，肯定他"为传播知识，培养下一代，为中国未来，贡献很大"。

　　相比太公从绍兴走到上海，我的外公寿林文走得就更远了。1912年，他去了德国，在艾益吉（AEG）公司进修，学习电机技术。回国后，外公在上海的艾益吉公司当工程师，参与监造了负责供给全上海用电的上海电力公司（后来改名为杨树浦发电厂）的发电机。从我记事那时起，外公已经闲居在家。他对我们这些外孙辈的教育，也是秉承三味书屋的做法，辅导我们读书识字。在"文化大革命"中，全部学校都停课了，外公为了让我们继续读书，他一笔一画地用复写纸抄写《成语字典》，然后装订成册，分给我们一人一本，辅导我们学习。寿家重开"私塾"。那段经历至今仍然是我头脑中的美好回忆。

　　我的父亲袁东衣为国家做过一些工作。他生前自认为最得意的事情，就是在改革开放以后担任全国政协委员和天津市政协常委期间建立的天津市政协编译委员会。他主持的这个编译委员会曾编译出版了许多国外的政治、经济、外交、社会、历史等书籍，从多个方面为改革开放的中国提供了许多有重要价值的启示。比如，在《简明大不列颠百科全书》中文版的序言中提到参与翻译的单位时，有名有姓的是中国科学院、中国社会科学院、中央编译局、新华社、天津市政协编译委员会等五家。其他参加的单位就写成各大专院校、各科研机构了。一个地方上的单位能够和中央级的单位并列，可见他们发挥的作用之大。

　　1969年，我初中尚未读完，就从上海到云南西双版纳插队落户，3年后转到陕西临潼的农村继续务农，1975年进了陕西临潼的工厂当工人。幸逢拨乱反正、恢复高考、改革开放，使我有机会考上大学，后来又留学东瀛，学习考古学的新方法和新技术。在日本取得博士学位后回国，通过三十年的野外实践和室内研究，取得了一系列科研成果。独著有《科技考古文集》《中国动物考古学》《中国科技考古导论》《动物寻古：在生肖中发现中国》，主编有《胶东半岛贝丘遗址环境考古》《科技考古的方法与应用》《中国科技考古纵论》《中国科技考古讲义》《中国新石器时代至青铜时代生业研究》《中国新石器时代考古讲义》《科技考古》（第一至第四辑），共同主编有《二里头考古六十年》，在国内外的一流的刊物上发表了330余篇文章。另外，我还多次走出国门，到日本、美国、英国、法国、加拿大等国做访问学者，到瑞典、韩国等国出席学术会议，尽自己的所能把中国科技考古的成果展示给世界，把我所了解到的国外考古学最新动向带回国内。除了做好考古学的学问以外，我还积极参与参政议政、建言献策等方面的工作。我自2013年到2023年担任了第十二和十三届全国政协委员，这十年里围绕文化遗产保护、传承和利用提出几十份提案，还多次参加全国政协组织的与文化遗产相关的调研活动，参与撰写调研报告，用自己的知识和认识为国家文博事业的欣欣向荣、蓬勃发展贡献力量。

　　可以说，做好学问，做好知识的传播，用知识为祖国效力，是从当年寿家的前辈开设三味书屋，历经一百多年，逐渐形成的一种传统。这一传统在家族中代代相传，在改革开放的新时代里，开始发扬光大了。

　　我要感谢当年西北大学历史系考古专业的老师们给我传授考古学的基础知识，感谢我的硕士生导师石兴邦先生引领我进入新石器时代考古研究的领域，感谢我的博士生导师加藤晋平先生培养我站在新的角度研究考古学。感谢中国社会科学院科研局、考古研究所和复旦大学的领导们为我的研究创造了很好的条件，感谢考古界的前辈学者们指导和关心我的研究，感谢考古界的同仁们参与和帮助我的研究，感谢考古研究所科技考古中心、复旦大学文物与博物馆学系和科技考古研究院的同事们给予我的各种支持和协作。感谢我的学生吕鹏博士、杨梦菲女士为这本论集的出版办理各种手续付出的辛劳，感谢科学出版社的张亚娜、周艺欣编辑为出版这本论集所做的各种努力。

我要真诚地感谢我的夫人肖克多年来对我的支持和帮助。

2009年出版《科技考古文集》时，时任第十一届全国人民代表大会常务委员会副委员长、中国科协主席韩启德院士为文集题写书名，此次出版《中国科技考古论集》，我继续请第十届、十一届全国人大常委会副委员长，第十二届全国政协副主席、中国科协名誉主席韩启德院士题写书名，这里向韩启德院士表示衷心的感谢。

马克思说过："在科学上是没有平坦的大路可走的，只有沿着崎岖小路不断攀登的人，才有希望到达光辉的顶点。"我以这段话结尾，用它来鞭策自己继续前行。

袁靖简历

袁靖1952年10月出生于上海，先后就读于西北大学、中国社会科学院研究生院和日本千叶大学研究生院，获日本千叶大学学术博士学位。现为中国社会科学院考古研究所研究员，曾任复旦大学科技考古研究院院长、复旦大学特聘教授、博士生导师。自2013～2023年担任第十二、十三届全国政协委员。

主要研究方向为动物考古、环境考古和科技考古。主持过多项国家级、省部级和中外合作课题。

出版专著有《科技考古文集》《中国动物考古学》《中国科技考古导论》《动物寻古：在生肖中发现中国》，主编有《胶东半岛贝丘遗址环境考古》《科技考古的方法与应用》《中国科技考古纵论》《中国科技考古讲义》《中国新石器时代考古讲义》《中国新石器时代至青铜时代生业研究》《科技考古》（第一至第四辑）等多本专著和论文集，共同主编《二里头考古六十年》，用中文、英文和日文发表的学术论文、研究报告和其他文章共计330余篇。

袁靖曾获中共中央组织部、宣传部、统战部、国家人事部、教育部、科技部等共同授予的"全国留学回国人员先进个人"称号，中国社会科学院"有突出贡献的中青年专家"称号，享受政府特殊津贴，作为主编、第一作者撰写的专著或论文多次获得中国社会科学院优秀科研成果二等奖、三等奖、2023年度中国好书、文津图书奖、全国文博考古十佳图书奖、中国考古学会金鼎奖等。2014～2019年连续六年被爱思唯尔（Elsevier）旗下的斯高帕斯（Scopus）数据库选入中国高引用科学家名录（包括港澳台地区）。